U1017914

本套丛书得到欧阳平凯院士主持的"国家重点基础研究发展计划资助项目"(National Basic Research Program of China)(2009CB724700)和杨解君教授主持的国家社科基金重点项目(10AFX011)的支持

欧洲能源法概论

杨解君　主编
吕建高　周冠群　副主编

中国出版集团
世界图书出版公司
广州·上海·西安·北京

图书在版编目(CIP)数据

欧洲能源法概论/杨解君主编. —广州: 世界图书出版广东有限公司, 2012.8

ISBN 978-7-5100-5002-2

Ⅰ.①欧… Ⅱ.①杨… Ⅲ.①能源法—概论—欧洲 Ⅳ.①D950.26

中国版本图书馆CIP数据核字(2012)第173521号

欧洲能源法概论

责任编辑 黄 琼
出版发行 世界图书出版广东有限公司
地 址 广州市新港西路大江冲25号
http://www.gdst.com.cn
印 刷 虎彩印艺股份有限公司
规 格 787mm×1092mm 1/16
印 张 25.25
字 数 420千
版 次 2013年1月第2版 2013年12月第2次印刷
ISBN 978-7-5100-5002-2/D·0048
定 价 76.00元

版权所有,翻印必究

《世界能源法研究》丛书编委会

顾　问　欧阳平凯(中国工程院院士,南京工业大学校长)

主　任　杨解君

成　员　Peter-Tobias Stoll(德国哥廷根大学法学院国际环境法教授)

陈　戈(德国哥廷根大学国际法暨欧盟法研究所研究员)

徐炎华(南京工业大学环境学院教授)

单晓光(同济大学法学院院长)

肖国兴(华东政法大学经济法学院教授)

方小敏(南京大学法学院教授,中德法学研究所副所长)

朱跃钊(南京工业大学副校长)

Hartmut Weyer(德国克劳斯塔尔工业大学教授)

丛书总序

“世界”的能源法

能源，既是当今世界各国政治家们的流行语，也是最受世人关注的热点话题。“能源”一词之所以如此炙手可热，其原因主要在于能源已不只是一种可有可无的生活供应品，而是一件决定着人类命运的大事情。能源的现实及不确定的未来，令人类社会忧心忡忡：一方面，化石能源使用带来的高碳排放所引发的全球气候恶化，可能会危及人类生存的根基；另一方面，化石能源的日趋减少和枯竭所引发的全球范围的能源危机，可能会危及人类发展的基础。能源，已关涉到人类的生存与发展问题。

但是，能源问题的解决并非易事，而是一个极为复杂的问题。其复杂之处在于，我们今天所面临的能源问题是全球化背景下的能源问题。全球化意味着世界形成了一个相互联系、相互依存的有机整体，全世界是一种“一荣俱荣、一损俱损”的关系，没有一个国家可以独善其身。在全球化背景下，能源问题的解决无疑需要全球化的行动，能源问题也只能通过全球化的行动才能得到解决。否则，艰难的减排就会轻易地被超量的排放所抵消，艰难起步的低碳能源产业将被化石能源产业的成本优势轻易地击败……气候的一体化、经济的全球化与政治国家的民族化之间的深刻矛盾，决定了能源问题绝不是一个单纯的技术革新问题，而是事关各国和国际能源治理的变革及方式创新问题。在这个意义上，能源问题的解决就只能依托于政治和法律的路径。

既然能源问题是一个全球性的问题，无疑就需要世界各国的共同参与和通力合作。面对环境和能源现实及未来的发展，世界需要更加有效的治理。否则，全世界所有国家都是失败者，没有一个是赢家。然而，在促进低碳发展和环境能源的国际合作方面，“后京都时代”却步履艰难，全球应对气候变化的努力正面临着倒退的威胁。中国作为最大的发展中国家，拥有全世界四分之一的人口，其能源消费已经与美国持平……无论从哪个角度看，中国都无法置身于国际能源合作舞台之外。中国是负责任的大国，在国际环境和能源合作中有着重要的作用与责任，中国不能居身世外而必须积极参与和推动国际能源合作。抗拒命运的人，命运拖着走；顺应命运的人，命运领着走。与其被动纳入，不如主动融入。因此，中国能源法的建构及其未来发展，首先就要具有一种积极融入世界的思维，这也是本丛书命名为《世界能源法研究》的初衷之一。

加强能源立法及其变革，已成为一种世界性的趋势，为实现“加强使用可靠、廉价、经济上可行、社会上可接受且无害环境的能源服务和资源”①的目标，各国都在实行能源法的改革和重构，以致力于与可持续发展理念相一致的能源法框架建构。“能源法改革是各国典型的问题。全世界的议会都需要解决如何重构本国能源法的问题。……最终，重构能源法将会是生物圈中每一个人类社区遇到的共同挑战。”②中国的能源法制建设也面临着同样的挑战，而且其建构、完善与变革的任务更为艰巨。这是因为“中国目前正在进行的建设社会主义法治国家的伟大实践，并不是一种单纯的法制建设运动，而是与中国新一轮的从农业社会向工业化社会转型、从计划经济体制向市场经济转轨的综合现代化运动结合在一起的。中国法律不仅面临着一场革命性的自我重建，同时承担着转型秩序的治理任务”③。这就需要我们善于把中国的现实国情与国际形势结合起来，在把握中国能源法制改革方向的同时关注其他国家能源法的改革路径与经验。

当下的中国，正面临着严重的能源问题，对化石能源的高度依赖带来的环境污染和潜在的能源危机已迫在眉睫，正处于需要法律及时加以解决的关键时段。可是，中国能源法律制度却严重滞后，立法导向模糊、法律体系冲突、法律操作性差、能源法律观念淡薄、行政管理体制混乱、能源市场发育不良、法律实施困难……所有这些问题已经对中国能源的可持续发展带来了不利影响。在未来的发展中，我国如何针对自身的“法律短板”进行相应的改革与完善，除了立足国情外，更应该借鉴和吸收世界各国的能源法制经验。中国能源法制的建构与变革，必须要有一种向世界学习的眼光，这也是本丛书命名为《世界能源法研究》的初衷之二。

在可持续发展导向下，全球化时代的能源法将是国际法和国内法的混合体，是立足世界的国际法视角和立足国情的国内法视角的不可分割的交

---

① 2002年9月可持续发展世界峰会确立的《约翰内斯堡实施计划》文本中的六项优先建议的第一项。

② ［澳］艾德里安·J·布拉德布鲁克、［美］理查德·L·奥汀格主编：《能源法与可持续发展》，曹明德等译，法律出版社2005年版，原著序言 I（尼古拉斯·A·罗宾逊）第12页。

③ 刘金国、蒋立山主编：《中国社会转型与法律治理》，中国法制出版社2007年版，第6—7页。

融，合则兼美，分则两害。同时，21 世纪的能源法是人类法制史上性质最为复杂的法律形态，它必须要兼顾生态因素、环境因素、技术因素、政治因素、市场因素、国家安全因素、伦理因素诸多方面的价值关怀。从来没有一个部门法被赋予了如此之多的价值追求。如何在诸多价值目标之间作出恰当的选择和平衡，无疑是能源法理论和实践所面临的巨大难题。多元素的综合作用之下，能源法的研究就需要有一种胸怀世界、兼收并蓄的广博视野，这也是本丛书命名为《世界能源法研究》的初衷之三。

目前，国内能源法研究正呈现蓬勃发展的良好势头，能源法的相关著述颇为丰富多彩，既有国内能源法体系的总体式研究，也有某些能源领域的具体问题探讨，在域外能源法的研究方面也多有涉足。然而，综观国内能源法研究，在外国能源法及国际能源法方面，尚缺少全面而系统的介绍与评述，可供借鉴的资料较为匮乏。基于“走出去”与“请进来”相结合的考量，为中国人了解外部世界打开一个窗口，由此而“知己知彼”，此乃笔者组织编写本丛书的重要意图。

本套丛书拟采取开放式的出版模式，首期出版五本，后期将选择合适的书目陆续出版。首期五本著述涉及中国能源法制、国际能源合作与国际能源法、欧洲（盟）及其主要国家能源法、美洲主要国家能源法和非欧佩克主要国家能源法，旨在以中国能源法制为立足点，介绍当今国际能源合作与国际能源法、一些具有代表性国家的能源法，为读者提供一个了解中国能源法和域外能源法的全景视角。

《变革中的中国能源法制》全面介绍中国现行的能源法律制度，以低碳经济和可持续发展为背景，对中国现行的能源立法、主要法律制度及其实施状况进行综述和分析，并对中国能源法制的发展与未来做出展望。全书包括能源与中国能源现状、中国能源法体系及主要制度、常规能源法制、可再生能源法制、节能法制以及中国能源法的未来发展等方面的内容。

《国际能源合作与国际能源法》介绍目前国际上国家间能源合作、区域能源合作以及国际能源合作的主要成果和制度，并着重分析一些重要的国际能源合作协议和国际能源合作机制。全书包括国际能源合作、中外能源合作、国际能源法、中国涉外能源法、能源纠纷解决机制等内容。

《欧洲能源法概论》主要介绍欧盟能源法和欧洲具有代表性的国家——德国、法国、英国、意大利（南欧）、波兰（东欧）、挪威（北欧）六个主要国家的能源政策、能源法及能源法制，并简要分析这些国家能源法的新发展和趋势以及可资借鉴的经验。

《美洲国家能源法概论》主要介绍北美的美国和加拿大、南美的智利和巴西及中美洲的墨西哥等主要国家的能源法制。全书介绍这些国家的能源状况、相关政策和能源法及其新发展，并归纳其主要的能源法律制度。全书通过对这些国家能源政策和法律制度的分析，总结其能源法制的特点以及可供我国能源法制建设借鉴的经验和教训。

《非欧佩克国家能源法概论》在简单介绍欧佩克成员国的能源状况、能源政策及能源法制的基础上，重点介绍非欧佩克的俄罗斯、印度、澳大利亚、南非、日本等国的能源法制。全书内容涉及这些国家的能源状况、能源法制及其新发展，以及可供吸纳的经验教训。

本丛书的出版得到了中国工程院院士欧阳平凯的悉心指导，世界图书出版广东公司武汉学术出版中心的刘婕妤、汪再祥编辑为本丛书的出版付出了诸多辛苦，在此谨致以诚挚的敬意与谢意！

杨解君

2011 年 5 月 28 日

目　　录

第一章　欧盟能源法

欧洲联盟(英文:European Union;法文:Union européenne),简称欧盟(EU),总部设在比利时首都布鲁塞尔,是由欧洲共同体(European Community,又称欧洲共同市场)发展而来的,主要经历了3个阶段:荷卢比三国经济联盟、欧洲共同体、欧盟。欧盟是一个集政治实体和经济实体于一身、在世界上具有重要影响的区域一体化组织。1991年12月,欧洲共同体马斯特里赫特首脑会议通过《欧洲联盟条约》,通称《马斯特里赫特条约》(简称《马约》)。1993年11月1日,《马约》正式生效,欧盟正式诞生。欧盟现有27个成员国,人口5亿,国内生产总值为16.106万亿美元(2010年),人均32 283美元。欧盟目前已经形成了一个单一市场,通过了一个标准化的法律制度,适用于所有会员国,以保证人、货物、资本和服务的迁徙自由。欧盟保持了一个共同的贸易政策,包括农业和渔业政策及区域发展政策等。在对外政策上,欧盟可以代表其成员在世界贸易组织(WTO)、八国集团首脑会议(G8)和联合国(UN)的会议上发言,以维护其成员国利益。欧盟主要语言包括英语、法语、德语、西班牙语和意大利语,语义冲突时以英语为准。欧盟的货币是欧元(euro),目前有17个成员国使用欧元。欧盟组织机构主要包括欧盟理事会(The Council of the European Union)、欧盟委员会(The European Commission)、欧洲议会(The European Parliament)、欧洲法院(The Court of Justice of the European)、欧盟审计院(The European Court of Auditors)、欧洲经济和社会委员会(The European Economic and Social Committee)、地区委员会(The Committee of the Regions)、欧盟中央银行(The European Central Bank)、欧盟投资银行(The European Investment Bank)等。

目前,按英文名称排序,欧盟的27个成员国是奥地利、比利时、保加利亚、塞浦路斯、捷克、丹麦、爱沙尼亚、芬兰、法国、德国、希腊、匈牙利、爱尔兰、意大利、拉脱维亚、立陶宛、卢森堡、马耳他、荷兰、波兰、葡萄牙、罗马尼亚、斯洛伐克、斯洛文尼亚、西班牙、瑞典和英国。

第一节　欧盟能源状况及发展趋势

欧盟地区经济发达，能源消耗量大。2010 年，欧盟一次能源消费 1 732.9百万吨油当量(Million tons of oil equivalent，Mtoe)，较 2009 年上涨了 3.2%，占 2010 年世界总消费量的 14.4%。[①] 欧盟的石油和天然气等传统能源相对匮乏，大约一半的能源依赖进口，能源进口量居世界第一，属于典型的能源输入型地区。根据欧盟统计局 2006 年的统计结果显示，自 2000 年以来，欧盟对进口能源的依赖性明显上升，进口能源占能源消费的比例从 1997 年的 45%增加到 2006 年的 54%。2006 年发布的《欧盟能源绿皮书》指出：欧盟内部目前尚未形成一个统一竞争的能源市场，而且各国对进口能源的依赖性在加强，在未来 20—30 年内对进口能源的依赖可能会从 2006 年的 50%左右增加到 70%。[②] 2011 年 1 月，欧盟表示，应减少对能源进口的依赖，以防止经济变得更加脆弱；具体须采取包括进口多元化、开发可再生能源和深化内部市场改革等措施，以保障能源供应安全。为推动欧盟单一能源市场建设，促进竞争，欧盟 2009 年还通过立法，其中一项重要改革举措就是对大型能源企业实施拆分。欧盟应着力构建内部能源大市场，完善制度框架，打破成员国市场之间的障碍，同时将成员国的能源网络互相连接在一起。[③]

欧盟对能源的使用主要包括以下几个方面。

一、石油

石油是欧盟地区最主要的燃料，目前约占欧盟总能源消费的 40%左右，主要用于交通运输、化工原料、其他终端能源需求领域以及发电，包括工业、服务业、民用、热电联产和社区供暖等领域。然而，自 2000 年以来，欧盟石油的产量(见图 1)逐年下降，到 2010 年只有 9 260 万吨。与 2000 年相比，石油产量减少了 7 370 万吨，下降率高达 44.3%。

---

① 参见 BP：《BP 世界能源统计年鉴(2011 年 6 月)》，http://www.bp.com/assets/bp_internet/globalbp/globalbp_uk_english/reports_and_publications/statistical_energy_review_2011/STAGING/local_assets/pdf/Chinese_statistical_review_of_world_energy_full_report_2011.pdf，2011-08-06。

② 《欧盟能源状况》，http://www.energysaving.org.cn/euro/eurodetails.aspx?lb=txjs&id=2010522163233979，2011-11-12。

③ 参见《欧盟轮值主席国主张欧盟减少依赖能源进口》，http://www.jwfu.com/newshow/20111/69/7364.html，2012-03-26。

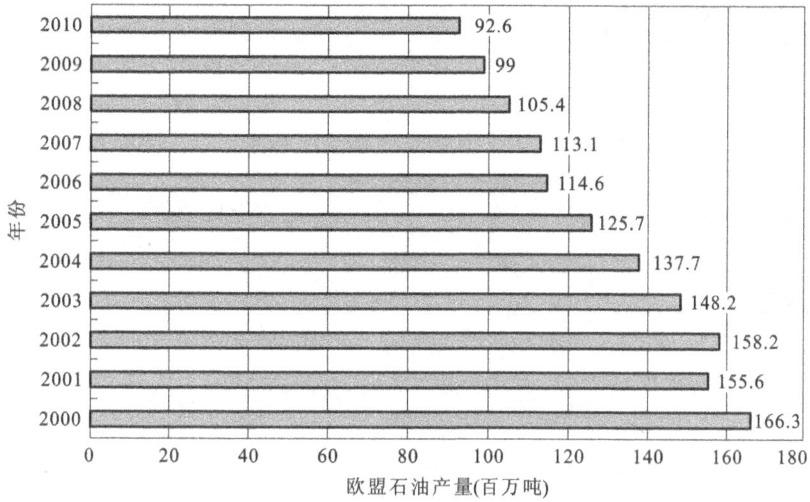

图 1 欧盟石油产量(2000—2010 年)

资料来源:BP, statistical review of world energy full report, June 2011。

与此同时,欧盟石油的消耗量(见图 2)在 2006 年之前总体呈增长趋势,但自 2007 年起总体趋于下降。

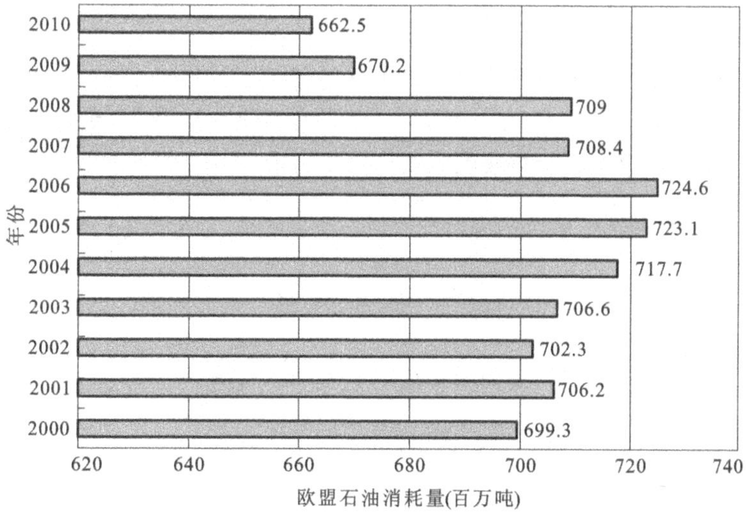

图 2 欧盟石油消耗量(2000—2010 年)

资料来源:BP, statistical review of world energy full report, June 2011。

尽管如此,欧盟石油产量和消耗量之间的差额(见图 3)依然巨大,这种情形导致的直接后果是欧盟对石油的进口依赖。这种进口总量在 2006 年之前几乎逐年增长。尽管在2007年之后有所下降，但下降幅度并不大，而且处在一个波动期。因此，世界能源市场的波动和主要石油生产国的动荡将会对欧盟地区能源消费产生直接影响。

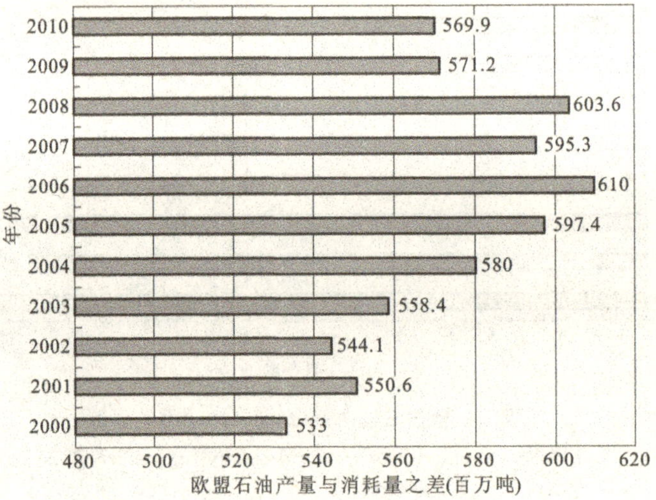

图3　欧盟石油产量与消耗量之差(2000—2010年)

资料来源：BP，statistical review of world energy full report，June 2011。

除此之外，欧盟的石油探明储量[①]也不容乐观(见图4)。在过去的10年里，欧盟的石油探明储量呈现明显的下降趋势，从2000年底探明的88亿桶下降到2009年底的62亿桶。然而，从某种程度上可以说，石油储量决定着石油产量，未来石油储量的发展状况决定了石油生产的前景。

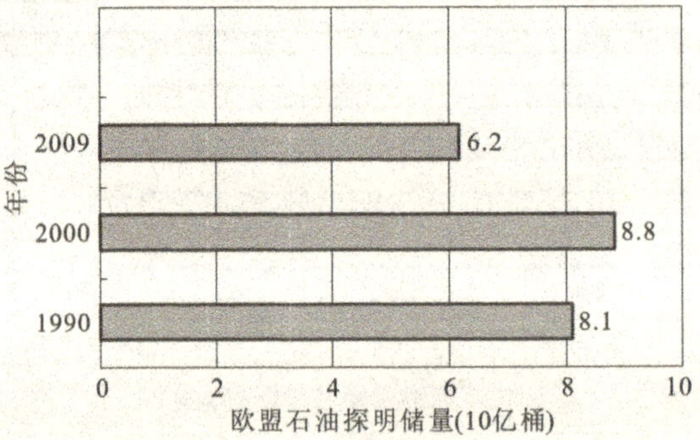

图4　欧盟石油探明储量(2000—2010年)

资料来源：BP，statistical review of world energy full report，June 2011。

① 石油探明储量，通常是指通过地质与工程信息以合理的肯定性表明，在现有的经济与作业条件下，将来可从已知储藏采出的石油储量。

二、天然气

进入21世纪以来，天然气生产增长迅速，然而，根据美国《油气杂志》的统计，近来世界天然气产量总体呈上涨趋势，但上涨幅度明显减缓，2005年增幅高达4.08％，2006年降为1.92％，而2007年仅有0.78％。[①]

就欧盟能源状况而言，一方面，在过去的十几年里，天然气是欧盟能源消费中增长最快的燃料，这除了是出于环境因素的考虑外，还因为阿尔及利亚、挪威和俄罗斯的天然气供应管线为欧盟天然气的大规模使用增加了可能性。截至2010年，天然气约占欧盟能源消费总量的26％。然而，欧盟天然气的产量自2000年以来，总体呈下降趋势，尽管在2001年、2004年、2008年和2010年有不同程度的增长，但增长幅度并不大(见图5)。

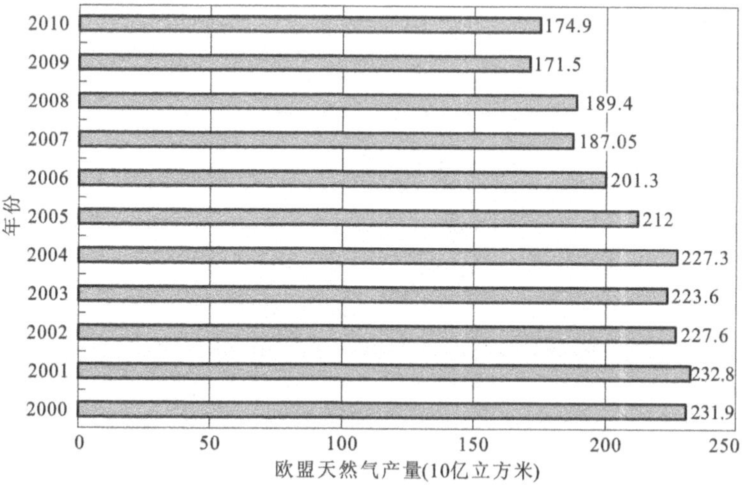

图5 欧盟天然气产量(2000—2010年)

资料来源：BP, statistical review of world energy full report, June 2011。

另一方面，欧盟的天然气消耗量在2005年之前几乎逐年上涨，此后，虽然有所下降，但下降幅度并不大，且呈明显的不稳定态势(见图6)。

除此之外，尽管世界天然气探明储量缓慢增长，但整个欧盟的探明储量自2001年以来却连续下降(见图7)。这同样说明，欧盟的天然气能源消耗在很大程度上仍然严重依赖进口。

---

① 参见张永胜：《世界能源形势分析》，经济科学出版社2010年版，第60—61页。

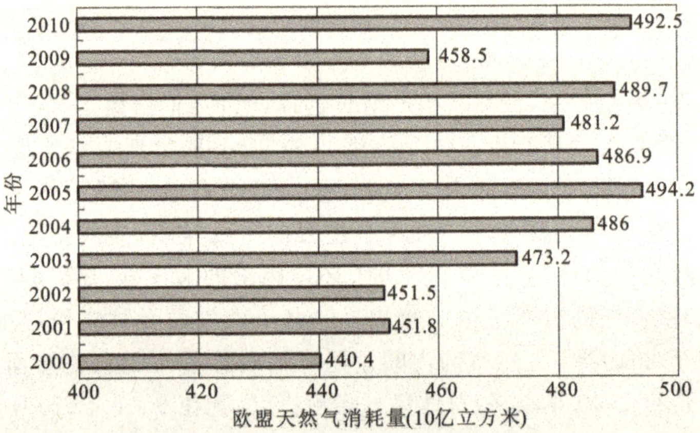

图6　欧盟天然气消耗量(2000—2010年)

资料来源:BP, statistical review of world energy full report, June 2011。

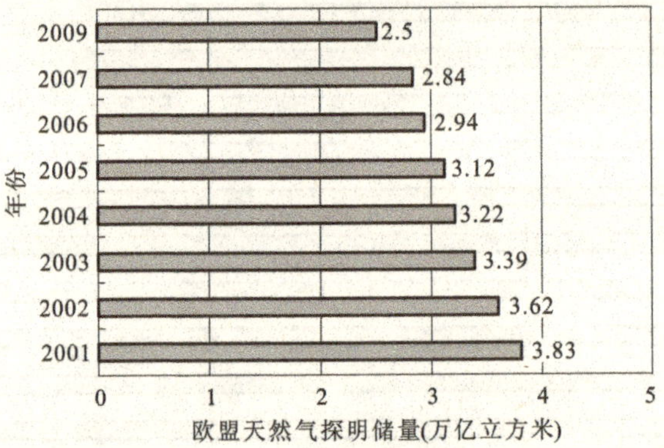

图7　欧盟天然气探明储量(2000—2010年)

资料来源:BP, statistical review of world energy full report, 2008 June and June 2011。

三、煤炭

自进入21世纪以来,世界煤炭作为能源安全的保障,生产增长迅速,在三类化石能源中,煤炭的增速明显超过石油,也高于天然气。但是,就欧盟地区而言,煤炭的产量自2000年以来却逐年下降(见图8)。与2000年相比,2010年的煤炭产量下降了25.5%。

与此同时,欧盟煤炭的消费量(见图9)在2007年之前却相对稳定,保持在3.1亿—3.2亿吨油当量,但此后显著减少。其中的主要原因是由于环境标准和资源条件的限制以及煤炭生产成本的提高。例如,德国是欧盟的重要产煤国，德国政府认为保持硬煤生产能力对保护国家能源安全是必需的，而且煤炭是重要的就业行业，但是，由于《欧洲煤炭钢铁共同体条约》期满，欧盟能源委员会要求成员国到2010年要分阶段停止对国内煤炭生产者的补贴。[①] 在这种情况下，英国煤炭消费量已经由1980年的1亿吨左右降到2000年的不足0.6亿吨；法国煤炭消费量20多年来减少了57%，国内煤矿在2005年前全部关闭；意大利煤炭消费量只占能源消费的8%，主要用于发电，并通过使用洁净煤技术来保证环境的要求。

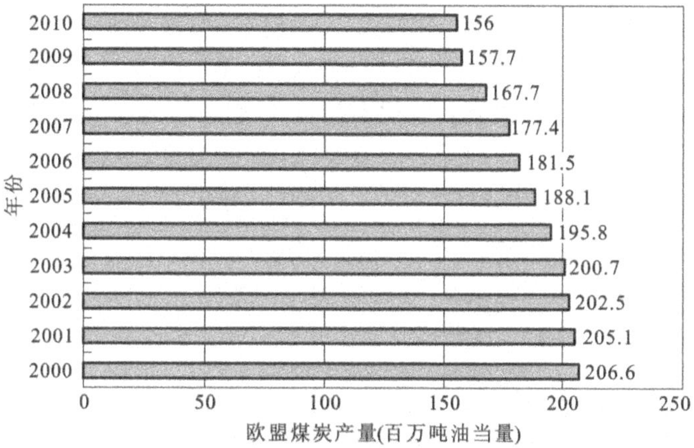

图8　欧盟的煤炭产量(2000—2010年)

资料来源：BP, statistical review of world energy full report, June 2011。

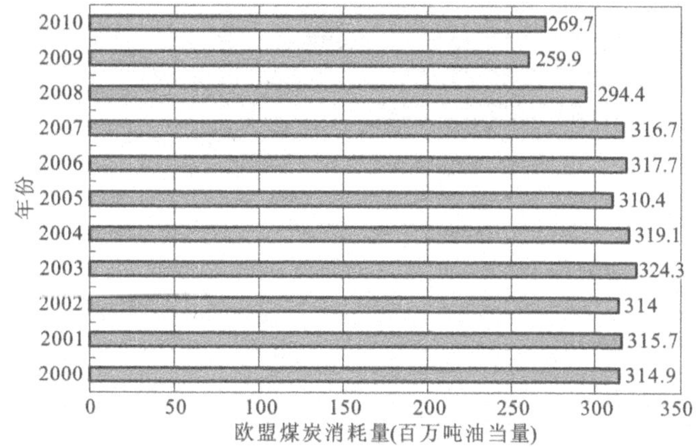

图9　欧盟煤炭消耗量(2000—2010年)

资料来源：BP, statistical review of world energy full report, June 2011。

① 《欧盟能源状况》，http://www.energysaving.org.cn/euro/eurodetails.aspx?lb=txjs&id=2010522163233979，2011-11-12。

四、核能

在欧盟的能源结构中，核能利用备受争议，支持者认为，核电站是清洁的、经济的，核电是安全的，核能更是可持续发展的能源。反对者则认为，核反应堆是不安全的，核能能够解决全球变暖问题的可靠性受到质疑，而且发展核能存在核扩散的风险。[①]

在过去的十几年里，欧盟的核能消耗量呈现出不稳定趋势。在2004年之前，核能消耗量逐年上升，随后呈下降趋势，但在2010年，又出现一定程度的反弹（见图10）。2011年日本福岛核事故又引发了全欧洲有关核能存废的激烈讨论：德国、意大利等国家已经明确宣布“弃核”；法国等国家则坚持核能在改善能源结构过程中的重要作用；还有相当一部分国家对核能的大规模推广和利用持“骑墙”态度。因此，核能未来在欧洲的发展态势并不明朗。

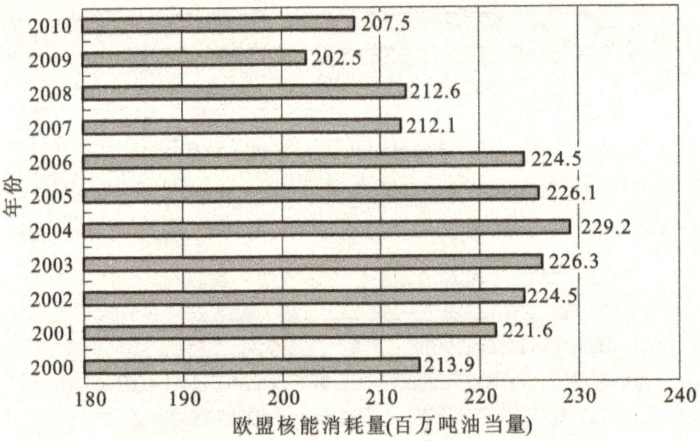

图10　欧盟核能消耗量(2000—2010年)

资料来源：BP，statistical review of world energy full report，June 2011。

五、可再生能源

近10年来，欧盟的水电消耗量自2005年以来呈逐年上涨趋势（见图11），其他可再生能源（地热、生物能、太阳能、风能等）消费量更是翻了两番之多（见图12），预计未来20年可再生能源将成为欧盟增长最快的燃料之一。

① 张永胜：《关于我国发展核能的现实思考》，载《人民论坛》2010年第23期，第23页。

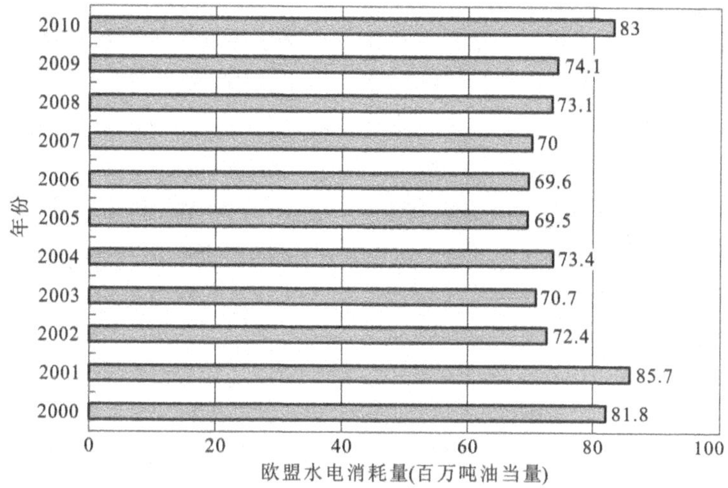

图 11 欧盟水电消耗量(2000—2010 年)

资料来源:BP, statistical review of world energy full report, June 2011。

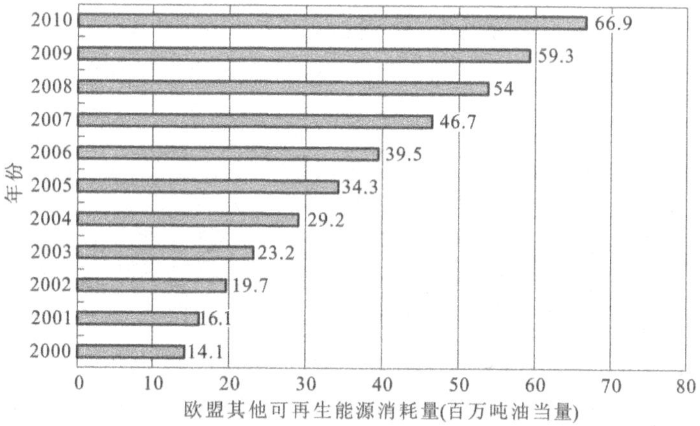

图 12 欧盟其他可再生资源消耗量(2000—2010 年)

资料来源:BP, statistical review of world energy full report, June 2011。

注释:这里的数据统计以其他可再生能源发电总量为基准,包括风能、地热能、太阳能、生物质能和垃圾发电。

根据欧盟委员会于 2010 年公布的《可再生能源报告》显示:2009 年欧盟 27 国当年新增发电装机容量的 62%来自可再生能源,可再生能源发电量占当年欧盟总耗电量的 19.9%。报告显示,欧盟 2009 年的总耗电量为 3 042 太瓦时(TW·h);其中 19.9%来自可再生能源,发电量为 608 太瓦时。在可再生能源中,水电占 11.6%、风电占 4.2%、生物质能电占 3.5%、太阳能电占0.4%。2009年欧盟新增发电装机容量为27.5兆瓦(MW),其中风电所占比例最大,为10.2兆瓦,占新增发电装机容量的37.5%,太阳能光伏发电占21%,生物质能发电占2.1%,水电占0.4%,太阳能发电占1.4%;其余为天然气、煤、石油、废物焚烧和核能发电。自2008年以来,欧盟可再生能源在新增发电装机容量中的比例逐渐增加,2008年占到57%,2009年达到62%。该报告认为,以目前的增长速度,到2020年,欧盟发电装机容量中的可再生能源发电量将达到1 400太瓦时,占欧盟总耗电量的35%—40%。这一发展速度将大大有助于欧盟实现其到2020年将可再生能源占总能源消耗比例提高20%的目标。[①]

实际上,欧盟自20世纪90年代为增加可再生能源计划就实施了两个项目,一个是1990年开始的欧洲辅助能源(Altener)项目,另一项是1998年开始的继续能源(SAVE)项目。这两个项目在2002年4月在欧共体的"欧洲明智的能源计划(2003—2006年)"建议下进行了更新。其中,辅助能源项目计划到2005年使欧洲联盟的可再生能源的发展达到如下目标:使可再生能源在能源供应中的贡献率翻一番,即从4%提高到8%;使可再生能源的发电量增加2倍(不包括大型水力电站的发电量);使生物燃料在机动车消耗的燃料总量中的比例提高到5%。此外,欧洲联盟向欧盟委员会提交了一项关于对二氧化碳排放和能源征税的议案。可再生能源不在征税之列,包括小于1万千瓦的小水电站。

德国于2000年3月通过了《可再生能源法》,并分别于2004年和2009年先后经过两次修改。该法进一步鼓励利用可再生能源,主张可再生能源应成为德国未来能源保障的基础。德国政府已经把利用可再生能源的发电量占总发电量的比重从2000年的6.25%提高到2010年的12.5%。德国下一步利用风能的重点将是建立海上风力发电设施。计划到2030年,德国电力消耗的1/4左右将来自风电。[②] 太阳能是德国的另一个重要的再生能源,德国的太阳能电池在国际市场居领导地位。德国从1999年起推行"10万屋顶"计划,准备在6年中资助10万户家庭安装太阳能电池设备。[③] 在日本福岛核泄漏事件发生之前,《德国未来能源纲领》就明确规定,至2050年德国可

① 参见佚名:《欧盟2009年可再生能源发电量占新增发电量的62%》,载《建筑》2010年第17期,第24页。

② 《德国追加3 000万欧元大力发展可再生能源》,http://news.xinhuanet.com/newscenter/2002-02/04/content_267573.htm,2011-11-12。

③ 《德国可再生能源政策》,http://www.nere.org.cn/nere/ShowNews.asp?News_Id=1063,2011-11-12。

再生能源比重将达 80%。①

英国曾制定了《可再生能源优惠条款》对利用可再生能源予以鼓励，风能、潮汐能等可再生清洁能源将成为未来 20 年内的发展重点。英国政府过去曾计划到 2020 年使可再生能源发电量占总发电量的比例从原来的 3%提高到 10%，而确立的新目标是到 2020 年在 10%的基础上再增加 1 倍。② 2003 年 2 月 24 日，英国政府发布《能源白皮书》，宣布在今后几十年里，英国的能源政策将大力向清洁、可再生能源方面倾斜，减少石油、煤炭和天然气等化石燃料和核能的使用。英国还计划到 2025 年从太阳能、风能和波浪能获得其所需电量的一半以上，且到 2025 年，可再生能源所生产的电力将比核电或煤电便宜。③ 2002 年，英国可再生能源中水力和风能仅提供了英国电力需求 3 450 亿度中的 32 亿度；而到 2025 年，可再生能源可满足 1 800 亿度的电力需求。

法国政府于 2003 年 3 月出台了推广可再生能源发电的长期计划，以期迅速提高法国可再生能源的发电比例，在 2007 年，法国新增木材及植物废料发电能力 20 万—40 万千瓦，新增风能发电能力 200 万—600 万千瓦，其中 50 万—150 万千瓦为海上风能发电。④

荷兰政府提供一系列财政、税收和金融优惠，促进可再生能源的开发利用。政府的目标是到 2010 年使可再生能源占全部能源消耗的 10%。荷兰还对使用化石燃料的用户征收空气污染税，而风能使用则享受一定的税收优惠。⑤

丹麦政府积极支持风能发电的研究和开发，对每台风能发电机投入相当于成本 30%的财政补贴，并实行了 10 年。在 1970 年，丹麦的可再生能源的使用率还很低，但到了 2004 年，丹麦可再生能源的消费在总能源消费中占到了 8%，而且还在稳定增长。丹麦在研发利用风能的同时，也利用生物能和太阳能。现在丹麦很多可再生能源的技术已日臻成熟并且能够和传统

---

① 冯迪凡：《欧盟启动核电站压力测试：英法向左德国向右》，http://www.china5e.com/show.php? contentid=178615，2011-11-12。

② 王艳红：《英国将大力发展清洁可再生能源》，http://www.people.com.cn/GB/huanbao/58/20030226/931555.html，2011-11-12。

③ 《到 2025 年英国一半电力有可能来自可再生能源》，http://www.pvall.com/html/news/2003-09/info-11440-637.htm，2011-11-12。

④ 卢苏燕：《最新统计表明：世界可再生能源发电比例减少》，http://news.sohu.com/78/35/news207003578.shtml，2011-11-12。

⑤ 《国内外部分国家可再生能源政策及对我们的启示》，http://www.365jn.cn/html/2006/0209/321.htm，2011-11-11。

的、对环境不利的能源产品竞争。可再生能源产品的出口在丹麦出口产品中占据了重要地位。①

西班牙每年风能发电相当于6 000万美元的石油。西班牙认为风能使国家能源自主,预计在2020年西班牙将进口能源约85%,发展风能可防止能源过度依赖进口。②

六、发展趋势与展望

(一)欧盟可再生能源:利用与规划

现今世界许多国家能源问题突出:能源供应不足,不能满足经济发展需要;煤、石油等化石能源的利用会产生大量的温室效应,污染环境。在此情况下,可再生能源越来越受到世界各国的重视。从目前世界各国既定的能源战略来看,大规模地开发利用可再生能源已成为未来世界各国能源战略的重要组成部分。

就欧盟而言,《欧盟能源白皮书》确定的目标是,到2020年欧盟20%的发电量来源于可再生能源。实际上,欧盟各国均踌躇满志,意欲加快步伐,提前实现其在2020年可再生能源占总能源消费比例达到20%的目标。2011年初,欧洲风力能源协会发表了《欧盟国家可持续能源实施计划分析报告》,各国的实施计划汇总结果显示,欧盟27国将会提前实现其在2020年可再生资源消耗占据总消耗能源量20%的目标。

欧盟目前已经成为全球可再生能源发展应用的先行者。大力推行可再生能源不仅可以减少欧盟对国外能源进口的依赖,同时也有助于其应对全球变暖的气候困境。欧盟《国家能源实施计划》显示,到2020年,约34%的欧盟电力消费将由可再生能源提供,其中14%来自风能,10.5%来自水力发电,6.6%来自生物燃料,2.4%来自太阳能发电。③

欧盟各成员国也都结合本国实际情况,制定相应的实施计划。例如,瑞典计划到2020年停止使用石油。为了实现这一目标,瑞典计划到2016年将可再生能源发电量增加到150亿千瓦时。一直依赖能源进口的丹麦,也积极着手推行能源多样化政策,制定适合本国国情的能源发展战略,积极开发生物能以及风能、太阳能等清洁可再生能源。根据丹麦最新的能源计划,到2030年,即使那时石油和天然气资源走向枯竭,丹麦也能够通过可再生能源

---

① 《丹麦节能情况介绍》,http://ccn.mofcom.gov.cn/spbg/show.php? id=2085,2011-11-12。

② 傅庆云等编:《世界主要国家能源形势》,中国大地出版社2004年版,第63—65页。

③ 参见蒋琪:《欧盟可再生能源发展速度超出预想》,http://news.cntv.cn/20110111/114787.shtml,2012-01-12。

实现能源自给。[①]

(二)生物质能利用:步伐加快

生物质能是仅次于煤炭、石油和天然气而居于世界能源总量第四位的能源。目前,国外对生物质的利用侧重于把生物质转化成电力和优质燃料。自然界每年储存的生物质能相当于世界主要燃料的10倍,而现在全世界能源的利用量还不到其总量的1%。据预计,到21世纪中叶,采用新技术生产的各种生物质替代燃料将占全球总能耗的40%以上。[②] 因此,生物质能将成为21世纪主要的可再生能源之一。

目前,生物质能源占全球能源利用总量的11%,但是部分来自不可持续的采伐。据预计,到2020年全世界生物质能源的商业化利用将达到1亿吨油当量,并形成千万吨级规模的生物液体燃料的生产能力。据联合国开发计划署(UNDP)估计,可持续的生物质能潜力巨大,可满足当前全球能源需求量的65%以上。[③]

世界自然基金会和德国应用生态学研究所分别发表研究报告,强调生物质能作为可再生能源对未来全球能源发展的重要性。这些报告宣称,生物质能的巨大潜力一直因政治因素而被忽视,如果不充分开发利用生物质能资源,西方工业国家可能无法实现《京都议定书》制定的减少排放温室气体的目标。这些报告要求到2020年,西方工业国家15%的电力将来自生物质能发电,而目前生物质能发电只占整个电力生产的1%。[④]

1. 欧盟生物质能利用开发进展

如前所述,为建立清洁发展机制,减少温室气体排放,丹麦政府加大对生物质能和其他可再生能源的研发和利用力度。为了鼓励秸秆发电以及风能和太阳能等可再生能源的发展,丹麦政府制定了财税扶持政策。对于秸秆发电、风力发电等新型能源,丹麦政府免征能源税、二氧化碳税等环境税,并且优先调用秸秆产生的电和热,由政府保证它们的最低上网价格。政府还对各发电运营商提出明确要求,各发电公司必须有一定比例的可再生能源容量。1993年,政府与发电公司签订协议,要求每年燃用秸秆及碎木屑

---

① 参见金枫:《欧美可再生能源计划炫目登场》,http://www.sinopecnews.com.cn/shzz/2007-08/09/content_447845.shtml,2012-03-24。

② 参见孙仁山:《生物质—煤双燃料气化炉设计及试验研究》,东北林业大学2003年硕士论文,第1—5页。

③ 参见《可再生能源利用备受全球关注》,http://news.sina.com.cn/w/2004-08-17/09423413802s.shtml,2012-03-23。

④ 参见《人类第四次技术革命突破口》,http://www.nengyuanwang.com.cn/news/12/12840.html,2012-03-23。

140 万吨。另外，丹麦从 1993 年开始对工业排放的二氧化碳进行征税并将税款用来补贴节能技术和可再生能源的研究。目前丹麦已建立了 130 多家秸秆生物发电厂，还有一部分烧木屑或垃圾的发电厂也兼烧秸秆。秸秆发电等可再生能源占到全国能源消费量的 24%以上，丹麦靠新兴替代能源由石油进口国一跃成为石油出口国。丹麦的秸秆发电技术现已走向世界，并被联合国列为重点推广项目。①

此外，欧洲最大的森林生物质能电厂于 2006 年 10 月在奥地利维也纳西默林(Simmering)区投入运营，这个以木头碎料为燃料的发电厂共投资 5 200 万欧元，每年可供电 66 兆瓦，供电量占奥地利全国电力年需求量的 1.5%。②

2. 欧盟生物燃料的发展动向

据世界瞭望学会发布的报告，生物燃料如乙醇和生物柴油对减少全球对石油的依赖拥有巨大潜力。生物燃料市场的扩大和新技术进步的协同作用有望缓解油价上涨的压力，并可振兴农业经济，减少全球温室气体的排放。③

原油价格在高位振荡，使得当今生物燃料的生产颇具吸引力。包括化工和石油在内的诸多工业领先的公司纷纷抢占替代燃料尤其是生物燃料市场的优势地位。例如，法国道达尔公司是欧洲领先的生物燃料生产商，该公司发展了两大类第一代生物燃料：由乙醇生产的乙基叔丁基醚(ETBE)和植物油甲酯(VOME)。该公司在比利时、德国、法国和西班牙拥有或合作拥有 7 套乙基叔丁基醚生产装置，并在法国、德国和意大利的该公司炼油厂在柴油中调入植物油甲酯。为符合欧盟设定的目标，道达尔公司致力于开发新的生物燃料技术。④ 西班牙的阿本格(Abengoa)公司已与大雅迪克(Dyadic)生物技术国际公司合作，开发可低成本地从生物质制取乙醇的酶。⑤ 法国政府在 2006 年 3 月宣布，计划投资 10 亿欧元在法国建设 10 套生物燃料装置，旨在实现到 2015 年生物燃料占燃料消费的 10%的目标。这些装置将采用

---

① 参见马世骏：《丹麦靠可再生能源一跃成石油出口国》，http://news.xinhuanet.com/mrdx/2006-07/31/content_4899547.htm，2012-03-23。

② 参见赵亮：《"奥地利清洁能源"的高速发展》，http://www.bjhsf.com/Article/dxscyxm/jn-lxm/201011/112.html，2012-03-03。

③ 参见钱伯章：《全球生物燃料发展方兴未艾》，载《中国石化》2006 年第 8 期，第 35—40 页。

④ 参见《道达尔公司及其新能源战略》，http://www.cnpc.com.cn/CNPC/hjysh/syzs/syg/%E9%81%93%E8%BE%BE%E5%B0%94%E5%85%AC%E5%8F%B8%E5%8F%8A%E5%85%B6%E6%96%B0%E8%83%BD%E6%BA%90%E6%88%98%E7%95%A5.htm，2012-02-02。

⑤ 参见中国科学院国家科学图书馆武汉分馆：《科学研究动态监测快报：先进能源科技专辑》，http://whlib.cas.cn/qbyj/kjjckb/nyjckb/2009/201101/P020110118566566845815.pdf，2012-02-02。

包括谷物和甜菜在内的原料，生产生物柴油和生物乙醇。生物燃料研发中心也将建在拉罗歇尔(La Rochelle)。①

3. 生物乙醇的应用与发展

生物乙醇将继续成为全球汽油市场的新秀，它在汽油供应市场上将发挥越来越大的作用。世界乙醇生产中，90％以上采用生物发酵法制取。欧盟历来重视生物乙醇技术的开发与应用。例如，欧洲议会发布《生物燃料指令》(2003/30/EC)要求，2005年生物燃料占运输燃料比例为2％，2010年该比例提高到5.75％(体积分数)(基于能源含量)。生物柴油将有很大需求，乙醇使用也将大大增多。欧洲使用生物燃料乙醇主要通过乙基叔丁基醚(ETBE)，少量乙醇直接用于调和。欧洲绝大多数的乙醇增长可望来自乙基叔丁基醚形式，已有好几套相关装置被用于转换生产乙基叔丁基醚，其他的装置转换加上少量新建的乙基叔丁基醚装置已经在2010年完成，乙基叔丁基醚用量可望增加到215万—257万吨/年。2015年前，欧盟乙醇消费(乙基叔丁基醚和乙醇直接调和)将超过10亿加仑/年。鉴于东欧国家加入欧盟，为实现生物燃料目标的一致性，欧洲的生物乙醇使用将进一步增加。②

根据已生效的《京都议定书》，欧盟在2008—2012年间，需要将二氧化碳等6种温室气体排放量在1990年的基础上减少8％。为此，欧盟已经开始实施"欧盟第六框架计划"，提出了生物乙醇示范城市的子项目，意在验证使用乙醇燃料对环境、社会的益处，引导更多的人和组织加入到乙醇燃料的使用之中。③

乙基叔丁基醚由乙醇和异丁烯生产，但它可以避免使用乙醇带来的诸多问题，如使汽油挥发性增高。乙基叔丁基醚可在炼油厂调入汽油，不像乙醇要在销售点调和。乙基叔丁基醚作为含氧化合物调入汽油可使汽油更清洁燃烧。与乙醇相比，乙基叔丁基醚有以下优点：水混入不发生分离，对汽车部件无腐蚀作用，不会增加排气管化学烟雾。第一套生产乙基叔丁基醚的生物醚类装置已经于2004年投产，欧洲还将建设多套装置。另外，德国PCK炼油公司于2006年1月与德国伍德公司签约，将在德国1 100万吨/年的希韦登特(Schwedt)炼油厂建设轻汽油与生物乙醇醚化装置。该装置将采用芬兰耐思

---

① 参见《生物燃料——石油替代的一道亮丽风景》，http://topic.xywy.com/wenzhang/20031227/308712.html，2012-03-22。

② 参见明小冲：《美燃料乙醇期货研究：我国市场前景将十分广阔》，http://finance.sina.com.cn/money/future/20061010/00062970495.shtml，2012-03-27。

③ 参见王春利：《南阳入选全球生物乙醇示范城市》，http://www.ha.chinanews.com/cnsnews/43/2006-04-17/news-43-48241.shtml，2012-03-27。

特雅各布斯公司(Nest Jacobs)的工艺技术,生产近100万吨/年高质量的轻石脑油。该炼油厂将采用该装置生产的轻石脑油作为高辛烷值汽油调和组分。[①]

法国政府从2006年3月开始投资10亿欧元建设10套生物燃料装置,将采用包括谷物和甜菜在内的原料,生产生物柴油和生物乙醇。[②] 法国德西尼布(Technip)公司为糖业生产商圣路易斯苏克雷公司(Saint Louis Sucre)的子公司瑞森公司(Ryssen)在法国敦刻尔克(Dunkirk)港新建了生物乙醇装置,该生产装置将采用法国泰克尼普集团公司的专有技术,已经于2007年7月投入生产。[③]

德国糖业精炼公司(Sudzucker)投资1.85亿欧元,在德国蔡茨(Zeitz)新建大型乙醇装置,该装置在设计和规模上可称独一无二,成为欧洲最大的乙醇装置,已经于2005年初投产。该装置以70万吨/年谷物作为原料,生产26万平方米/年燃料级乙醇。对应于欧盟指令的德国相应新法规早在2003年7月就已经通过,生物乙醇生产可享受税收优惠。[④]

英国糖业公司将在该公司威兴顿(Wissington)生产基地建设英国第一套生物乙醇装置,该装置投资费用为2 000万英镑,采用甜菜为原料生产5.5万吨/年生物乙醇,已经于2007年初投产。据预测,为满足欧盟生物燃料的指令,英国市场需要约100万吨/年乙醇。英国蓝海联合公司投资约9 000万欧元在荷兰阿姆斯特丹建设了生物乙醇装置,该装置将利用37.5万吨/年谷物生产11万吨/年乙醇和12万吨/年牲畜饲料。乙醇将在汽油中掺混5%。该项目已经于2007年建成。

西班牙最大的雷普索尔石油公司每年消费14万吨生物乙醇用以生产乙基叔丁基醚,用于汽油配方。西班牙阿本格生物能源公司(Abengoa Bioenergy)是欧洲最大的生物乙醇生产商,并向西班牙第二大石油公司西班牙石油公司(Cepsa)供应乙醇以生产乙基叔丁基醚。

4. 生物柴油的应用与发展

欧盟是全世界生物柴油发展最快的地区。欧盟于2008年发布了两项新的指令要求欧盟各国降低生物柴油税率,并对生物柴油在欧洲汽车燃料中

① 参见石油经济技术研究院:《受追捧的汽油新组分:乙基叔丁基醚》,http://www.oilchina.com/cnodc/syxx/cnodc_xl.jsp? bsm=0471357FD.0000A889.4873&db=cnodcsykj,2012-03-22。

② 参见《生物燃料——石油替代的一道亮丽风景》,http://topic.xywy.com/wenzhang/20031227/308712.html,2012-03-22。

③ 参见钱伯章:《Technip在法国建生物柴油装置》,载《石油与天然气化工》2006年第3期,第194页。

④ 参见钱伯章:《荷兰建设生物乙醇装置》,载《炼油技术与工程》2006年第3期,第12页。

的销售比例作出规定。在此背景下，欧洲生物柴油市场价值年增长率可望达到25%。[①]

欧盟国家是生物柴油的领先生产国，下面是欧盟一些主要国家的生物柴油应用情况：

(1)德国：德国重视生物燃料作物的种植，预计到2012年底，德国将有300万—400万公顷农田用于种植提取生物燃料作物，如油菜、玉米、马铃薯和甜菜等。据悉，德国将在2035年前将有能力将汽车用油总量的35%置换为生物燃料。[②] 虽然目前生物柴油的生产成本高于汽油，但政府通过减免税收等方式来鼓励生产和消费。例如，在德国，购买用油菜籽加工而成的"花油"免收能源税，价格比普通汽油能节省15欧分。同时，德国还制定了生物柴油标准(DIN V51606)，对生物柴油不收税。[③]

(2)法国：法国国家科学研究中心波尔多大学理工学院的研究人员于2011年7月5日宣布，该科研机构已经开发出酶基单片双复合泡沫催化剂，应用于连续生产生物柴油。常规的生物柴油生产依赖于反酯化反应，在酸性或者最好是碱性介质中进行催化，介质中可使用植物油(90%)和醇类(10%)。这种反应可将混合物转化成甲酯(生物柴油的主要成分)和甘油。皂化副反应(甲酯转化成相应的酸盐)会降低甲酯的产率。为了提高产率，就必须开发替代的催化剂。但某些酶催化剂的高成本和低的结构稳定性限制了其工业用途，除非它们在多孔基质中能限制不可逆，使之有良好的可承受性和增强传质性。目前，该研究团队已实现了这一目标。[④] 2011年底，法国国际投资部表示法国业已成为欧洲第二大生物燃料市场，并且法国正预备为减少二氧化碳排放作出更多努力。法国交通部承诺将在公路运输中使用更多生物燃料。2010年到2011年间，法国继续通过若干政策鼓励公司开发新的生物燃料，并且开始兴建新的生物燃料加工项目。[⑤] 预计到2015年，法国将成为世界主要的生物柴油生产商。法国投资机构的生物燃料专家

---

① 参见北京燕山石化公司研究院：《详解我国生物柴油现状与前景》，http://www.bioon.com/bioindustry/bioenergy/371874_2.shtml，2012-03-21。

② 参见丰帆、张川杜、青木：《汽车与人类争粮食 玉米土豆都能成新能源》，http://www.aptchina.com/news/43484，2012-03-05。

③ 参见钱伯章：《生物柴油生产现状及技术进展》，http://www.forestry.gov.cn/portal/swzny/s/744/content-102895.html，2012-03-21。

④ 参见亦云：《法国波尔多大学开发生产生物柴油新的酶催化剂》，http://news.yesfr.com/12309.html，2012-03-24。

⑤ 参见《法国或成为世界第二大生物柴油市场》，http://www.hbepi.com/hbjs/show-9262.html，2012-03-03。

说，如果达到政府设定的目标，到 2015 年，法国生物柴油的产能将增长到1 000 万吨/年。[①]

(3)英国：英国具有 10 年生物柴油产销经验的英力士公司积极投资建设生物柴油装置。该公司的发展战略之一就是将其在欧洲的生物柴油业务大幅度增加，到 2012 年底使生物柴油产量至少达到 200 万吨。该公司在每一处关键的需求中心布局生物柴油生产，以便拥有完整的运输网络、低成本的基础设施和安全一体化的客户基础。2011 年，英国绿能公司开发出一项"变废为宝"的新技术，即从食物残渣中提取食用油，制成生物柴油，与普通柴油混合后，将生物混合柴油销往当地的加油站。绿能公司在英国林肯郡英明赫姆港口投资 5 000 万英镑购置生产设备，每年可生产约 100 亿公升的生物混合柴油。[②]

(4)芬兰：2011 年 9 月，芬兰环境部海洋研究中心联合芬兰内斯特石油公司启动了利用海藻制造生物柴油的研究项目。据芬兰环境部于 2011 年 9 月 8 日发布的消息，海藻是提炼生物柴油一种可能的候选原料。在目前技术条件下，每公顷海藻每年可提取可观的生物柴油。另外，海藻生长迅速，而且不与农业生产争夺水和土地资源，因此发展空间较大。此次联合研究项目的目的是，进一步确定不同品种的海藻的炼油能力，以及生长环境对于海藻炼油能力的影响。[③]

(5)西班牙：西班牙石化公司(Cepsa)于 2011 年 7 月 10 日宣布，将扩大第二代生物柴油生产，并在西班牙南部建成三套设施以生产 2 640 万加仑/年生物柴油。该公司已开始使用棕榈油、动物脂肪和其他残余物在其韦尔瓦(Huelva)地区的拉迪巴(La Rabida)设施生产生物柴油，并于 2011 年 11 月在其直布罗陀散罗克(Gibraltar-San Roque)生产基地生产生物柴油。该公司正在寻求扩展到从海藻和其他"创新"的渠道来获取下一代生物燃料。该公司还积极寻求从来自植物生物质和高含纤维素和木质素的森林残余物来生产生物燃料。该公司已经于 2011 年开始逐步在西班牙加油站销售 B-10、B-15、B-20 和 B-30 类型的生物柴油调合油。截止到 2011 年底，该公司已经拥有两套设施，年生产生物柴油能力为 45 万吨。[④]

---

① 参见《法国将大规模发展生物柴油》，载《化工科技市场》2006 年第 4 期，第 64 页。

② 参见刘亚斌：《英国绿能"变废为宝"变食物残渣为生物柴油》，http://www.indaa.com.cn/xny2011/swzn/201105/t20110524_659725.html，2012-03-15。

③ 参见《芬兰尝试用海藻制造生物柴油》，http://news.xinhuanet.com/mil/2011-09/09/c_122009433.htm，2012-02-23。

④ 参见《西班牙 CEPSA 将扩大第二代生物柴油生产》，http://www.cscdf.org/newsdetail.aspx?country=%E8%A5%BF%E7%8F%AD%E7%89%99%C2%B7%E9%98%BF%E6%A0%B9%E5%BB%B7&id=4711，2012-03-24。

此外，爱尔兰、荷兰、奥地利、意大利、瑞典等国的公司也都积极投入生物柴油装置建设，从而减少二氧化碳排放。

（三）太阳能利用：前途无量

太阳能因其分布广泛，取之不尽，用之不竭，且无污染，而被公认为是人类社会可持续发展的重要清洁能源。太阳能是自然界最丰富的可再生能源。太阳能目前主要利用于太阳能热水器和太阳能发电。太阳能光伏发电是一种零排放的清洁能源，是一种能够规模应用的新能源。随着科技的发展，太阳能发电的成本进一步降低，太阳能电力将成为人类电力的重要来源。有专家分析，如果把地球表面0.1%的太阳能转变为电能，转变率为5%，每年的发电量相当于目前世界能耗的40倍左右。[①] 根据欧洲和日本等能源机构的预测，2020年，光伏发电将占到全球发电量的1%，2040年将占到全球发电量的21%，2050年左右，太阳能将成为全球主力替代能源。[②] 21世纪以来，一些发达国家纷纷制定了发展包括太阳能电池在内的可再生能源计划，太阳能电池的研究和生产已经在世界范围内大规模铺开。虽然太阳能目前在整个能源产业中所占比例仍然很小，但其成长性却远远高于其他能源。

就欧盟各成员国而言，德国对可再生能源的利用通过立法、政府大量补贴等措施，使其成为继日本之后世界光伏发电发展最快的国家。由于投资回报率高达10%，远高于其他产业，因此，光伏产业发展迅速。从1999年到2005年，德国光伏市场增加了14倍，成本下降30%。预计到2020年，太阳能将占到德国能源需求量的5%以上。[③]

希腊、西班牙和葡萄牙等国也纷纷为太阳能发电提供各项支持措施。希腊2011年新增的光伏装机容量有600兆瓦，是其2010年新增装机量的四倍。希腊政府为太阳能光伏发电提供了整个欧洲最为优厚的补贴，为0.35—0.4欧元/千瓦时，多于德国的0.21—0.29欧元/千瓦时。2011年9月，希腊政府表示将加快对3个太阳能光伏发电项目的投资，希望借此为重振萎靡的经济状况提供帮助。这3个太阳能光伏发电项目的总投资为10亿欧元（约合13.7亿美元）。[④] 同时，希腊能源部公布了一项规模宏

---

① 参见中国电子元件行业协会：《国产太阳能电池今年销售额将超过5亿元》，http://www.dzsc.com/news/html/2006-11-20/23081.html，2012-03-25。

② 参见佘惠敏、崔智浩：《新型单驱双动式太阳跟踪装置研制成功》，http://district.ce.cn/zg/201112/28/t20111228_22956059.shtml，2012-03-25。

③ 参见《全球太阳能发电量预计今年将增加25%》，http://www.hbzhan.com/News/Detail/267.html，2012-03-23。

④ 参见《希腊14亿美元加大太阳能投资》，http://www.escn.com.cn/2011/0915/48741.html，2012-03-23。

大的太阳能发展规划——“赫利俄斯计划”。该计划提出投资200亿欧元，到2020年让希腊的太阳能装机从2010年的20.6万千瓦激增到220万千瓦，到2050年进一步增加到1 000万千瓦。当前欧元区正遭遇空前的债务危机，希腊则是重灾区。希腊政府将“赫利俄斯计划”视作救命稻草，希望通过该计划吸引投资，向中欧出口电力，以偿还欠下其他欧盟成员国的债务。①

2011年5月，西班牙建成了世界上首座24小时工作的太阳能发电站。该发电站的投资经费超过了2亿欧元(2.6亿美元)，技术先进，其原理是通过1 255面太阳镜(占地面积达到210英亩，约合1 274亩)将阳光集中到中央发电塔的接收器上，而水被泵入541英尺(约合160米)高的发电塔，穿过接收器后变成蒸汽，由蒸汽驱动涡轮机发电。② 该发电站可以不受太阳光线变化的限制，比没有存储能力的发电站能够多产生60%的电能。因为它每年能工作6 400小时，而其他的太阳能发电站只能工作1 200—2 000小时。该发电站一年所产生的能量总数足够支撑3万西班牙家庭消费。③

(四)风能利用:脱颖而出

风能是指由空气流动所产生的动能。风是地球上的一种自然现象，它是由太阳辐射热引起的。到达地球的太阳能中虽然只有大约2%转化为风能，但其总量仍是十分可观的。据世界气象组织估计，全球的风能比地球上可开发利用的水能总量还要大10倍。④ 风能与其他能源相比，有其明显的优点:蕴量巨大，取之不尽，用之不竭，可以再生，分布广泛，没有污染。风力发电没有燃料问题，不会产生辐射或二氧化碳公害;而且，从经济的角度看，风力仪器比太阳能仪器要便宜九成多。⑤ 合理利用风能，既可减少环境污染，又可减轻越来越大的能源短缺压力。

---

① 参见琳达:《希腊想卖太阳能抵债》，http://www.jieyue.net/showNews.jsp? classId=KQ0WTLMF2U&newsId=46990，2012-03-23。

② 参见孝文:《揭秘西班牙太阳能发电塔:定日镜似巨型向日葵》，http://tech.sina.com.cn/geo/travel/news/2012-03-02/09121118.shtml，2012-03-26。

③ 参见《西班牙独特太阳能电站24小时工作属世界首例》，http://www.cnbeta.com/articles/177997.htm，2012-03-26。

④ 参见刘瑞:《风能开发和应用:走中国自己的不竭能源之路》，http://www.cctv.com/auto/20081116/103023.shtml，2012-03-26。

⑤ 参见《争议新能源——风能、水电、核能，太阳能、生物质能孰是孰非》，http://blog.sina.com.cn/s/blog_555a0f860100v9z1.html，2012-03-26。

就欧盟风能发电进展而言，欧盟提出的目标是：到2020年风力发电达到15 000万千瓦，其中海上风力发电达到5 000万千瓦；要求风力发电装置机占整个欧盟发电装机的15%以上；[①]届时风力发电所提供的电量将会占据欧洲总用电需求量的14%，比其他可再生能源的比例都要大。[②]

德国政府大力提倡开发海上风力发电，目标是到2020年海上风力发电总装机容量达到2万兆瓦，满足德国15%的用电需求。[③] 英国风能资源丰富，利用发展趋势非常明显，目前正走在世界海上风能行业的前沿。截至2010年底，英国的向岸风力发电将占全国发电总量的5%，可满足300万个家庭的电力需求。西班牙从1978年开始发展风力发电，截止到2010年，西班牙的风力发电容量将达到2 000万千瓦。[④] 丹麦风能利用发展迅猛，截止到2009年，丹麦的风电设备已经占到世界市场的40%以上，居世界第一，成为风能占发电量比例最高的国家。按照规划，到2030年丹麦能源构成将是风能占50%，太阳能占15%，生物能和其他可再生能源占35%。届时，丹麦将成为靠风"驱动"的国家。[⑤]

（五）核能发电：有序发展

日本的核泄漏事故发生后，核能的存与废再次在欧盟引起激烈的争论。不断升高的"核变"民意，使不少欧盟国家出现政策大逆转，不得不放弃发展核能计划。[⑥] 但不可否认的是，欧洲约1/3的电力来自核能，法国、英国和西班牙等国家依旧把核能利用放在能源发展的突出位置。预计在未来，欧盟的核能依然要在争议中逐渐有序发展。

---

① 参见胶南市发展和改革局：《我国风能产业发展现状及对策》，http://www.jiaonan.gov.cn/website_department/fgj/xiangxi.asp? id=36778，2012-03-22。

② 参见《欧盟可再生能源发展速度超出预期》，http://ep.chinaluxus.com/Ste/20110113/22673.html，2012-03-26。

③ 参见《德国将兴建百个海上风力发电机组》，http://finance.sina.com.cn/stock/t/20061103/00001018724.shtml，2012-03-26。

④ 参见张孟军：《来自大自然的恩赐——迅速发展的西班牙风力发电》，http://www.stdaily.com/oldweb/gb/stdaily/2005-12/27/content_471443.htm，2012-03-23

⑤ 参见赵灵敏：《丹麦成功发展风能历程》，http://news.sina.com.cn/c/sd/2009-09-01/122218555889_9.shtml，2012-03-13。

⑥ 参见《法国在反对声中坚持发展核电》，http://www.cec.org.cn/guojidianli/2012-01-31/79303.html，2012-03-13。

第二节　欧盟能源法

一、欧盟能源法的渊源

欧盟能源法的渊源包括成员国国内法渊源和各成员国之间的法律渊源。就前者而言，它不仅包括成员国的宪法，而且包括有关能源的单行法律法规。众所周知，宪法是特定法律体系中法律权威的最终来源，它规定某个国家政府机关的框架和主要功能，宣布这些机关必须运行的原则并保障公民权利。欧盟各成员国(英国除外)都有一部成文宪法。然而，这些成文宪法之间存在巨大差异。例如，意大利和西班牙宪法特别提及能源问题，而在丹麦和荷兰宪法中，能源问题是缺失的，他们被纳入一般立法权限。

另一种区别在于，除德国拥有明确的联邦宪法结构外，其余国家大都以单一制政府为基础。尽管如此，在大多数国家，地方当局是自治的，它们与中央政府之间的关系不是严格意义上的等级制。例如，丹麦、法国、荷兰、意大利和波兰的情形就是如此。因此，这些国家都具有早期联邦主义的一些特征，而且具有某种程度上的地方分权。在德国，有关能源的责任由联邦政府和 16 个州政府共担。在剩余的其他单一制国家中，分散治理的行政区划将国家分成更小的行政地区。大多数情况下，行政区划分为两级，一级是地区层面的县或省，另一级是地方或市。通常而言，每一级行政区划在能源调控中都被赋予不同的权限。例如，在法国，地方政府负责进行许可；在丹麦，地方政府则负责供暖规划和地方能源供应。最引人注目的结构当属西班牙，它是单一制国家，但有 17 个自治社区，这些社区享有的自治程度比德国的州更大。地方分权政策在 20 世纪 90 年代早期开始于意大利，并在 2001 年得到宪法改革的推动。宪法改革授予地方和地区当局更为广泛的权力，尤其是有关能源来源组织和管理的权力。与西班牙相反，荷兰正将能源调控逐步中央化。

除此之外，各成员国有关能源的单行法律法规更是基于各自的国情和发展情境的不同而存在巨大差异。

基于此，这部分对欧盟能源法渊源的讨论主要集中在对各成员国具有约束力的那些法律渊源。由于这些渊源兼具西方国家两大法系的特征，根据效力和地位的不同，它们可以分为基本渊源(primary sources)和派生渊源

(secondary sources),此外,还有一些特殊渊源。[①]

(一)基本渊源

欧盟能源法的基本渊源是欧盟法律中最为重要、最为根本的内容,它们主要表现为成员国之间通过多边谈判、协商而达成的基础条约和后续条约。这些渊源规定了欧盟能源战略的根本目标、基本任务和一般原则;确立了适用于欧盟范围内的能源法律制度及各项能源政策;设立了相关的组织机构并明确规定了它们的权限。欧盟能源法的基本渊源表现为以下几种形式。

1. 成员国间的基础性条约

成员国之间通过多边谈判、协商而达成的关于欧洲共同体和欧盟的基础条约和后续条约是欧盟法的重要渊源,如《欧洲煤钢共同体条约》(ECSC)、《欧洲经济共同体条约》(EEC)、《欧洲原子能共同体条约》(Euraton)、《欧洲联盟条约》(EU)等。这些基础性条约在欧盟法中的地位,相当于宪法在国家体系中的地位,因此,它们也被称为宪法性条约。[②] 这些条约是欧盟赖以产生、存在和发展的法律基础,具有毫无限制的绝对优先适用的效力。当这些条约被援引阐述并规制能源问题时,就能成为欧盟能源法的基本渊源。例如,《里斯本条约》就是一部欧盟宪法性条约,其中详细规制了能源问题。

2. 成员国间的补充性条约

这些条约是指欧盟成员国在基础性条约签订以后,为实现该条约的最终目的,适应欧盟发展需要而对基础性条约予以修改和新制定的条约。作为主权国家,欧盟的各个成员国都有自己的法律制度和法律体系,这些法律制度和法律体系之间在许多方面存在歧义。这一事实显然对欧洲一体化进程构成障碍。要消除这种障碍,就必须对各成员国的法律加以协调。协调的结果在很大程度上表现为欧盟成员国之间缔结的补充性条约。实际上,这些条约通常以公约、协定等形式出现。当这些补充条约规制能源问题或协调欧盟内部各国与能源相关的社会关系时,就成为了欧盟能源法的基本渊源。

一般而言,这些补充性条约的效力层次低于前述宪法性基础条约,其效力以不与宪法性条约相抵触为前提。它们通常是各成员国就某个具体的社会关系或事项的法律制度进行相互协调的产物,其中就包括与能源有关的

---

① 吴汉东、汪锋、张忠民:《“先行先试”立法模式及其实践》,http://enlaw.znufe.edu.cn/sxkj/200902/t20090219_19231.htm,2011-11-11。

② 参见谢罡:《欧盟法中的一般法律原则》,载《北京城市学院学报》2005 年第 3 期,第 35 页。

社会关系或事项。

3. 与其他国家或国际组织间的条约

作为国际法主体，欧盟享有与其他国际法主体（如国家和国际组织）缔结条约的能力。这种条约经欧洲法院确认不违反基础性条约的实质性和程序性规定之后，即对欧盟机构及成员国产生拘束力。因此，它们也是欧盟能源法的主要渊源之一。[①] 实际上，欧盟与非欧盟国家和其他国际组织之间缔结了许多的有关能源的条约，主要是以“协定”、“贸易合作协定”、“框架协定”等形式出现。[②] 例如欧盟参与的《京都议定书》、2009 年与尼日利亚签订的与新能源开发相关的协定、2009 年与俄罗斯签订的与能源供应预警机制相关的协议等。

（二）派生渊源

派生渊源，是指根据基础条约赋予的权限，欧盟委员会、欧洲议会和欧盟理事会等机构制定的一系列派生性法律文件，这些立法也被称为次级立法或自主立法，但它们必须以作为基础法的欧盟诸条约为依据并受其制约。与能源有关的派生渊源也属于欧盟能源法的重要渊源之一。欧盟最主要的派生渊源有条例、指令、决定、建议和意见。

1. 条例

根据《欧洲共同体条约》和《欧洲原子能共同体条约》的规定，条例（regulations）具有普遍适用、全面的约束力，并在所有成员国直接适用。

所谓“普遍适用”，按照欧洲法院的权威性见解，是指条例在本质上具有“立法属性，它适用于抽象的、全部的、各种各样的人”。条例具有的这一特性是其与另一种派生渊源“决定”相区别的基本标志。

所谓“全面的约束力”，它不仅表现在按其规定的所需取得的特定结果上，而且表现在取得该特定结果所需采取的方式和措施等各个方面。条例具有的这一特性是其与另一种派生渊源“指令”相区别的基本标志。

所谓“在所有成员国直接适用”，是指条例在欧盟所有成员国范围内，无需任何国内措施即对欧盟机构、国家、企事业和自然人产生拘束力。这一特性意味着，条例的适用效力不受任何成员国机构或其法律措施或行政措施的限制。这是条例区别于作为欧盟法组成部分的国际条约的基本标志。

总之，条例具有基础性条约的实施细则的性质，它在生效后无须成员国

---

① 参见［日］大谷良雄：《欧洲共同体法概论》，蔡秀珍译，群众出版社 1986 年版，第 42 页。

② 参见回颖：《中欧关于“市场经济地位”问题之争的法律分析》，http://www.cssn.cn/news/407232.htm，2011-11-13。

立法机构将其转换成国内法。条例通常由欧洲议会与欧盟理事会主席签署后，以欧盟的所有官方语言文字公布在《欧盟官方公报》上，并自公布后的第20天开始生效。与能源相关的条例属于欧盟能源法的派生渊源。

2. 指令

指令(directives)是由欧洲议会、欧盟部长理事会和欧盟委员会作出的对特定成员国有拘束力的，并责成该特定成员国通过国内程序将其内容转换为国内立法，以履行其所承担的条约义务的立法性文件。可见，指令只有在被转换成国内法之后，才能对特定的成员国产生约束力。《欧洲共同体条约》第189条第3款规定，指令在其所欲达到的目标上，对它所发向的成员国具有约束力，但在方式与方法上留待各国当局决定。在欧盟法整个法律体系中，指令是最为独特的一种立法形式。

指令和条例都是向欧盟成员国发出的立法文件，但是，指令与条例存在以下区别。首先，条例具有全面的拘束力，而指令没有全面的拘束力，它仅在其所欲达到的目标上有拘束力，而在实现该目标的方式和方法上，则没有拘束力，这是指令与条例最主要的区别。其次，条例适用于欧盟所有成员国，而指令仅适用于其所发向的成员国。指令所发向的成员国，可以是一个，也可以是几个或全部。在某些情况下，欧盟部长理事会亦可向欧盟委员会发出指令。再次，条例具有直接适用性。条例一经颁布实施，立即生效，自然成为各成员国法的一部分，不需要也不允许各成员国立法机构转化为国内法，除非条例本身是如此规定的。但是，根据《欧洲共同体条约》的规定，指令不具有直接适用性。①

欧盟目前与能源有关的指令主要包括《确立能源相关产品生态设计要求的框架(Erp指令)》、《能源终端利用效率和能源服务指令》、《促进可再生能源使用的欧洲议会和理事会指令议案》、《关于提高在可再生能源中发电燃料的指令》等。

3. 决定

根据欧盟有关条约的规定，决定(decisions)系有欧盟理事会或欧盟委员会作出的、具有约束力的立法性文件。确切地说，决定对其指明的对象具有全面的约束力，而其对象可以是欧盟成员国，也可以是自然人或法人。② 欧盟做出的有关能源决定属于欧盟能源法的派生渊源。

---

① 参见何志鹏编著:《欧洲联盟法——发展进程与制度结构》，吉林大学出版社2007年版，第40—43页。

② 参见谢罡:《欧盟法中的指令》，http://www.chinaue.com/html/2006-1/20061200005113661.htm，2011-07-19。

4. 建议和意见

根据《欧共体条约》第189(5)条和《欧洲原子能共同体条约》第161(5)条的规定，建议和意见(recommendations and opinions)均不具有法律上的约束力，而是欧盟理事会对某个问题未能达成一致意见、形成指令时，向各成员国提出的建议，以作为欧盟立法趋势和政策导向，供各成员国参考。但这并不意味着它们在欧盟法律中无足轻重。欧盟条约规定，对欧盟委员会就促进各成员国之间社会经济合作事项所发表的推荐性意见，各成员国仍有遵守的义务。而且，如果条例、指令和决定在颁布时没有说明条约要求得到的建议与意见，将构成立法程序上的瑕疵，甚至造成立法无效。[①] 欧盟针对各成员国提出的与能源有关的建议和意见在欧盟能源法律渊源中也起到了一定的作用。

(三)其他不成文法渊源

欧盟能源法的主要法律渊源是前述的成文形式法，此外，法的一般原则和欧洲法院发布的与能源相关的的司法解释与判例等作为不成文形式的法，也具有较为重要的地位。

1. 法的一般原则

在欧盟法中，法的一般原则主要是从成员国法律秩序中的共同原则或观念中引申出来的。在欧洲法院的司法实践中，法的一般原则通常表现为诚信、平等、正义、基本人权、保护既得权等概念，也时常被具体化为欧盟法律制度中的货物的自由流动、平等待遇等原则。欧洲法院在审理与能源有关的案件时，在没有其他法律渊源可循的情况下，为保证条约及其所建立的欧盟法律制度的实施，可依据法的一般原则做出相应的裁判。例如对能源开发与利用不得违反诚实信用、基本人权等原则。总之，作为欧盟能源法的法律渊源，法的一般原则在补充和解释成文形式的法律渊源方面发挥了十分重要的作用。[②]

2. 欧洲法院的司法解释与判例

尽管欧洲法院不同于普通法国家的法院，尽管欧盟法律体系不同于普通法法律体系，但欧洲法院在其司法活动中的立法作用及其相应结果，还是得到承认的。

根据相关条约的规定，欧洲法院不仅对其管辖范围内的案件享有裁决

① 参见张智勇：《欧盟货币金融法律制度研究》，法律出版社2006年版，第3—5页。

② 郁雷：《从欧洲联盟法的超国家性看当代国家主权理论的新发展》，http://www.fsou.com/html/text/art/3355689/335568906_2.html，2011-11-20。

权，[①]对实施欧盟法享有强制权，[②]而且，对欧盟机构行为的法律形式享有否决权或称宣告无效权，[③]对相关条约和欧盟机构的行为享有解释权。[④] 因此，欧洲法院就欧盟法所作的与能源相关的解释不仅对有关当事人有拘束力，而且也必须为欧盟成员国的法院所接受和予以适用。

欧盟法院的与能源相关的判例是法的渊源，虽然条约中没有规定判例具有法律效力，但欧洲法院在欧盟法的原则形成过程中发挥了至关重要的作用，保证了欧盟法的实施，实际上是具有效力的。[⑤] 与能源相关的判例也由此成为了欧盟能源法中重要的不成文法渊源。

二、欧盟能源法的基本原则

2010 年 11 月 10 日，欧盟委员会出台了新的能源战略文件——《欧盟能源 2020——竞争、可持续和安全的能源战略》。该战略文件指出，全球能源系统正在进入快速转型时期，可能会对今后数十年里产生深远的影响，欧盟需要在机会窗口关闭之前采取行动。围绕竞争、可持续发展和安全的能源体系的目标，该战略勾勒出提高能源效率、建设统一能源市场、为消费者赋权、加强能源科技创新和加强国际合作等优先领域，并要求在此基础上制定提出相近的行动法案和路线图。结合该战略文件的主要内容，我们可以总结出欧盟能源法的基本原则，即能源效率原则、能源安全原则、能源自由化原则、能源一体化原则等。

(一)能源效率原则

欧盟对能源问题的关注起步较早，其一体化即从能源一体化起步。1995 年《欧盟能源政策白皮书》的出台标志着欧盟共同能源政策的形成。到目前为止，欧盟已经实施了 3 个长期能源政策计划:《欧盟理事会关于1998—2002 年能源部门行动框架计划的决定》、《2003—2006 年欧洲智能能源计划》、《2007—2009 年欧盟能源行动计划》。欧盟能源政策的重点之一就是提高能源利用效率、促进可再生能源与替代能源的开发和在欧盟及发展中国家的推广利用，实现能源多样化和清洁化。欧盟能源政策不仅提供了

---

① 见《欧洲共同体条约》第 169 条、第 170 条、第 171 条、第 181 条、第 182 条。

② 见《欧洲共同体条约》第 170 条。

③ 见《欧洲共同体条约》第 173 条、第 174 条、第 175 条、第 184 条。

④ 见《欧洲共同体条约》第 177 条。

⑤ 参见邵景春:《欧洲联盟的法律与制度》，人民法院出版社 1999 年版，第 52—68 页;曹建明:《欧洲联盟法——从欧洲统一大市场到欧洲经济货币联盟》，浙江人民出版社 2000 年版，第 33—44 页;何志鹏编著:《欧洲联盟法——发展进程与制度结构》，吉林大学出版社 2007 年版，第 31—44 页。

制度框架,而且提供了具体的共同行动计划和有效的措施手段。由于基础较好和措施得力,尽管欧盟的能效平均年递增率仅为0.8%,但欧盟仍是目前全球能效最高的地区,欧盟国家的能源强度比美国低30%。而中国目前单位GDP能耗是世界平均水平的3倍左右,是欧盟的7.7倍左右。①

由于欧盟是能源净输入国,出于能源供应安全的顾虑,再加上对环保的重视与可持续发展的需要,所以尽管目前欧盟的能源使用效率并不低,但各国仍积极推动各项提升能源效率的措施。欧盟于2007年3月公布的《欧洲能源政策(Energy Policy for Europe,EPE)》,更将"提高能源使用效率"与"实现京都议定书确定之二氧化碳排放减量义务、发展可再生能源、确保能源安全供应"同列为欧盟新能源政策的四大目标。

1. 欧盟能效法规

欧盟的能源效率法规主要针对若干个政策领域,分述如下。

(1)能源标签法规。

早在欧盟能源标签制度推出之前,许多欧洲国家就已经在推动能源标签制度。1976年欧盟理事会通过一项建议,要求会员国引进能源标签制度,接着欧盟的《能源合理使用计划》开始进行器具能源标签的研究。这些行动促成欧盟在1979年通过《79/530/EEC号指令:家用器具的能源使用量标示指示》,规定各会员国实施器具能源标签制度的一般要求事项,至于各项器具的个别特定标示规定,则将由各个指令分别规定。由于各会员国热衷程度不一,加上技术层面的争议及个别国家的反对,故仅公布了针对电炉的《79/531/EEC指令》这一项。1992年欧盟颁布《全欧盟家用器具强制能源标签计划的纲要指令》(92/75/EEC指令)。该指令取消1979年的《79/530/EEC号指令》,并将已经公布之《79/531/EEC号电炉指令》纳入其范围内。1992年以来,欧盟已经依据《92/75/EEC指令》,颁布涵盖电冰箱、洗衣机、滚筒干衣机、合并式洗衣—干衣机、灯具、磁式安定器(Ballast)、电子式安定器、分离式房间冷气机等产品的实施指令。②

(2)器具能源效率标准。

欧盟的器具能源效率标准类似于能源标签,通常是由某个会员国的行动所导致。与能源标签制度情况不同的是,每当引进一项能源效率标准时,都需要以个案方式逐一取得欧洲议会与欧盟理事会的通过。因此,在推出

① 齐绍洲:《中欧能源效率差异与合作》,载《国际经济评论》2010年第1期,第13页。

② 参见杜以会:《韩国与欧盟国家的能源效率管理(二)》,载《农业工程技术(新能源产业)》2010年第3期,第8—9页。

电冰箱标准之后，执委会决定采取志愿磋商协议的方式来取代强制性的标准。在耗能产品强制性能源效率管制上，欧盟成员国应共同遵守各项指定耗能器具的能源效率指令规范，以锅炉为例，锅炉的最低能源效率及能源标示应符合《92/42/EEC 指令》的规范。目前，欧盟推动强制性最低能源效率基准（MEPS）的产品包括：安定器、锅炉（天然气）、锅炉（燃油）、萤光灯管、冷冻柜、冷冻冷藏电冰箱、机上盒等。①

（3）磋商协议（Negotiated Agreements）。

欧盟会员国很早就通过非法规性质的志愿协议方式来改善器具能源效率的行动。同时，欧盟还与“欧盟消费电器制造厂商（European Association of Consumer Electronics Manufacturers，EACEM）”通过磋商协议，减少洗衣机、电视机、录像机与音响设备等消费电器的待机电力使用量，以及洗碗机、家用电热蓄水式热水器、电动马达、外接式电源供应器、机上盒等电器的能源使用减量协议。②

（4）推动热电共生系统指令。

热电联产系统（Combined heat and power system，CHP）能够大幅度地增加能源效率，因此被许多欧盟国家视为一个主要的推动重点。通过热电联产系统产生的电力，40％的为公共供应目的所产生使用，大多是由区域性暖气网络系统所产生；其余的 60％则是由汽车制造厂所产生，供应工业用途使用。就装置容量而言，热电联产程序早在 2001 年就已经达到发电量的 10％以上，但是各会员国之间具有极大差异，其比例介于各国总发电量的 2％—60％之间。③

（5）建筑物能源绩效指令。

建筑部门能耗能够占到欧盟总能耗的 40％，因此被看做是最具能源减量潜能的部门。欧盟制定的新建筑物能源绩效标准，能够使新建房屋与翻修房屋相比以往节省约 1/5 的能源消耗量，约合平均每年减少 3 000 万—4 500 万吨的二氧化碳排放量。④

---

① 参见杜以会：《韩国与欧盟国家的能源效率管理（二）》，载《农业工程技术（新能源产业）》2010 年第 3 期，第 9 页。

② 参见杜以会：《韩国与欧盟国家的能源效率管理（二）》，载《农业工程技术（新能源产业）》2010 年第 3 期，第 9 页。

③ 参见杜以会：《韩国与欧盟国家的能源效率管理（二）》，载《农业工程技术（新能源产业）》2010 年第 3 期，第 9 页。

④ 参见杜以会：《韩国与欧盟国家的能源效率管理（二）》，载《农业工程技术（新能源产业》》2010 年第 3 期，第 9 页。

2. 欧盟提高能效计划

(1)住宅能源效率改善计划。

欧盟国家工业化较早，住宅历史悠久，房屋陈旧隔热绝缘不佳，需要特别多的暖气燃料费用，保暖问题十分突出，同时还造成了"燃料贫困(Fuel Poverty)"现象。为解决此问题，欧盟各成员国政府都推出过多项援助计划，以协助老式住宅住户改善其住屋的能源效率，包括改善住屋包覆层绝缘计划、门窗改善计划以及(区域)暖气系统改善计划等。

(2)财政奖励政策。

英国、法国、德国等欧盟成员国政府都曾提供各种财政奖励，以鼓励进行住家的能源效率改善工作，主要包括低利贷款、补助金、所得税宽减额/扣除额等方式，范围涉及能效改善的各个方面，涵盖节能暖气与热水设备、节能门窗、房屋绝缘隔热材料等多个方面。

(3)节能产品的推广。

欧盟成员国政府往往通过配合财政奖励以及房屋翻修改善计划等方式，推广使用各项节能设备与产品，例如省电萤光灯泡、高效率暖气设备等，以实现能源效率计划的实现。

(4)推动需求面管理与能源消费管理措施。

欧盟各成员国政府都有进行房屋的能源绩效评估/稽核或评定等级工作的计划，这些计划大都配有具体的实施措施，以便使住家房屋使用人了解其住宅之能源绩效与不足之处，进行改善工作。由于欧盟能源消费进口依赖度较高，因此能源节约措施的排放减量活动不仅符合其减量承诺，也能够缓解能源短缺与油价上涨的压力。在建筑方面，欧盟与许多先进国家一样，都实施能源标签制度、最低能源效率标准、建筑物能源绩效标准等措施与各项配合的经济工具或财政补贴。在法规政策与执法管制方面，由于欧盟不属结构严谨的联邦制，因此在立法时效与监督实施的严谨度方面效果有限。但是由于几个推动节能态度积极的会员国的不懈努力，例如北欧国家与英国主动实施节能措施，足以弥补其制度不足之处。[①]

3. 欧盟能源效率行动计划

2006年10月19日，在芬兰拉赫蒂欧盟非正式首脑会议前夕，欧盟委员会公布了《能源效率行动计划：实现潜力》(简称《能源效率行动计划》)，在这份继2006年3月欧盟《新能源政策》和欧盟《能源绿皮书》出台后首份能源领

---

① 参见杜以会：《韩国与欧盟国家的能源效率管理(二)》，载《农业工程技术(新能源产业)》2010年第3期，第9页。

域的正式文件中，欧盟重申到2020年前减少总能源消耗20%的宏伟目标。据欧委会预测，如果目前能源需求上升的趋势得不到有效抑制，未来15年欧盟的能源消耗将增加10%，以占欧盟总能耗20%的交通为例，近30年间欧洲每人每天乘车里程从17公里上升到35公里，公路运输已成为占总货物运输45%的最主要的运输途径，道路阻塞和尾气污染每年都给欧盟经济造成巨额损失。欧委会官方的民意调查机构"欧洲晴雨表"的报告显示，即便汽油价格达到每升2欧元，57%的受访者仍基本不会减少驾车出行频率。为此，需求上升带来的价格上涨不足以抑制能源需求的增加，推广可行性的节能计划势在必行。

根据上述情况，欧委会制定了《能源效率行动计划》，提出了覆盖建筑、运输、制造、金融和教育等行业的75项具体措施，拟在未来6年，围绕更新电力产品节能商标、限制汽车排放量、鼓励能源效率投资、提高发电站能效和建立刺激节能的税收制度等10大优先领域，以提高能源效率，抑制能源消耗，减少对外能源依赖，力争在2020年前实现节能20%的目标。《能源效率行动计划》的主要内容包括引言、目标和范围、节能潜力和效果、背景、政策和措施、节能和展望6个部分。[①]

(1)《能源效率行动计划》的基本思想。

《能源效率行动计划》引言称，目前欧洲浪费了能源消耗总量的20%以上，到2020年前，如果不能提高能源效率节约能源，每年的成本将达到1 000亿欧元。因此，必须制定并执行相应的政策和措施，加快能源效率提高的速度。到2020年，如果能够节能20%，相当于390百万吨油当量，相应地，二氧化碳排放量将减少780百万吨(Mt)。《能源效率行动计划》认为，为了实现以上节能潜力，必须按照全面而具有现实操作性的具体计划，转变能源消费模式，转变社会行为模式，充分利用现有技术，鼓励技术创新，培养能效产品的市场，激励能效产品的生产、购买和理性消费。《能源效率行动计划》在制定过程中，曾向其他有关机构和利益相关人征求了意见，并研究了欧洲议会对《能源效率绿皮书》的建议。因此，《能源效率行动计划》倡议提高能源消耗信息的实用价值，提高能效技术和工艺，特别是优先考虑建筑、运输和工业部门的能源效率问题，广泛利用国家、区域和地方各个层次的各种政策手段，对《能源效率绿皮书》做出回应。

① 参见赵浩君：《欧盟〈能源效率行动计划〉探析》，载《华北电力大学学报(社会科学版)》2007年第4期，第23—24页。

(2)《能源效率行动计划》的目标。

《能源效率行动计划》重申了欧盟在2020年前节约一次能源20%以上的目标。为此,该计划提出了有关政策措施的框架,提出了必须立即启动的行动,以及在其6年的计划有效期限内将要逐步开展的行动,并且要求在该计划有效期满后,采取进一步的行动,以达到上述政策目标。该计划旨在对政府决策者、市场参与者和全社会进行动员,以向欧盟提供全球能源效率最高的产品和服务,并鼓励公民理性消费,将能源效率要求转化为个人的内在需要,而不仅仅是法律的规定。

(3)《能源效率行动计划》对节能潜力的估计。

《能源效率行动计划》对过去35年的能源供应结构进行了分析,认为在一次能源供应结构中,通过提高能源效率而减少的能源消耗所占的份额不断增长,至2005年,已占到了供应总额的约37%。但在此基础之上,至2020年进一步节约20%,仍然具有技术和经济上的可行性。其中,民用建筑节能潜力约为27%,商用建筑约为30%,制造业约为25%,运输业约为26%。《能源效率行动计划》认为,由于预计的结构变化、先前政策和技术升级等影响,至2020年,能源强度将每年降低1.8%(470百万吨油当量),如果再执行新的政策和措施以及加强现有政策和措施,能实现的额外节约潜力实际估计为20%(每年1.5%或390百万吨油当量)以上。基于上述分析,《能源效率行动计划》提出具有连贯性和内在联系的一系列措施,促使欧盟在2020年实现有效节能20%。①

(4)《能源效率行动计划》提出的政策和措施。

《能源效率行动计划》政策侧重于对能源需求的控制和减少,要求全面执行现有的和将来的法律,包括欧共体影响到能源效率的法律。这些政策主要涉及制定各个部门的能源效率措施、有效利用经济和金融工具、鼓励技术创新等。《能源效率行动计划》提出的政策主要包括以下6个方面。

①规范能耗产品、建筑和服务的动态能源性能要求。《能源效率行动计划》鼓励欧盟成员国执行和强化欧盟有关能源效率的各项法律,以保证欧盟内部能源效率产品和能源服务市场的迅速发展,保证市场转型的持续性。该项政策包括提高产品的能源效率、开发能源终端使用效率服务、提高建筑物能源效率等方面。在建筑物性能要求和低能耗建筑物("被动房屋")方面,欧盟委员在执行建筑物能源性能指令完毕后,于2009年充分扩展该指令

① 参见赵浩君:《欧盟〈能源效率行动计划〉探析》,载《华北电力大学学报(社会科学版)》2007年第4期,第25页。

的范围。同时，欧盟委员会还就新建和翻建建筑物制定最低性能要求。此外，对于新建建筑物，欧盟委员会还于2008年底前，在与成员国和主要利益相关者对话中，制定低能耗或被动房屋计划，以便在2015年前促进该种建筑的广泛发展。同时，欧盟委员还把其自有建筑物作为典型，以便起到示范作用。

②改进能源转换。《能源效率行动计划》认为能源转换部门具有很大的节能潜力，除了在既有的政策框架（如欧洲排放交易体系）激励能源转换效率的提高外，欧盟还将采取其他新的措施来实现该领域的潜力，如采取优先行动。此外，欧盟委员会还要求提高电力生产和配送效率：欧盟委员在2008年前对低于20兆瓦的新建电力、供暖和冷却设施制定最低强制性效率标准，并在必要的时候，考虑将上述标准适用于大型生产单位。欧盟委员会还将与能源供应产业现有生产设施制订良性运行实施指南，以提高所有电厂的平均发电效率，并协商制定良性监管实施指南，以降低输配线损。同时，欧盟委员会还在2007年提出新的规章制度建议，以改善分散发电设施的并网情况。

③发展运输部门。运输部门在欧洲经济中十分关键，其一次能源消费量约占总量的20%。该部门消耗能源的98%均是石油燃料。运输不但是能源消耗增长最迅速的部门，也是温室气体的主要来源，还是石油燃料进口依赖的主要因素。因此，充分发挥该部门能源效率的潜力就非常重要。该部门能源效率可通过一系列措施得到提高，特别是确保车辆燃油效率、发展清洁车辆市场、确保适当胎压的维持、改进城市、铁道、海运和航空运输系统以及改变运输方式。在该领域，欧盟将采取优先行动。为了达到车辆的燃料效率目标，欧盟委员会在2007年提议立法，以确保根据欧盟协议目标，通过全面和一致的方法，达成2012年前120gCO_2/km的排放目标。同时，欧盟委员会还提出了强化欧盟车辆能源标识的要求。

④能源效率融资、经济激励和能源定价。欧盟认为，培养能源效率意识的作用不应被过度放大。应当高度重视全面的信息以及正确的价格信号的作用。欧盟委员会将努力消除国内立法的法律障碍，一方面推动能源效率融资，另一方面改善价格信号对能源效率的效果。对此，欧盟将采取以下措施：推动中小企业和能源服务公司能源效率投资的适当融资，倡议银行部门为中小企业和能源服务公司提供财政支持；刺激新成员国的能源效率，鼓励成员国加强投资，加强成员国和区域之间的联系，在新成员国中提高能源效率；连贯利用税收工具，税收使外部成本内部化，是提高能源效率强有力的工具；起草《间接税绿皮书(2007)》，并在2008年对能源税指令进行复审，特

别结合对能源效率和环境问题的考虑,促使能源税利用更有目的性和连贯性。此外,欧盟委员会还在2007年考虑利用税收减免的成本和效益,一方面刺激企业,促进生产经鉴定符合能源效率的用品和设备,另一方面促进消费者购买上述用品和设备。

⑤改变能源行为方式。《能源效率行动计划》认为,能源的有效利用需要激励和推动,需要强化行为方式的理性和负责任的态度。该文件要求对所有利益相关者进行教育和培训,主要包括:提高能源效率认知度,对产业界和共用事业能源管理人进行教育和培训,对小学、中学和职业教育课程进行教学支持;为提高建筑密集区域的能源效率,欧盟委员会在2007年制订《市长协议》,将欧洲最大最先进的20—30个城市的市长组织起来,交流和运用最好的实践经验,在城市环境中显著提高能源效率。

⑥国际合作。《能源效率行动计划》认为,尽管能源效率起始于国内,它仍然在很大程度上是一个国际问题。欧盟应当利用其双边和国际贸易,制订政策、协议、条约,采取相应手段(包括对话),促进能源效率技术和工艺的开发和应用。在国际合作领域,欧盟将采取优先行动,在全世界范围内鼓励能源效率。欧委会在2007年进行与主要贸易伙伴国和国际组织之间的对话,并达成一项框架协议。该协议内容将运用大量政策和措施,致力于在终端利用部门以及能源转换部门提高能源效率。

《能源效率行动计划》预计,其提出的措施可在未来6年内,特别是在近3年内开始产生影响。它呼吁欧盟理事会、欧洲议会和欧盟成员国的决策者给予充分的支持。

《能源效率行动计划》在其附件中列明了所提议的全部具体措施,共计77项,并且列明了时间表。[①]

(二)能源安全原则

欧盟是世界第一大经济实体、第二大能源市场,同时也是世界上最大的能源进口方,拥有超过4.5亿的消费者,其能源消费量占世界总消费量的14%—15%。然而,欧盟自身能源蕴藏量很低。据统计,欧盟成员国只拥有世界煤炭探明储量的7%,石油探明储量的0.6%和天然气探明储量的2%,并且油气探明储量大部分集中在北海,开采条件十分恶劣,开采成本高昂。在能源无法自给自足的情况下,为了维持发达的经济和较高的生活水平,欧盟必须依赖外部能源进口。目前,欧盟50%的能源需要进口。其中,石油进

① 参见赵浩君:《欧盟〈能源效率行动计划〉探析》,载《华北电力大学学报(社会科学版)》2007年第4期,第24—27页。

口率高达 81%，天然气进口率为 54%，固体燃料进口率为 38%。研究显示，未来欧盟能源生产将急剧下降，特别是碳氢燃料、化石燃料和核电等的产能下降更为突出。据估计，到 2030 年，欧盟石油产量将减少 73%，天然气产量将减少 59%，固体燃料将减少 41%，核电生产将减少 11%。只有可再生能源将增加 1 倍。总体来看，到 2030 年时欧盟能源生产能力将比 2000 年下降 25%。①

在能源产量不断下降、能源需求不断上升的双重压力下，欧盟对外能源依存度必然大幅上升。预计到 2030 年，欧盟对外能源总体依赖度将达到 65%。届时，欧盟石油进口依存度将高达 93%，天然气进口依存度将增加到 84%，固体燃料进口依存度将达 59%。其中天然气年进口量将由目前的 2 750 亿立方米增至 5 350 亿立方米，缺口很大。更重要的是，欧盟相当多的能源要从动荡地区进口。这就对欧盟确保能源供应安全提出了严峻挑战。②

除欧盟自身因素外，全球能源供需矛盾日益突出、国际能源政治斗争加剧都促使欧盟重视能源安全，主要体现在以下几个方面：国际原油价格持续走高给欧盟经济增长造成巨大压力，按 2006 年石油价格水平（60 美元/50 欧元 1 桶），欧盟每年购买石油需花费 2 500 亿欧元，约占欧盟年 GDP 的 2.3%；国际油气产能趋于饱和，石油天然气新增探明储量逐年减少，能源勘探及开采领域的国际投资不足，未来大规模增产的前景堪忧；新兴发展中大国能源需求迅速增长，并且开展积极的能源外交，寻求供应安全，正在成为国际能源角逐的重要力量；中东局势持续动荡；部分产油国实行"能源民族主义政策"，加强政府对能源行业的控制，客观上增加了国际能源公司开发和经营的成本与风险，妨碍了加大对石油勘探开发的投入，导致石油剩余产能进一步萎缩，从而加剧了能源供需矛盾。③

1. 能源安全原则的构成

如果对 20 世纪 90 年代后期以来欧盟的能源政策文件做一些分析，便不难看出，欧盟的能源安全原则基本由内部安全和外部安全两部分组成。尽管这两部分所要实现的具体目标不尽相同，但都是为了实现供应安全和可持续发展的总目标。

---

① 参见扈大威：《欧盟的能源安全与共同能源外交》，载《国际论坛》2008 年第 2 期，第 2—3 页。
② 参见扈大威：《欧盟的能源安全与共同能源外交》，载《国际论坛》2008 年第 2 期，第 4—5 页。
③ 参见扈大威：《欧盟的能源安全与共同能源外交》，载《国际论坛》2008 年第 2 期，第 4—7 页。

(1)外部能源安全。

欧盟外部能源安全的主要目标是防范国际能源供给中断以及能源价格暴涨。主要措施包括:与主要石油进口国开展合作;建立石油和天然气战略储备应急机制;建立可靠的国际运输网络;通过开展能源外交特别是与油气生产国的对话合作保障能源供应安全和来源多样化。建立战略储备和应急反应机制是欧盟对外能源安全战略的重要内容。石油迄今仍是欧盟国家的主要能源,而欧盟国家对进口石油的依赖非常严重,因此,防范进口石油供应中断以及国际石油价格的动荡、建立应急机制和手段、提高快速反应的能力一直是外部能源安全战略的要件。尽管石油战略储备是由国际能源署要求的安全机制,但也不可否认欧盟在这一机制框架下发挥的独特作用。例如,国际能源署对成员国规定的战略石油储备要求是相当于上年 90 天的进口量,但欧盟国家至今所坚持的仍是欧共体原定的 90 天原油消费量标准,而实际储备量往往大于这一标准。又如,欧盟国家的战略石油储备的品种是由欧盟根据其主要石油消费产品决定的,而且储备产品的结构往往随着欧盟调整排放标准特别是对燃料油标准的调整而不断更新。随着天然气进口的增长,防范国际天然气供应中断风险成为欧盟外部能源安全战略的重要组成部分。天然气是欧盟仅次于石油的第二大能源,已经成为欧盟发电厂的主要燃料。然而,与石油一样,欧盟的天然气也主要依靠进口。欧盟《能源绿皮书》预计,欧盟到 2020 年对进口天然气的依赖程度将上升到 70%。因此,如何确保天然气的进口供应安全,是与保障石油进口安全同样重要的问题,日益引起欧盟的重视。2004 年 4 月欧盟颁布了《关于保障天然气供应安全措施的指令》,要求成员国采取包括建立天然气储备、成立欧盟天然气协调小组等措施在内的安全措施。这是《国际能源计划》没有包括的措施,是欧洲能源安全政策的新发展。[①] 欧盟还坚持建设面向欧盟市场的强有力的国际石油天然气供应管道网络。欧盟的地理位置与盛产石油天然气的西亚、中亚和北非地区较近,如果采用管道运输手段,比轮船运输更加便利。近年来,为了保证能源供应安全,欧盟国家大力推动面向欧盟的石油天然气管道建设和升级项目,成为引人注目的新动向。1996—2006 年,欧洲输送石油和天然气国家间(INOGATE)项目提供了 5 600 万欧元来整合前苏联各共和国的石油天然气管道系统,以确保东欧和中亚国家的石油天然气能够顺利进入欧盟市场,其中 40%

---

① 参见徐建华:《欧盟的能源安全战略及对中国的启示》,载《商场现代化》2008 年第 16 期,第 301—302 页。

的资金被用于紧急干预行动。欧盟已决定实施或已完成策划的石油天然气管道项目还包括：2007 年建成的挪威与英国之间的天然气管道、2010 年完成的波罗的海管道项目、预计 2020 年完成的伊朗至奥地利天然气管道项目、阿尔及利亚至西班牙和阿尔及利亚至意大利(GALSI)的跨海天然气管道、埃及经土耳其至欧盟的天然气管道项目、把运送里海石油的俄罗斯敖德萨(Odessa)至波兰布罗迪(Brody)石油管道延长到捷克的项目、斯洛伐克布拉迪斯拉发(Bratislava)至奥地利施韦夏特(Schwechat)油管、保加利亚布尔加什港(Bourgash)至希腊亚历山德鲁波利斯(Alexandropoulis)油管、罗马尼亚康斯坦察(Constantza)至捷克特热什季(Treste)油管等。此外，意大利、西班牙、英国等国都在修建液化天然气码头，以便从中东、北非地区进口液化天然气。到 2020 年前后，随着这些项目的完成，在西亚、中亚和北非石油天然气资源国与欧盟市场之间将形成一个庞大的石油天然气供应网络。欧盟还注重与主要能源生产国对话推动能源供应来源多样化。长期以来，欧盟国家对进口能源的依赖起初过度集中在中东地区的石油供应上。20 世纪 90 年代以来，中东地区的政治冲突和局部战争频发，经常出现供应中断的危险。尤其是在 2011 年度，一些中东国家纷纷发生政治危机或政权更迭，加剧了能源市场的供应危机，严重影响了欧盟的能源进口。因此，逐渐摆脱对中东地区能源供应的过度依赖，成为欧盟能源政策的巨大议题。前苏联和东欧地区有大量的石油天然气资源，随着前苏联东欧集团的解体，该地区成为欧盟能源进口来源多样化的主要方向。① 同时，欧盟国家还对非洲、南美洲和大洋洲国家开展能源外交攻势，试图改变能源进口来源单一的状况。

(2)内部能源安全。

欧盟内部能源安全的主要目标是减少对化石能源的过度依赖和实现环境安全，主要措施包括开发替代能源、提高能源效率、统一内部能源市场等。开发替代能源特别是可再生能源备受欧盟重视。欧盟的一个基本判断是，在未来的 20—25 年，世界上还有足够的石油满足欧盟预期的消费需求，但此后便存在较大的不确定性，因此必须开发石油替代能源。1996 年 11 月，欧盟委员会发表了《关于可再生能源的绿皮书》，提出为保护环境和减轻对石油能源的依赖，在 1996—2010 年期间实现可再生能源在欧盟能源消费结构中的比例翻一番，即从 6%提高到 12%的明确战略目标。欧盟从 1993 年开始实施支持可再生能源发展的“欧委会替代能源计划(ALTENER 计划)”，

① 参见杨光:《欧盟能源安全战略及其启示》，载《欧洲研究》2007 年第 5 期，第 56—72 页。

10年期间共拨款1亿多欧元，用于资助与开发可再生能源有关的研究、示范、教育培训、监督、评估等项目，资助额可达有关项目总费用的50%—100%。欧盟还于2001年9月颁布《欧洲议会和欧盟理事会关于在内部市场促进可再生能源发电的指令》，决定为落实欧盟对1997年《京都议定书》做出的减排承诺，实现2010年可再生能源发电量即"绿色电力"[①]占发电总量的比例从1997年的14%提高到22.1%的目标，并要求每个成员国都根据欧盟的总目标制定其国别指导性目标并提出为实现这些目标拟采取的措施。在欧盟成员国内已有百余家研究机构和企业从事绿色能源和可再生能源的研究与开发工作。

提高能效也被欧盟视作控制能源需求增长和减少排放的重要途径。欧盟从20世纪90年代初就开始从一些具体部门入手，以立法手段制定家电、热水器、建筑能耗标准，鼓励热电联产。1992年5月，欧盟颁布了《欧盟理事会关于新热水器能源效率要求的指令》，要求功率在4千瓦—400千瓦的热水器必须符合欧洲统一的能效标准；同年9月，欧盟又颁布"欧盟理事会关于家用电器消耗能源和其他资源的标签和标准的指令"，要求各成员国的家用电器生产商和销售商在出售家用电器的时候，必须标明该电器的能耗指标，以便消费者选择购买低能耗产品。2000年，欧盟委员会发表绿皮书并做出欧盟能源对外依赖率将从当时的50%提高到2030年的70%的判断后，更加快了提高能效的步伐。2001年5月欧盟理事会决定在欧盟采用美国的办公设备节能标签计划，即所谓"能源之星"计划。2002年12月，欧盟颁布了《欧洲议会和理事会关于建筑物能源效率的指令》，要求成员国采取共同的方法，制定公用建筑物的能效标准，定期检查公用建筑物的热水器和中央空调系统，并对公用建筑物的能效进行认证。2004年2月又颁布《欧洲议会和欧盟理事会关于根据内部市场有效热力需求推动热电联发的指令》，要求成员国研究分析本国实施热电联发的潜力并对现有的立法和调控措施进行评估，以推动热电联发技术的实施。2006年10月，欧盟委员会根据2005年提出了"2007—2012年能源效率行动计划"以及通过提高能源效率把原定2020年初级能源消费量减少20%的长期节能目标。

---

① 利用特定的发电设备，如风机、太阳能光伏电池等，将风能、太阳能等可再生的能源转化成电能，通过这种方式产生的电力因其发电过程中不产生或很少产生对环境有害的排放物（如一氧化氮、二氧化氮；温室气体二氧化碳；造成酸雨的二氧化硫等），且不需消耗化石燃料，节省了有限的资源储备，相对于常规的火力发电（即通过燃烧煤、石油、天然气等化石燃料的方式来获得电力），来自于可再生能源的电力更有利于环境保护和可持续发展，因此被称为"绿色电力"。参见《绿色电力》，http://www.cn-tyn.com/info/detail/4-20129.html，2011-11-21。

同时，欧盟还注重能源市场的改革。1990年6月，欧共体通过《欧盟理事会关于改进产业最终用户天然气和电力价格的共同程序的指令》，要求成员国的天然气和电力经营者定期向欧共体统计局通报价格信息，以提高市场透明度，这被视为统一能源市场行动的开始。1993年6月，欧盟颁布《欧盟理事会关于协调水、能源、运输和电讯部门运营实体采购程序的指令》，要求成员国在开发包括各种能源勘探和生产、运输和销售企业项目的时候，必须在欧盟官方刊物上发布招标通告。1994年5月，欧盟颁布《欧洲议会和理事会关于颁发和使用碳化氢勘探和生产许可证的指令》，要求成员国平等对待在欧共体内成立的实体，但出于国家安全考虑，可以拒绝被第三国或第三国国民实际控制的实体从事这些活动。1996年欧盟通过"跨欧洲能源网络"计划，目标是建立统一的天然气和电力市场，目前在这一计划下已确定的项目有74个，相应的投资总额为180亿欧元，有些项目涉及周边国家，特别是地中海国家、中亚和东欧国家。2003年6月，欧盟颁布《欧洲议会和理事会关于进入跨国电力交易网络条件的规则》，对跨国电力传输所涉及的费用补偿等问题做出了规定。2003年6月欧盟分别颁布了《欧洲议会和理事会关于内部电力市场共同规则的指令》和《欧洲议会和理事会关于内部天然气市场共同规则的指令》，对电力和天然气的生产、运输和销售制定了一系列共同规则。2003年10月欧盟颁布指令，对跨国天然气和电力供应中如何征收增值税和避免双重征税做出了具体规定。天然气和电力共同市场建设不断取得新进展。[①]

2. 能源安全保障的特点

保障能源安全是欧盟面临的挑战之一。欧盟的能源安全战略经历了几个发展阶段，随着形势的发展逐渐完善，已从维护某种单一能源供应安全的战略，发展成为多重战略目标互动的综合性安全战略。欧盟的主要目标，是为了维护能源供应安全，提高能源工业的竞争力和保持能源供应的可持续性。欧盟能源安全战略之所以能够顺利运行并取得显著绩效，与它的以下特点有关。

(1)高度重视调研论证。欧盟非常重视决策前的调研工作，调研成果一般以《绿皮书》或《白皮书》的形式发表。一般来讲，这些调研文件往往会对所需解决的问题进行系统调研，明确问题产生的背景和原因、解决问题对能源安全和环境安全以及欧盟一体化进程的意义和影响，提出解决问题的对策建议。欧盟许多指导性的规划和计划以及具有法律效力的指令和决定，

---

① 参见杨光：《欧盟能源安全战略及其启示》，载《欧洲研究》2007年第5期，第70—72页。

都采用《绿皮书》或《白皮书》确定目标和标准。发表《绿皮书》或《白皮书》也是一个向公众咨询的过程，公众对这些调研成果的反应，是欧盟进行最后决策的重要参考。深入系统的调研工作是欧盟能够制定行之有效的共同能源安全战略的基础。

(2)善于整合战略目标。欧盟的能源安全战略从维护石油供应安全单一目标的战略发展成为一种综合安全战略，是一个把环境保护和欧盟市场统一战略目标与能源安全的战略目标结合起来的过程。在这种综合战略中，每一项重大举措都可以服务于多项战略目标。这种战略目标的整合，不仅加强了欧盟多项重大战略的协调性，而且形成能源安全、环境保护和市场统一这三大战略目标相辅相成、相互推动、和谐推进的局面。

(3)依法有序落实。欧盟能源安全战略之所以在实践中取得成效，其原因主要在于各项战略目标和措施能够依靠法律的手段顺利落实。欧盟发布的指令和决定等具有法律效力的文件，有的是对能源政策的全面规划，有的具体规定要求执行的标准、程序和指标，有的是对成员国一些成功做法的推广。欧盟制定和颁布这些法律文件，体现了成员国把某些立法权赋予欧盟的议会或理事会，但并不意味着欧盟是这些法律的执行者。欧盟各项法律文件一般都是通过转化为成员国的国家法律、法规和标准，甚至分解为量化的任务配额、并通过各个成员国的执行机构加以落实的。例如，1998 年欧盟理事会为落实《京都议定书》达成有关减少温室气体排放的《共同分担协议》，就把减排指标分配给每个成员国，而每个成员国则根据其减排配额制定出一系列法律和财税激励措施加以落实。再如，1998 年德国颁布的《最大耗能法》就是把欧盟提出的有关降温和冷冻设备最大能耗标准变成国家标准，同年颁布的《能耗标签法》也是按照欧盟法律，对冷冻设备、洗衣机、烘干机、洗碗机和家用电灯强制实行能效标签制度。欧盟和成员国之间法制系统的顺利衔接和运行，为能源安全战略的依法有序落实，提供了基本的保障。

(4)国家进行积极干预。就目前而言，从化石能源和可再生能源的成本比较看，仍然处在化石能源价格比较低廉的时代。在此背景下，限制化石能源消费和推动可再生能源发展，势必遇到市场力量的巨大障碍，政府干预不可避免。就限制石油能源消费而言，欧盟各国普遍采取收取高额能源税的手段进行干预。在不同成员国的油品价格中，能源税的比例高达 1/3—2/3。从鼓励可再生能源发展来看，欧盟成员国一直是以确定发展目标进行企业导向。例如，德国政府的目标是把可再生能源在全国能源中的比例由 8%提高到 2020 年的 20%；计划到 2030 年前后使风能占全国发电总量的比例由

4%提高到25%。对企业而言，这种目标的确定可以使其明确市场前景，起到激励企业投资的作用。同时，欧盟国家还以立法手段为可再生能源开辟进入市场的渠道，以立法手段强制电力公司接受用可再生能源生产的电力入网，是帮助企业克服可再生能源发展初期竞争力弱势和获取能源市场份额的必要手段。例如，1991年德国颁布《电力入网法》，要求电力公司购买可再生能源电力；2000年颁布《可再生能源法》，要求电力公司优先购买用林业废弃物、垃圾和小水电等技术生产的电力。欧盟各国政府还经常通过财税手段鼓励投资和消费。例如，德国为风力发电设备的生产提供补贴，补贴目前为17%。德国推行"10万太阳能屋顶计划"，为个人和企业在屋顶安装太阳能设施提供长达10年的低息贷款和无息贷款。此外，欧盟国家还大力推行可再生能源电力入网配额制度。20世纪90年代以来，一些欧盟国家开始采用"可再生能源发电配额标准"，推动可再生能源开发。在这种制度下，每个企业都有使用可再生能源电力的配额，完成这种配额是企业的法律义务，政府允许企业以"可再生能源证"形式对其配额进行相互交易。已经采用这种制度的欧盟国家包括英国、荷兰和丹麦。①

(5)全面开展国际能源合作。欧盟的能源安全战略并不是一个自我封闭的体系，而是建立在与世界主要能源消费国和生产国广泛合作的基础之上。与能源消费国的合作以国际能源署为舞台，重点放在协调战略石油储备的建设和使用，推动能源消费结构的转变以及环境保护。与能源生产国的合作主要以俄罗斯和东欧国家以及北非地中海沿岸国家为重点，主要集中在欧盟周边地区。欧盟与这些国家签署了一系列的宪章、协定和计划。事实证明，这种广泛的国际合作在欧盟应对石油供应中断的紧急情况、推动可再生能源发展、提高能源使用效率、实现能源供应来源多样化、保障能源过境运输安全等涉及能源安全的诸多方面，都发挥了非常重要的作用。②

3. 能源安全面临的挑战

欧盟是当今世界的能源消耗大户，其消费量占世界能源总消费量的14%—15%，并呈增长趋势。欧洲自产能源有限，北海油田正在萎缩，预计到2020年，日产原油将减少到不足400万桶。能源需求的持续增长和内部供应的逐渐减少，使欧盟对外能源依存度不断加大，如不采取适当的措施，

① 参见杨光：《聚焦：保障能源安全是欧盟面临的挑战之一(1)》，http://www.wefweb.com/news/2008109/1120366408_0.shtml，2011-11-21。

② 参见赵华：《欧盟寻求多渠道保障能源安全》，载《中国石化》2009年第8期，第57—59页。

其能源对外依存度还将持续增加。[①] 欧盟委员会预测，欧盟能源进口将从2000年的47%上升到2030年的67%，其中进口煤从2000年的30%上升到2030年的66%，进口石油从2000年的77%上升到2030年的88%，进口天然气从2000年的50%上升到2030年的81%。并且，随着中东欧国家加入欧盟，欧盟的能源供需差距将继续扩大。能源的缺乏已是一个严重影响欧盟未来能源安全和经济发展的重大问题。[②]

具体而言，欧盟的能源安全主要存在如下问题。

(1)欧盟各成员国在可再生能源20%指标的实施问题上存在分歧，可能延缓可再生能源的发展，不利于保障能源安全。欧盟成员国在大力提高可再生能源在欧盟能源消耗中的比例、大力推广可再生能源上没有异议，但反对设定强制性目标。[③] 欧盟委员会2007年公布的《新能源政策》提案中认为，到2020年将可再生能源在欧盟能源消耗总量中所占的比例提高到20%，并使之成为一个具有约束力的目标。德国和西班牙等国因在可再生能源开发方面基础较好，对设定上述强制性目标没有异议，而英国却不愿为此投入大笔资金，法国也不想被强制性目标捆住手脚，更愿意充分利用核能。[④] 欧盟成员国在提高汽车用生物燃料的使用比例问题上，虽然同意设定强制性目标，但却附加了前提条件。欧盟委员会提出到2020年将汽车用能源消耗中生物燃料的比例提高到10%，以减少对传统能源的依赖和温室气体的排放量。对此，欧盟成员国能源部长表示，可以设定10%的强制性目标，但只有在生物燃料开发具备充分的商业可行性和相关欧盟立法作出必要修改后，这一目标才对成员国具有约束力。[⑤]

(2)欧盟新能源政策的实施面临成员国民族保护主义的掣肘，实施效率或打折扣。这主要表现在欧盟成员国未能就拆分大型能源企业以促进市场竞争的提案达成一致，分析人士认为这是出于保护各国大型能源企业的考虑。欧盟委员会提出，应将大型能源企业的生产和输送拆分开来，即

---

① 参见周弘:《欧盟如何应对能源安全危机》，http://theory.people.com.cn/BIG5/49154/49155/3822047.html，2011-11-22。

② 李萌、潘家华:《中国和欧盟能源安全、国际合作与可持续发展》，载《现代经济探讨》2006年第10期，第57—61页。

③ 参见尚军:《欧盟将大力推广利用可再生能源》，http://news.qq.com/a/20070216/000247.htm，2011-11-22。

④ 参见尚军:《欧盟新能源政策遇到难关》，http://news.qq.com/a/20070307/003188.htm，2011-11-23。

⑤ 参见尚军:《欧盟新能源政策"缩水"》，http://news.qq.com/a/20070216/002081.htm，2011-11-23。

实行厂网分离。立法建议具体列出了两套方案：第一套方案名为“所有权拆分”，即强制能源巨头们出售输送网络，另组成新的输送网络企业，两者间无隶属关系；第二套方案较前者相对温和，允许能源巨头继续保留对输送网络的所有权，但必须保证其运营独立。虽然欧盟委员会在立法建议中明确表示倾向于第一套方案，认为只有彻底拆分才能奏效，但这种极端的做法遭到了德国、法国等部分成员国的强烈反对。他们担心，所有权拆分会损害本国大型能源企业的利益。能源巨头担心自己耗巨资进行网络改造将使竞争对手得益，失去了投资基础设施建设的动力，造成欧洲电网设施老化问题严重，大规模断电等事故频发。而英国、荷兰和丹麦等国则支持彻底拆分，两派意见在 2007 年 3 月举行的欧盟首脑会议上未能达成一致，而欧盟委员会的建议最终还需要各成员国的一致通过。① 2008 年 10 月 10 日，欧盟成员国能源部长在卢森堡举行的月度例会上终于就有关能源巨头拆分的欧盟能源行业改革方案达成妥协。根据当天会上取得的一致，在能源巨头拆分这一尖锐问题上，实行所有权拆分的成员国将有权阻止不实行所有权拆分的成员国能源企业收购本国的输送网络，以求在赞成和反对所有权拆分的两大阵营之间达到平衡。此外，在德国的要求下，该妥协方案还放宽了对非成员国能源企业收购欧盟境内能源输送网络的限制，但参与收购的非成员国企业必须对欧盟投资者开放，并且要通过欧盟委员会有关能源供应安全的评估。② 2009 年 7 月，欧盟正式通过了一揽子能源市场改革法案，被称为欧盟历史上的第三份能源“新政”，其主要内容是对欧盟天然气和电力市场进行改革，打破国别障碍，促进市场竞争，推动欧盟单一能源市场建设，维护能源供应安全。根据其规定，欧盟成员国应于 2011 年 3 月 3 日前在国内法上予以实施，有关拆分天然气和电力巨头的规定最晚应于 2012 年 3 月 3 日开始适用。③

(3)欧盟限制第三国并购的政策增加了能源贸易摩擦的可能性，有可能影响欧盟的天然气能源供应安全和能源外交环境。欧盟规定，如果第三国企业想要取得欧盟境内某个能源输送网络的控股权，其所属国必须已与欧盟签署双边互惠协定。第三国企业还必须明确证明自己遵守了与欧盟能源

---

① 参见《欧盟委员会策动厂网分开》，http://www.serc.gov.cn/xyxx/gjdl/200802/t20080220_5656.htm，2011-11-26。

② 参见尚军、刘秀荣：《欧盟成员国就能源行业改革方案达成妥协》，http://www.gznet.com/news/international/gjss/200810/t20081011_783703.html，2011-11-25。

③ 参见《欧盟实施能源新政 将强制拆分行业巨头》，http://money.163.com/11/0304/03/6U98LN5O00253B0H.html，2011-11-27。

企业类似的拆分要求，欧盟委员会今后可能会对此予以审查。欧盟委员会出台这样的立法建议主要是为了防止能源输送网络落入“外人”（主要针对俄罗斯）之手。欧盟发言人塔拉德利亚斯·埃斯普尼（Ferran Tarradellas Espuny）说，“互惠原则”限制俄罗斯和沙特阿拉伯等国家的公司进入欧盟市场，因为这些国家对外国公司投资也采取了严格限制。[①] 俄罗斯统一电力系统公司总裁阿纳托利·丘拜斯（Anatoly Chubais）认为，欧盟改变在能源领域的立法并限制投资，有导致21世纪新保护主义的危险。对此，欧盟方面极力辩解，但仍难让人消除疑虑。欧盟委员会主席巴罗佐表示，欧盟采取的一系列保护能源市场、避免第三国“非竞争性行为”的措施不针对俄罗斯。负责能源事务的欧盟委员安德里斯·皮耶巴尔格斯（Andris Piebalgs）表示，欧盟没有限制俄罗斯公司的政策，该法案不是为了限制包括天然气工业公司在内的俄罗斯投资者进入欧洲市场。欧俄在第三国并购问题上的分歧反映了欧俄能源关系的种种纠葛，特别是《能源宪章》批准与否等问题。法国国际和战略研究院研究员劳拉·德尔库尔认为，欧盟委员会限制外国投资者进入欧洲能源市场的政策是对俄罗斯立场的回应。欧盟委员会认为，目前并没有遵守互惠原则，欧洲公司没有向俄罗斯能源市场投资的自由，因为，俄罗斯市场的很大部分属于国家垄断，并且缺乏竞争。欧盟委员会的保护措施“既有经济原因，也有政治原因”，特别是，欧盟希望俄罗斯批准《能源宪章》。[②]

（三）能源自由化原则

能源市场自由化，就是通过产权结构的调整将竞争机制引入能源市场，从而提高能源的生产和分配效率，促使社会整体福利水平提高。自由化是一体化的前提和基础。只有通过自由化引入竞争机制，打破能源市场传统的垄断格局，提高价格的透明度，这样才能使能源资源在欧盟范围内更有效地配置。欧盟能源市场自由化为欧盟国家能源公司提供了一个公平竞争的平台，以此加强竞争，使欧盟区域内的客户共同受益。如果说自由化更多的是利用市场的力量完成能源资源的整合的话，那么一体化则更多地是借助制度的力量为一体化提供一个制度框架，更好地协调各方的利益。[③]

---

① 参见《欧盟试图阻止俄罗斯能源公司进入欧洲市场》，http://rusnews.cn/guojiyaowen/guoji_caijing/20070830/41885631.html，2011-11-27。

② 程春华：《欧盟新能源政策与能源安全》，载《中国社会科学院研究生院学报》2009年第1期，第113—118页。

③ 参见《产业融合背景下的能源安全战略》，http://www.serc.gov.cn/jgyj/ztbg/200802/t20080220_5884.htm，2011-11-12。

由于欧盟能源结构中石油部门的自由化和一体化程度已经较高，而煤炭和原子能部门的比重相对较小，并且一体化的进程早在“二战”之后就已经开始，因此目前欧盟的能源市场一体化主要集中在天然气和电力部门。2003年6月4日，欧洲议会投票通过了各成员国能源部长提出的能源自由化措施，从而清除了通往欧盟能源自由化的最后一个障碍。欧洲能源自由化措施主要包括以下几项内容：①在2004年7月1日之前，欧盟内的工业和商业用户能自由地选择其供应方；在2007年7月1日之前，所有的区内用户能自由地选择供应方。②在2004年7月1日之前，欧盟内电力和天然气传输系统的经营商将实施分类计价；在2007年7月1日前，区内电力和天然气营销系统的经营商将实施分类计价。从2004年年中起，欧盟将结束那种能源公司既控制主要的能源设施又利用设施供应能源产品的局面。至此，在获取能源和市场方面，欧盟区内的能源公司将本着透明、非歧视的运营原则，进行公平竞争。③欧盟决定在每个成员国里，建立一个独立的能源监管机构。④欧盟委员会将为跨国电子传输制定一个共同的定价机制。

有关能源市场自由化的理论分析一般遵循以下步骤：①首先要考虑三种不同的市场需求：居民消费者、商业消费者和企业消费者。②针对以上三种不同消费者的行为讨论市场均衡。③能源贸易放开后对企业生产成本以及居民和商业机构消费价格的影响。总体来说，在欧盟能源市场一体化进程当中，能源市场的自由化改革、竞争机制的引入是欧盟能源市场一体化中市场机制发挥作用的重要环节，这二者和欧盟共同能源政策及共同监管等制度层面的一体化措施相辅相成，共同推动欧盟能源市场的一体化。[①]

欧盟能源自由化改革为欧盟国家能源公司提供一个公平竞争的平台，以此加强竞争、使欧盟区域内的客户共同受益，特别是天然气和电力市场改革都取得了较大的成就。然而能源市场自由化进程中也存在一定的阻力。例如，法国有关能源市场自由化的退出条款(exit-clause)。这主要是因为欧洲议会将在2006年1月1日完成市场自由化，而法国和德国在此方面未能与其他欧盟国家达成完全的一致，所以该退出条款可以帮助法、德这样的国家，当市场自由化不能满足它们预期达到的消费者利益时通过退出条款对它们自身进行保护。另外，欧盟委员会认为市场集中度过高也是影响自由化充分发挥其功效的关键原因。现在实行的政策，人为地对想涉足这一市场的企业设置了障碍，导致一些大公司滥用自己在市场上的垄断地位，使市场缺乏竞争。欧盟能源市场自由化改革的目标在于打破垄断，提高市场的

---

① 参见齐绍洲等:《欧盟能源市场一体化浅析》，载《法国研究》2006年第1期，第66—68页。

竞争程度。然而,随着竞争程度的提高,各企业在市场中的风险会加大,企业为了降低风险,通过积极举债融资进行纵向兼并的行为也会逐渐增多,这样又促使市场向着背离自由化的方向发展。如何解决这一矛盾成为欧盟电力市场自由化改革的一个关键性难题。自由化的优势在于发挥市场的力量,在遇到市场解决不了的问题时我们需要制度来协调各方面的利益。欧盟的共同能源政策的出台深化了欧盟能源市场的一体化,并促进单一欧洲市场的实现。共同能源政策必须作为欧盟经济政策的一个部分,其目标应该是促进欧洲能源市场的竞争和能源供给的安全,并且还有着更广泛的功效,如创造就业和环境保护。相信在市场和制度双方力量的共同作用下,欧盟能源市场一体化改革的进程将会加快,欧盟能源市场的效率将得到提高,欧盟的整体福利将会得到改进。①

(四)能源一体化原则

正如前述,欧盟能源市场自由化的主要手段和目的在于引入和实现竞争机制,通过自由化打破能源市场的垄断,通过竞争将能源资源在全欧盟范围内更有效地配置。然而,各成员国能源市场的开放程度存在很大差距,这就需要借助欧盟市场一体化的力量,提高各成员国的开放程度,使其在欧盟这个更大的市场内展开竞争以提高自身能源产业的效率。

1. 能源一体化:起因

首先,能源供应安全受到威胁是欧盟调整能源政策的直接原因。近年来全球对能源的需求增加非常迅速,与1996年相比,2006年全球石油消费量增长了16%,天然气消费量更是增长了27%,而欧盟能源进口比例预计也将在2030年上升到70%。面对紧张的内外能源形势,欧盟必须采取更强有力的能源政策以应对世界能源争夺并确保获得稳定的能源供给。欧盟主要能源进口国为中东、俄罗斯和挪威。其中20%的石油、18.6%的天然气来自中东,32.1%的石油和40%的天然气来自俄罗斯,25.1%的天然气和19%的石油来自挪威。这种进口渠道的单一化容易使能源问题政治化,这使欧盟进一步认识到现有能源政策已经无法继续保障供应安全。

其次,能源价格上涨的传导效应引发的欧盟竞争力下降是其能源政策一体化的内在因素。能源需求的迅速增长,专家预测到2030年石油甚至会上涨到100美元/桶。根据价格的传导效应,某种产品价格的上涨将会带动其前后相关产业产品价格的上升。由于能源与国民经济各行业的关联度较高,能源价格的大幅上涨使能源相关工业成本急剧上升,并通过价格的传导

① 参见齐绍洲等:《欧盟能源市场一体化浅析》,载《法国研究》2006年第1期,第66—70页。

效应直接或间接影响国民经济的各个部门，从而在整体上抬高社会生产成本，削弱欧盟工业竞争力，抑制欧盟对内投资，不利于经济增长和就业。自2000年起欧盟经济增长呈现下降趋势，失业率也一直在8%以上。这种长时间的经济低迷和高失业率使欧盟意识到，采取必要措施来降低能源价格，提高欧盟工业竞争力已经迫在眉睫。

最后，能源引发的环境负外部性日益严重也促使欧盟采取新能源政策。根据经济学的外部性理论，环境负外部性是指经济主体活动产生的污染物或污染因素使环境质量恶化，从而对他人的生产和生活造成损害。简而言之，一旦某个国家排放污染物，将对周边所有国家产生损害。近年来，煤炭等化石燃料以及核能的使用造成的环境负外部性日益严重。以温室气体排放为例，全球温室气体排放已经使全球温度上升了0.6°，而且这一趋势还在加速，这会导致全球生态系统和经济系统遭到巨大破坏，全世界将面临严重后果。尽管欧盟某些国家在能源环保方面走在世界前列，但仅靠单个国家的力量无法解决日益严重的环境负外部性问题，欧盟各成员国必须互相合作。只有在每个国家都减少污染源，才能从根本上解决环境负外部性问题。

2. 能源一体化：内涵

(1)确立明确目标和共同行动计划。以往的欧盟能源政策缺乏明确的长期目标，例如，在石油危机期间，强调保障供给安全；在内部大市场发展期间，强调发展内部市场。目标的不断变化使其政策措施缺乏连贯性，能源政策的内容散见于有关对外政策、内部市场和环境政策之中，严重影响政策实施的效果。欧盟新能源政策总结了过去的经验教训，针对欧盟现有和未来能源形势的发展状况，从长远出发为欧盟能源政策确立了3个明确目标：即保障能源供给安全、提高欧盟竞争力、实现经济和社会的可持续发展，并围绕这3个目标制定了具体的共同行动计划和有效的措施手段，而不再局限于仅仅为具体政策的制定和实施提供一个制度框架。

(2)对外采取一致立场，实现供给来源多样化。欧盟新能源政策第一次提出了“用一个声音说话”的概念，主张欧盟各成员国在对外能源事务上采取一致立场：一方面，通过集体的力量加强与能源出口国和能源消费国的对话与合作，在确保现有能源供给稳定的同时抢占里海、巴尔干等地区的新兴能源市场，实现供给来源和路线多样化；另一方面，通过建立共同应急机制和能源储备以共同应对外部供给危机，在团结和互补的基础上确保能源供给安全。欧盟这一政策取向表明，欧盟能源政策又向一体化迈进了一大步。在以往各自为政的欧盟能源政策下，各成员国都主要通过双边协商的方式来确保本国能源供给安全，削弱了争夺能源的能力。而欧盟越来越高的对外依赖性与世界越来越激烈的能源争夺所带来的能源供给安全压力已经超出了单个国家所能承受的范围，欧盟必须在对外能源政策上更加积极、一致，才能改变以往在世界能源市场上的被动局面。

(3)对内加强内部能源市场建设。在积极开展外部能源政策的同时，欧盟也注重从内部加强能源市场的建设。作为欧盟能源政策最早开始的一体化措施，欧盟能源市场的建设并不尽如人意，各成员国市场仍处于分隔状态，能源价格也处于高位。针对这种情况，欧盟开始加大对内部能源市场的建设力度：通过有效立法降低成员国现有壁垒，增强市场透明度与非歧视性，促进欧盟统一电气市场的建成；培养良好的投资环境以逐步加强对其他能源市场的建设；通过能源共同体条约等方式将能源市场拓展至周边国家，逐步建立以欧盟为中心的跨国能源大市场。通过内部能源市场建设，欧盟可以为欧盟外部能源政策谋求更大的缓冲余地，从而获得更加稳定、相对低价的能源。

(4)将"开源节流"作为工作的重点。所谓"开源节流"，即在加强非化石清洁能源开发的同时提高能效，减少能源消耗。欧盟本土缺乏化石能源但能源技术发达的特点促使欧盟新能源政策将"开源节流"作为其工作的重点，主要措施包括：加大政府和私人研发投资；加强对生物质能、氢能、热能等新兴能源和减少传统能源污染技术的研发；促进各国交流和合作等。此外，欧盟还针对该工作重点领域专门制定了具体目标。根据共同行动计划，欧盟将在未来 6 年内增加约 10 亿欧元的科研投入，到 2020 年实现可再生能源占总能源耗费的比例达到 20%，生物燃料在交通能源消耗中至少占 10%，能效提高 20%，温室气体排放量在 1990 年的基础上减少 20%以上等。这是欧盟第一次在可再生能源等方面设定对成员国具有约束力的强制性目标，而不再只是个建议。①

3. 能源一体化：障碍

尽管从成立至今，欧盟在能源一体化进程中已经取得了重要进展，但并非前途无阻、一帆风顺。欧盟能源一体化进程所面临的障碍主要体现在两方面。

(1)欧盟制度因素对能源市场一体化的阻碍。目前，欧盟独特的制度构架对其能源市场一体化和共同能源政策的进程产生了较大的制约性。欧盟既不同于传统的国际组织，又不是一个超主权国家，而是一种介于国际组织

① 参见周茂荣、祝佳：《欧盟能源新政策：动因分析与前景展望》，载《世界经济研究》2007 年第 12 期，第 66—70 页。

和主权国家之间的特殊政体模式。

欧盟实行两级能源监管体系。欧盟委员会制定能源战略和能源政策规则，欧盟能源委员会负责监督执行。各成员国政府根据欧盟能源政策法规和方针政策的总体框架，确定本国的基本能源政策和法规。欧盟委员会下设能源和发展总司，作为能源监管机构和欧盟委员会能源方面的参谋部。欧盟能源监管机构定期或不定期对成员国的能源企业进行突击检查，发现违规行为，便立刻予以纠正。这就是说，欧盟政策制定权主要掌握在作为政府间机构的欧盟理事会手中，成员国政府处于影响欧盟政策出台的最强有力地位。能源部门作为一国经济发展及社会经济安全的动脉，其政策规划长期以来一直由政府所垄断，是成员国政府在参与欧洲一体化进程中被重点考虑的国家利益范畴。而在现今欧盟已经发展成为一个国家和超国家特征高度统一的独特经济政治实体的背景下，能源政策因其重要性又成为欧盟和各成员国共同介入的政策领域。可以说，欧盟整体能源政策的制定和实施已成为其内部在经济一体化方面长期对立的超国家主义和政府间主义的典例。各成员国在国家利益上的不同认知和具体考虑促使本国政府尽可能地将能源政策的决策权掌握在自己手中。因此，如何协调整体与局部利益，强化欧盟层面政策介入程度是今后能源一体化发展的关键。

可见，欧盟在整体能源政策方面遇到了相当阻碍，若想实现其内部电力和天然气部门的整合，必须加强欧盟当局的政策主导权，使成员国一起实施单一或接近的有关能源管理的制度体系。欧洲民意调查中心(Eurobarometer)2007年初公布的一项调查结果显示，只有39%的被调查者支持欧盟统一能源政策，而一年前这个数字则为49%。这表明，欧洲能源一体化的实现仍然有漫长的路需要走。

(2)欧盟各成员国在电力和天然气市场的竞争政策差异。欧盟能源结构中的石油部门合作已相对比较成熟，而煤炭和原子能部门在原有基础上亦不断完善，又由于目前二者在总体能源结构中的比重相对较少，因此电力和天然气部门便成为欧洲能源一体化中的焦点问题。然而作为当前欧盟主要能源的电力和天然气部门的一体化进程及其发展水平，相比欧洲在共同农业政策、关税同盟、统一大市场以及统一货币联盟等方面所取得的成就则要逊色许多。相比其他能源领域，欧盟电力和天然气部门的一体化起步较晚(20世纪80年代末至90年代初)，且水平较低。从这两个部门的市场状况来看，阻碍其一体化合作的主要障碍在于二者的市场自由化总体水平偏低且各国之间的差异较大。尤其是电力市场，目前仍有不少成员国的自由化程度低于30%。

国内市场处于完全竞争状态的只有英国和少数几个北欧国家，而像法、德这样的欧盟成员大国及其他经济实力较小的成员国都未实现国内市场的充分竞争。对于这些国家而言，构建国内电力和天然气自由竞争机制异常艰难。这直接导致了欧盟内部关于能源市场一体化的意见难以协调统一。欧盟委员会曾指出，很多成员国政府依然控制能源价格，不允许消费者自由地选择其电力和天然气供应商。以法国为代表的一些成员国在开放本国能源市场和建立欧洲统一能源政策方面颇有微词。这些政府干预行为均不利于欧盟能源市场的自由化和内部统一市场的进程。

欧盟原定于2007年7月1日取消各成员国能源贸易壁垒，全面开放欧盟体系内的能源市场，但该计划最终无法如期实现。实际上，各国政府反而因此加快了本国能源企业的合并进程，竞相在本国建立强大的能源巨头。法国天然气公司、苏伊士公司的合并，彰显了一个事实：欧洲天然气市场仍牢牢地掌控在几个寡头手中，这些寡头包括俄罗斯天然气工业公司、德国意昂集团(Eon)、意大利埃尼集团(ENI)、荷兰天然气联合公司等。大型能源垄断企业坚决捍卫自己的地位，甚至彼此达成不进入对方市场的非正式协议。他们对能源行业的掌控，使其他能源公司难以进入市场。实际上，欧盟委员会目前还无法真正开放盟内能源市场，也即欧盟目前并没有有效的能源改革措施。①

三、欧盟能源法的制度安排

(一)立法、行政和组织体系

尽管欧盟各成员国议会在能源政策和立法中发挥了重要作用，但各国之间制定和执行能源政策的政府机构千差万别。这些差异尤其是行政传统、能源部门结构和能源政策制定过程中所考虑的政治因素的不同所导致的结果。

尽管存在这些差异，但总的来说，欧盟各成员国都认为有必要在政府内部建立一个机构，负责制定能源政策。最常见的做法是，该机构受广泛负责经济和工业政策的部长领导，这也体现了如下观点：即能源只是很多工业中的一种。在法国、英国、荷兰、波兰和西班牙，这种方法非常明显。一种替代的选择是建立一个独立的能源部，这体现了如下认识：即对这个具体的部门需要给予特别的关注，至少短期内是如此；它还体现了对能源政策的强调。

① 徐建华：《欧盟能源一体化战略探析》，载《特区经济》2008年第7期，第25—27页。

因此,丹麦在1979年第二次石油危机之后建立了一个独立的能源部。然而,在1994年,能源部和环境部合并成立了环境和能源部,这体现了环境利益和能源问题的一体化。随后,环境和能源部又被整合成交通和能源部,其主要的关注点在能源基础设施建设问题。英国曾经有能源部,但由于工业的私有化,该部局限于一个没有内阁成员职位的部长,能源问题被归入作为一个能源部门的贸易和工业部。由于很多其他部门都关注能源政策——尤其是那些负责金融、竞争、外事、环境和技术的部门——不同部门之间的有效协调变得非常重要。通常来说,具有商业性质的国家活动被授予国有企业或公营公司。这样的例证不仅出现在丹麦,还出现在法国、荷兰和波兰。

政府发挥不同作用这一事实带来政治利益和经济利益混合的风险,也就是说,作为政策制定者的国家和作为监管机构的国家之间功能冲突的风险。不同政府机构之间的这些功能分离可以作为一种机制被用来减少诸如此类的冲突,如果国家保留大量的工业所有权,这种冲突尤其可能出现。人们可能注意到一种建立独立监管机构的趋势,有些国家采取一种以具体部门为对象的方法。例如,丹麦从20世纪70年代就开始筹备能源部门监管机构,尽管直到2000年行业代表才达到50%。丹麦的监管机构在过去和现在都由制定法授予具体的职责,这些法律只能由新的立法予以废止。在丹麦1999年电力改革之后,行业代表停止介入,一个新的能源监管机构得以建立,它不仅独立于政治利益,而且独立于公用事业利益,却同时调控天然气和电力。在英国,独立的电力监管机构和天然气监管机构已经存在了数十年,其决定权由一位总干事行使。西班牙曾经有一个电力委员会,但它被一个调控电力和天然气的国家能源委员会取而代之。在2000年2月通过《电力法案》之后,法国政府也建立了一个特别的电力调控委员会(CRE)。在荷兰,一个以具体能源部门为对象的能源监管机构于1998年成立,作为竞争管理局(NMa)的一个独立部门。该监管机构的作用已经被逐步拓展和修改,这首先是由于天然气市场的自由化,它的作用被拓展进而成为天然气部门的监管机构,其次是因为如下事实:即自从2005年以来,竞争管理局的行为一直独立于经济事务部。目前,荷兰电力和天然气监管机构(DTe)是作为竞争管理局的一个独立部门而运作。所有的监管机构都享有广泛的权力颁布详细且具有普遍性的规章或指南以及有关运营、关税和争端的具体行政决定。对监管机构的控制通过不同的"申诉制度"予以实施,这就意味着,监管机构的决定可以受到其他机关或法院的挑战。欧共体市场指令规定,成员国必须指定一个或更多胜任的调控机构,这些机构必须完全独立于电力和天然气行业。尽管如此,监管机构并不必然与政府部门相分离。

独立的监管机构可以向潜在投资者保证，行业调控会远离日常的政治控制和影响，因此，对一个总的来说以投资额大且投资周期长为特征的部门而言，这就提供了一种稳定因素。另一项进一步的收益是发展专门化且高度职业化的机构，这些机构可以平等地满足能源企业的需求，促进迅速和物有所值的争端解决方式。其他具体的职责可能包括：促进竞争，平衡供应商和消费者的利益；颁布许可；价格调控；质量控制；监控遵守相关规定的情况；与其他机构合作从而消除垄断性滥用；发布和收集信息。

为了克服建立欧洲单一能源市场的障碍，欧洲共同体支持行业合作作为对立法的补充。这种方法已经导致行业和各种国家监管机构之间在各种论坛（如 1998 年和 1999 年分别为电力和天然气成立的佛罗伦萨论坛和马德里论坛）以及欧洲电力和天然气监管机构团体中增加协作。

（二）能源市场：国家调控抑或私有化

能源行业是全球范围内国民经济的关键部门。因此，政府已经介入能源资源的发展，并设定能源市场运作的框架。尽管如此，并不存在一个简单的公式适用于任何能源问题——既不存在一种标准的能源政策，也不存在一种普遍的调控模式，而且，每个国家都要在能源安全、经济发展和环境保护之间寻找某种平衡。因此，在比较不同国家的组织和调控体系时，牢记不同的国家条件、能源目标和需求至关重要。尽管能源问题已经位于欧盟政治议程的前列，但它在很大程度上仍然由成员国决定本土自然资源利用的条件、能源构成的选择以及一般的能源供应结构。

欧盟各个成员国在政府控制、影响和资源基础等方面存在重大区别。在大多数国家，能源部门长期以来在很大程度上控制在国家手中。这种发展可能主要固定在 20 世纪 70 年代能源危机之后的那段时间，但从此以后，它在不同程度上被私有化，其中，私有化程度最广泛、时间最早的当属英国。但是，即使像法国、意大利这样的一些国家，最近，它们也都具有某种程度的私有化倾向。

在丹麦和荷兰，公有和私有能源企业都存在。然而，在这两个国家，传输系统运营商（TSO）目前都受国有实体利用。尽管如此，在荷兰，两个独立的国有运营商经营天然气和电力传输系统；与之相反，在丹麦，目前只有一家单一的运营商负责开发主要的电力和天然气输送网。而且，另一个丹麦国有能源公司（DONG）通过接管几家天然气分配以及电力生产和分配公司而发展成为一家集石油、天然气和电力为一体的综合性公司。尽管如此，某些接管者同时导致国家在丹麦国有能源公司（DONG）的持股率下降到 73%，而且计划进一步的私有化。在德国和英国，能源部门主要是私有的，但仍受制于具体的调控控制。此外，波兰继续全面保留公用事业国有制，尽管私有化在该国也被迫切讨论，而且在有限的程度上已经实行。因此，须牢记公共介入或私人介入模式并不是一种静态模式，这是非常重要的。公共介入可能以所有权或调控控制的方式予以表达，而且，近年来这种方式已经发生了根本性转变。

尽管(完全或部分的)自由化和私有化已经成为欧洲乃至世界范围内的一种普遍趋势，但这并不必然意味着，各个国家已经减少对能源部门的控制。诸如美国加州的电力危机、意大利和斯堪的纳维亚部分地区的电力供应停止、安然公司(Enron)的崩溃以及破产的能源供应公司的总量不断增加这样一些事件再次突出体现了国家在保护公共利益以及确保向社会提供可靠且安全的能源供应中所发挥的作用。

在欧盟各个成员国，能源图景的差异很大。英国、丹麦是石油和天然气的净出口国，而荷兰仅是天然气的净出口国，法国、西班牙、意大利、波兰和德国严重依赖石油和天然气的进口。尽管出口国基于本国的生产满足自己的能源需求，但它们利用完全不同的来源。在英国，能源消耗以石油、天然气、煤和核能为基础。荷兰能源需求的满足主要依赖天然气以及较低程度上的进口石油和煤。此外，丹麦虽然是可再生能源最为重要的开发者之一，但是，同荷兰一样，它确实利用大量的煤，这些煤都依赖进口。法国、西班牙、英国和德国都有重大的核能项目。除此之外，西班牙、德国和波兰都是煤的生产国，但只有波兰生产煤的数量使出口成为可能。

对能源行业公共介入的性质和程度在过去的40年里已经发生了巨大变化，其范围从第二次世界大战之后的国有化或征收征用，到20世纪70年代能源危机之后，政府介入和控制不断增强，直到20世纪80年代末和20世纪90年代，政府干预减少、放松调控、引入竞争以及甚至是能源工业的私有化。尽管如此，支持市场机制并不是调控的目的。很多不同的调控和组织改革被实施，尤其是欧盟委员会引发的立法动议，如授权指令(licensing directive)、电力和天然气部门的两套市场指令以及欧洲的排放交易制度。

一般来说，公共介入在以网络传输为基础的行业(也就是天然气、电力和地区供热)、在核能部门以及在那些煤工业不具有商业上的可行性并且很大程度上依赖公众支持的国家最为强烈。目前，全球范围内的趋势是更为自由化的能源市场，公司拆分，摆脱定价、国家垄断和能源贸易保护。尽管如此，并不是所有的问题都可以留给市场力量的运作予以解决。调控制度必须被保留，以期确保有效运作的竞争性市场情形存在，同时防止垄断权滥用并保证新供应商的准入。而且，诸如能源安全、合适的环境标准、供应质量和能源保留这样一些更为广泛的保障利益问题必须得到适当的满足。这就是调控的功能。

实际上，能源供应部门最为明显的特征之一是过去几十年时间里出现的政治观念的逐渐转变。在20世纪70年代和20世纪80年代，能源供应部门的特征因20世纪70年代早期的能源危机而被描述为高度的公共干预、影响和控制，与之相反，在20世纪90年代早期，能源政策中体现了一种观念的转变。这种转变在某种程度上受到一般政治变化的影响，如放松调控哲学的兴起、私有化的增加、强调市场力量、苏东剧变之后增加合作以及全球环境问题的影响。其他的转变可能与能源部门各种不同的具体因素相关联。20世纪80年代能源价格的下降以及石油输出国组织中重要的石油出口国与国际能源署(IEA)中重要的能源消费国之间友好关系的恢复，导致能源市场变得相对稳定。因此，强调能源供应的安全不再成为政治议程中具有支配地位的事项，与此同时，很多工业化国家电力消耗的意外停滞进而导致生产能力过剩也不太容易形成支配地位。在21世纪的头10年，政治不稳定以及全球气候变暖等环境灾难已经造成了全球性影响，全球能源价格的上涨也带来了新的挑战。这些发展和如下认识(即欧盟石油、天然气和煤的生产在未来10年会逐渐下降)已经使能源安全问题再次成为大家关注的焦点。就欧洲的情境而言，能源安全利益尤其被体现在增强的地区能源合作之中，体现在欧盟外部能源关系的进一步发展之中，尤其是同俄罗斯的关系。

毫无疑问，发展成为一个单一的欧洲市场具有深远的影响。在1986年之前，欧盟只有为数不多的直接涉及能源问题的指令和条例经表决通过，而且，这些指令和条例在很大程度上局限于回应1973年的石油危机以及维持燃料应急储备的需要。《单一欧洲法案》的生效为欧盟委员会更加关注能源部门并将内部市场概念适用于该部门提供了基础，同时，为了逐步建立内部能源市场，该委员会还采取了更为广泛的一揽子立法措施，以消除贸易壁垒并增加欧洲范围内公司之间的竞争应该导致更高的效率、更好的消费者服务和更低的价格。不管是在欧洲范围之内还是在其之外，能源部门自由化的重要方面旨在使准入壁垒最小化，鼓励能源供应的竞争，保护终端用户和消费者的利益，促进消费者自由选择能源供应。这是一项非常困难且复杂的任务，原因尤其在于其与各国国内能源市场在所有权和竞争方面具有不同的结构。

在整个欧洲，政府对市场自由化的回应以及自由化对能源供应系统之法律调控的意义各不相同。从广义上说，目前的趋势是增加调控并有效地利用新的法律技术和机制，如协议和合同，这种现象可以被称为再调控(re-

regulation)。毫无疑问的是,尽管如此,能源市场自由化已经成为一个敏感问题。诸如意大利和德国这样的国家起初选择的是垄断组织类型,第一套电力指令中的“单一买方”(single-buyer)制度允许这些组织继续保留下来。然而,与意大利相比,“单一买方”制度在实践中几乎不在德国使用。其他国家支持一种更为自由化的方法,并朝着自由化方向主动采取重要步骤。美国是自由化的先锋,欧洲的英国以及后来的北欧国家尤其是瑞典和芬兰紧随其后。如今,随着第二套市场指令的执行,欧盟正在接近于建立一个内部能源市场。尽管还没有实现,而且在不久的未来可能期望有进一步的立法建议,但是,所有的能源市场已经变得更为透明得多,更加不具有歧视性。目前,绝大多数工业和国内消费者都可以自由地选择电力和天然气的供应商,消费者有机会以调控价格进入传输网络,行业已经不再被捆绑,跨边境交易得以增加。因此,《欧共体条约》中缺少特别关于能源的章节并没有阻止它的继续发展。

在过去的几十年里,国内和国际层面进一步出现的敏感问题是在经济发展和环境保护之间实现一种适当平衡。因此,在国内和国际政治层面,保护环境和保护自然资源日益获得优先地位。最初的建议以可持续发展概念为基础,这一概念在1987年的《布伦特兰报告》(Brundtland Report)中颇受欢迎,并在1992年联合国环境和发展会议中被赋予更多具体的表达,但是,它在环境管理和排放交易领域被进一步提炼,后两者不仅包含在1997年《京都议定书》中,而且被欧盟的排放交易指令所采纳。除此之外,欧盟的一些其他政策文件和欧盟理事会宣言都确认致力于在能源政策和气候保护方面发挥引领作用,具体方式是在2020年之前实现减少二氧化碳排放的宏伟目标。

欧洲的能源政策主要关注能源供应系统的发展,该系统具有稳定、安全、灵活、有效、低成本而且尽可能环境友好的特征。

(三)所有权制度

财产权是欧洲法律秩序的基本原则之一,大多数国家的宪法都规定了财产权保护,财产权还得到(不具有约束力的)《基本权利和自由宪章》的承认。在讨论能源部门时,需要在能源资源所有权和生产与分配能源的企业所有权之间作出区分。

能源资源的所有权根据这些资源所在的位置(陆上或海上)而各不相同。基于一般的国际法规定,国家对位于其领土范围内的自然资源(其中包括能源资源)享有永久主权。因此,作为一个国际法问题,国家可以自由地决定地下能源资源是由国家所有(领土制度)还是由个体地主所有(添附制度)。根据所讨论的资源而综合使用这些方法非常普遍。各个国家对这些所有权的调控程度截然不同。只有西班牙在其宪法中明确包括了如下宣言:自然资源(包括能源资源)受制于国家的整体利益,其他国家都由制定法来调控这个问题。

尽管大多数大陆法系国家将地下所有权归属于地上权人,但诸如石油、天然气和煤这些能源资源通常是一种例外。因此,大多数国家(如丹麦、波兰、英国、西班牙以及荷兰)都主张对陆上石油、天然气和煤资源享有国家所有权。其他一些国家(如意大利以及先前的荷兰)对能源资源的所有权问题悬而未决。应该注意的是,在这些国家,可适用的能源立法通常是在20世纪早期起草的;在其他地方,如果有现代化立法取而代之,所有国家似乎都选择国家所有权。尽管如此,在实践中决定地主的地上权在多大程度上延伸时遇到了困境,例如,波兰正遇到这样的问题。

至于海上能源资源,国际法承认国家对大陆架资源和立案管辖享有主权,目的在于开发和利用这些资源。根据国际法的规定,国家并不享有这些资源的所有权,但却享有开发和利用它们的主权。尽管如此,有些欧盟成员国(如丹麦、西班牙和荷兰)不仅主张调控权,而且主张海上石油和天然气的所有权。

能源部门的组织(尤其是公有制的范围和形式)在各成员国之间截然不同。在过去二十几年的时间里,它们已经发生了特别的变化,而且,日益凸显的趋势是摆脱一体化公用事业概念,尤其是在电力和天然气工业中引入更多的竞争。这些变化还在继续,它们在某种程度上受到如下因素的刺激:即有必要执行欧洲能源领域的重要指令,而且,这些指令还会对能源行业结构产生影响。另一种趋势体现为,很多欧洲公司通过接管其他的国内或国外公司而变得更为强大,它们甚至合并电力和天然气部门。

在诸如英国、法国、意大利和西班牙这样一些国家,大多数能源部门在第二次世界大战后都被依法国有化,能源责任被配置给新的国有公用事业公司。从20世纪80年代开始,英国的能源部门经历了广泛的私有化,而西班牙的能源部门则在20世纪90年代经历了大规模的私有化。相比之下,法国和波兰的能源部门,尽管经历了某种程度有限的私有化,但仍因石油、电力天然气供应和煤等大型国有工业而占据支配地位。这些国有公司通常具有一种事实上的垄断地位,而且,它们并不是作为商业公司进行运作;更确切地说,它们受制于广泛的国家影响。尽管如此,最近已经采取措施试图实现公用事业公司更大程度的自治。

与英国和西班牙不同的是,在丹麦和荷兰,能源部门引入更大的竞争并没有伴随广泛的私有化项目同时发生。在这些国家，国家和市政当局都积极介入网络绑定的能源供应，结果导致公有制具有重要地位。例如，丹麦的能源部门就被描述为高度的公有制。尽管如此，在过去的十几年里，所有权情形已经发生了巨大变化。如今，天然气和电力传输网络控制在一个新的国有企业丹麦国家电网公司（Energinet. dk）手中。配气输送网受到市政当局所属的公司和丹麦国有能源公司（DONG Energy，国家是该公司的大股东）控制，与之相反，去中央化的配电电网公司的所有权在丹麦能源公司、市政当局和终端用户之间分割。最后，绝大多数发电由丹麦能源公司最近接管，更少量的发电则由一家瑞典国有公司（Vattenfall）接管。此外，贸易和供应由私有和公有公司共同承担。市政当局在地区供热中也持有重大利益。

荷兰的情形是混合式的，不仅存在公有的能源企业，而且存在私有的能源公司。能源分配仍然受市政当局和各个省控制，但是，随着所有权的拆分，供应公司可能被私有化，这种情形已经发生过几次。尽管如此，公有制被保留下来，因为国家持有传输部门的所有股份，配置网络公司的股份必须由原股东持有，如各省和市政当局。德国拥有高度去中央化的天然气和电力系统，尽管集中的情形在整个能源供应链中也曾经发生过。在传输层面，私有公司占据支配地位。然而，电力和天然气配置部门受市政当局控制，地区政府在某些发电公司也持有股份。相比之下，英国的能源部门主要是私有制，甚至在核工业也是如此。这已经导致传统意义上强调竞争法作为控制私营部门的一种调控技巧。尽管如此，配气受市政当局控制，地区政府在某些发电公司也持有股份。

当然，在欧盟成员国中，英国的能源工业组织已经经历了最为重大的变化，从第二次世界大战之后广泛的公有制到目前能源部门几乎完全不存在国家所有制。例外情形之一是核部门，在该部门，旧的核电厂仍然保留公有制，私有化的英国能源公司遇到的商业困境导致国家购买了绝大多数股权。天然气供应工业在1986年被私有化，随后是电力供应部门的结构重组，该部门如今已经不存在国家所有制。在1994年之前，英国的煤生产被赋予国家垄断地位，随后，它也被私有化。除了20世纪70年代出现的短期例外情形之外（当时，国家参与是强制性的要求），石油和天然气部门仍然保持完全的私有制。

（四）调控制度

国家能源政策的目标往往包括以下所有或大部分内容：确保能源安全，合理有效地使用能源；促进竞争，减少自然垄断带来的反竞争后果；保护环境和消费者；将成本降至最低。为了确保与政府政策保持一致，大量的调控手段被采用，其中包括：国家或市政当局的直接参与；立法；执照和其他的许可证制度；谈判协议；诸如税收、补贴和担保这样的经济手段等。

一般来说，能源法的特征被描述为对这些手段的一体化混合适用，结果，人们通常很难对所采用的主要调控机制获得一种全貌。调控可能是综合性的，包括行业以一种开放的准入制度运作并在最广泛的意义上保护消费者利益(如英国)，或者它可能采用一种更为柔和的形式，这种形式以行业与全国政府之间的合作关系为基础，以行业与分配公用事业公司所服务的市政当局之间的密切关系为基础(如丹麦，荷兰)。

1. 国家或市政当局的直接参与

国家通过完全或部分所有的国有公司直接介入能源部门是欧盟成员国的一种共同特征，这些国家都具有本土的能源生产，尽管在某些国家(如英国)这种生产只是在有限的时间内存在。起初，很多这些公司比私人当事人在以下方面拥有更为优越的地位：有保证的参与，某些许可领域的优先权，开发期间的延期利益，选择增加自己的生产份额，培训，石油和天然气的购买权。如今，通常的图景表明，国有公司的作用下降及其优越地位的丧失，后者更是碳氢化合物许可指令的直接要求。因此，那些仍然参与其中的国有公司与私营公司或多或少享有平等的地位。有些公司被重组，有些公司被建成新的国有实体，而另一些公司已经被完全私有化或者甚至被解散，如英国国家石油公司，它在 1982 年被私有化，1985 年被解散。

就以网络为基础的行业而言，公共参与的程度在欧盟各成员国之间差异很大：有些国家拥有一体化的全国系统，在这些系统中，国家垄断公司负责所有的网络活动；有些国家拥有去中央化系统，在这些系统中，国有垄断公司控制行业的某些方面；有些国家的市政当局广泛参与网络的某些部分；而在另一些国家，公有制和私有制或公有和私有之间的合作相混合，或者这些国家将所有的活动归属于私营部门。公共介入的普遍模式表现为，市政当局介入地方能源供应，因此，它们的活动关注能源分配，与之相反，国家在全国层面致力于传输活动。尽管如此，在很多国家，电力和天然气行业已经并且仍然正在经历重大的变化，尤其是不仅受到欧盟委员会动议的影响，而且受到如下普遍趋势的影响：即将更小的公司合并成大型公司并包括一个以上的部门在内(如电力和天然气)。

2. 立法

几乎所有单独的部门都已经建立了一种立法框架：如石油、天然气、煤、电力、核能，甚至是可再生能源(如丹麦)。然而，需要注意的是，由于能源供应系统的融合，部门之间的原初分离正在消失。但是，在西班牙，《碳氢化合物法案》适用于上游和下游石油,《德国能源法案》控制电力和天然气的供应。我们日益注意到,部门调控因如下需求而被拓展:控制更为普遍的问题和具体的非能源问题,如消费者保护和环境影响。毫无疑问,欧共体的能源自由化项目对各成员国的立法发展具有重大影响。

即使更为依赖市场力量,部分以网络为基础的行业仍保留垄断特征、反竞争性和被调控的其他后果。1996 年和 1998 年分别制定的第一套电力和天然气指令使成员国可以选择如何调控这些网络,因此,它们可以在控制网络入口的事后或事前制度与滥用垄断行为之间做出选择。有些国家(如德国)依赖一般法反对垄断情形的滥用;另一些国家则支持一种事前政策,建立独立的监管机构(如英国)或者一个董事会(如 1999 年依赖的波兰和丹麦)来调控价格。有时,这些机构包括公用事业的代表、行业消费者和中央与地方政府(如 1999 年之前的丹麦)。2003 年的《电力和天然气指令》要求建立一个以具体部门为对象的监管机构已经改变了上述情形,该指令要求所有成员国制定一项事前准入政策。尽管如此,有关竞争管理机构的作用,可能仍然存在很多讨论。

除了由国会通过的主要法律之外,人们在中央行政机构颁布的二级立法和由同样机构或监管机构发布的行政决定和指南中发现更为细化的法规。大多数欧盟国家都制定了网络或传输网络的法典,这些法典通常由行业的某种介入予以起草和修正。需要注意的是,这样的二级立法日益包括那些非以市场为基础的问题在内,如安全指南和消费者保护。

3. 许可证

欧盟各成员国都规定,能源生产和供应需要获得某种许可,它们由全国或地方政府中负有职责的权威机构酌情发布,而且,大体上具有同样的效果和内容。这些许可可能被称为特许经营权(concessions)、执照(licences)、批准(permissions)、授权(authorizations)或特许证(permits),它们尤其被适用于上游碳氢化合物部门、发电以及电力和天然气传输网络的建设和利用。

多年来,有关许可证应该在法律体系中如何被描述或归类已经展开了大量的法律讨论。这与如下事实密切相关:人们传统上假定,较之行政行为,私人之间具有约束力的协议能使被许可人更好地保护自己免受许可证内容的单方面改变。尽管如此,对该争议所持观点的总量和多样化表明,这个问题是复杂的,几乎不可能基于单一的法律公式予以解决。而且,人们单独基于措辞分析许可证的法律性质时应该非常谨慎,因为历史和法律传统可以解释许可证概念的差异。因此,它们的精确含义必须源自各自具体的国家法律情境。在某些管辖权内,如西班牙和意大利,使用“特许经营权”这一术语意味着一种纯粹的合同关系，然而，公共行政部门可以单方面变更合同的某些内容。尽管如此，特许证并不是合同，它由国家单方面设定，而且，国家还可以单方面规定未来的修改条件。在诸如丹麦这样的国家，“特许经营权”似乎只是一个更为古老的术语，“许可证”是一个更为现代化的用语，它们是同样的法律概念，并主要被认为具有行政性质。

尽管如此，即使人们假定，许可证以行政行为为基础，但国家单方面调整许可证条件的自由仍受到限制。首先，公法的普遍原则要求，行政机关在作出所有决定时必须基于客观的、非歧视的、非任意性的因素。因此，被许可人在考虑与国家进行的谈判、许可证所基于的前置条件以及被许可人所承担的风险和投资时有权获得公平对待。欧盟法的普遍原则以及有关碳氢化合物、天然气和电力的内部市场指令的通过都进一步确认了这一概念。其次，尽管被许可人的权利受到保护，但许可证的变更有时也因所涉公共利益而具有正当理由。在这种情况下，大多数国家都对个人公司采取了实体性宪法保障措施，除了其他方面之外，这意味着一种全额赔偿。

应该强调的是，通过诸如税收这样的外部手段可以实现某些变更。紧缩税收条款本身可能扰乱许可证所基于的经济基础。在此背景下，将许可证（或其部分内容）归类为一项具有约束力的私人协议是否可以真正保护被许可人的金融利益，这一点值得怀疑。

基于许可证制度实施的调控各不相同，这首先取决于调控活动的性质和类型。因此，值得注意的是，调控活动对作为整体的社会之功能发挥至关重要，它还涉及巨额投资，直到最近，它还经常被归类为一种自然垄断。广泛的控制通常被保留给政府或调控机构，具体涉及是否应该授予许可证以及许可证的期限。

尽管许可证的形式是独特的，但它的内容通常适用于很多被许可人，而且，它的性质将更为普遍。因此，很多许可证条件还可以通过法定调控的形式予以颁布。例如，英国和丹麦已经制定了石油和天然气开采的标准条款。最为经常的情形是，制定法本身在总体上规定，调控机构可以在签发许可证时附加具体的条件。有时，制定法包括了完整的具体事项，因此，它为许可机构规定了许可证条款的内容。在其他时候，立法只是描述许可证中可以或者必须添加的条件类型。一般来说，选择性或强制性条款的列举并不是穷尽的，而是将最终内容的确定留给许可机构自由裁量。尽管如此，许可机构将总是不得不在法治的范围内、在法定的框架下、在实现制定法目标的基础上采取行动。在欧洲共同体内部能源市场指令通过之后，在许可证上附加条件的能力受到限制。许可证不仅包括权利，而且涉及义务。权利典型地允许被许可人采取某些行动，并在如下意义上保障被许可人的投资安全：即许可证不能被变更或者被任意撤销。义务通常体现活动的社会重要性，并要求被许可人对某些事情予以执行、容忍或者不作为。

许可证中所发现的条件包括相关活动的阐述和界定、所涉及的领域或位置以及它的期限（通常较长）。例如，在丹麦，颁布石油和天然气勘探和生产许可证的期限是36年，在意大利是20年。同样，在丹麦，授予电力生产和分配许可证的期限是20年。许可证具有严格的个人属性：没有得到调控机关的同意，被许可人不能将许可证让渡或转让。通过确立提供信息的义务和监督活动的基础，国家确保对这些活动具有某种影响力。有些许可证包括一种提供信息的义务，也包括公共当局有权控制被许可人的收入。显然，任何被许可人在没有经济回报的情况下都无须承担这些义务。

4. 谈判协议

目前，尽管政府通常适用制定法和随后的行政决定来调控能源部门，但仍然出现的一种趋势是，政府支持使用合同协议而不是适用法定控制。典型的例证是荷兰在2000年之前“调控”天然气供应部门的方式。很多关键问题都基于政府、天然气生产公司以及/或天然气传输和供应公司之间的私法协议而不是制定法得以解决。除此之外，为了设定具体的目标（如有关能源效率或可再生能源的具体目标），政府可以利用协议。

利用协议作为公共调控机制使人们关注很多法律问题，这些问题不适合于用合同和公共行政的一般法予以解决，而且，它们远离这些法律领域的传统本质。结果，这种发展确实提出了它的问题。利用协议为国家提供了潜在的双重控制：一方面是作为协议的当事人，另一方面是作为立法者。人们可能很难通过协议理解和控制调控发生的场所，这些协议的形式、内容和公布的要求都受到限制。结果似乎产生了如下趋势：在很多基本的法律价值和法律原则上作出让步，而这些价值和原则是通过广泛的法律传统得以发展的。人们不赞成利用协议的程度可能在某种程度上取决于当事人之间的相互力量及其职业行为。

到目前为止，有关适用协议形式的法律影响并不存在一种普遍的观点。能源法并不属于公共行政法核心部分，这些协议也不同于私法中众所周知的协议。因此，能源部门涉及的法律问题必须通过一般公法和合同法理论予以解决。

5. 经济手段：税收、补贴和担保

欧盟各成员国都利用金融手段来执行能源政策，从生产活动中获取收入。这些手段包括一般税收（如企业税）、特别税制（如石油收入税）、版税、面积收费、能源税、二氧化碳税以及财政奖励(如补助金、税收抵免和补贴)。它们是调控中的重要因素。[①]

第三节　欧盟主要能源法制

本节考察欧盟的主要能源法制,其中涉及煤、石油和天然气等化石能源资源的勘探和生产;天然气和电力供应系统;核能和可再生能源等非化石能源的利用;能源与环境问题。

一、化石能源资源的勘探和生产:煤、石油和天然气

众所周知,某些欧盟国家(如英国)不仅产石油和天然气,而且产煤(见图13),尽管生产水平各不相同。其他国家(如荷兰)已经停止产煤,因为与进口煤的成本或生产诸如石油和天然气的其他能源资源的成本相比,产煤的成本变得太高。在有些国家(如德国和波兰),煤和其他资源(如石油和天然气)的生产受同样的法律调控。不管怎样,法律制度具有可比性,因为煤和石油的勘探与生产具有共同的特征,例如,有必要调控地下资源的所有权。这一点可以通过如下事实得以阐明:有些国家起初将有关石油和天然气生产的法律基于一项更为古老的、支配煤的勘探和生产的制度。

(一)煤的勘探与生产

1. 行业

在欧盟成员国中,只有德国、波兰、西班牙和英国四个国家仍然具有重要的煤生产(见图14)。尽管如此,所有四个国家的煤生产因为高额的生产成本和补贴的下降而正在逐步减少。到2004年,法国的煤生产几乎完全停止。然而,大量的国家都拥有燃煤发电站,尽管有些国家从来没有从事煤生产或者已经停止煤生产(如丹麦和荷兰)。最近,人们可以注意到燃煤发电厂的一种新的利益。这些电厂的建设依赖一种被称为“清洁煤”的新技术,其目的旨在通过捕捉二氧化碳并将之储存在地下从而大幅度减少二氧化碳的排放。这些发电厂利用或者来自其他欧盟成员国(如波兰)的进口煤,或者来自南美或非洲国家(如哥伦比亚和南非)的进口煤。

---

① See Eugene D. Cross, Bram Delvaux, Leigh Hancher, Piet Jan Slot, Geert van Calster and Wim Vandenberghe, *EU Energy Law*, edited by Martha M. Roggenkamp, *Energy law in Europe: national, EU and international regulation*, Oxford University Press, 2007, p. 232.

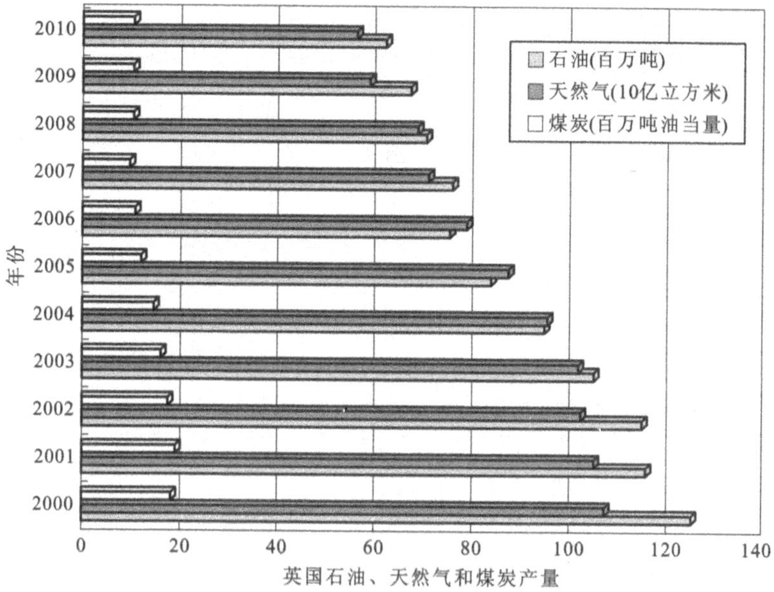

图 13　英国石油、天然气和煤炭产量(2000—2010 年)

资料来源:BP, statistical review of world energy full report,June 2011。

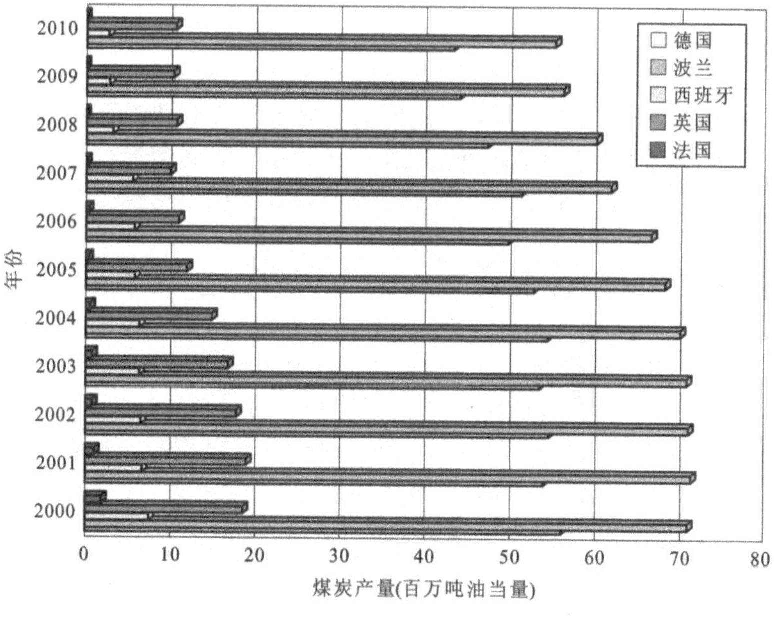

图 14　德国、波兰、西班牙、英国和法国的煤炭产量(2000—2010 年)

资料来源:BP,statistical review of world energy full report ,June 2011。

由于产煤量的下降和成本的昂贵，英国、西班牙和德国被迫在过去的20年里重组它们的煤行业。尽管国内产煤不仅昂贵(原因与采煤相联系的成本有关，这些煤通常位于地下深层)，而且具有污染性(原因在于上述的排放以及可以进口更为便宜和/或更为清洁的煤)，但无烟煤和褐煤仍然是德国和波兰最为重要的初级能源资源。

2. 煤所有权

4个产煤国家的法律以完全不同的方式规定了所有权问题。西班牙1889年《民法典》规定，矿山属于国家的公共产业，除非它们通过特许经营权的方式被让渡给私人或私营公司。人们承认，特许经营权获得者不仅可以成为所提取矿物的所有权人，而且可以成为自有矿物(如矿山)的所有权人。因此，在一定的范围内存在矿山的私有制。当1973年《矿业法》生效时，这项原则被修改，因为该法规定，矿山和自有矿物(如未加工煤)属于国家，矿物所有权因提取而转让给特许经营权的受让人。实际上，将煤矿的所有权授予国家是对罗马法添附原则的一项豁免，根据该原则的规定，地表权人有权获得地上和地下一切物的所有权。

在波兰，尽管《地质和矿业法》明确规定煤和所有其他的矿物资源——陆上的和海上的——都为国家所有，但领土法律制度仍然适用。对那些被认为属于地上物一部分的矿物资源存在一种例外。尽管如此，《地质和矿业法》并没有规定，土地所有人的所有权在多大程度上延伸到地表以下。一般来说，尽管《民法典》将土地所有人的所有权局限于特定财产的社会和经济目的，但在实践中，人们可能仍然很难区分土地所有人的所有权和国家所有权。即使是这样，勘探和/或开采煤的权利可以以采矿使用权的形式授予其他人。

在英国和其他普通法国家，自有的矿山、采石场和矿物是土地的重要组成部分。因此，从表面上看，地表土地所有人对地下或地内的一切物享有所有权，而且一直延伸到地球中心(对此可以比照罗马法中的添附制度)。这项原则甚至适用于通过收购获得的地表所有权，但是，它允许有例外情形存在。在普通法中，金银属于王室所有；根据制定法规定，煤(以及某些伴生矿物)先前由国家煤炭局合法拥有。1994年的《煤行业法案》将煤的所有权授予并不被认为是王室一部分的煤炭管理局，该法案还允许将大量矿山卖给私营公司。

1980年《德国联邦矿业法》废除并替代了大量的地区法律，并将矿物资源分为两类：山体自有矿物(bergfreie minerals)和土地自有矿物(grundeigene minerals)。只有土地自有矿物属于地表土地所有权人。这种区分的原因在于，需要保证矿物资源的供应，而不管私有土地所有人是否同意以及财产有多少。煤被认为是一种山体自有矿物资源，结果，它不属于地表土地所有人，该土地所有人无法获得煤资源，除非他获得一种采矿许可。采矿权由州的采矿管理局授予。在地表土地所有人和采矿权人之间可能出现冲突，这种冲突必须根据联邦法院所认为的“垂直邻里关系”予以解决，在这种关系中，双方当事人都“有义务以一种合理的方式行为”。

3. 煤活动

在欧盟各成员国中，煤的勘探和开采或者受制于许可证（如英国）或批准（如德国），或者受制于许可证和采矿使用权的两者结合（如波兰）。人们承认，国家有权迫使地表土地所有人允许采矿活动顺利进行。尽管如此，这种强制将会导致有必要因使用地表土地所有人的土地而对其进行补偿。在德国，批准勘察矿物（权限）和批准搜索并提取矿物（许可证和矿山财产）之间存在区分（后者具有不动产所有权的性质，而且可以转让和抵押）。在西班牙，以下两者之间也存在区分：勘察矿物需要获得批准（权限）以及提取矿物需要获得特许经营权（授权）。尽管如此，德国法还规定，除了这些批准之外，公司需要向主管机关申请并获得采矿作业的许可。在波兰，似乎适用一项双重制度，从这个意义上说，希望勘探和开采煤资源的任何人都需要单独申请勘探性采矿使用权和生产性采矿使用权，除此之外，这些人还被要求申请勘探和生产许可证。

公有公司和私有公司都可以实施采煤活动。在波兰，煤矿主要由国有公司经营管理。在西班牙，绝大多数产煤也都受国有公司控制，尽管一些私有公司确实存在。在英国，采矿已经逐渐成为私营部门的活动，在德国，情形也是如此，煤矿主要控制在私有公司的手中。

4. 煤补贴

由于煤对欧洲工业发展具有的决定性重要地位，尤其是在 19 世纪和 20 世纪前半叶，它的生产变得更为复杂和昂贵，结果，煤的存在需要依赖国家补贴。尽管如此，禁止国家援助位于欧洲一体化的中心地位，这些援助被认为与内部共同市场不相一致。这就是为什么根据确立《欧洲煤炭钢铁共同体条约》的规定，这里存在一些具体的例外。既然《欧洲煤炭钢铁共同体条约》于 2002 年期满，煤补贴就受制于《罗马条约》对国家援助的一般规定，尤其是受制于 2002 年制定的《理事会条例》第 1407 条款。欧盟委员会允许对全国的煤生产提供一定的金融帮助，它已经批准了德国、西班牙和英国的援助计划。在英国，仍然存在某些合同，根据这些合同的约定，电力公司需要为煤支付高价。由于这些合同的期限相对较短，欧盟委员会对其表示承认。

德国和西班牙被迫在国家预算中包含那种援助，从而终止向消费者收取额外费用的传统制度。欧盟 1996 年和 2003 年的《电力指令》允许成员国基于供应安全的理由而对国内能源资源的发电给予优先考虑，它的上限比例可以达到生产国内市场消耗电力所必须的初级能源总额的 15%，这项规定主要旨在允许煤补贴。在 2006 年，西班牙以一种分红制度替代具有过渡性质的补偿制度，前者允许对利用国家初级能源资源（如煤）的发电厂给予优惠对待。除了基于国家援助确保获得全国的煤量，西班牙还适用国家援助机制关闭了一些煤矿。在德国，对煤行业的财政支持以 2005 年《采煤财政支持法案》为基础。该法案规定了一项直接但逐年减少的补贴。这样规定的目的在于，截至 2018 年，对煤行业的公共援助将终止。

（二）石油和天然气的勘探与生产

在欧盟成员国中，石油和天然气的大规模勘探与生产主要发生在北海，主要包括英国、丹麦以及荷兰。在丹麦的大陆架以及巴伦支海域可以发现石油和天然气储备，与之相反，在英国和荷兰的陆上也可以发现石油。在荷兰，陆上天然气生产甚至比海上作业更为重要得多。除了这 4 个国家之外，在德国（位于德国北部和北海地区）、法国（拉克油田）、意大利（波河河谷地区）和波兰（陆上和波罗的海地区）也可以发现某些油气田。因此，在北欧和南欧可以做出进一步的区分，因为与北海及其周围的活动相比，意大利、法国和西班牙的国内石油生产非常有限。

1. 法律框架

调控石油和天然气勘探与生产的法律制度之间存在重大差异。在法国、德国、波兰与荷兰，这些活动受一般的《采矿守则》规制，与之相反，其他一些国家（如英国）已经颁布了特别的石油法律。此外，西班牙在 1998 年颁布了《碳氢化合物法案》，用以规制上游和下游活动。另一个区别关注陆上与海上制度之间的关系。有时，一项制度对两种活动都具有规制作用（如丹麦、德国、波兰与荷兰），或者适用两项不同的制度，其中一项用于海上活动，另一项用于陆上活动。

总的来说，陆上的石油勘探与生产以《采矿守则》或《矿业法案》为基础。这些法律通常制定于 20 世纪之交或者甚至更早的时候，为了满足新的要求，它们被逐渐修改和/或替代。荷兰在 2003 年以现代化的《矿业法案》取代了原来法国 1810 年的《矿业、矿山和采石场法案》，后者从 1813 年起就在荷兰临时适用。在法国，该法律已于 1956 年被新的《采矿守则》取而代之。在丹麦和意大利，陆上活动也以上世纪初生效的立法为基础。

这些矿业法可以区分两种或者更多的矿物类别，对于这些矿物类别可以适用不同的法律制度。通常而言，这样一种区分表明，有些矿物更为重要，它们需要中央政府更为严格的审查。一般来说，最为重要的类别包括银、金、煤和碳氢化合物。这些矿物的生产依赖中央政府颁发的特许经营权或许可证。不太重要的矿物可以在政府不直接干预的情况下组织生产。

法国1956年《矿业法》——如同1810年的《矿业法》——将地下矿物资源分成3类，它们适用不同的调控制度。最为重要的类别是矿山。尽管意大利的制度也在不同的矿物类别之间做出区分，但该国1927年的《皇家法令》将之分为2类：矿山和采石场。在德国制度中也可以发现同样的区分。1980年的《联邦矿业法》(替代了联邦各州的矿业法律)在山体自有矿物和土地自有矿物之间进行区分。尽管后者是土地所有人财产的一部分，但前者独立于土地所有权，并只能基于许可证或特许经营权才能开采利用。

1959年荷兰格罗宁根(Groningen)气田的发现引发了在北海大陆架对石油的搜索。尽管如此，在某些勘探活动开始之前，一些沿岸国家必须建立必要的法律框架。随着1958年《日内瓦大陆架公约》的签订，北海沿岸国家开始行使勘探和开采海上石油资源的权利。

在行使自己海上立案管辖权时，丹麦和英国决定将陆上立法延伸到大陆架。因此，《丹麦地下资源法》和《英国石油(生产)法》的适用都基于《大陆架法案》而被延伸到海上适用。荷兰决定建立对海上自然资源的勘探和开采制定特别立法。荷兰在1965年颁布了《大陆架矿业法案》，因为引入有关陆上和海上活动的新的法律制度被认为太费时间。《大陆架矿业法案》在2003年被新的《矿业法案》取而代之，后者适用于陆上领域和海上活动，因此，1963年的《大陆架法案》(它被1985年和1996年《石油法案》取代)仅仅适用于大陆架。与原初情形相比，现有的《石油法案》在有限的程度上适用于陆上，因为它还调控领海的石油活动(如管道登陆)和陆上终端活动。

2. 石油和天然气所有权

在讨论石油和天然气的所有权时，应该对生产前和生产后的矿物所有权进行区分。尽管所有的制度明确承认特许经营权获得者或许可证接受方拥有自己生产的矿物，但有关原有矿物的所有权可能存在某种不确定性。德国和法国的制度没有明确宣称，未加工矿物由国家所有。在意大利，《民法典》第826条将地下矿物资源的所有权保留给国家，这些资源并不是土地所有人财产的一部分，因此，哪些地下矿物资源归属了国家所有，哪些归属于土地所有人，仍然存在某种不确定性。

与上述适用于大范围矿物资源的制度相比，英国早在1918年就颁布了一项特别的《石油法案》。尽管如此，同大多数其他制度一样，这项法案仍然没有解决地下石油资源的所有权问题。这种情形在1934年《石油(生产)法案》中得到改变,该法案第一条宣称,碳氢化合物的所有权由国家所有。因此,土地所有人不会因资源丧失而获得任何补偿。同样,1932年《丹麦地下资源法案》明确宣称,丹麦所有的地下自然资源都归国家所有,结果,这些资源在该法案颁布之前都没有被开采。在荷兰,2003年新的《矿业法案》的生效使得先前有关原有矿物所有权在颁布特许经营权之前存在的不确定性荡然无存(该所有权因特许经营权的颁布而转让),因为现有法案明确规定,所有的地下矿物资源(延伸至地下100米)由国家所有。作为过渡制度的一部分,现有生产许可证(先前的特许经营权)的持有人保留对未开发的地下矿物资源享有所有权。

近海沿岸国家对各自的自然资源享有主权。尽管如此,应该注意的是,北海国家以完全不同的方式解释自己海上立案管辖的范围。英国与国际法保持一致,它没有主张对这些资源的所有权,而是主张对它们享有勘探和开采的排他性权利。丹麦和荷兰采取一种更为广泛的观点,并宣称其大陆架中的自然资源分别归丹麦和荷兰国家所有。

即使如此,所有北海国家的海上石油制度都以海上活动的规范为基础,它包括一种框架法案和随后的进一步规定。

3. 许可制度

(1)陆上许可。

碳氢化合物非常重要,以至于它们的所有权不应该运行土地所有权的模式。这些资源适用特别的法律制度(或者是一项普遍的《矿业法案》,或者是一项具体的《石油法案》)。尽管如此,所有制度都具有如下共同事实:它们都规定这些资源的勘探和/或生产受制于许可证、特许经营权或特许证。

起初,大多数碳氢化合物许可证和特许经营权都基于传统的特许经营制度,并被授予极长的时间期限和/或广泛的领域。陆上许可证的颁发过去乃至现在通常仍然以"地质单元"制度为基础,而不是像海上情形那样以区域或部分区域为基础。波兰和丹麦的情形属于例外,在这两个国家,整个领土出于颁发许可证的目的而被分成矩形区域(尽管许可证所覆盖的领域并不必然与这些区域的边界相一致)。陆上石油生产的另一个显著特征是,根据英国1918年《石油法案》颁布的第一批石油许可证以及根据荷兰1810年《矿业法案》颁发的特许经营权都具有永久性。就地理范围而言,如下情形尤其引人注目:在1963年,一项许可证适用于整个丹麦领土,甚至可以被拓展进而包括大陆架领域在内。但在1982年,情形不再继续如此。那些特许经营权和许可证将广泛的权利授予被特许人或被许可人,它们几乎不涉及政府控制机制。由于这些特许经营权或许可证通常是个人协商的结果，因此，它们不包括任何竞争性因素在内。

1996年《碳氢化合物许可指令》对那些陆上石油制度带来了某些重要变化。例如，在荷兰，以“先来先得”为基础的陆上采矿制度被一种竞争性的招投标制度取而代之。在意大利，排他性的特许经营权（和储存权）被废除，但在1996年之前实施采矿活动的那些地区除外。英国的陆上制度也被修正。先前的三级制被单一的生产、勘探和开发许可证（PEDL）所取代。尽管如此，应该注意的是，独立许可证的一体化并不为指令所要求，尽管它的起因是上述指令和以下观念：即陆上许可制度无论如何都需要修改。生产、勘探和开发许可证的引入是削减（很大程度上的行政）成本，这体现了一种以如下事实为条件的普遍趋势：即绝大多数主要油田已经处于开发状态，因此，政府和行业必须关注更小的油区并寻求减少成本。

（2）海上许可。

只有荷兰在20世纪60年代为具体的海上勘探和生产建立了独立的制度。与此同时，荷兰以一部适用于陆上和海上活动的一般《矿业法案》替代《大陆架矿业法案》。英国和丹麦将它们的陆上制度延伸到大陆架，但也不得不修改这些制度，结果，英国逐渐建立了一种独立的海上石油制度。

尽管这些制度的起源各不相同，但是，所有国家的制度都以一种竞争性许可体制为基础，从这个意义上说，对北海地区的活动之调控范围是现代化的。石油和天然气的勘探与生产通常基于一种勘探与生产联合许可。直到最近，所有的海上许可都基于一种“循环”（rounds）制度。《碳氢化合物许可指令》带来了某种变化，因为它限制政府对组织化许可循环制度或者特别许可制度的选择。尽管第一项制度基于公开招标，但后一项制度允许在任何时候申领许可证，为了给他人有参与竞争的机会，申领许可证必须公布。因此，在北海地区出现了一种更为多样化的情景。尽管英国仍然采用组织化许可循环，但荷兰选择一种特别制度，因为它的大部分矿区都已经被许可，结果，只有有限的矿区可用于许可，它们通常由被放弃的矿区组成。波兰也适用一种开放的投标制度。丹麦的立法涉及几种选择：除了许可循环之外，或者通过微型循环的方式，或者通过一种新的“开放”程序而采用一种特别程序也是可能的。

海上活动的一种特殊性在于颁发管道或交通许可证。这种许可证反映了如下事实：油井和第一个传递点之间的距离在海上要比陆上远得多。这种许可证通常包括相关的政府权威（如部长或国务卿）有可能实施干预，以至于其他油田可以基于合理的关税而与现有管道相连接。与英国和丹麦的制度形成对比的是，在荷兰并不要求一种管道许可证。如同先前的《大陆架矿业法案》一样，2003 年的《矿业法案》采用海洋法上传统的"浸没权"，根据《海洋法》的规定，所有国家都可以自由地在大陆架上铺设海底管道。尽管如此，1982 年《海洋法公约》第 79 条的规定与事实并不完全相符，该规定允许沿岸国家对因勘探和生产碳氢化合物而铺设海底管道的建设和运作实施调控。这项调控的权力与沿岸国家的立案管辖相一致。

(3)勘探与生产许可。

勘探与生产石油和/或天然气以获得许可证为基础。诸如地震勘测这样一些准备性活动可以在没有许可证的情况下进行，或者如意大利那样基于一种非排他性许可证或特许证。相比之下，勘探和生产许可证是一种排他性许可证，它包括勘探钻井和生产。许可证被分为勘探期和开采期。在进入生产期之前，政府必须首先批准一项开发计划。因此，这种生产许可证强加了一种两步法：英国和丹麦的石油制度都是例证。

荷兰、意大利和波兰选择了一种不同的方法，对勘探钻井和生产单独颁发许可证。荷兰的《矿业法案》对勘探钻井规定了一种排他性勘探许可证，以及一种独立的排他性生产许可证从而允许被许可人勘探并开采碳氢化合物。截至 2001 年，波兰的制度因如下事实而改变：对石油和/或天然气的勘探与生产不仅颁发独立的采矿使用权，而且颁发独立的勘探与生产许可证。尽管这些许可证并不必然以这种顺序颁发，但生产许可证很少被直接申请，因为颁发这种许可证要求矿物资源经论证已经存在。荷兰《矿业法案》甚至走得更远，它规定必须要发现经济上可行的一定数量的碳氢化合物。尽管 1991 年《意大利改革法案》规定了一种非排他性的勘探特许证，但石油公司通常直接申请另一种勘探特许证。如果石油的发现能够证明有利于油田的技术和经济发展，那么该许可证可以授予一种独立的石油生产特许经营权。正如《碳氢化合物许可指令》规定的那样，如果当下的油田跨入另一个区域，即使没有前期的钻井也可能申请一项生产许可证：此时，被许可人可以为邻近区域申请一项"自生的"生产许可证。即使如此，两项制度的实践影响是相同的，因为生产只有在政府同意之后才能开始，而且，一旦获得证明，就能提供充分的碳氢化合物。

《碳氢化合物许可指令》已经导致使用不同的许可证颁发制度。不管选择哪一种制度，颁发许可证的标准必须透明而且不具有歧视性。潜在的被许可人在申请之前应该能够确信这些标准。通常而言，这些标准被包含在执行法案的实施细则之中，或者被包含在某些示范条款或示范许可证之中。英国和丹麦使用示范条款和/或示范许可证。示范条款或示范许可证制度比制定法规定使许可当局获得更多的灵活性。

尽管许可证的内容通常适用于多个被许可人，而且它们也具有更为普遍的性质，但许可证从形式上看是独立的。许可证中所发现的条件总是包括活动的具体事项和界定，所覆盖的领域以及通常很长的期限。生产许可证的颁发是定期的，期限从20年（如意大利）到50年（如波兰）不等。许可证的颁发正日益体现油气田的预期寿命（如波兰和荷兰）。所有的管辖权都规定许可证的延期，只要被许可人履行了自己的有效义务和时间安排。

(4)管道或交通许可。

由于大多数北海国家要求独立的管道或交通许可，因此，生产许可证通常并不授权被许可人建立和利用海底管道。尽管如此，颁发生产许可证和颁发管道许可证之间显然存在着密切联系。实际上，任何开发计划都包括有关将碳氢化合物运至海岸的信息。而且，在颁发管道许可证时，许可当局通常考虑申请公司是否已经被授予生产许可证。丹麦的情形有所不同，因为现有的海上石油管道由丹麦国有能源公司(DONG)建设和运作。

荷兰的立法者没有利用这种增强的海岸国家管辖权，相反，他们将普遍的浸没权授予生产许可证的持有人。在某些情况下，尽管管道经营被认为是生产活动的内在组成部分，但在其他情况下，独立的管道公司已经被建立，结果，石油的生产和运输已经成为两个不同的因素。从根本上说，政府控制局限于以发展规划为基础的说明以及竞争性法律的适用。尽管如此，如果管道公司滥用它的支配性地位，通过竞争法的追索权将很可能比政府通过相关石油法的直接控制耗费更多的时间，英国的情形就是如此。丹麦政府行使广泛的管道管辖权：在北海国家中，只有丹麦颁布了独立的法律《管道法案》(1981年)，用于单独调控海上管道的建设和运作。这部法律尤其详细地规定了第三方使用的关税计划。

应该注意的是，《碳氢化合物许可指令》并不调控上游石油部门的最后阶段。该指令中没有任何条款规定将石油供应运输至第一个交付点。相比之下，有关上游管道利用的规定在《天然气指令》中可以发现。欧盟能源法似乎将上游管道问题置于上游立法和下游立法之间的一个调控灰色地带，目前该地带被称为中游立法。尽管如此，同样应该注意的是，《碳氢化合物许可指令》已经导致上游管道立法的重大变化，这种变化关注对丹麦、荷兰和英国先前法律规定的废止，即所有的石油都应该在自己的管辖范围内登陆。由于取消了石油直接出口的法律障碍，天然气田正日益与“外国”管道相连接。这种情形的例证之一是，在丹麦大陆架（Tyra油田）与荷兰大陆架(NOGAT管道)之间建立了一个跨边境管道。有关海上管道基础设施的状况很可能发生进一步变化，更多的跨边境管道连接将会被建设。

（5）被许可人与合资企业。

石油许可证通常被授予一组公司。政府建立这些团体的方法可能各不相同。在英国和荷兰，尽管这些公司可以自由决定团体成员，但在丹麦，政府可能影响这一过程。

内部关系通常受联合投标与合作经营协议（JOA）调控。如果许可证被颁发给某个小组，该小组就缔结了一份合作经营协议。在荷兰和英国，公司根据它们自己的愿望和要求缔结这样的合作经营协议。尽管本身并不是标准格式协议，但合作经营协议的条款多年来已经或多或少变得标准化了。然而，契约自由可能因为实施政府控制而受到限制，其方式表现为或者要求合作经营协议获得部长级批准（如英国和丹麦），或者由政府部委通过法律和/或许可标准直接影响合作经营协议。

在丹麦，申请人可以获得合作经营协议的申请，但政府当局可以接受某些内容修改。总而言之，丹麦已经比荷兰和英国更为经常地采用标准协议。

（三）陆上勘探与生产造成的损害

石油和天然气以及其他矿物的勘探与生产可能因为陆地下沉或者小型地震而导致不同类型的损害。尽管下沉也可能发生在海上，进而导致海上安装设施的损害，但陆地下沉和/或其他的地质运动将对陆地造成最大的影响，因为这不仅影响勘探和生产经营，而且可能破坏共同和私有财产。

尽管通常的一般侵权规则将会适用，而且受害人必然直接向对这些损害负责的责任人（如经营者和/或被许可人）提起损害赔偿事宜，但全国的矿业或石油法律也可能包括某些相关的规定。在荷兰，2003年《矿业法案》特别关注地质运动的情况，并要求经营者在生产之前、生产过程中和生产之后进行定期测量。安全督察员甚至可以决定，为了防止重大的地质运动所造成的破坏，生产活动必须停止。而且，一个名为地质运动技术委员会的特设机构用以帮助申请人证明损害源于地质运动和石油生产。除此之外，作为私人公民安全网的一项矿业损害基金被建立，以防止对公民财产造成损害的矿业公司无法找到或者破产。同样，《法国保险和采矿法》包含了有关采矿损害的诸多规定。财产受到损害的私人可以求助于1998年确立的一项特别保障基金。在波兰，采矿损害通常来说也是基于民法典予以处理，但是，如同在法国与荷兰一样，特别规定被包括在《地质和矿业法》中，从而增强受侵害当事人的地位。一般来说，经营者/被许可人对安装操作导致的损害负责。如果没有被许可人承担责任，受侵害的当事人可以求助于国库补偿采矿的损害。"波兰采矿补偿基金"的作用局限于补偿遗弃成本。《德国联邦采矿法》还包括某些具体涉及采矿活动的损害责任之规定。该法适用的是一种严格责任制度。采矿公司在反驳由采矿活动导致的损害赔偿主张时负有举证责任。

二、天然气供应系统

1959年，荷兰发现了格罗宁根天然气田。该气田的规模以及核能很快满足国内能源需求的预期导致荷兰政府在20世纪60年代早期与德国、比利时、法国和意大利缔结了出口合同。而且，格罗宁根天然气田的发现还导致在北海的大规模勘探，并于20世纪70年代早期在英国的大陆架上有重大发现。相比之下，在丹麦与荷兰大陆架的发现要小得多。

由于这些发现，荷兰、德国、比利时、法国和意大利于20世纪60年代建立了自己的国内天然气供应市场。这些市场通过一种长距离的管道系统相连接，它们将荷兰的天然气(以及部分本土天然气)供应给国内消费者。最近，英国天然气市场与大陆系统相连接，并在1998年由英国巴克顿(Bacton)和泽布吕赫(Zeebrugge)之间的联网进入运作。在那之前，来自英国大陆架的所有天然气都在英国登陆与使用。除此之外，俄罗斯的天然气尤其被售至德国、奥地利和法国，并通过几条东西管道来运输。其中的一条管道是亚马尔(Yamal)管道，它于1999年开始运营，从西伯利亚的西部一直延伸至波兰，在此，天然气被进一步分配给德国和其他西欧国家。

(一)市场结构

从历史上看，大多数国家的天然气市场都是作为法律上或事实上的垄断来组织的，它的运输、供应和进出口都由单一的实体来执行。在英国(英国天然气公司)、丹麦(丹麦国有能源公司)和意大利(意大利埃尼能源控股公司)可以建立法律上的垄断，基于排他性特许经营权或许可证建立的这些天然气供应和传输公司以《天然气法案》和《能源法案》为基础。在法国，授予法国天然气公司的排他性权利局限于分配、进口和出口。由于缺乏具体的天然气法律调控天然气供应，在荷兰和意大利事实上存在某种垄断。这种情形在德国是特殊的：政府颁发了很多天然气供应许可证，市场没有出现任何垄断；同时，很多天然气传输公司相互依存。相比之下，天然气分配基于特许经营权和划界协议而在供应层面被垄断。实际上，天然气公司过去是、现在仍然是一体化的。英国、法国大然气公司的情形就是如此。在20世纪90年代早期，西班牙天然气市场在纵向和横向两个层面都处于整合的过程之中。在荷兰和丹麦，就国家传输公司向地方和/或区域经销公司供应气源而言，它们的情形也非常类似。

尽管如此，自由化过程以不同方式影响了国家天然气部门的组织。与荷兰相比，自由化导致丹麦某种程度上的纵向整合。当然，波兰的情形截然不同，因为该国在成为欧盟成员国时，它必须在逐步自由化的欧洲天然气市场中从中央计划型国有经济转向市场经济。尽管如此，波兰国家仍然通过波兰石油和天然气公司（PGNiG）——国家在该公司持有大约85%的股份——在天然气的生产、传输和分配中发挥支配性作用。

天然气行业基本上是一个公有部门，但是，在三个不同的供应阶段必须做出区分：生产、传输和分配。

私有公司从事天然气生产，尽管国家可能也会参与。而且，国家在相当长的时间内通过有关天然气的国家登陆义务影响天然气供应部门。尽管《碳氢化合物许可指令》的执行导致这种登陆义务条款的废止，但它们的影响仍然逗留不去，因为新的制度并不影响先前存在的天然气合同。欧盟委员会在废止天然气联合销售的过程中发挥了积极作用。同样，欧盟委员会和丹麦竞争管理局采取联合行动，从而免除了如荷兰皇家壳牌能源集团（Shell）、美国德士古石油公司（Texaco）、丹麦马士基航运公司（AP Moller）等一些大型天然气企业的如下义务：将丹麦生产的天然气卖给丹麦国有能源公司（DONG）。

天然气的传输和分配（如下游天然气部门）主要是公有的：传输公司由中央政府所有，分配公司由地区和/或地方政府所有。尽管如此，这种情形正在发生急剧变化。私有化过程在加速推进。除了德国传输公司（它们从一开始就归私人所有）与荷兰天然气基础设施和传输公司（NV Nederlandse Gasunie，是一家公私合营公司，早在1963年就取代了荷兰国家天然气委员会）之外，私有化过程开始于20世纪80年代。英国天然气公司在1986年被私有化，同样的私有化过程于近10年后（1995年）发生在西班牙的西班牙天然气公司（Enagas）。在这两个国家，私有化还影响到分配公司，它们也被私有公司接管。后来，其他的传输公司遵循了这种私有化趋势。在埃尼控股公司（ENI）被转化成一家联合股份公司后，公司股份被逐渐推向市场。与此同时，随着埃尼控股公司在1998年合并意大利国家石油公司，意大利的天然气供应链被进一步整合。法国在2005年制定了一部法律，允许法国天然气公司20%的私有化。尽管这部法律因与法国宪法不相一致而受到挑战，但法国宪法法院还是认为这项立法合宪，并判定私有化从2007年7月1日生效。在丹麦，政府同样正在酝酿丹麦国有能源公司（DONG）的少量私有化。尽管在几个国家可以注意到分配部门的收购和兼并趋势，但分配部门在多大程度上被私有化仍不明朗。在荷兰，对这种私有化存在强烈的反对意见，这导致如下情形的出现：供应公司可以被私有化，只要独立的网络公司仍控制在政府手中。

毫无疑问，天然气部门的私有化趋势非常明显。这种趋势在很大程度上是所讨论国家自由化政策的结果(英国除外，因为英国的自由化在私有化之后发生)，并以欧共体内部的发展为基础。

(二)1998 年天然气指令之后的国家天然气市场

《欧盟天然气指令》于 1998 年 6 月通过，成员国必须于 2000 年 8 月 10 日之前予以执行。这项指令的关键性要素是逐步的市场开放，开放范围从 2000 年的 20%增加到 2008 年的 33%，它是以下两者之间的一项选择：受调控和经协商的第三方准入(TPA)以及实现有限程度拆分的需要。

1. 市场开放

市场开放通过任命合格的消费者予以实现，例如，可以自由决定在哪儿、从谁那儿购买天然气的那些人。尽管天然气指令仅仅要求有限的市场开放，但注意到如下情形仍是十分有趣的：大量的成员国比指令所包含的门槛走的更远。例如，英国已经实现了市场的完全自由化。在荷兰，《天然气法案》规定了 3 个不同阶段的完全市场开放，结果，所有的天然气消费者自 2004 年 7 月 1 日以来都成为合格消费者。就在同一天，所有的天然气供应商(以前的分配公司、外国公司和交易商)都需要申领许可证才能供应家庭用户。同样，《丹麦天然气供应法案》被修改，但分两步走：首先是满足指令所规定的开放要求，其次，在 2003 年，从政治层面决定加速自由化进程，并在 2004 年使所有消费者都成为合格消费者。西班牙的天然气市场早一年(2003 年)实现完全的自由化。在西班牙，天然气自由化进程以 1998 年《碳氢化合物法案》为基础，该法案调整天然气供应链的所有阶段：勘探、生产、传输和供应。2000 年 5 月《意大利天然气法案》规定了两个阶段的市场开放，所有的最终消费者在 2003 年 1 月之前都成为合格消费者。在德国，情形有所不同，因为 1998 年 4 月 24 日的《联邦能源法案》规定，所有消费者都有权就准入问题展开协商，因此，所有消费者都被认为是合格的。这项规定并不足以使天然气市场自由化，原因主要在于，协商准入的条件和拒绝准入的理由并不十分明确。法国的情形再次表现出不同之处，因为它适用指令所包含的最低要求。因此，该国的自由化进程非常缓慢。

2. 系统准入

指令使成员国有机会在两种网络准入系统之间做出选择：经协商的第三方准入或者受调控的第三方准入。人们注意到，所讨论的成员国选择不同的准入类型。尽管在最初的立法过程中，大多数成员国都选择一种经协商准入系统，但最后做出的选择更为多元化。德国和法国采用一种经协商准入系统，与之相反，英国和西班牙则选择一种受调控准入系统。丹麦和荷兰选择一种混合系统，例如，对传输网络适用经协商准入系统，对分配网络适用受调控准入系统。在意大利和荷兰，经协商的第三方准入制度也被适用于天然气储存。

3. 拆分

指令要求所有天然气公司拆分它们的账户，以期提供足够的透明度。全国一体化天然气企业被迫对其天然气传输、分配和储存活动分别记账，并在适当的情况下对非天然气活动记录综合账目。每项活动必须制定资产负债表和损益表。如果系统准入以两种活动的单一收费为基础，传输活动和分配活动的账目可以合并。每个传输企业都被要求保证自己从其他系统或系统用户处获取的商业敏感信息的机密性。实际上，传输和分配公司被认为应该基于商业原则进行运作。成员国还有权将公共服务义务适用于地方分配公司，以期确保特定供应区的所有消费者都能得到供应。最后，指令要求成员国任命独立且能够胜任的争端解决机构。

大多数成员国在各自的立法中都要求账目拆分。尽管如此，大量国家（如荷兰与丹麦）都超越立法的要求，并在网络和供应活动之间采用一种法律拆分。最先进的系统出现在英国，英国的网络和供应活动已经在法律上和所有权问题上实现了拆分。尽管英国天然气公司仍然介入天然气供应，但网络活动已经被转移给一家独立的公司（Transco）。应该注意的是，这种转移是在英国天然气公司的倡议下逐步发生的。英国的经历表明，在传输和供应活动之间建立"屏障"并不能适当地确保免受竞争管理当局的挑战。因此，英国天然气公司自己决定将公司分成几个部分。同样的趋势也发生在其他成员国。荷兰天然气传输公司由于如下事实而主动采取进一步的拆分：市场并不认为"屏障"是足够的，有关商业信息被对待的方式仍然存在某种质疑。

4. 监督和控制

欧盟指令要求成员国委任一个独立且胜任的机构解决任何与系统准入协商有关的争端。被委任的机构应该与行业保持独立，成员国有权选择任命某个具体的监督员，或者委任某个现有机构，如竞争管理局。在此讨论的某些国家任命竞争管理局解决与准入协商有关的争端，如荷兰和德国。德国的发展确切地表明，竞争管理局在天然气（和电力）部门可以发挥一种重要作用，但是，由竞争管理局实施的监督也可能是耗时且僵硬的。这是因为竞争管理局的任务比行业监管机构的任务在范围上更具有局限性，后者在自由化进程中可以发挥更为积极的作用。即使没有《天然气指令》中的这些要求，几个成员国还是任命了独立的能源监管机构与竞争管理局分开运作。当然，最众所周知的例证是根据英国1986年《天然气法案》任命的天然气供应总干事。在此，监管机构承担的任务是监督天然气部门的竞争发展。监管机构办公室——如天然气供应处(OFGAS)——对其他竞争机构(如垄断与合并委员会)而言是额外的。监管机构要求在天然气部门积极引入竞争，就这方面而言，英国比该指令的要求走的更远。除此之外，监管机构还参与传输和供应的关税设置。因此，独立监管机构的工作导致了一种垄断价格调控系统，并可能以价格上限作为行业引入更多效率和竞争的动力。正如英国一样，意大利和荷兰也具体建立了独立的监管机构，它们过去乃至现在仍然具体负责设置传输或分配关税。这些监管机构的活动并不局限于天然气部门，它们的范围更为广泛，而且也涉及电力部门。能源改革之后的丹麦和西班牙也建立了监管机构。丹麦将两个监管机构合并成一个机构，西班牙根据1998年《碳氢化合物法案》——该法案不仅监督天然气和电力部门，而且监督石油市场——以全国能源委员会替代了先前以部门为对象的电力委员会。有时，在政府部门、监管机构和/或竞争管理局之间如何进行权力划分并不十分明确，这可能导致有关机构之间的权力斗争。

(三)《2003/55/EC指令》:迈向内部天然气市场的下一个步骤

这项新指令的一个重要目的就是要求法律拆分和弹性服务需求，这项要求与地下天然气储存设施、液化天然气(LNG)终端、跨边境的相互连接以及对天然气传输网的其他投资之发展和准入具有密切关联。确保天然气的有效供应对天然气传输网的投资也非常重要。《2004/57/EC指令》的制定促进了天然气的供应安全，事实上，《2003/55/EC指令》就已经包含了这方面的措施。《1775/2005条例》同《2003/55/EC指令》一起生效，使得有些成员国(如荷兰)不得不修改现有的天然气法律，以便删除与条例规定相反的那些规定。该条例的目的就是在于制定天然气传输系统准入条件的非歧视性规则。2002年2月马德里论坛得出结论，最合适的税化(tarification)方法是“出入境制度”，根据这种制度，传输网络出入境的容量将被单独预定，而且对出入境适用单独的关税。《1775/2005条例》第3条规定了传输网络准入的关税，它明确参考《2003/55/EC指令》的关税规定。最为特殊的是，该条还规定传输网络准入的关税或者说被用于计算关税的方法需要透明并以一种非歧视的方式适用，需要考虑以制度完整和基准作为一种关税设置原则，需要体现实际成本，需要促进有效的天然气贸易和竞争，它们不能限制市场流动，也不能扭曲不同传输系统的跨边境贸易。尽管如此，第3条并没有明确要求成员国应该适用一种出入境关税制度。但是,荷兰和德国确实适用一种出入境制度。

该指令对适用于上游管道的准入制度没有带来任何变化。正如第一项指令规定的那样,该指令允许消费者与所有的供应商就天然气供应问题展开协商,其中包括海上生产商。对这些管道的监管制度各不相同。这些管道通常并不受制于下游有关天然气的法律,但却受制于上游有关采矿或石油的法律。因此,这些管道系统并不是由国家天然气公司(如垄断公司)进行运营。控制这些管道准入的指令规定基本上与北海地区的常例保持一致。英国与荷兰大陆架上的管道由在大量不同气田组织生产的几家石油财团公司所建立。现有管道系统的准入(它与新近发现的气田相关联)总是以生产商和管道公司或运营商之间的协商为基础。监管制度之间的差异在于政府控制的程度。荷兰的管道系统实际上不受调控,仅由《天然气法案》限制政府对上游管道适用竞争法的控制。同样,《德国能源法案》的用语——即可以基于"操作或其他原因"而拒绝上游管道的准入——是如此模糊,以至于它让市场主体在相当程度上无法确定管道准入可能被拒绝的相关情形。英国的发展已经清楚地表明,需要进一步调控上游管道的准入。为了能够满足自由化天然气市场的需求,英国政府在 1996 年颁布了《海上基础设施实务守则》(在 2004 年被修改),该守则进一步对协商程序进行调控。

1. 拆分

法律拆分的要求被引入到《2003/55/EC 指令》,以期体现更多的透明度以及在传输系统运营商之间建立一个公平的竞争环境。因此,所有供应天然气并同时通过高压传输网运输天然气的纵向综合性企业都被要求在法律上分离这些功能,以便使这些功能分别由某个独立的公司行使,尽管如此,该公司也可能受其他公司控制。同样的要求适用于分配网络,如果它们是纵向综合性供应公司一部分的话。尽管英国已经处于自由化的前沿,但分配公司的法律拆分也没有在英国出现。

法律拆分的成功还取决于两种公司运营被进一步调控的方式。在实践中,法律拆分的成功似乎取决于被法律拆分的网络公司能够独立于供应公司运营的程度,其中包括做出投资决定的权力。在德国,这一点是通过额外的业务拆分补充法律拆分的方式予以实现的。在荷兰,分配公司被赋予免于原初业务拆分规则的可能性,结果,如果情形以其他的方式出现,透明的程度将会变低。

注意到如下情形非常有趣:在此讨论的某些国家已经超越了法律拆分的要求,并在随后采用一种所有权拆分。正如前述,早期的例证是英国国家电力供应公司(National Grid Transco)的建立。更近的例证则发生在荷兰和丹麦。在荷兰,随着天然气网络公司——天然气运输服务公司(又称GTS)——在2004年7月的法律拆分,公司的股东同意进一步的所有权拆分,结果,国家目前持有荷兰天然气基础设施和传输公司(NV Nederlandse Gasunie)的所有股份,该公司拥有和利用所有的传输资产,原来的股东在新的荷兰领土天然气供应公司(Gas Terra)持有股份。而且,从2008年7月起,所有权拆分的要求也将适用于荷兰天然气分配部门。丹麦对先前的国有天然气公司(DONG)实行了所有权拆分,但与此同时,它又在丹麦国家电网公司(Energinet. dk)内部实现了被拆分的电力和天然气网络公司的横向整合。另一个不同的例证发生在波兰,在该国法律拆分没有导致所有权拆分,但却导致建立了一个独立的系统运营商,该运营商独立于天然气传输网络的所有人,即波兰石油和天然气公司(PGNiG)而运作。作为波兰石油和天然气公司(PGNiG)的子公司,独立的系统运营商波兰国有天然气基础设施公司(OGP Gaz-System Sp zo. o,简称OGP)在2004年被确立。在2005年,波兰国有天然气基础设施公司的股份被转移给国库。波兰国有天然气基础设施公司根据与波兰石油和天然气公司签订的租赁协议运营天然气传输网络,尽管最近政府对天然气部门的政策设想将天然气传输网络的所有权转移给波兰国有天然气基础设施公司。欧盟委员会从2005年到2006年间的部门调查中得出结论,法律拆分并不足以建立一个充分独立且成功地使市场自由化的网络运营商。目前,该委员会正在调研建立合适的独立网络运营商的可能性:选择之一是进一步对部门实施调控,但是,这可能导致一种高度的立法和官僚主义;选择之二是要求所有权拆分,这会影响国家财产权利,但要求的调控却少得多;选择之三是要求建立独立的系统运营商,这会使得天然气传输网络的所有人处于一种极不舒服的地位,即由另一方当事人决定有关传输网络所有人的任何投资,而且,这种选择很可能要求彻底的调控。

2. 天然气储存

在地下仓库(如枯竭的油气田、盐穴或地下蓄水层)储存天然气可能有很多原因,其中包括高峰调节、供应安全以及不断建立天然气供应的灵活性。由于最后一个原因,《2003/55/EC指令》要求成员国对任何可获得的地下储存设施建立一项经协商的第三方准入制度。由于这是最低的要求,国家立法者还可以决定采用受调控的第三方准入制度。

地下天然气储存(UGS)是一项中游活动,它不仅影响涉及上游石油和天然气部门的公司,而且影响下游的天然气供应公司。因此,地下天然气储存可能受制于两种不同的法律制度:要求申领许可证来建立和运营地下储存设施的上游制度以及建立地下天然气储存设施的第三方准入制度。这些储存制度的例证可以在所讨论的大部分国家中发现,如丹麦、荷兰、德国、法国和意大利。例如,英国在2007年末提供了一本有关进一步发展天然气储存的白皮书。

在丹麦,根据《地下资源法》和《天然气法案》的规定,建立和运营地下天然气储存需要分别申领许可证。《天然气法案》还规定,对这种储存的第三方准入可以经协商确立。丹麦国有能源公司已经在陆上盐穴中建立了2个地下天然气储存设施,其中之一已被让渡给丹麦国家电网公司(Energinet. dk)予以运营(根据《天然气法案》的规定,该公司还被免于申领经营许可证)。这种让渡是欧盟委员会在上述接管活动之后强加给丹麦国有能源公司要求的结果。

荷兰于《天然气法案》生效之前,在枯竭的陆上气田里建立了3个陆上地下天然气储存系统。《天然气法案》并不要求一项许可证,但它确实要求任命一个系统运营商。根据《矿业法案》任命的运营商和根据《天然气法案》任命的系统运营商之间的关系并不明确,因此,这可能在实践中导致某些问题。而且,《天然气法案》在不同类别的地下天然气储存之间进行区分,不同类型的第三方准入适用于这些类别,例如现有的地下天然气储存设施。在枯竭的油气田中新的地下天然气储存设施适用于一种受调控的经协商准入制度(以监管机构颁布的指南为基础的经协商第三方准入);以及其他作为盐穴的地下天然气储存设施,它们受制于一种经协商的第三方准入制度。目前,荷兰和德国边境的陆上枯竭气田和盐穴中正在开发额外的地下天然气储存设施。荷兰立法者正在准备《矿业法案》的修正案,以便除现有被许可人之外的其他人也可以被授予储存许可证。

为了提供足够的灵活性,法国在6个盐穴和12个地下蓄水层开发了大量的地下天然气储存设施。目前,它们由法国天然气公司和法国天然气基础设施总公司负责运营。《采矿守则》最近已然经修改,以便进一步调控地下天然气储存设施。截至2006年6月,勘探和利用地下天然气被要求申领特许证。这种特许证是排他性的。法国于2006年8月制定的单独的规则调控地下天然气储存,确立了经协商的第三方准入。

早在20世纪60年代,意大利就开始在枯竭的气田里开发地下天然气。首先,埃尼控股公司(ENI)在波河河谷地区、威尼斯平原(包括领海在内)和北亚平宁山脉地区享有排他性储存权。这些排他性权利在执行《碳氢化合物许可指令》之后被废除。意大利地下天然气储存设施由储藏公司(Stogit,

埃尼公司的子公司）和阿吉普公司（AGIP）为了网络天然气公司（SNAM，埃尼公司的子公司）利益而负责运营。截至2000年，储存许可证不再排他性地颁发给生产许可证的持有人。与此同时，受调控的第三方准入制度被引入地下天然气储存。这种准入取决于大量不同的条件，其中包括天然气的质量以及天然气再次进入传输网之后的可运输性。由于准入仅适用于未使用的储存容量，许可证的持有人必须每年向监管机构告知有关来年的储存计划。

与以前相比，适用于地下天然气储存的调控范围明显增加了。就所涉及的地下天然气储存而言，上述例证表明了上游和下游立法之间的复杂关系。而且，有几个成员国已经修改或者正在进一步修改它们的立法使储存制度自由化，进而允许更多的当事人运营地下天然气储存设施并在地下天然气储存中引入一种受调控的第三方准入制度。

3. 液化天然气

另一项新的发展是有关液化天然气（LNG）终端的确立。其原因之一在于，需要长期的供应安全，进而使天然气进口来源多元化。除此之外，液化天然气可以使天然气供应商获得某种额外的供应灵活性。诸如法国、意大利和西班牙等国家对液化天然气的依赖已经有相当长的一段时间，它们正在考虑建立额外的设施。德国、波兰、英国和荷兰正在开发其他的液化天然气项目。将英国和荷兰包含在这样的发展之列，这表明，由于考虑到天然气的长期供应，英国和荷兰已经正在考虑降低各自的国内生产。有些液化天然气可能来自挪威（巴伦支海的气田），但大多数的液化天然气最可能来自俄罗斯、非洲（阿尔及利亚和尼日利亚）和中东地区（如卡塔尔）。

《2003/55/EC指令》对液化天然气终端规定了受调控的第三方准入，例如，以同样的方式对待液化天然气终端的准入和天然气传输网络的准入。除此之外，它还规定了免于受调控准入制度的可能性。这样一种免除以非常严格的条件为基础，其中包括如下要求：免除没有伤害到内部天然气市场的发展，而且，没有这样的免除，就不可能进行投资。有关关税和/或如下要求（第三方可以获得终端的准入）也可能进行免除。

《西班牙碳氢化合物法案》对所有的天然气基础设施规定了受调控的准入，其中包括液化天然气终端和地下天然气设施。运营商必须公布关税和可获得的容量（长期和短期合同）。准入以“先来先得”为基础。同样的情形适用于法国液化天然气终端的发展。《电力和天然气法案》规定了受调控的第三方准入，它包括如下要求：关税和可获得的容量需要事先公布。容量基于“先来先得”原则进行分配。西班牙和法国都没有利用免除受调控第三方准入制度的可能性，尽管《西班牙碳氢化合物法案》授权政府对大量的设施免除第三方准入制度。

尽管如此，意大利、英国和荷兰都利用了申请免除的可能性。意大利在终端的开发商或运营商所使用的容量和其他主体的容量之间进行区分。后者团体（其他主体）受制于一种受调控的第三方准入制度。一般来说，当事人在终端运营的第一年可以被免除受调控的第三方准入。除此之外，可以对受调控的第三方准入制度申请一项更为普遍的豁免。在荷兰，几个液化天然气项目正在被开发。《荷兰天然气法案》确实在用于储存的液化天然气终端和再气化（re-gasification）之间进行区分。后一种情形适用受调控的第三方准入制度，前一种情形适用经协商的第三方准入制度。到目前为止，所宣布的所有三个液化天然气项目已经被荷兰监管机构授予了豁免。最后应该提及的是英国。除了其他法规之外，英国液化天然气终端的发展以1986年《天然气法案》和2000年《天然气第三方准入条例》为基础。英国适用一种受调控的第三方准入制度，而且，所有关税都需要得到英国天然气电力市场办公室（Ofgem）的批准。尽管如此，到目前为止，所有的液化天然气项目都基于英国天然气电力市场办公室授予的一项豁免。在意大利、荷兰和英国授予的所有豁免都被赋予20年和/或25年的期限。

4. 提取或支付

天然气企业有权拒绝准入，如果这样的准入对这些企业的或取或付协议（take-or-pay contract）（又称TOP协议）可能会造成严重的经济和财政困难。几乎不存在任何已知的实例与这种或取或付协议的影响有关。英国是一个例外。1986年《天然气法案》允许除英国天然气公司之外的其他实体与消费者（如电力生产公司）缔结供应合同，结果引入了一种气对气的竞争体制。除此之外，天然气供过于求，进一步出现的结果是英国天然气公司在英国天然气市场中占有的份额逐渐降低，因此，英国天然气公司要面对它所不能满足的契约性或取或付条款，并最终导致通过诉讼来审查这些条款。

当《天然气指令》生效时，其他北海国家的情形类似于1986年之前英国的情形。现有的生产许可证都基于如下假定：所有的天然气都要被卖给国家天然气公司，如荷兰的荷兰天然气基础设施和传输公司（Gasunie）或丹麦国有能源公司（DONG）。而且这些天然气供应合同都是长期合同。就现有的气田而言，如果政府或独立的调控机构积极干预并决定一定比例的天然气应该预定给开放的市场，竞争才可能出现，英国的情形就是如此。欧盟委员会已经积极追求取消天然气的联合销售。该委员会成功地干预了丹麦大陆架上的联合销售（尤其是丹麦地下石油集团和丹麦国有能源公司之间的供应安排)。除此之外,丹麦国有能源公司对几家能源分配公司和电力生产公司的接管尤其取决于一项天然气排放计划。与英国的情形形成对比的是,排放义务依赖前面的传输公司,而不是依赖天然气生产商。

5. 公共服务义务

《天然气指令》第3条规定,成员国可以根据普遍的经济利益对天然气企业强加公共服务义务(PSOs)。一项公共服务义务可能与供应的安全、规律性、质量和价格有关,而且可能与环境保护有关。公共服务义务的概念在南欧国家比在北欧国家更为常见。在南欧,"公共服务"或者"保留性必要服务"之概念通常包含在一国宪法之中(如西班牙)。与公共服务概念相并行的是必要服务概念,后者在讨论有关以网络为基础的部门竞争时发挥某种作用。必要服务概念并不必然等同于公共服务概念。

法国、意大利和西班牙的制度总是以公共服务的概念为基础。这种概念在分配部门发挥了一种特别作用。例如,在法国,每一个高级行政长官(国家在地方层面的代表)都被授权草拟一份"公共服务分配计划",并列举不再与天然气分配传输网相连接、但希望在未来与之相连接的市政当局。这项计划每3年更新1次。在西班牙,先前的1987年《天然气法案》也明确宣称,天然气的生产、传输和分配是一项公共服务。在这种情况下,它意味着公共服务的保留使行政部门有权颁发特许经营权。尽管如此,1998年《碳氢化合物法案》并没有包括这样的规定。

正如先前表明的那样,北欧对公共服务义务概念不太熟悉。尽管如此,天然气公司和网络实际上被认为是提供公共服务的公用事业公司。因此,当陆地必须被征用来建设天然气管道时,天然气公司可能具有某种优势。这样的例证可以在德国和荷兰发现。

公共服务义务适用于分配部门的情形最为常见。该义务主要是用于保护"天然气链"末端的最终消费者。最为有趣的是,有些成员国讨论在天然气链的其他阶段适用一种公共服务义务。荷兰对荷兰天然气基础设施和传输公司(Gasunie,现在是Gas Terra公司)强加了一项公共服务义务,因为该公司在全国资源管理中被授予一项关键任务,尤其是有关小型气田的政策主张,例如,它被迫以商业价格从小型气田购买天然气。

6. 供应安全和消费者保护

《2003/55/EC指令》包含了一些旨在保护消费者定期获得可靠天然气供应的规定。人们日益感受到,对传输网络进行投资是获得可靠天然气供应的前提条件。这种投资不能通过公共服务义务获得保障,而要以关税调控的要求为基础。由于调控机构需要评估关税建议和/或决定有关网络关税事宜，因此，记账和财务报告的透明以及不存在交叉补贴具有决定性意义。这是荷兰建议分配公司所有权拆分的原因之一。

正如上述，成员国可能对天然气部门的企业强加公共服务义务。《98/30/EC 指令》第 3 条规定，成员国可以采取适当的措施保护最终的消费者和/或弱势的消费者，基于这种目的，它们还可以任命一个保底供应商。由于这些指令没有包括对保底供应商的界定，因此，各个成员国可以根据辅助原则决定如何界定这个概念。它们还可以参照《2004/67/EC 指令》，该指令的目的在于保障天然气供应安全的适当水平。更为特别的是，该指令的第 4 条要求成员国确保家庭用户在具体时间内天然气供应部分中断的情况下获得保障。这种中断可能是供应商破产的结果。除此之外，成员国还将考虑在极端寒冷天气下的供应保障。为了确保天然气供应的安全，指令规定了成员国可以采用的一系列手段，如储存、灵活性系统和灵活性进口。在此被讨论的国家提供了不同方法的明确例证，其中，保底供应商的概念或者被用作一种手段来确保所有的最终消费者定期获得天然气供应，或者被用作一种手段来保护最终消费者免受天然气供应商破产之苦。

西班牙和波兰使用保底供应商这一概念作为一种普遍措施来保障最终消费者获得天然气。在西班牙，《碳氢化合物法案》规定，传输和分配系统运营商以及供应商承担某些义务确保天然气供应的安全与可靠。这包括拥有最低限度的安全储备，如租赁和承包的储存容量。最近，一种控制保底供应的制度被纳入在《碳氢化合物法案》中，截至 2007 年 1 月 1 日，所有消费者总的来说都获得商业天然气供应商的供应。尽管如此，与分配网络相连接且年度消费总量不到 10 亿瓦时的消费者可以从保底税（一种最高税）中获益。基于这种目的，每个自治社区都将任命一个或更多的公司作为保底供应商。同样，《波兰能源法》规定，调控机构，即波兰能源监管机构（URE）主席任命天然气（或和电力）的保底供应商。这些保底供应商被要求供应如下消费者，即这些消费者无法利用自己选择供应商的权利。所有的传输和分配网络运营商都被要求向保底供应商提供运输服务。

在荷兰和英国，保底供应商被视为保护最终消费者免受天然气供应商破产之苦的中流砥柱。在荷兰，如果某个天然气供应商无法满足许可证要求，许可证可以被撤销。这种撤销可能是无力偿还或破产的结果。为了避免这种情形出现，《皇家法令》规定了保底供应商的确立以及可能将消费者转移给另一个被许可人。在英国，天然气供应也是一种许可活动。供应许可证的条件被包括在英国天然气电力市场办公室（Ofgem）颁发的《标准供应许可证条件》之中。基于这些条件，英国天然气电力市场办公室在出现无力偿还或破产的情况下可以撤销许可证，并任命另一个供应商作为保底供应商。这种保底供应商必须满足具体的条件(其中可能包括成本)，并可基于强制性或自愿性基础获得任命。

(四)天然气贸易

天然气市场的自由化逐渐导致天然气柜台贸易或双边天然气贸易的发展，其方式或者是通过市场，或者是通过汇率。这种贸易基本上超越适用于天然气部门的指令之外，但它在某种程度上可能受国内法律调控。当然，天然气贸易的一个必要条件是，供应商(包括天然气生产商)可以在市场上销售天然气，而且并不受长期供应合同限制。在英国，天然气释放计划已经导致天然气贸易的增加。同样的情况也发生于丹麦，在该国，根据欧盟委员会的程序，丹麦国有能源公司在2003年同意解除丹麦地下石油集团(Dansk Undergrunds Consortium，简称DUC)的石油子公司的销售义务。丹麦国有能源公司受制于2005年的另一项释放计划，以便救济丹麦几起能源接管事件造成的影响。在2003年，为了单独实施各自的活动，德国天然气生产和销售合资企业也被命令解散。在2006年，德国竞争管理局判定，长期供应合同违反了竞争法，天然气供应合同的期限被限定为4年(如果供应超过50%)或者2年(如果供应超过80%)。

上述情形将会导致更多的天然气进入自由化市场。而且，天然气的购买者要面对网络的准入规则和惩罚，如果承购不符合预定要求的话。除了更长期的合同之外，购买者可能选择短期或现货合同，以便满足短期要求。结果，天然气现货市场和天然气贸易枢纽正在逐渐形成。在欧盟国家中，英国和荷兰可以发现相应的例证。

天然气现货市场关注的贸易对象是商品气。尽管这种贸易并不要求任何基础设施，但人们可能注意到，英国和荷兰的天然气交易是根据某个理论点在陆上天然气传输网内进行天然气贸易。在英国，现货天然气在国际石油交易所进行交易。该交易所的目的旨在为供应商提供便利。天然气的实际交付受《网络法》控制，该法将交付义务设定给公共天然气运输者。在荷兰，天然气现货交易由南荷兰天然气交易公司(APX Gas NL BV，简称APX)负责实施，它所依赖的基础是2005年1月承认的一项部长级批准。在传输系统运营商天然气运输服务公司的支持下，天然气交易公司有权在产权转让交易所(TTF)——它是一个虚拟的交易平台——运营天然气交易。产权转让交易所允许承运人在天然气运输服务公司传输网络内(根据双边基础)进行天然气贸易。承运人需要交纳产权转让交易所会费才能在产权转让交易所平台上进行贸易，他们还须在交易完成后告知天然气运输服务公司。由于天然气运输服务公司促进了交易运行，因此，天然气交易公司可以主动提出让天然气市场中的当事人在虚拟交易平台产权转让交易所上进行匿名当日交易和日前交易。在2006年12月，另一家天然气交易所开始在产权转让交易所中运营：欧洲能源衍生品交易所（NV ENDEX）在产权转让交易所中提供了天然气期货合同。由于期货合同被认为是一种金融产品，它们受制于1995年的《证券交易监督法》。

天然气贸易枢纽主要旨在针对生产商和供应商之间的贸易，它通常在不同天然气来源汇合的地方出现。典型的例证之一是巴克顿（Bacton）天然气枢纽，在此，有好几个海上管道相汇合。另一个天然气贸易枢纽是泽布吕赫（Zeebrugge），来自英国，通过英国和比利时联网的天然气以及来自挪威大陆架的天然气在此登陆，它以这种方式为贸易者提供了一种选择。还有一个贸易枢纽正在德国与荷兰边境出现，那就是欧洲枢纽（Eurohub）。尽管如此，由于在产权转让交易所平台上交易天然气的利益在增加，欧洲枢纽的利益已经下降。这一点再次确认了如下观点，即只要枢纽的作用存在，天然气枢纽就会存在。

三、电力供应系统

（一）发电来源

总的来说，成员国（法国和英国除外）都高度依赖外国的发电能源之来源。英国过去是一个自给自足的国家，但是，北海的石油和天然气储备变得日益成熟，大量的油气田正临近各自生产生命的终期。这对于供应安全政策具有重大意义。丹麦在1997年已经实现能源上的自给自足，但是，它仍然进口煤用于发电。

欧盟成员国的电力来源各不相同。核能是法国（该国也是最大的风能生产国之一）主要的电力来源。在有些国家，煤仍然是发电的主要来源之一，如德国和波兰。在荷兰，几乎一半的发电总量都以天然气为基础，剩下的来源依靠进口煤。在大多数国家，利用天然气发电都有了大幅度的增加。

欧盟成员国都倾向于电力市场的自由化进程。然而，我们注意到，尽管电力市场的自由化在继续，但这些国家在它们的能源政策中都共享另外两种目标：供应的多样性和安全性。迈向自由化和竞争的运动可能危及这两个目标，那就是为什么欧盟和单个的成员国已经采取立法措施来克服那种风险。除了《2003/54/EC指令》和《1228/2003条例》引入进一步的措施使电力市场自由化之外，欧共体还通过《2005/89/EC指令》提供额外的法律措施从而确保长期的电力供应。需求电力资源的多样化以及需求可持续的电力市场都包含在《2001/77/EC 指令》之中，该指令对所有成员国用于发电的可再生能源总量规定了指示性目标。欧盟各成员国正在寻求增加利用发电的可再生能源。

(二)电力行业的组织

电力行业主要由 4 种活动构成：生产、传输、分配和供应。3 种标准可能被用来描述特定国家电力部门的组织：①行业的整合程度；②行业的所有权；③中央、地区或地方的调控权分配。

必须注意的是，尽管对于纵向整合的含义达成了某种共识，但对于横向整合的含义并未达成共识。为了实现 2003 年《电力指令》的目的，纵向整合的企业意味着相关的企业(或团体)正在至少执行传输或分配的功能之一以及发电或供电的功能之一。横向整合的企业意味着该企业正在至少执行电力生产代售、传输、分配或供应的功能之一以及另一种非电力活动。根据这种情境，人们或者利用取自指令的“横向整合”这种含义，或者从更一般的意义上采用这种术语，从而暗指公司支配某项电力活动(如生产或分配)的程度。例如，如果某个国家大部分或者所有的电力分配公司都属于同一个公司集团，该国家可能被认为是横向整合的一个例证。

电力公司可以实施上述 4 种活动中的 1 种或 1 种以上，而且，它们或者可以被纵向整合(如果它们实施两种或者更多的这些活动)，或者可以被横向整合(如果它们供应一种以上的能源资源或者如果它们控制所有或大部分的能源链)。行业的所有权可以是公有的，也可以是私有的。电力行业可以采取中央、地区或地方的组织形式，尽管这样的组织并不专门依赖中央或地方分配调控权。

1. 整合程度

纵向或横向整合的程度在所考察的国家各不相同。法国和意大利电力行业是纵向整合。在法国，先前的电力部(EdF)被转化成一个商业公司，并参与电力的生产、传输、分配和供应。自从 1962 年《国有化法案》实施以来，意大利国家电力公司(ENEL)承担的任务是电力的进口、生产、运输和分配。除其他因素之外，由于 2003 年《电力指令》规定的法律和职能拆分的迫切需要，意大利和法国的电力部门都倾向于某种程度的私有化以及某种程度的结构调整。

尽管如此，荷兰在 20 世纪 70 年代选择了一种横向整合制度，例如，分配公司层面的整合，由这些公司向消费者提供电力、天然气和水。同时，这些公共事业企业被转化成股份公司。随着分配公司对生产能力的投资，自由化进程已经在某种程度上导致进一步的纵向整合。而且，人们可能注意到，在荷兰与西班牙，生产、分配和供应部门的股份可能由同一批人持有（在荷兰，下级政府也可以持有这些股份）。就波兰的情形而言，最近的纵向和横向整合趋势之原因被解释为需要建立更为有效的公司，与此同时，这些公司能够在自由化的市场中面临竞争。

在英国，不存在纵向整合，但苏格兰和北爱尔兰除外，分配和供应之间的分离缺失也除外，根据2003年《电力指令》的要求，这个问题必须被提及。

德国电力部门的传统特征是存在一种3个层面上的企业结构：①"互联实体"或联合经营，它们开发、维护和连接跨地区的高压电网，并运营中央发电厂，它们经常被纵向整合；②供应地方公用事业企业以及农村地区公用事业企业的终端用户（区域供应商）；③超过900家地方公用事业企业在各自的市政当局关注电力供应（市政公用局）。

很多地区和地方供应实体都是横向整合的，因为它们提供电力、天然气、区域供暖和水。尽管如此，由于自由化的影响，德国能源部门在整个能源供应链中已经不断被纵向整合，尤其是关于能源网络和供应。

2. 所有权

与纵向或横向整合密切相关的问题是所有权。即使电力部门没有被纵向或横向整合，但它仍然可能通过所有权被整合。在欧洲电力行业中存在公有制和私有制。不管是在更小还是更大程度上认同公有制存在的国家，都会存在中央公有制以及地区和地方公有制的例证。中央公有制的例证是法国电力公司（Electricite de France）。

在德国，州和市政当局经常持有股份，并在"复合实体"（联合经营）、地区公用事业企业（区域供应商）或者小型和中型市政公司（市政公用局）中享有表决权，尽管这些实体采取公共有限责任公司的形式。就大约900家市政供应实体而言，它们或者是市政管理的一部分，或者采取公共有限责任公司的形式，这些公司的股份属于市政当局，但有时需要得到私人股东的支持。

一般来说，欧盟存在一种私有化趋势。例如，在西班牙，传统上就一直存在公有制和私有制，如今，电力部门被完全控制在私人手中——国有电力公司（Endesa）和国家电力公司（REE），但是，前者从1995年被完全私有化，政府在后者占有的股份也仅有20%。意大利已经在寻求一项私有化政策，并使意大利国家电力公司（ENEL）部分私有化。公有制和私有制也是波兰电力部门的一个特征，尽管公有制在分配部门和生产部门具有支配地位。而且，在法国，通向私有化的首批措施已经确立。

完全私有的电力行业之例证当属英国。起初，私有化的唯一豁免是老一代核反应堆（核能），但随着英国能源公司的私有化，它们也被私有化了。

在荷兰,可以发现一种有关私有化和公有制的有趣趋势。尽管1995年能源政策文件表明,如果电力市场被完全自由化,私有化就不可能被排除,而且,1998年《电力法案》包括了如下假定:即能源部门的私有化只能在有限的时间内受到限制,但大部分电力生产部门大约在千年之交被私有化。然而,原初对私有化保持的乐观主义逐渐转换成一种更为批判的方法。结果,私有化的可能性现在仅局限于能源供应公司。网络公司不能被私有化,它们需要被控制在政府手中。目前,运营电力传输网的公司(TenneT)之所有股份都由荷兰国家拥有。市政当局和各省直接或间接拥有运营分配网络的公司之股份。能源供应公司的私有化取决于网络公司持股比例的拆分要求。几家更小的分配公司已经实现了这样的所有权拆分,并随后使其供应公司私有化。政府已经决定在所有的分配公司引入强制性所有权拆分,这可能导致更多的供应公司被私有化。

3. 权力分配

某些欧盟国家在传统上将调控权配置给中央机构,法国的情形就是如此。即使将权力下放给威尔士和苏格兰以及北爱尔兰实现自治之后,英国的情形也是如此。

在荷兰,电力供应行业是如下情形的一种制度例证:逐渐从地方和/或省级层面的去中央化调控转向一种中央化调控。在过去50年时间里(1938—1989年),荷兰的电力供应以地方或省级层面的自愿让步为基础,但是,1989年的《电力法案》赋予中央政府更为强大的作用。尽管1998年新的《电力法案》以中央化调控和立法制度为基础,但政府在中央规划方面的作用已经被取消。与此同时,政府正在逐渐获得作为网络公司股东的影响力。

在德国,电力部门存在地区权力的例证,最近,该国已经实施了某些改革,从"合作联邦主义"转向"竞争联邦主义"。在西班牙,17个自治社区的手中掌握着日益增加的调控权力,有些社区还根据《国家电力基本法》通过了自己的电力分配规则。由于2001年的宪法改革,意大利也认同了地区权力,这次改革重新绘制了地区权力,现在,它对没有保留给中央政府的任何问题都享有立法权。

(三)1996年《电力指令》之后的国内电力市场

起初,大多数欧盟国家(法国除外)都执行1996年电力指令。这项指令以最低调和化原则为基础,并授予成员国大量的选择。

第一个选择关注市场开放的程度。尽管这项指令规定最低的市场开放程度是33%以及可能将自由化局限于大型用户和/或大中型用户,但情形似乎是,这些国家(法国除外)决定选择一种更有雄心抱负的自由化进程,因此，它们在各自国内法中包括了国内电力市场自由化的不同程度和时间表。尽管如此，在完全的自由化之前，这些国家都有两种消费者：一种是有权选择电力供应商的消费者，另一种则不享有这项权力（又称“没有选择的消费者”）。

就电力生产而言，1996年《电力指令》允许成员国在授权和建设新生产单位的招标程序之间做出选择。除此之外，它还规定成员国可以自由地引入长期和强制性电力容量规划。在大多数情况下，欧盟国家都已经建立了一种授权程序，不存在强制性规划控制，尽管某些国内法——如意大利和法国的情形——仍然规定政府可能对具体的情形实施某种控制。在丹麦、德国、西班牙和意大利，电力生产受制于一种授权（如许可证或特许经营权）。在荷兰，1998年《电力法案》废止了1989年《电力法案》有关发电站建设和运营的许可要求。在英国，发电受制于一种许可制度，尽管竞争被引入，但电力生产市场仍受两股力量支配。几乎每一个欧盟成员国都在法律中包含保护国内电力来源（最大为15%）的条款，1996年《电力指令》的规定使之成为可能。最后，诸如意大利和西班牙等国家使电力生产市场的功能发挥（如满足供求需要）依赖市场运营商。

电力传输取决于某种程度的拆分。在英国，私有化之后的传输责任被赋予一个新的公司，即国家电网公司。根据德国法律的规定，传输电网属于现有的联合经营。法国电力集团（EdF）对传输享有一种法律上的垄断权。为了满足指令的要求，传输网络的管理方必须在行政层面被拆分。因此，《法国电力法案》要求法国电力集团（EdF）在生产、传输和分配过程中的记账分离。丹麦电力传输网由两家独立的、非营利性的、系统负责的公司运营，该传输网任凭所有用户使用。在荷兰，电力传输也以完全的法律拆分原则为基础，因此，一个独立的网络运营商（TenneT NV）已经被建立起来。在意大利，传输网络的运营由一个网络经理人负责实施，该经理人在获得特许经营权的前提下代表国家利益进行运营。在西班牙，国家电力公司（REE）承担的任务是运营高压电网，但是，允许公司要求传输装置之建设和运营的授权。西班牙要求在2001年之前，不同公司的受调控活动和不受调控活动应该分离，而且，自从1997年以来，它们已经单独记账。在实践中，受调控活动和不受调控活动可能体现为同一个公司的不同附属公司的行为。

众所周知，1996年《电力指令》是大量妥协的结果，尤其是有关成员国可以调控电力系统准入的方式之妥协。《指令》在第三方准入（TPA）和单一买方制度之间提供了一项基本选择。即使在第三方准入制度中，仍然可以在受调控准入和经协商准入之间做出选择。由于执行指令的需要，有些国家选择受调控制度（如西班牙、荷兰和丹麦），而另一些国家则选择经协商制度（如德国）。意大利选择了单一买方制度，德国也是如此，但仅局限于地方层面。尽管单一买方制度之理念由法国官员们所设想，但《电力法案》没有采纳这种准入制度。相反，2000 年法国《电力法案》规定了受调控的第三方准入制度。在英国，自从 1989 年《电力法案》以来，电力网络一直适用受调控的第三方准入制度。这项制度激发了电力指令采用受调控的准入制度。

分配部门原则上受 1996 年《指令》的影响较小，除了其他因素之外，这主要是因为合格消费者和没有选择的消费者之间的区分，后者由地区分配公司负责供应。尽管如此，特许权合同被认为是德国在分配部门建立自由市场的重大障碍。因此，德国《竞争法》引入了大量的变化，从而终结了它们的豁免权。在英国，地区电力公司在被授权地区享有分配权的垄断地位，而且，在需求低于垄断门槛的地区，这些公司享有供应消费者的垄断地位。在英国，根据 1989 年《电力法案》的规定，尽管分配和供应活动没有被分离，但记账是分离的。荷兰 1989 年《电力法案》对分配公司也适用法律拆分和受调控的第三方准入概念。除此之外，该法案禁止向没有许可证的不合格消费者（“受保护的消费者”）供应电力。在丹麦，分配公司一方面被电网公司取代，另一方面被供应义务公司取代。

该《指令》规定了引入公共服务义务的可能性。这种公共服务义务通常意指：①确保供应的连续性；②平等对待各类消费者；③以最低成本获得优质服务。

2000 年法国《电力法案》保留了这些基本理念，它强制法国电力集团（EdF）在某些特定条件下向任何消费者提供电力，而且不能歧视消费者。同样，丹麦、德国、西班牙、意大利、英国和荷兰规定了供应许可证制度保护小型消费者。

有些欧盟国家设立了能源调控机构，该机构通常与国家竞争管理局共同运营。尽管《指令》并没有要求设立调控机构，但受调控的第三方准入制度在某些国家的引入却是朝着那个方向发展，从而为 2003 年《指令》铺平了道路，该《指令》要求成立调控权威机构。在英国，英国天然气电力市场办公室（Ofgem）颁发和控制相关的生产、传输、分配和供应许可证。而且，如果竞争濒临险境，垄断与合并委员会就会介入。当法国选择受调控的第三方准入制度后，立法者还建立了电力和天然气调控机构。在意大利，电力和天然气市场的权威机构与竞争管理局分开运营。丹麦建立了一个独立的能源监事会。在荷兰，监督遵守《电力法案》和《天然气法案》（DTe）的权威机构被确立为竞争管理局（NMa）的一个部门。在德国，不存在具体的调控机构，但一般的竞争管理局都强力介入。

电力自由运动与进出口自由密切相关。这种自由在丹麦、德国、西班牙和英国都存在。在荷兰,出口自由盛行,但进口受到限制,并在原产国或目的地国受制于对等原则。意大利的进出口也是自由的,仅对非欧盟进口设定了某些限制,但意大利国家电力公司(ENEL)却享有一种事实上的垄断地位。

(四)《2003/54/EC 指令》:迈向内部电力市场的下一个步骤

上述有关国内法对 1996 年《指令》执行情况的考察表明,该《指令》所基于的政治妥协导致很多不同水平和程度的自由化。如同天然气部门一样,每个国内电力市场都被自由化,但这并没有导致一种内部电力市场。因此,2003 年颁布了另一项电力指令,即《2003/54/EC 指令》。这项指令以同样的市场自由化原则为基础,但提供给成员国的选择更少,例如,所有成员国必须在 2007 年 7 月 1 日之前完全实现市场自由化,引入一种法律拆分制度、受调控的第三方准入和具体的能源调控机构。除此之外,《1228/2003 条例》提供了共同框架来解决跨边境贸易和电力联网拥挤等问题。

1. 实施情况

在此讨论的大多数国家已经实施了 2003 年《电力指令》。在有些国家,2003 年《电力指令》已经实施(如法国、德国和波兰),或者正准备实施(如意大利),它们采取的手段与实施 2003 年《天然气指令》相同。在其他国家(如丹麦、荷兰和西班牙),《指令》的实施是通过对现有电力立法的多次修正。关于拆分,基本上有 3 种类型:①账户拆分,通过这种拆分,能源公司被要求对它们实施的每项活动(包括受调控的活动或不受调控的活动)进行单独记账;②法律拆分,通过这种拆分,实施受调控活动的公司(如网络)必须是法律上独立的实体(例如,享有法人人格),它们与隶属同一集团公司的其他公司相分离;③职能拆分,通过这种拆分,能源团体在作出有关网络的决定时被要求采取进一步措施,以确保法律上独立的网络公司的运营独立于实施其他能源活动(如生产和/或供应)的同一集团的其他公司。

就未来而言,欧盟委员会正在提议结构拆分或所有权拆分。据此,能源生产商和供应商可以保留网络的所有权,但必须任命一个独立的系统运营商负责管理。根据结构拆分,生产商和供应商将不再被允许保留网络所有权;在职能拆分中,情形也是如此。英国具有的一种特殊性在于,《指令》已经通过许可制度被实施,至少在部分程度上被实施。根据《指令》的规定,除《指令》提及的其他问题之外,成员国还制定法律或者采取调控措施,对象涉及市场开放(具体手段是赋予每个电力消费者选择自由)、职能拆分和电力系统的第三方准入。

2. 生产

基于供应安全、环境保护或初始新技术的促进之原因，2003 年《指令》不仅为新生产单位的建设预见了一种招标程序，而且为新的发电能力建设预见了一种授权程序，以便帮助维持充足的发电能力。这种招标程序是一张安全网，以防止市场不能提供充分的发电能力，例如，在丹麦，这正是招标程序所依赖的基础。

在所考察的国家里，实施生产活动通常被要求获得生产许可证，例如，波兰的情形就是如此。正如可提出证据加以证明的那样，申领上述许可证是整个行业中最为重要的阶段，因为电力公司建立了初始电力成本。

法国有一种授权程序，但是，如果源于电力生产授权之申请和授予的发电能力不能满足《多次年度投资编程》(Pluri-annual Programing of Investment，简称 PPI)的计划，此时，为了填补空缺，部长可能决定启动一项由电力调控委员会负责管理的竞争性投标程序。在意大利，尽管对水力发电和可再生能源的投标存在某些具体规定，但对 300 兆瓦以上发电厂的授权程序已经简化。在荷兰，自从 2004 年以来，尽管部长基于供应安全的考虑可以决定对新发电能力的建立采用一种招投标程序，但部长到目前为止还没有利用这项规定。在德国，这个问题与程序性权利相关联，如第三方对程序的充分参与权，那就是为什么电厂建设特许证的规划和授权程序变得日益复杂。

几乎每一个欧盟国家的法律都规定保护国内电力来源。2003 年《电力指令》允许成员国优先调度来源于国内能源的发电，可以高达生产国内市场消耗电力所必须的整体初级能源的 15%。

3. 电力调控机构

2003 年《电力指令》要求成员国委任一个或多个调控机构，并给它(或它们)配置大量的任务。除德国之外的大多数欧盟国家已经建立了这样的调控机构，并通过分配上述任务执行指令的规定。

国会和政府都享有调控权，但是，电力和天然气能源管理局(它与行业之间是分离的)目前存在于丹麦(丹麦能源管理局，简称 DERA)、德国(联邦网络局，或称 BNA)、意大利、荷兰(能源办公室，简称 DTe，它是目前简称为 NMa 的竞争管理局内的一个独立部门)、波兰(能源市场管理机构 URE)、西班牙(国家能源委员会 CNE，它涉及所有的能源部门，其中包括石油)和英国(英国天然气电力市场办公室 Ofgem)。在法国，存在一个涉及电力问题的电力监管委员会(CRE)，但是，最可能的情形是，一旦执行 2003 年天然气指令的法案生效，电力监管委员会将变成天然气和电力监管委员会。

4. 电力传输和传输系统运营商

2003年《指令》有关传输系统运营商的规定已经对某些欧盟国家最近的改革造成影响，它主要通过采取法律措施确保传输系统运营商独立于电力行业的其他机构。两种趋势可以被确认，尽管它们不是指令强加的义务：一方面是每个国家都迈向单一的传输系统运营商，另一方面是迈向所有权拆分。我们在丹麦发现了两种趋势最为激进的例证：2004年丹麦对《电力供应法案》的修正和一项新的《建立丹麦国家电网公司(Energinet. dk)法案》已经使2003年《电力指令》有关职能拆分和法律拆分的要求获得满足。设立丹麦国家电网公司(Energinet. dk)的目的是拥有和运营整个电力和天然气传输网。因此，就所有权而言，整个传输网是被拆分的。我们在德国发现了一个相反的例证，在该国，电力部门有四个传输系统运营商，所有这四个运营商都在法律上被合法拆分，而且，笼统地说，它们都满足了2003年《电力指令》的职能拆分要求。

荷兰、西班牙和英国存在所有权拆分。荷兰的电力传输由国有电网运营商蒂奈特公司(TenneT BV)负责实施，该公司是整个电力传输网的经理人，它的股份归政府所有。自从1998年以来，它实现了法律拆分，自从2001年以来，它实现了所有权拆分。西班牙的传输系统运营商是国家电力公司(REE)，它的所有权是拆分的。它成立于1985年，并成为世界上第一个专门致力于传输和系统运营的公司。纵向整合公司在西班牙国家电力公司中享有股份受到严格限制，政府保留20%的股份。在英国，地区电力公司(RECs)起初在国家电网公司(PLC)、传输公司和系统运营商中被分配了大量份额，但后来在努力保留传输和供应业务之间的区分时，地区电力公司被要求放弃原来的股份。因此，英国主要是符合所有权拆分(但苏格兰、威尔士和北爱尔兰是例外，在这些地方，法律拆分是常态)。

在法国，执行2003年《电力指令》的法律规定建立法国电网公司(RTE)，它是法国电力集团(EdF)的一个附属机构。自从2005年以来，法国电网公司(RTE)负责运营、维修和开发法国电力传输网络。为了确保它的独立性，传输系统运营商(TSO)已经采取了内部措施。

尽管2003年《电力指令》尚未在意大利正式换位，而且职能拆分的概念也不适用于意大利，但是，《电力指令》有关传输的基本拆分要求还是得到满足。意大利国家电网公司(Terna)是一家负责整个意大利电力传输和电网调度的公司。国家电力公司和政府(通过意大利国有银行)持有意大利国家电网公司(Terna)的绝大多数股份。自从2005年以来，意大利国家电网公司(Terna)拥有和运营电力传输和调度，其中包括仍由其他传输系统运营商拥有和运营的不到10%的电网份额，这些运营商受制于法律拆分并将被整合到整个国家传输系统。能源公司在意大利国家电网公司（Terna）持有的股份不能超过20%。

在波兰，存在一个传输系统运营商（PSE-Operator SA），负责管理波兰的电力传输。起初，它通过完全归政府所有，但为了执行2003年《电力指令》，传输系统运营商在法律上独立于这个特定的传输运营商。自从2005年以来，传输系统运营商完全并直接归属于波兰国家所有。

5. 电力分配和分配系统运营商

在2003年《电力指令》生效之前，有些成员国在分配部门已经采用了一种法律和/或职能拆分制度。在德国，900家分配公司有关职能拆分的情形各不相同，但是，大量的纵向整合电力公司已经采取措施确保分配系统运营商（DSOs）的职能拆分，尽管在某些情形下，与供应或生产相关联的服务由分配系统运营商共享。

在丹麦，《电力供应法案》已经要求分配系统运营商在法律和职能层面进行拆分。在荷兰，1998年《电力法案》从一开始就要求分配公司完全的法律拆分，例如，分配电网的管理和运营必须转让给独立的有限责任公司，也就是独立的网络运营商。有关网络运营商的真正独立地位展开的激烈辩论导致一项法案的通过，即分配公司的所有权拆分之要求需要依赖具体的情形。在2007年4月3日，政府宣称将采取必要的措施启动分配公司的所有权拆分。

在意大利，2003年《电力指令》没有被官方执行，但是，法律草案不仅规定了分配、生产和供应之间的组织和决策分离，而且规定在必要的情况下持有有限的股份或者其他形式的所有权分配。

在法国，分配系统运营商法律拆分的执行被延缓，但是，法律强行规定纵向整合的运营商有义务建立一种明确的内部服务机构负责分配系统的管理。

在波兰，尽管从历史上看电力供应商没有被法律拆分，但是，对传输系统运营商和分配系统运营商的其他活动（如供应）已经引入一种法律和职能（如组织）拆分。

在西班牙，经销商和供应商之间并没有实行拆分，但是，2007年6月14日通过的旨在执行2003年《电力指令》的法案在生产、分配和供应之间不仅融入了法律拆分义务，而且融入了职能拆分义务。英国电力调控制度在很大程度上符合2003年《电力指令》的目标，但是，最大的变化与分配职能的法律拆分相关。英国法律还规定了一些其他的额外要求，最明显的当属燃料混合信息要求。

6. 受调控的系统准入

1996年《电力指令》涉及了一种单一买方和经协商或受调控的网络准入制度，2003年《电力指令》终结了前一种模式，并强加了一种受调控的准入制度。因此，在此考察的成员国已经执行了这样的义务，如法国、德国和波兰。在上述《电力指令》通过之前，有些国家已经采纳了一种受调控的准入制度，如丹麦、西班牙、荷兰和英国。就意大利而言，由于对2003年《电力指令》缺少适当的执行，而且起初选择了一种单一买方制度，因此，受调控的第三方准入制度是否真正存在尚不明朗。

7. 供应部门的自由化和保底供应商

根据2003年《电力指令》的规定，截至2007年7月1日，欧盟成员国必须将选择供应商的权利授予每一个消费者。尽管对某些国家而言，这是一项新的发展（如法国和意大利），但大多数国家在《指令》通过之前已经作出这样的决定（如丹麦、西班牙、荷兰和英国）。

与此同时，由于欧洲电力市场的自由化，人们已经采取法律措施来保护小型消费者，其中包括保底供应商的规定。正如前所述，保底供应商的概念可能以两种方式适用：例如，作为一种供应家庭用户的一般义务，或者作为一种手段保护家庭消费者免受供应商无力偿还或破产之苦。后一种解释适用于英国和荷兰，前一种解释适用于波兰和西班牙。在德国，能源供应公司在特定网络领域是家庭消费者的共同供应商，共同供应商是指那些在某一天（从2006年7月1日开始的每个第三年的7月1日）为绝大多数家庭消费者提供供应的公司。

（五）电力贸易

电力可以进行双边贸易，或者通过诸如交易所这样的组织化市场或电力联营系统（pool）进行贸易。我们日益注意到，由于电力无法被储存，电力通过市场进行贸易，任何贸易安排都可能对电网的平衡具有某种意义。就电力的跨边境贸易而言，2003年《电力条例》已经对国内法律秩序造成影响，尤其是对制定边境点容量分配的新规则以及对新容量授予的豁免权存在影响。

英国电力市场建立了一项电力联营系统，这种做法得到某些欧盟国家的效仿，如西班牙。在这两个国家，电力联营系统作为一个真正的市场都经历了诸多困难，2001年《新电力交易协议》（NETA）使英国发生了至关重要的变化，2005年《英国电力运输和交易协议》（BETTA）则带来进一步的改革。双边制度以一部《平衡与结算法》替代《联营与结算协议》，前者包括生产商和供应商之间的贸易规则。生产商不再通过联营招标制度来卖电；相反，当事人可以在一系列联动电力市场中进入双边合同。

在所考察的其他一些国家，电力贸易在增加，但并不必然确立相应的制度安排。例如，在德国，能源贸易只是新近的现象，它是随着能源部门的自由化而出现的。贸易者建立了新的电力（和天然气）市场，并通过场外交易（OTC）和德国能源交易所（EEX）买卖大量的能源。

在荷兰，电力可以基于双边关系或通过交易所进行交易，而且，电力正日益通过1999年建立的阿姆斯特丹电力交易所（APX）进行交易。尽管立法者起初认为电力贸易不属于自己的调控管辖范围之列，但2005年还是引入了一种许可要求，阿姆斯特丹电力交易所在2006年被授予许可证，其活动范围也拓展到比利时和英国。北欧电力交易所本身作为挪威—瑞典电力交易所建立于1996年，后来，芬兰和丹麦分别于1998年和2000年加入。在2005年2月11日，北欧电力交易所成为世界上第一个通过领取欧盟补贴启动二氧化碳排放交易的交易所。2010年，该交易所被美国纳斯达克公司收购。

在波兰，有一家能源交易所，自从2000年以来，根据《商品交易法案》的规定，该交易所具有积极的商品交易所地位，并以类似于证券交易所的方式运营。意大利和法国也建立了电力交易所。意大利电力交易所是第一个可以进行能源效率证书交易的交易所。

四、非化石能源资源的利用：核能、可再生能源和能源效率

（一）核能

欧盟成员国对核能的依赖具有很强的暧昧性。只有法国正在经历核能部门的发展，在该国，78%的电力源自核能和可再生能源。法国不仅把核能当做国内的主要能源来源，而且还是欧盟中唯一一个在20世纪八九十年代就开始致力于将核能作为其能源结构重要组成部分的国家。

在西班牙，自从1982年以来，核投资的暂缓履行抑制了除已经承诺的九个设施之外的其他设施的发展。但自从2005年以来，如下情境再次引起对核能的辩论：即西班牙在2030年之后要发展一种新型的国内能源政策，到那时，现有核电厂的运行寿命将会停止。实际上，西班牙的经历在我们研究的很多国家中反复出现：起初对因新技术导致的核能表现出极大热情，随后遭遇了20世纪70年代的能源危机，然后是对核能安全表示关注，并在21世纪的头10年从依赖核能生产转向对新能源安全和环境利益（尤其是气候变化）的再评估。

在英国，将近20家核电厂在运行，但却不能期望新的设施，至少是无法获得公共资金建立新的设施。在这些核电厂中，只有更新的核反应堆在1996年被私有化，剩下更旧的镁合金反应堆仍保留公有制。尽管如此，2006年政府对核能部门的审查使得私人（在可能获得国家支持的情况下）建立核电厂的可能性悬而未决。

由于拥有丰富的石油和水资源，丹麦从来没有运行过任何核设施。荷兰曾经也只有两个小型的核设施在运行，其中的一个在2005年已经被彻底关闭。在上述3个国家，似乎不存在任何直接的迹象表明核热情的复苏，由于拥有相对丰富的碳氢化合物和其他能源来源，这3个国家都没有受到能源安全和环境因素的影响，从而重新考虑它们的核选择。另一个无核国家是波兰。在该国，切尔诺贝利（Chernobyl）事故使得它的第一个核反应堆计划陷入停顿，直到2005年和2006年才被恢复，当时，它遵循了欧洲（乃至全球范围内）重新考虑核选择的趋势。由于严重依赖煤（95%的电力生产来自煤），因此，多样化需求以及更高的能源价格、环境利益和公众对核能的日益接受已经导致在2010年结束之前计划新的建设。这些计划包括可能在邻国立陶宛联合建设核电厂，从而供应波兰和立陶宛的电力消费者。

与此同时，我们注意到，20世纪90年代的私有化浪潮（它对其他能源部门的影响非常显著）在核能部门也非常明显，但意大利和法国除外。在这两个国家，核设施的公有制仍然盛行。在德国、西班牙和英国（该国更旧的镁合金反应堆除外），核能部门控制在私人手中，它们的私有化进程在过去的10年里完成，其中西班牙是在1999年，英国在1996年（尽管在1989年的《电力法案》中就做出规定）。在最后的例证中，英国能源公司努力在市场条件下进行竞争，并在2003年开始执行，正常贸易的恢复（以及继续向电网提供核供电）之所以成为可能，原因仅在于更高的天然气价格和经欧盟委员会批准的政府一揽子救援计划。如今，英国政府是英国能源公司的主要股东。

2011年日本福岛核事故之后，欧洲各国迫于国内外压力，纷纷对自身核事故进行检讨和反思。目前欧盟境内有143座核电站，分布在14个国家，其中，法国58座，英国19座，德国17座。法国与英国共有77座反应堆，超过欧盟国家核反应堆总数的一半。迫于国内压力，德国和瑞士已经决定关停境内的所有核电站，意大利也公投否决了重启核电发展的计划。与之相反，法国政府明确表示，不会放弃新一代核电站的建设计划。另外一些欧洲国家，如芬兰、瑞典和捷克等国家对核电发展也仍然持扶持态度。但在欧洲民众整体反对核电建设的背景下，任何一个欧盟国家发展核电的决定都是艰难的。[①]

1. 核部门的调控

核能的风险及其潜在责任获得承认。事实上，在此讨论的每一个核国家都有专项的核立法，这可以追溯到1960年和1963年结束的经合组织巴黎/布鲁塞尔会议确立的核责任制度。

除此之外，用核能发电还规定在相关的国内立法之中，如西班牙的《核能和电力法案》(LSE)，在该国，除了核场所许可证之外，《核能和电力法案》第21条还规定需要获得授权(该法案还涉及安全标准和环境保护)。在英国，就授予许可和控制核设施而言，1965年《核设施法案》是主要的责任和其他目的之调控手段，但是，核电厂对电力供应和行业结构的贡献仍受1989年《电力法案》调控。在法国，主要是1961年《反污染法案》调控核设施的建设和运营，以及由1965年、1968年和1990年颁布的法律调控责任问题；2006年一部有关核透明和安全的法律将核安全和辐射保护的监控权授予了核安全管理局。在法国和西班牙，铀的生产受相关的采矿立法调控。在意大利，《1860/62号法律》(Law No 1860/62)涉及核能的安全使用，但是，1964年第185号法令才首次涉及核安全和辐射保护问题，并使核部门受制于一种许可制度(1995年《第230号法令》修改了这项制度以便进一步执行欧洲原子能共同体指令)。在所有被讨论的核能国家，从建设到安全运行再到关闭等完整的核能循环都受到调控，其中最突出的差距表现为关闭和放射性废物的处置。

在核能部门，欧盟法律也非常重要，并由《欧洲原子能共同体条约》调控核能市场，建立本行业统一的安全标准。就后一个方面而言，尤其重要的是1980年《欧洲原子能共同体(EURATOM)基本安全标准指令》(80/836)，该指令特别规定了核工业对工人辐射暴露的最大年度限额。随后，欧洲原子能共同体《96/29指令》为工人和普通公众制定了新的基本安全标准，执行的最后期限是2000年5月13日。1985年《环境影响评估指令》(EIA指令)也具有相关性，因为根据1997年对该指令的修正，核设施的选址和随后的扩建以及关闭都需要事先评估。

2. 核设施的关闭

正如前述，起初接受核能的许多国家都在重新考虑这项承诺，这不仅导致新建核设施的暂停，而且在某些情况下导致现有核设施的关闭。除此之外，20世纪60年代和20世纪70年代建立的很多设施目前已经达到各自运

---

① 张杰：《挺核？弃核？——欧洲核电发展何去何从》，载《人民日报》2012年1月10日。

行寿命的终端，从而需要被关闭。就海上石油部门而言，起初几乎没有关注控制关闭程序的法律制度。在法国，尽管在1963年的一项法令中规定了关闭审批程序，但直到1990年，关闭民用核设施的基本调控框架才到位，并在2003年由一项行政通知予以补充。意大利仅在1995年才首次提及关闭问题。《第230号法令》规定要从工业部申领专门的关闭许可证。意大利所有4个核设施已经被关闭或者正处在被关闭的过程之中，其中3个是因为到达生命周期的终端，第四个则是经公民投票表决也准备废弃。在西班牙，放射性废弃物营运公司(Enresa)负责放射性废物管理和核设施的关闭，它的成本由一定比例的电费收入予以满足。在2005年，放射性废弃物营运公司(Enresa)成为一家公共机构，因为放射性物质的管理被宣布是保留给国家的一项基本服务。因此，随着现有的核设施达至各自运行寿命的终端，欧洲的核能部门正在不断增加关闭活动；与之密切相关的是，要求一种安全且具有成本效益的放射性废物处置方法。

3. *放射性废物*

所有核国家的一个共同点是管理放射性废物问题，它是核能活动一项不可避免的副产品。有关放射性废物运动和处置的国内利益已经以法定的形式表达，而且国际社会也反对危险性物质的跨边境转移。在有些国家，由专门的机构负责放射性废物的管理，其中包括法国的国家放射性废物管理机构(ANDRA)、英国的核工业放射性废物处置有限公司(NIREX)和西班牙的放射性废弃物营运公司(Enresa)。法国在2006年制定了一部法律，进一步调控放射性废物的长期管理。在意大利，核设施的拆卸和放射性废物管理由意大利核电管理公司(SOGIN SpA)根据1999年《第79号法令》负责。实际上，这是欧洲调控场景的又一个共同特征：建立单独的实体负责关闭和废物管理活动，它们独立于业务活动。在德国，尽管核电站由私人所有和运营，但国家仍负责所产生的放射性废物的处理和储存，责任由联邦和州分担，其中前者负责最终的储存场所，后者负责安装中间储存场所。这种责任分离已经在2005年《能源法案》中做出规定，但是，对于切实可行的中间和最终处置的场所位置继续存在争议。该法案还提及放射性废物的转移，并寻求通过现场处置的方式阻碍放射性废物的转移。

就这方面而言，深层储存(包括储存在不再使用的盐矿之中)已经被考虑。包括西班牙、英国和法国在内的很多国家也在积极地研究放射性废物的陆上深层处置，这在一定程度上反映了如下事实：如今，根据1972年《伦敦公约》和1992年《东北大西洋海洋环境保护公约》(OSPAR Convention)的规定，即使对较低程度放射性废物的深海处置也是不允许的。尽管如此，近海的深度处置(例如,在内水中的海床进行处置)没有被禁止。在英国,2006 年的一份能源报告已经导致制定了一项计划,根据这项计划,地方当局可以宣布建立深层储存,当然,它要受制于必要的选址批准。这可以被中央政府认为是一项聪明的机制,从而避免“不在我的后院”综合症,同时,它还在指定这些设施的位置时取消了等同对待,尽管对这些设施的建设和运行保留了调控监督权。

(二)可再生能源

可再生能源是指那些不会因为开采而被耗尽的能源,如风能、太阳能、水力发电和生物燃料。因此,《2001/77/EC 指令》将可再生能源界定为可再生的非化石能源,如风能、太阳能、地热、波浪、潮汐、水力发电、生物质、堆填区沼气、污水处理厂气体和生物气体。

当欧盟开始自由化进程时,由各个成员国自己决定有关电力来源问题。正如前述,1996 年和 2003 年的《电力指令》所使用措辞已经阐明了这一点。这些指令包括优先选择使用可再生能源的生产设施以及设定有关可再生能源的公共服务义务之可能性。尽管如此,进一步调控可再生能源的利用之需求已经逐渐变得更为明显。丹麦可再生能源有望在 2020 年贡献 30%的能源供应,而在 2005 年,该比例只有 15.5%。除丹麦外,可再生形式的能源在欧洲总体能源供应中仍只是非常小的一部分。因此,2003 年《电力指令》规定了如下可能性:即在环境保护利益和新技术促进中引入一种招标程序。而更为重要的是引入的《2001/77/EC 指令》,它为每个成员国设定了可再生能源发电所占百分比的指标性任务,该比例在 2001 年从荷兰的 9%到西班牙的 29.4%不等。利用更多的可再生能源之政策是两项重要发展的结果是:需要保证长期的能源供应并减少欧盟成员国的石油和天然气生产;以及在 1992 年《联合国气候变化框架公约》下执行 1997 年《京都议定书》的情况。

作为一种标志性的决定,欧盟理事会于 2007 年 3 月 8 日和 9 日就一项具有约束力的承诺达成一致:截至 2020 年,可再生能源将构成欧盟总体能源消耗的 20%;在整个欧盟运输石油消耗中,所有成员国要实现生物燃料所占份额最低 10%的目标,而且该目标具有约束力;以及截至 2020 年,能源效率实现 20%的增长。这是在贯彻 2006 年 3 月欧盟委员会《有关欧洲可持续、竞争且安全的能源战略之绿皮书》的规定。在这种情境下,可再生能源发挥了重要作用。

1. 国内能源市场中可再生能源的份额

最常见的可再生能源形式是水力发电、风能、太阳能、垃圾和生物燃料。(在可再生能源总量的适度范围之内)每种形式的相对重要性在国与国之间各不相同。在西班牙，6.5％的电力生产总量源自水力发电，而在法国，这一比例是12％—17％。在法国，随着对现有可行场所的利用以及由于涉及这种利用的环境利益，水力发电很可能达到高峰。

相对于其他形式的可再生能源而言，德国也更多地利用水力发电，其次是风能，但是，可再生能源仍然仅占初级能源消耗总量的大约2％，尽管德国计划使该比例在2010年翻一番，并于2020年达到20％。

由于除目前小规模的水电发展之外没有其他的发展潜力，丹麦主要依赖风能作为可再生能源的一种来源，但是，该国的地区供暖厂还广泛依赖生物燃料，尤其是垃圾。在2005年末，据估计丹麦有6 400个风力涡轮机，总发电量达到3 129兆瓦，与之相比，在1997年的总发电量只有1 129兆瓦，这出乎任何人的意料。

在荷兰，80％的可再生能源源自生物燃料，尽管它们也有两个水力发电站。除此之外，风能的利用也在持续增加。

由于拥有欧洲最大的林区(占城市陆地面积的28％)，法国认为木材能源是一种重要的可再生能源。木材能源占据法国可再生能源的50.8％；水力发电紧随其后，名列第二，占40.9％。尽管法国早在2005年就通过了一项鼓励风力发电的新计划，但法国风力发电能力相对很低。

意大利等国家还蕴藏部分地热能，但是欧洲的总体情况与美国截然不同。在美国，地热能是最大的非水电可再生能源，它产生的电量是风能和太阳能产生电量的总和。

2. 发展陆上可再生能源的法律框架

在欧盟国家中，可再生能源的法律调控通常是通过有关设施选址的规划立法而达到目的。此外，对某些可再生能源项目也会要求一种环境影响评估(EIA)，也即承认可再生能源项目导致的一种环境利益。例如，在法国和英国就有关于大型风力涡轮机的设立需要进行事先评估。

可再生能源的利用也可能受制于电力立法、热能调控或者甚至是采矿法的常规规定。例如，在法国，水力发电和风能都是作为电力部门的一部分而受到调控，而其他形式的可再生能源(如生物燃料、太阳能和以木材为基础的能源)被归类为发热能源。地热能是根据可适用的采矿法进行调控(如丹麦、法国、意大利和荷兰等)。

在上述国家中，几乎没有一个国家选择通过单独的制定法来调控可再生能源活动，不管是个体活动还是集体活动。但是，有关(以来源为具体对象的)个别立法存在例外情形，即是在法国和西班牙受到单独调控的水力发电。

3. 海上风能新的法律框架

近年来，英国、丹麦、法国、德国和荷兰等国家海上风能有了一定的发展。尽管到目前为止，丹麦现有的活动局限于它们的领海——虽然也有一些项目和立法规定可以在专属经济区(EEZ)发展海上风能——但是，其他国家主要是在它们的领海之外(12 英里区域)发展风力发电站。尽管荷兰不允许在领海内发展一个以上的风力发电站，但是，其他国家则出于实践因素的考虑逐渐进一步向海上拓展它们的活动，因为这些地方不大会导致诸如视觉侵扰等问题。

从法律的观点看，在领海内和领海外发展风力发电站存在重大区别。沿海国家对领海行使领土管辖权，而且，很多国家适用的法律框架与陆上风力发电站相同。然而，丹麦的情形并非如此，该国对领海和专属经济区采用了一项全新的调控措施。在 12 英里区域之外，大多数沿海国家都根据国际海洋法设立了专属经济区，以便在专属经济区内行使有关风能生产的立案管辖权。所有的北海国家或者建立了专属经济区，或者如英国那样建立一个可再生能源区域(REZ)。随后，它们有权调控专属经济区内风能发电站的建设和利用，并有权向陆上供电。

到目前为止，在考察各国的许可制度时，情形似乎是在两种不同的制度之间进行选择：或者是招标制度，或者是先占制度。招标制度通常以某项具体的制度为基础，例如，在英国，后者就被包括在同样也必须适用于专属经济区的《电力法案》之中。英国、丹麦和法国选择了招标制度。除了基于《电力法案》获得许可证之外，开发商还需要获得额外的建设和环境许可证。德国和荷兰将海上风能发电站视为一项海上建设，因此，它需要某种建设特许证：这种特许证或者基于荷兰的《水资源法案》(Wbr)，或者基于德国的《海洋设施条例》。后一种制度的劣势在于，不可能为这项工程找到最佳的候选人，满足法律最低要求的任何当事人都会被授予特许证。在荷兰，这项制度是如此具有争议性，以至于它已经两次被临时搁置。

海上风能的发展是一项全新的发展，对于建设并运营风力涡轮机从而增加水深和远离海岸，人们并未拥有太多的经验。因此，海上发电往往成本更为昂贵，并依赖中央政府提供补贴或其他形式的财政手段。《2001/77/EC 指令》承认需要这样的财政支持计划，只要这些计划符合欧盟国家的援助制度。

4. 促进可再生能源利用的手段

《2001/77/EC 指令》的目的，在于促进国内电力市场的可再生能源发电，并为此建立一个欧共体框架的基础。尽管如此，它并没有试图要求在不同的支持计划之间实现协调发展，而只是要求成员国采取“适当的措施”鼓励更大程度上基于可再生能源的电力消耗，从而实现本国的指标性任务。为了实现这些任务，它们将减少行政障碍，每年两次发布有关实现各自任务的进展报告，采取必要的措施确信系统运营商保证基于可再生能源的发电之传输和分配并尽可能保障这些电力优先进入电网。

促进电力部门可再生能源的必要措施将取决于国内能源市场的情形。尽管水力发电（如果有的话）在市场中已经妥善确立，但风能和太阳能市场并没有必然在所有国家中妥善确立。最近的关注点主要集中在那些更具有成本效益的可再生能源形式，如生物质。

欧盟委员会承认，一般来说，有大量的政策手段可以用于促进可再生能源的发展，其范围包括当事人同意为了实现具体目标而缔结的协议以及基于市场的手段，如绿色证书、投资援助、免税或减税、退税和直接的价格支持计划等。在实践中，所有的类型已经被或者正在由各国政府采用。在自由化之前，各国政府通常迫使电力分配公司接受一定比例的来自可再生能源的电力供应，而不管可再生能源的类型和/或形式。这种机制适用于荷兰、德国、丹麦、法国和英国，并在具体的可再生能源在市场中被确立之前运营这套机制，因此，对许可证持有人的这种义务将失效。

在 2005 年 12 月，欧盟委员会提交了一份有关不同支持计划的经验报告。这份报告将所有的支持计划分为 4 类：长期保护性电价、绿色证书、招标制度和税收优惠。它的结论是，大多数成员国都采用长期保护性电价，其次是绿色证书制度。尽管绿色证书制度已存在于英国、意大利和波兰，但它们并没有赢得更为普遍的接受。一方面，长期保护性电价制度或者一种被称为固定补贴价格制度的变体形式被用于德国、荷兰、丹麦和西班牙，它们具有投资安全优势、微调的可能性以及中长期技术的推广。另一方面，它们很难在欧盟层面协调发展，可能受到国内市场原则的挑战，并涉及一种过多筹资的风险。

另一项重要的调控动议是制定一项新的指令，该指令旨在欧盟内部建立一项有关温室气体排放配额交易的计划。额定热输入超过 20 兆瓦的燃烧装置以及其他的被列举部门，从 2005 年 1 月 1 日起，都必须被分配二氧化碳定量，或者从欧盟市场中购买这些定量从而被允许释放二氧化碳，二氧化碳定量的价格应该包括在电价之中。通过这种方式，基于可再生能源的发电就获得一种竞争性优势，因为二氧化碳是不带电的，因此，它就不会被强加二氧化碳定量购买的成本。环境影响评估（EIA）对可再生能源的开发和扩展也是至关重要的。

2007年3月由欧盟委员会提交并经欧盟理事会批准的能源一揽子交易表明，新的任务将替代《2001/77/EC指令》规定的指标性任务，更多有关可再生能源之推广和利用的调控有望在不久的未来实现。

5. 补贴和能源税

在有些欧盟国家（如荷兰、丹麦、西班牙、法国和德国）中，补贴是被用来鼓励可再生能源发展的一项策略，同时它们还鼓励能源节约和保护。采用补贴的目的各不相同，其范围从占项目总成本一定比例的安装补贴到直接的生产补贴和享有进入电网的特权。太阳能、生物质和热泵也可以获得补贴，从而包括测试站的成本在内。在这些国家中，强调的重点正在从补贴转向财政措施，如能源税、绿色电力定价和绿色标签。这种情形在丹麦得到很好的证明。在该国，由于成功地建立了可再生能源市场，因此，对风能发展和地区供热系统的生物质燃烧器进行的慷慨补贴已经减少，部分的已经废止。

在以前，常用的是结合补贴对公用事业公司购买可再生能源供应。丹麦的情形就是如此，但是，现在这种制度已经被废止了。有些国家（其中包括荷兰、丹麦、法国和部分西班牙地区）采用了环境税和能源税，这两种税既是正税（如可再生能源的绿色免税），又是负税（如能源消费税）。在丹麦，能源尤其被征收重税，消费者电力总成本的60%都归因于税收。因此，可以通过退税鼓励能源效率。例如，如果能源密集型行业同意丹麦能源管理局的能源效率措施并实现增效，退税请求就会被准许。一般来说，支持可再生能源的形式是对某些依赖一定比例可再生能源供应的公用事业公司的能源税退税和/或税收优惠，这些优惠随着行业获得独立的市场地位而逐渐被取消。

6. 可再生能源和环境

颇为矛盾的是，某些可再生能源的发展遇到的主要不是财政障碍，而是环境障碍。例如，即使是适度规模的风力发电站的选址，荷兰和英国都遇到了来自地方的强烈抵制。丹麦也在较低程度上遇到这样的困境。所有这三个国家正逐渐将它们的关注点转向海上选址，这种选址也能够提供改善的风力条件。德国也优先考虑海上风能，并规定确保公共供应电网的长期性保护电价。鼓励海上发展强调了如下事实：尽管就排放而言已经考虑到一种环境无害的发电形式，但风力发电站确实提出了其他的环境关注，如公害和舒适度的丧失。同样的情形可以适用于其他的可再生能源形式。实际上，1998年10月国际能源署（IEA）《有关可再生能源的报告》明确提及可再生能源的潜在环境负担。根据世界能源理事会的预计，未来到2020年全球对可再生能源的依赖程度在25%（基于目前的政策）到45%（基于生态推测）

之间——更不用说欧盟委员会设定的截至2020年达到20%可再生能源的雄伟抱负的影响——显然,这些环境问题将不仅会继续存在,而且很可能会加强。

(三)能源节约和效率以及能源税

能源节约和效率以及鼓励可再生能源形式在欧盟和所讨论各成员国的能源法和政策之间保持密切联系。在法国,据估计自从1973年首次启动以来,能源保护措施已经导致能源消耗总量降低了17%,相当于3 500万吨油当量。尽管这些措施的起初动力是20世纪70年代的石油危机,但是,在国内、欧洲和国际层面的环境关注已经导致所有欧盟成员国在这些领域继续付出努力。尤其是1997年《京都议定书》的执行,已经鼓励各成员国不仅从能源供应的角度(20世纪70年代的当务之急)而且从效率(减少能源消耗)和环境保护的角度进一步考虑这些措施。

所采取的措施范围从调控到与行业缔结长期协议,再到财政和金融优惠。例如,在丹麦和荷兰,自愿的行业协议被当做能源效率的一种工具,尽管能源效率证书——"白色证书"——正作为一种鼓励能源效率并以市场为基础的机制出现在法国和意大利。

丹麦在1996年设立了节电基金,以便促进私人住宅和公共部门的电力保护。在2007年,丹麦制定了一项颇具远见的能源政策,该政策规定的目标是能源节约每年增加1.25%。能源节约在一定程度上是通过依赖热电联产(CHP)而实现的,这是丹麦和荷兰能源政策的一种特殊性。实际上,丹麦的能源消耗记录十分引人注目,自从1980年以来,该国的能源消耗相对稳定,但GDP却增加了50%,这项成功的业绩在一定程度上归因于能源节约和保护措施的功效以及对能源消耗征收的高额能源税。

在2004年,西班牙制定了一项"国家能源节约和效率战略",目的在于在2012年之前将能源强度降低7.5%,执行这项战略的资金来源于由电费提供资助的公共投资。在法国,需要对能源密集型的工业设施进行定期审计,它构成了确认能源节约和污染控制投资的基础,其范围从建筑保温标准到大型锅炉的能源效率标准。自从1995年以来,能效标准已经被适用于新的建筑物。

财政手段也被用来降低能源消耗和/或鼓励消费者购买更为环境友好型的产品。环境税是确保"污染者自付"的一项机制,这既是欧盟法的原则,也是国际法的原则。例如,荷兰采用了燃油税和能源税,后者以消耗的能源为基础,目的尤其旨在减少能源消耗和二氧化碳排放。税收优惠包括鼓励能源效率投资和对"绿色基金"的免税。在丹麦,能源被征收重税,主要目的在于减少能源消耗并提高效率，税收带来的收入"被重新用于"进一步的能源改善。例如，电力用户被强加了一种较低的二氧化碳税，它根据所消耗的每千瓦时来收费。实际上，根据《京都议定书》的规定，征收碳税已经作为一种降低温室气体排放(GHG)的方式而出现。尽管如此，在英国，对电力行业征收的气候变化税适用于核电公司，进而提出了如下问题：即创收或者降低温室气体排放是否是主要的目标。

五、能源与环境

(一)能源部门的环境调控

1. 法律框架

能源活动的环境影响正日益成为公众关注的一个问题，因此，它也是欧盟成员国的一个法律调控问题。环境调控可能会在反对宪法巩固的背景下出现，如《西班牙宪法》第45条规定的享有健康环境的权利。环境调控可以是直接的，也可以是间接的，尽管这些方法并不具有相互排斥性。间接调控不仅存在于采矿法、石油和天然气、其他的欧盟和国内立法之中，而且尤其存在于调控健康和安全、环境、资源管理问题的许可证条款和条件之中。如下情形仅仅只是一些例证：如要求合适的油田行为、避免浪费行为、禁止天然气燃烧和含油钻粉的排放、实施监控从而防止可能发生的沉淀。对环境敏感领域的活动可能会强加更为严格的要求，例如，荷兰的瓦登海(Waddenzee)或者国家公园、海洋保护区、特别具有环境或考古意义的领域(意大利就是例证之一)。某些海上区域可能被限制石油活动，也可能设计一些特别的措施来解决诸如漏油这样的紧急情况。在法国1978年的阿马科·卡蒂兹(Amoco Cadiz)的漏油灾难之后，有关海上(Polmar mer)和陆上(Polmar terre)的海洋污染都制定了漏油应急计划。为了回应西班牙历史上最严重的环境灾难，也就是2002年的"威望"号(Prestige)石油污染灾难，西班牙国会当时也面临着讨论被提交的石油污染紧急应变及其责任问题。无论是法国和西班牙的上述事件，还是英国在1967年遭遇的"托里坎荣"号油轮(Torrey Canyon)漏油事件，它们的部分回应都是寻求国际行动。在"威望"号事件中，这是对单壳油轮的监测和限制的一种巩固，对责任限度的一种提升以及对欧盟回应的一种协调。在丹麦，环境调控机构国家环保局主要负责调控有关装备设施的排放以及漏油应急准备。

一般来说，这种调控关注的是能源活动的开展及其环境影响，但是，它并不寻求直接调控环境本身。换句话说，合适的油田开发行为将会被授权许可，并限制或禁止石油排放和天然气燃烧，但不是具体的环境空气或水质量标准。后者是直接环境调控的职权范围，一般被包括在单独的环境和规划立法之中。有关环境保护的全面综合方法（如英国、荷兰和丹麦）或者一种部门方法（如至少到2006年的意大利、荷兰和波兰）的明确程度在成员国之间各不相同。尽管如此，这些区别不应该被过度强调，因为很显然，一种碎化式的部门方法仍然是包括全面综合方法在内的管辖权的一种基本特征，而且，它还是一种动态的图景。例如，在2006年，意大利颁布了《环境法典》，该法典将环境影响评估（EIA）与空气、水和土壤保护相联系，并规定了环境损害的赔偿。除此之外，有些国家的一般环境立法并不适用于海上，因此，这使得利用传统的石油或其他法律来调控海上活动的环境影响成为必要。例如，荷兰通过其《大陆架采矿法规》而不是通过基本的《环境法》来实施修正的海上环境影响评估指令。

2. 环境影响评估

国际法和欧盟法都具有某种影响，就后者而言，最显著的影响是通过1985年的《85/33/EEC环境影响指令》及其1997年《修正案》。在执行修正的指令时，成员国被要求在建设天然油气的陆上运输管道、登陆管道或者从海上平台排放油类污染钻粉之前实施一种事先环境影响评估（EIA），大陆架上的海上活动也可能要求环境影响评估。例如，荷兰1999年3月4日颁布的《皇家法令》针对较大的海上设施和更大/更长的管道规定了单独条款，这些设施对环境损害相应地造成了一种更大的威胁。同样的规定也可以在丹麦发现。一般来说，成员国要求在海上和陆上的环境敏感区域实施更为严格的活动评估，如自然保护区和湿地。荷兰的判例法确认了如下要求：即对湿地区域每个单一的钻井活动进行环境影响评估。《2001/42/EC指令》将环境影响评估延伸到某些计划和方案，并导致以新的综合环境许可证替代部门许可证。在意大利，对整合项目和战略性环境影响评估的需求导致2006年《环境法典》的发展，从而以一种更为全面的方法代替先前环境保护的部门方法。

（二）海上装置的废弃与拆除

除了安装和运作海上装置的环境影响之外，废弃与拆除这些装置的环境影响也是一个颇具争议的问题，这一点因布兰特史帕尔储油平台（Brent Spar）的处置争端而得到很好的阐释。欧盟成员国几乎都是1982年《联合国海洋法公约》（UNCLOS）的成员国。所有的北海国家还是1992年《保护东北大西洋海洋环境公约》（OSPAR）的成员国。然而，有关以立法或其他方式规定的明确拆除义务的程度，各国的实践各不相同，而且，确保拆除成本由运营商（基于污染者付费原则）承担的法律机制也是如此。荷兰大陆架上的装置要求被完全拆除，而且，相关立法对此作出了明确规定。在其他情况下，拆除义务不是由立法设置，而是由政策文件设置，这不仅体现了北海沿岸国家完全不同的物理环境，而且体现了调控方法的不同。因此，英国将北海较浅的南部地区的完全拆除视为一个政策问题，但是，它将在个案的基础上考虑将北部的装置留在原地或者仅仅是部分拆除。丹麦在自己的大陆架上采用的是一种完全的拆除义务。

1. 废弃实践

在荷兰、丹麦和英国，一项废弃方案必须提交政府批准。在英国，这不仅适用于它们的海上装置和管道，而且适用于任何以陆地为基础并且在功能上与海上活动具有关联性的装置。计划必须包括在拆除或处置之间作出选择，并根据海洋环境、海洋的其他用途以及陆地的相关利益对这些选择展开影响力分析，尽管在实践中被许可人推荐的选择将会受到更为全面的分析。在荷兰，自从新的《采矿法案》生效以来，对被废弃的海上管道的拆除就需要进行评估。

2. 拆除特许证

尽管有关拆除和处置问题的决定通常由一个批准废弃方案的实体作出(如英国的贸易和工业部)，但是，从相关权威部门获得进行处置的单独许可通常是需要的，如在大陆架上进行处置的倾倒许可证。根据国际法的规定，留在原地的残物之所有权全部或部分由国家决定，但应当受制于《国际海事组织(IMO)指南》的如下要求，即所有权是明确的。而且，未来的维修责任和未来的任何损害赔偿责任都被明确界定。在北海国家的实践中，这种确定程度并未完全实现统一。在丹麦，如果进一步的商业用途被期待或者这些装置被废弃，国家将承担对这些装置的责任，并受制于如下要求：即被许可人对某项装置因没有达到“适当条件”而未通过导致的损失或损害承担对国家的赔偿责任。

3. 拆除成本

在此讨论的国家也没有在立法中统一规定拆除成本。在有些国家，涉及关闭成本的单独立法已经制定，如英国的《石油法案》。其他国家(如荷兰)依赖许可证条件来获得一种财政保障。在英国，对目前的财政拨款可能在未来引起的责任规定了特殊的税收减免。

4. 被拆除装置的处置

一旦拆除义务的性质和范围被确定，仍有必要解决有关海上装置关闭的第二个重大法律问题：处置完全或部分被拆除的残物。1992年《保护东北大西洋海洋环境公约》(OSPAR)提供了某种国际指导，它严重依赖所涉成员国的个案评价。尽管没有被正式描述为一种环境影响评估,但是,在1992年《保护东北大西洋海洋环境公约》所覆盖的领域内为关闭和处置海上装置所设定的程序非常类似于这一过程。《保护东北大西洋海洋环境公约有关处置被废弃海上装置的第98/3决定》认为,最终的陆上处置是关闭海上装置的首要选择。《伦敦公约》也规定了同样的限制性方法。很显然,未来强调的重点是以陆地为基础的处置场所,它们涉及一系列广泛的能源活动,其中包括处置放射性废物、处置核装置和海上石油装置被关闭后留下的残物。

(三)空气污染和气候变化

欧盟成员国几乎都是1979年欧洲经济委员会(ECE)《关于长距离越境空气污染物公约》(LRTAP)的缔约国。因此,并不感到奇怪的是,这些国家都调控酸雨排放的主要促成因素,尤其是二氧化硫和一氧化氮。

1992年的《气候变化框架公约》和1997年《京都议定书》都同样激励温室气体(GHG)减排活动,尤其是二氧化碳排放。从整体上看,2008—2012年欧盟成员国承诺8%的温室气体减排。为了实施《京都议定书》的减排目标,欧盟被认为是一个"气泡",而且,一项《欧盟负担共享协议》在各成员国之间分配减排任务。这并没有篡夺国内的执行措施,因为欧盟及其成员国都是《气候变化框架公约》和1997年《京都议定书》的缔约国。例如,早在1999年,也就是该国批准《京都议定书》的后一年,丹麦就成为第一个为行业设定二氧化碳减排目标的国家。尽管如此,从2005年1月起,随着欧盟排放交易计划的执行,这种国家贸易计划被中止,并通过了一项新的有关二氧化碳配额的法案。

《京都议定书》支持3种以市场为基础的执行机制:排放贸易、联合履行和清洁发展机制。由于上述讨论的"欧盟气泡"之缘故,排放贸易通过2003年和2004年的《欧盟排放贸易指令》在欧盟层面适用。欧盟排放贸易计划(ETS)尤其要求每个成员国为2005—2007年和2008—2012年的目标期限提交全国分配计划(NAP)。在每个国家内,排放贸易由一个指定的权威机构进行管理,该机构通常是环境部或与其具有对应地位的机构,如英国的环境、食品及农村事务部(DEFRA)。例如,荷兰排放管理局是环境部的一个机构,它负责颁发和监控排放许可证。根据荷兰的法律规定,温室气体排放津贴为可转让的专有权利,它们可以通过私人合同安排进行交易,通常是依赖相关的协议标准条款。在西班牙,由温室气体排放装置所位于的各个自治社区负责发布排放授权,进而引起一种可转让的个人权利。尽管如此,承认减排单位(ERUs)和核证减排量(CERs)与国内其他的指定权威机构保持联络关系,而联合执行(JI)和清洁发展机制(CDM)参与之监督通常由一个国际委员会负责实施，该委员会成立于2005年并接受气候变化局援助。波兰只是到最近才成功地执行排放贸易计划(ETS)，尽管自从2006年6月5日以来，该计划就一直在该国运行。尽管第一份全国分配计划(NAP)(2005—2007年)得到欧盟委员会的批准，但第二份全国分配计划(2008—2012年)却遭到欧盟委员会决定的拒绝，该决定要求在计划排放的基础上进一步减排。

其他的弹性机制——如联合履行(JI)和清洁发展机制(CDM)——具有双边性质。清洁发展机制(CDM)的目标往往指向《京都议定书》没有为自己指定任务的发展中国家。在这些国家，条件合格的项目可以产生核证减排量(CERs)，为了遵守《京都议定书》的承诺，它们可以被投资国(采取的方式是退出CERs)或者放弃核证减排量(CERs)的公司用来满足自己根据欧盟排放贸易计划承担的分配任务。联合执行(JI)产生减排单位(ERUs)，同核证减排量(CERs)一样，它们可能被国家或行业以所描述的方式使用。国家介入联合履行(JI)和清洁发展机制(CDM)的程度各不相同。例如，英国并没有在国内批准联合执行(JI)机制，尽管英国公司可能会在海外介入联合履行机制。荷兰采用的是由政府机构创新与可持续发展局(SenterNovem)运作的一种招标制度，截至2006年末，该局正在参与23个联合执行(JI)项目和4个清洁发展机制(CDM)项目。作为《京都议定书》实施谈判重要阶段的场所，荷兰是试点项目阶段联合执行机制的较早参与者。

其他的执行机制包括减少对碳燃料的依赖，它们受到《2003/30/EC指令》的激励，该《指令》要求成员国以生物燃料替代一定比例的传统燃料，从而降低二氧化碳的排放。这种替代在各个成员国之间的成功程度各不相同，例如，荷兰尤其在运输部门遇到执行困难。二氧化碳的地下储存——碳捕获和储存(CCS)——正日益成为欧盟各国的一个“热门话题”，例如，荷兰、英国都拥有自己的项目。根据《京都议定书》的规定，碳捕获和储存(CCS)是否能够达标仍然是一个有争论的问题。

第二章　法国能源法

法国，全称为法兰西共和国，是欧盟和北约创始会员国之一，八国集团成员国之一，也是联合国安理会五大常任理事国之一。法国历史悠久，是较早完成工业革命的发达国家，其综合国力现在依然处于欧洲乃至世界前列。

截至2008年1月1日，法国人口约为6 380万，其中本土人口6 190万，海外人口190万。法国国土面积为54.9万平方公里，是西欧面积最大的国家。法国矿产资源丰富，铁、煤、铝土储量较高，还有铅、锌、铀、钾等矿产储量。法国大部处于温带海洋性气候，南部沿海地区属于地中海式气候，气候温和，雨水充沛，分布着广阔的温带落叶阔叶林和亚热带常绿硬叶林，森林覆盖率约为26.4％。

法国是典型的半总统半议会制的民主共和国。法国总统是共和国的国家元首和武装部队统帅，任期5年，由选民直接选举产生，直接对选民负责。法国总统有权任免总理、政府成员与其他重要官员，在同总理和两院议长磋商后，有权解散议会，重新进行议会选举。

法国议会包括两院，法国国民议会是下议院，共有577个议席，任期5年，采用两轮多数直接投票制，由选民直接选举产生。参议院是上议院，共321席，参议员任期9年，每3年改选1/3，以省为单位，由国民议会和地方各级议会议员组成选举团间接选举产生。赢得议会选举多数席位的政党或政党联盟负责组织政府，总理作为政府首脑和全体政府成员一起对议会负责。如果政府所代表的政党或政党联盟在议会选举中丧失多数席位，政府总理及其他政府组成人员应当辞职，由占多数席位的政党或政党联盟组织新政府。

法国司法机构分为两个相对独立的司法管辖体系，即负责审理民事和刑事案件的普通法院与负责公民与政府机关之间争议案件的行政法院。

法国是大陆法系的母国之一，其主要法律渊源包括宪法、法律、行政条例、判例、习惯法、欧盟法、国际条约及法的一般原则。

法国作为现代西方法治国家的代表之一，法律制度完备。法国能源法起步很早，在欧洲乃至在世界上都很先进。因此，加强对法国能源制度与法国能源法的研究，将会对中国能源制度与能源法律体系的构建产生良好的借鉴意义。

第一节　法国能源法律体系及法律制度沿革

一、法国能源状况

法国国内能源较为短缺。国际能源署（IEA）2010 年公布的能源统计数据显示，2009 年，法国能源总产量为 136.63 百万吨油当量（Mtoe），能源净进口量 139.34 百万吨油当量（Mtoe），能源总体形势不容乐观。

在石油方面，法国是净进口国。2008 年，法国净进口原油 83 百万吨油当量，占当年全球原油净进口总量的 3.97%，居世界第八位。在天然气方面，法国也是净进口国。2009 年，法国天然气净进口量为 450 亿立方米，占当年全球天然气净进口总量的 6.0%，居世界第五位。

法国最为重要的能源是核能。2008 年，法国核电产量为 439 太瓦时，占世界核电总产量的 16.1%，居世界第二位；法国核电装机容量为 63 吉瓦，占世界总装机容量的 16.94%，居世界第二位；法国核能发电量占国内总发电量 77.1%，居世界第一位，该比例是世界平均水平的 5.7 倍。[①]

由于法国煤炭资源在工业革命时期被大量消耗，储量不断下降，传统的阿尔萨斯和洛林矿区已基本废弃，再加上用煤造成的严重环境负效应，法国在 20 世纪 90 年代宣布“弃煤”。

为了缓解发展中的能源压力，法国近些年来大力发展太阳能、风能、水能、生物质能等新能源与可再生能源，并取得了不小的成绩。2010 年，法国水电消费量为 14.3 百万吨标准油当量，占全球总量的 1.8%，较 2009 年增长了 9.7%，同期增速为全球最快。2010 年，法国其他可再生能源（主要包括风能、地热、太阳能、生物质能和垃圾发电）消费量为 3.4 百万吨标准油当量，占全球总量的 2.1%，较 2009 年增长了 21.4%。其中生物燃料产量为

① 参见 IEA：《Key World Energy Statistic(2010)》，http://www.iea.org/textbase/nppdf/free/2010/key_stats_2010.pdf，2011-07-14。

2 312 千吨标准油当量，占全球总量的 3.9%。[1]

二、法国能源法律体系

法国能源法制相对健全，能源法律体系也很完备。当今，法国能源法律体系主要由宪法中与能源相关的规定、能源法律、有关能源的行政条例、有关能源的判例、有关能源的习惯法、有关能源的欧盟法和国际条约，以及有关能源的法的一般原则共同构成。

(一)宪法

法国宪法是法国的根本大法，规定了国家的基本制度和法律原则，其中与能源相关的内容属于法国能源法律体系的重要组成部分。例如，法国宪法中关于国会、共和国总统和政府的职权，以及涉及经济与社会管理的宪法规范，当被用于调整能源关系时，就成为法国能源法律体系中的重要一环。

(二)能源法律

法国能源法律是法国能源法律体系的主体部分。能源法律是指由议会制定的与能源相关的法律，主要包括《能源政策法》、《石油法》、《电力法》、《能源节约法》等能源专门法。其他法律中与能源相关的条款也是法国能源法律的一部分，如法国《民法典》、《采矿法》和《环境保护法》中就存在许多与能源相关的条款。

(三)有关能源的行政条例

行政条例是法国行政机关制定的普遍性规则。在法国，总统和总理制定的规则被称为命令(decret)，其他行政机构制定的规则被称为规定(arrete)，一般把普通型的命令和规定称为条例(reglement)。此外，还有一种行政法规叫做法令(ordonnance)。它是一种经法律授权而制定的特别条例。在法国现行制度下，由于行政机关权力的强大，可以说条例是原则，法律是例外。[2] 法国法律体系中存在大量的行政条例，法国行政机关制定的与能源相关行政条例也为法国能源法律体系中重要的组成部分。

(四)有关能源的判例

司法判例可以有效地弥补成文法的不足，并能在一定程度上对成文法所体现的价值以及意义进行阐释。早期法国一些重要的法律原则都是由司

---

① 参见 BP:《BP 世界能源统计年鉴(2011 年 6 月)》，http://www.bp.com/assets/bp_internet/globalbp/globalbp_uk_english/reports_and_publications/statistical_energy_review_2011/STAGING/local_assets/pdf/Chinese_statistical_review_of_world_energy_full_report_2011.pdf，2011-08-06。

② 参见王名扬:《法国行政法》，北京大学出版社 2007 年版，第 109 页。

法判例产生的。现在,法国的司法判例已经没有以往的法律地位,但依旧在法国法律体系中起着重要作用。与能源相关的司法判例也构成了法国能源法律体系的一部分。

(五)有关能源的习惯法

在西方法律制度中,习惯法经常用于调整私法关系。能源法是公私混合法,与能源相关的习惯法也就成为法国能源法律体系的一部分。但是,习惯法最大的缺点是其存在和范围都不确定,必须由法院认定,[①]而且与能源相关的社会关系瞬息万变,已形成的习惯法相对较少。

(六)欧盟法

法国是欧盟的创始国之一,欧盟法在国内法律体系中占有至关重要的位置,效力在一定程度上甚至超越了国内法。欧盟法中有许多关于能源的法律,例如,欧盟通过的《能源终端利用效率和能源服务指令》、《促进可再生能源使用的欧洲议会和理事会指令议案》、《关于提高在可再生能源中发电燃料的指令》、《确立能源相关产品生态设计要求的框架(Erp 指令)》等。这些法律也和法国国内法一样,共同构成了法国能源法律体系。

(七)国际条约

法国宪法规定,条约的效力高于法律,法国签订的国际条约经过议会批准之后即在国内生效。因此,法国签订的与能源相关的国际条约也就成为法国能源法律体系中的一部分。例如,由法国政府签订并经议会批准的《联合国气候变化框架公约》、《关于核能领域第三方责任公约》等。

(八)与能源相关的法的一般原则

法国相关判例认为,"法的一般原则是指具有法律效力能够推广适用的一般性法律原则,是不成文的法律规则,它的法律地位和立法相同"。[②] 当把法的一般原则通过推演应用于调整能源关系时,这些一般原则就成了法国能源法律体系的组成部分。

三、法国能源法律制度沿革

法国经济发达,能源需求量很高,但能源资源相对匮乏。为解决现实中的能源问题,协调现实中长期存在的与能源相关的社会关系,法国能源法很早就产生了。"二战"前,法国议会和政府都曾通过法律和法令,构建了法国能源法的基本框架。法国第一个能源法令是 1906 年的有关能源运输和分配

---

① 参见王名扬:《法国行政法》,北京大学出版社 2007 年版,第 14 页。

② 王名扬:《比较行政法》,北京大学出版社 2006 年版,第 40 页。

的法令,第二个能源法令是1919年的关于水力发电的法令。在石油方面,法国政府于1924年颁布法令,成立了法国石油公司,即后来的道达尔(Total)公司。1928年,法国政府颁布法令,鼓励发展炼油工业,建造大量战略性储油系统以防止能源短缺。在电力方面,法国在1934年和1937年的法令中详细规定了电力供应的合同标准。法国能源法制稳定性较高,适用性较强,以上部分法令至今仍然有效。

1945年,随着"二战"的结束,法国进入第四共和国时期,政府开始陆续制定稳定的能源政策,以应对战后严重的经济危机和能源危机。在此期间,法国将大部分能源工业实行国有化,并重组公共管理机构以加速国家重建。据1946年《天然气和电力国有化法令》的规定,大部分的发电厂都被国有化,只有发电能力低于8兆瓦的发电厂仍处于私有化状态。1946年前后,法国石油研究院(IPF)、法国润滑油公司(ELF)、原子能委员会(CEA)、电力部(EDF)、天然气部(GDF)相继成立,原有的煤矿部(CDF)继续负责管理煤矿开采。这些机构都在各自领域内形成了国家对能源产业的绝对垄断。为应对能源危机,转变经济增长方式,法国于1948年3月10日生效的《能源利用法(Energy Use Act)》首次提出了节约能源政策。[①]

1958年法国通过新宪法,限制了议会的权力,扩大了政府的权力,法国从此进入第五共和国时期,部分法律也随之被修改。在此阶段,行政条例的地位逐渐上升。

20世纪70年代的石油危机之后,法国逐渐认识节约能源与环境保护的重要性,加快了能源立法进程,能源法制也日趋完备。为了保障能源供给,法国制订了一系列能源节约的政策,议会在1974年通过了《能源节约法(Energy Conservation Act)》。法国环境与能源保护机构(Environment and Energy Conservation Agency,简称ADEME)也随之成立。

随着新的议会立法和政府立法的相继制定,法国开始对能源产业结构进行调整。1976年,政府将几个国有石油公司合并入法国润滑油公司,使其成为全国最大的国有石油公司。1982—1987年间,法国中央授予地方政府和部门相关权力,规定它们可以自主确定几项关于能源企业的当地税赋,尤其是行业税;可以对能源企业进行补贴等经济刺激活动。1986年12月1日,法国政府通过《1986—1234号法令》,加强了对能源价格的控制,并宣布成立竞争委员会(Competition Council)。竞争委员会由政府和法院所选出的专

① Thierry Lauriol, *Energy Law in France*, edited by Martha M. Roggenkamp, *Energy law in Europe: national, EU and international regulation*, Oxford University Press, 2007, p. 547.

家、公务员和法官组成，有权起草关于能源竞争和合法垄断的法令，并就不正当竞争案件举办听证会，对确定的不正当竞争行为可以实施制裁。

20世纪中后期以来，考虑到环境保护的客观要求和日益恶化的气候变化状况，法国进一步调整能源政策，通过一系列能源合理利用措施来促进能源的可持续发展。例如，在此期间法国政府通过命令在一定程度上提高了化石能源的价格以降低其消费量，进而降低化石能源的大量使用。同时，法国先后颁布了1976年的《环境法案(Environment Act)》、1983年的《海上原油污染防治法令(Prevention of Oil Pollution at Sea Act)》和1986年的《海岸污染法令(Shore Act)》等。

2003年6月，法国政府建议修改宪法，将环境保护列于与人权同等重要的地位。当时的法国总统希拉克为此专门制定了《环境纲领(Environment Charter)》，特别要让法国成为世界环境保护领域的领导者。该纲领共有10章，其中第1章首先提出了"每个人都有权利生活在一个和谐健康的环境中"，还提出了人类必须为其自身对环境所做的破坏付出代价。2005年2月28日，法国国会正式批准了对宪法的修改，使环境纲领成为了法国宪法的一部分。①

2005年7月13日，法国制定了《能源政策法(2005—781号法令)》，作为法国的能源基本法。该法规定，法国能源政策的基本目标是保障能源供应的安全，兼顾环境保护。同时，该法还规定了法国能源发展的4项长期目标：①加强国家能源自主；②保证能源具有竞争的价格机制；③保护人类身体健康，保护自然环境，遏制温室效应的进一步加剧；④通过确保全民的能源供应，加强社会和地区间的团结。该法主要着眼于以下4点：①能源需求可控；②能源发展多元化；③加强新能源的研发；④确保能源运输和存储手段能够有效满足需求。该法还规定了若干量化性指标，例如，法国要到2050年前将二氧化碳排放量削减75%；从法律颁布之年起到2015年，能源强度②平均每年降低2%；从2016到2030年，能源强度平均每年降低2.5%，可再生能源产量达到能源需求量的10%等。③

21世纪以来，法国加大了能源市场的开放力度。2007年7月1日，法国政府正式开放能源市场，法国电力公司、法国天然气公司等大型国有公司的

---

① Thierry Lauriol, *Energy Law in France*, edited by Martha M. Roggenkamp, *Energy law in Europe: national, EU and international regulation*, Oxford University Press, 2007, p. 614.

② 能源强度是指国内一次能源使用总量或最终能源使用总量与国内生产总值之比。

③ 苏苗罕：《法国2005—781号能源政策法》，http://www.energylaw.org.cn/html/news/2008/7/9/2008791815346685.html，2011-07-24。

垄断地位至此终结。同时，法国还规定，能源市场解除任何能源运输和分配体系的绑定，能源运输、分配尤其是液化天然气的运营向社会开放；允许符合条件的第三方涉足电力和天然气管网、天然气储存和液化天然气设备领域；规范跨境电力运输的运输关税政策以及中间站的管理；委任独立的天然气和电网系统的管理者，每个大区都要设立独立的能源管理机构。尽管法国"开放力度"如此之大，但按照有关规定，只有法国电力公司和法国天然气公司能够以政府确定的"指导价格"或"市场价格"①提供电力和天然气，而其他供应商则必须以"市场价格"提供上述能源。②

此外，为保障广大民众平等享用能源的权利，法国《反贫困法令(Fight Against Poverty Act)》规定，生活在贫穷环境下的个人或家庭有权利向当地政府申请保障其能量供给。中央政府与电力部、天然气部签署关于两大公共公司对贫困家庭的贡献量和贡献方式的合同。地方政府也可以与电力部、天然气部签署这些合同，并由市政委员会监督执行。

法国还积极倡导国际能源合作与国际能源法制的构建。例如，法国积极签署《联合国气候变化框架公约》和《京都议定书》，并积极地把公约的内容转化为国内法。法国也是推进关于协调社会职责的《欧盟绿皮书(European Commission's Green Paper)》的倡导者。该绿皮书要求政府指定的公司应在年度报告中提供与环境和社会影响相关的信息，具体包括它们在水和自然资源的利用、温室气体排放、能源消耗，以及它们为减少环境风险、完善环境管理、教育员工等方面所做的努力。

第二节　法国能源管理体制与财税制度

一、法国能源管理体制

能源管理体制，是指国家就各种能源管理主体在协调能源事务和与能源相关的社会关系中的地位作用、相互关系及运行方式而制定的一系列富有约束力的规则和程序性安排，其目的在于整合社会资源协同规范能源活动有序运行，解决能源问题，维护能源安全。具体而言，能源管理体制，就是

① 在法国，电和燃气的市场价格一般高于指导价格。
② 参见芦龙军：《法国全面开放能源市场》，http://news.qq.com/a/20070703/002142.htm，2011-07-21。

在中央与地方之间及地方各级政府之间划分能源管理权限，建立能源管理机构与体系的一项根本制度。法国能源管理体制的特点是立法机关与行政机关相互监督，相互合作；中央与地方各司其职，权责分明。在宏观层面，法国的能源管理机构主要有：

(一)议会

法国议会作为国家立法机构，可以通过投票、辩论、讨论、听证等方式行使立法权，其中包括能源立法权。议会下设的科技选择与评估办公室(The Parliamentary Office for the Assessment of Scientific and Technological Choices)，负责监督政府的能源政策。

(二)共和国总统

法兰西共和国总统可以向议会提出合理化建议，可以在紧急情况下提出适当决策，法律也由总统签署。其中，当然包括能源管理与监督方面的事项。

(三)政府

法国政府总理作为政府首脑，负责管理国家内外具体事务，确保国家各项事务正常运行，制定国家政策以及执行总统制定的各项政策，包括涉能事务与政策。

法国政府工业部(The Ministry for Industry)负责编写和实施能源决策，监督相关国家机关和国有企业的对国家政策与法律的执行力度；能源与原材料部(General Department for Energy and Raw Materials，简称DGEMP)负责监督能源及原材料的供给及应用，负责化石燃料的开采，促进国际间能源合作，确保能源和原材料领域能在有序竞争下蓬勃发展。该部同时还负责监督相关单位对能源和原材料的后续处理工作。后来，该部划归经济、财政与产业部，成为能源与原材料司。2008年，该司改名为能源与气候变化司，划归法国生态、能源、可持续发展与海洋部。[①]

在地方，法国本土(包括科西嘉岛)分为22个大区(Regions)，大区下设有96个省(Departments)，政府为每个省指定一名行政首长(Prefet)负责当地政府公共服务工作，实施中央政府与本地政府的战略政策，其中也包含能源服务工作与能源实施政策。同时，22个大区均设有工业、研究和环境地方局(Regional Department for Industry, Research and Environment)作为地方政府公共服务机构的重要组成部分。该局负责发放能源设施建造和运营

① 参见彭峰、郑辉：《法国核安全立法评述》，载《中国法学会能源法研究会2011年年会会议论文资料集》，第282页。

许可证，监督环境污染及高耗能企业的审计，并将结果向工业部、环境部、研究部和地方首长(Prefet)汇报。

法国本土省级以下共有 36 568 个城市(城镇)，每个城市的市政委员会(Municipal Council)有管理市内的能源事务及提出能源战略性决策的职责。市长是委员会的主要领导人，负责整理及实施委员会的决策，包括能源决策。

(四)能源管制委员会(Energy Regulation Commission，简称 CRE)

2000 年，法国成立能源管制委员会，负责监控电力和天然气市场，解决诸如运输网的纠纷、天然气的分配、液化天然气设施的安装及天然气的储存等问题。经过对客户商的认真考察及询问，能源管制委员会应在两个月内提出解决纠纷的最终决定(如有必要，时间可能会延长)。同时，关于节约措施的纠纷或其他事项可能会提交给该委员会，该委员会的裁决可能会延缓实施巴黎上诉法院(Court of Appeal of Paris)的裁决。

二、法国能源财税制度

财税制度与政策的目的，是为了增加财税收入，协调能源生产，抑制能源消费，缓解能源对环境的消极影响。法国主要的能源税税种包括：

(一)增值税(VAL)

增值税适应于包括能源活动在内的所有经济活动。对于石油产品，增值税的税基是价格和货物税的总和。为了节约石油的消耗，法国有一项特殊的规则，即禁止对任何适用于航空和汽车用的原油销售扣税。对于液化气、天然气及柴油的销售，税率不能超过 50%。对于薪柴能源方式，增值税税率是 5.5%。

(二)行业税(Professional Tax)

法国于 1975 年设立行业税，征收对象为私营企业和公共事业机构，税收交给地政府。行业税税基为资产总价值和职工工资成本之和。征税对象如果能为提供当地工作岗位做出突出贡献的话，税基中的职工工资部分可以按照一定的浮动比例降低。当地立法机构可以在国会规定的范围内确定税率。地方政府还可以成立行业基金，用行业税的收入维持当地政府分发的贫困补助基金的收支平衡。当私营企业和公共事业机构的营业范围涉及能源领域时，其所负担的行业税也就具有了能源税性质，地方市政机关可以就此部分做出额外征税的命令；如果地方政府机关不同意，政府总理可以以签发政府令的形式加以征收。

（三）企业税（Corporation Tax）

企业税是经营性企业法人必须缴纳的重要税种。为促进能源节约，法国规定，对通过加速折旧来促进工业生产中能源节约的企业，可以对其减免其企业税税负。

（四）“水税”（Hydro-tax）

法国在1991年的《财政法令》中规定了“水税”（hydro-tax）。其征收对象是利用水或排放水到内地河流中的农场主、小规模水厂、工业设备、热力厂等。水税的税基随着征税对象所利用的水资源的可用性，或征税对象所影响的水资源的可用性的变化而变化，税率也不断变化以弥补水资源可用性的变化，从而能够充分体现该税种的作用。水税可以用来维修、升级和改善内地河流河道，并为建立水坝提供援助。法国政府1996年颁布的法令详细规定了水税的税基计算，还规定当年的收税总额限制在前一年征收对象年度销售收入的3%以内，建立水坝的税率在其所建第一个10年内减半等。

（五）原油税（Oil Tax）

在法国2007年的《税收法令》中规定，有关原油的消费税单位税率如下：①含砷的高级增碳剂：每单位63.96欧元；②无铅的高级增碳剂：每单位60.69欧元；③液化石油气：每单位42.84欧元；④国内燃料油：每单位5.66欧元；⑤航空油：每单位32.36欧元；⑥重燃料油：每单位18.50欧元。由于近年来国际油价持续上扬，法国政府对原油的消费税率进行了调整，规定每当油价增加10%时，消费税就要相应进行调整，以保证消费税与增值税之间的平衡。

（六）天然气税（Gas Tax）

根据法国《海关法（Customs Code）》第226条的规定，天然气税在消费者每年的天然气用量超过500万千瓦时（kW·h）的情况下开征。该项规定主要适用于天然气发电厂。如果天然气被用于家庭取暖和当做原材料时则免征，以鼓励民众采用天然气取暖，从而降低其他化石能源产品的消费。

（七）电力税（Electricity Tax）

法国政府规定，可征收地方电力税，其税基制定标准为：当消费量低于36千瓦时时，其税基是消费额的80%；当消费量在36—250千瓦时时，其税基是消费额的30%。[①]

---

① Thierry Lauriol, *Energy Law in France*, edited by Martha M. Roggenkamp, *Energy law in Europe: national, EU and international regulation*, Oxford University Press, 2007, p.546.

第三节　法国常规能源法制

一、法国化石能源法制

(一)基本框架

在法国,规范化石能源的法律制度体系,主要由以下法律法规构成。

1.《采矿法(The Ming Code)》

在法国,适用于化石能源研究和开采的法律条款主要体现在《采矿法》之中。该法主要对包括石油、天然气和煤炭等化石能源在内的所有矿产资源的勘探、开采和储存活动进行了专门性的规定。例如,该法规定在勘探活动开始前必须开展社会调查,以便评估勘探活动可能对环境产生的影响,同时还要将相关信息公示,接受社会监督。

《采矿法》还规定了有关矿物开采的行政许可。根据法国法律,在法国注册的公司,或者根据欧盟其他成员国具有同等法律效力的法律而设立的公司,都可以申请矿产开采许可。申请人只要具备相关技术和经济条件,并能保证一定会在其所申请的区域内开展勘探活动,政府就可以授予其开采许可证。从1994年开始,法国《采矿法》根据欧盟的《94/22号法令》逐步进行了更新:1994年确立了采矿许可证竞标程序,1998年确立了关于海外区域采矿的法令,2004年又创立了为保障采矿者权益的国家机构,并丰富了关于采矿的各具体事项 。

为了保障《采矿法》的实施,法国政府先后通过了若干新法令,主要包括2006年6月2日实施的《关于地下矿产存储权限和采矿业监管的法令》和2006年7月6日实施的《关于海底、公海和近海大陆架区域内矿产的研究和开采的法令》。

2.《民法典(The Civil Code)》

1804年的法国《民法典》,是世界上第一部完备的资本主义法典,也是世界法制史的一个重要的里程碑。该法典200多年间虽进行过多次修改,但其体例和基本原则大体沿用至今,通篇贯穿着自由平等原则、所有权原则、契约自治原则和过失责任原则。法国《民法典》有很多条款涉及能源领域。例如,该法第552条规定,土地所有权包括对地上和地下的所有权。只要在矿产法律法规允许的范围内,并符合国家的其他各项法律法规的要求,所有权人就可以在其土地下进行其认为合适的各项建设和挖掘,并能取得在挖掘过程中所获得的各项资源。但是，土地所有权不能被拓展到土地范围内所有的矿产资源和原油资源。也就是说，矿产和原油资源不属于土地所有权，国家才是土地中所蕴藏的矿产和原油资源的所有者，只有它才可以授权开采矿藏资源和油田。

法国《民法典》还规定，政府有责任保证对法国矿产资源实行公平有效的开发。因此，政府可以在工业部长授权（与场地所有者协商后）之后，或者在获得独占性勘探许可之后，未经所有权人同意的前提下进行资源勘探。根据法国《民法典》，土地所有权人可以获得损失补偿。如果该损失是由外部力量引起的，则勘探作业者可以不承担此责任。开采权的授予意味着一种特殊所有权的产生，该所有权与土地所有权是相互独立的。开采权一旦确立，开采者就应支付给土地所有权人费用。事实上，该费用由开采者和土地所有权人通过协商来确定，土地所有权人再以地役权的方式交付给开采者，并在这段时期内可获得因此而带来的损失补偿费。如果土地所有权人因开采人的勘探活动的开展而无法正常享用其土地资源，他可以申请收回土地授权或申请经济补偿。法国《民法典》还规定，禁止在居民房屋后院、花园或居住区 50 米安全范围内开展任何勘探活动。

（二）具体法律制度

1. 关于化石能源勘探、开采方面的法律制度

（1）关于勘探。

法国法律规定，勘探须符合以下条件之一：①向本省的行政首长（Prefet）提出申请后的土地所有权人可以在自己的土地内进行勘探；②向行政首长提出申请并获得土地所有权人的许可后可以进行勘探；③未获得土地所有权人许可，但已获得工业部长授权者可以进行勘探；④获得独占研究性许可（Permit H），并且研究与化石能源相关的，可以进行勘探。根据《采矿法》第 9 条的规定，勘探者除符合上述条件外，还应将其经济和技术的实力资质证明送交法国授权机关。独占性勘探许可是通过竞标程序产生的，有效期为 5 年；该许可可以续签 2 次，总有效期不得超过 15 年。除非勘探者能够证明情况特殊，否则对化石能源而言，独占勘探许可的勘探范围在第一次续签许可时减半，在第二次续签时继续递减 1/4。对于油气资源而言，当石油产量超过 30 万吨（或天然气产量超过 3 亿立方米）时，勘探许可所有者必须再申请开采许可。根据欧盟的《94/22 号法令》，任何人都可以申请资源开发许可。为符合欧盟法的相关规定，确保各主体能够公平地开发法国化石资源，法国规定：未纳入已有许可范围内的任何区域均对申请者开放。

为提高效率，法国《采矿法》将从提交申请到获得许可所需时间由2年多缩减到1年以内，法国勘探开发的规定也已变得精简。同时，该法还规定了液态或气态化石能源的勘探者可自由支配其所获能源产品。

(2)关于开采。

开采，是指对矿产、油藏、沉积岩层或其他自然资源的利用和开发。自1994年《采矿法》实施以来，开采许可制度就成为规范矿产或油气资源开采的最重要的法律制度。在开采许可证到期前，该许可证的持有者有权申请开采。如果从事矿产和油气资源的作业者没有被授予开采许可，则开采的收益者可根据许可开采的法令就作业者的损失支付一定的费用。

与开采许可制度并存的还有标准清单制度，这些标准清单由法律直接规定并与许可直接相联系。但是，这些标准清单没有细致到能够直接应用到每个开采许可的程度。因此，在具体应用时，应由许可授权机构和许可申请方协商解决。后来，这些标准清单被法律废止，而今仍沿用的"开采许可"实际上指政府对开采地下资源的单方面授权。

开采许可是通过竞标程序产生的。作业者必须证明其有开采的技术和经济能力，并遵守现行的法律制度。在经过30天的社会调查后，符合相关条件的中标者可由政府授予开采许可。开采许可的有效期最长可达50年，但连续续签的有效期不得超过25年。政府还可根据具体情况对作业者进行额外的要求。

当采矿项目终止时，在许可终止的前提下，政府应将在开采许可到期时收回作业者的所有权利。如果矿藏无法继续开采，则采矿设备将变为政府财产，或被政府收购。如果作业者忽视或隐瞒情况，则作业者的所有合同权利和义务将转移给政府。

在开采活动终止时，作业者必须做到如下几点：报告矿藏的最新开发状况，水体积、质量、集散和分布情况；评估开采活动对水资源的影响，将其为保护环境、土壤、农业、公共建筑和道路所采取的措施通告政府机关；作业者必须纠正因采矿引起的各种异常状况并保证矿藏可继续开采。政府机关在追究作业者的责任时，应当咨询市政委员会并允许作业者自我辩护，而后决定采取何种补充措施。如果需要的话，还应保护耕地和地面景观，并符合《水法》的要求。如果作业者不履行合同责任，政府机关将采取必要措施，但费用由作业者支付。

土地所有权人在出售已经被用来采矿的土地时，必须将所售土地以前的用途和因采矿而带来的不便或风险告知买方；如果买方未被充分告知这类信息，他可取消购买或要求赔偿。

(3)关于监管。

化石能源的勘探开采，由法国勘探开采许可授权机关实施监管；监督机构则对矿产及所有相关设备进行现场监督，并能索取所需的文件、样本和设备；勘探开采活动必须符合劳动法，尤其是关于人员健康和安全的法令；在勘探开采许可的有效期内，作业者须向当地政府发送年度报告，介绍开采活动对环境和土壤的影响；作业者还要遵守旨在保护环境、公共健康和安全的法律法规，尤其是《历史遗迹法(Histrionic Monuments Act)》、《自然遗迹和景观保护法(Protection of Natural Monuments and Picturesque Sites Act)》、《环境法(Environment Act)》和《水法(Water Act)》。如果能源开采对任何合法权益有所损害，则法国许可授予机关可针对作业者制定新的义务来防止这类损害。这些义务必须在指定的时间期限内得到执行。

如果监督机关向许可授予机关报告了被许可人的违法行为，许可授予机关可勒令被许可人销毁所有的违法材料、罚款或对负有违法责任的个人采取法律手段，直至收回开采权。

《采矿法》在1999年修订时新增了终止采矿活动的程序步骤，同时还组建采矿风险预防和监管机构(Agency for the Prevention and Monitoring of Mining Risks)来预防和监管采矿风险。该部门作为一个公共实体机构，主要负责：收集用以终止采矿活动的各项资料；将此类资料提供给对预防采矿破坏和要求采矿破坏补偿的个人；参与预防采矿风险措施的制定准备工作。

(4)关于法律责任。

《采矿法》规定了因勘探开发矿产资源而造成的破坏所需承担的责任，当《采矿法》中没有明确的规定来划分采矿破坏的责任时，应用民法、劳动法或刑法来处理。具体而言，《采矿法》规定如下：勘探被许可人或采矿被许可人应当对采矿活动时引发的损害负责。1999年修改的《采矿法》使该责任不再局限于地域界限，也不再局限于独占许可模式。

当采矿事故发生时，采矿企业和采矿工程师须采取必要措施来消除风险、预防损失；如果当前的采矿活动是在居住区域或其他矿区地下时，采矿作业者必须保证有能力发现可能存在的任何危险。此外，采矿引发的房产损害，如果在通常条件下无法修复，则必须查明。查证属实的，该财产所有者可得到相同价值和舒适度的房产赔付。当开采作业者因拥有有效赦免证据而免于偿付责任时，政府须赔偿损失。

2003年的一项法令对技术和自然风险的预防和损失赔偿加以规制。为适应该法令，法国《保险法》增加了一个章节，直接规定了由采矿引发财产损失所致的保险责任。具体规定了若干保险责任的具体赔付情况。

2. 关于石油领域的法律制度

(1)石油垄断与市场化改革。

1924 年,法国政府成立了法国石油公司,后来发展成为法国道达尔公司。1928 年,为与英国争夺海上霸权,防止德国崛起的威胁,法国通过了一部法案,要求提高石油产量,构建战略性储油储备。1945 年,法国石油研究院和法国润滑油公司分别成立,各自致力于石油产品的研制和开发,同时这些机构和道达尔公司一道形成了政府对石油资源的绝对垄断。1978 年,法国对少数几种石油产品的价格控制开始松动。但自 1982 年 6 月开始,为缓解本国严重的通货膨胀形势,法国政府又与几大石油公司一致通过了《抵制通货膨胀宣言》,对石油产品价格进行严格管控。1986 年 1 月,由于法国经济形势趋于稳定,政府放开了对汽油和柴油的价格控制。1988 年,政府规定油价应该如何公布于众,从而保证消费者能得到完整的信息。1992 年的《石油改革法(The Reform of the Petroleum Legislation Act)》解除了对原油进口和炼制的管制,基本实现了石油产业的市场化。1992 年,政府出售了其拥有的道达尔公司的大部分股权;1994 年和 1996 年,政府又出售了其拥有的法国润滑油公司的股权。2000 年,道达尔公司兼并了法国润滑油公司,成为一个规模庞大的、具有强大竞争力的、拥有更坚固组织结构的世界第四大石油公司。

(2)石油管道运输。

法国管道运输法律制度可以追溯到 1952 年实施的《1952—1265 号法令》和 1955 年实施的《1955—1064 号法令》。前者规定了政府或私人资助管道建设工作的相关事项,后者规定了为保障石油运输而开展的管线生产、铺设或拆除工作必须遵守的相关程序。后来的法令规定:为运输石油资源而在法国国内开展的管道建设属于公益事业,应由法令授权。法国《采矿法》第 73 条也规定,如果公共利益需要,那么行政法院(Conseil d Etat)通过的裁判确定可以组织公益事业;政府可能需要征用房屋来完成管道的建设和运营,这也是基于公益服务的需要。

上述法律法规还规定,管线项目的工作内容、项目的开展地点和项目承担方对政府承担的责任;管线还要达到针对液态和加压石油资源而制定的管线安全标准;管线上安装的附属装置,同样要按照石油存储设备加工和操作的具体规定,进行生产和操作。

(3)石油油轮运输。

根据 1992 年的《石油改革法》的规定,为防止油轮失事带来的污染问题,法国行政机关制定了《海洋污染应急方案》(Polmar-mer)和《陆地污染应急方案》(Polmar-terre)，以应对漏油事故。

由于油轮污染一般会涉及多个国家，法国也通过了多个法令予以应对。2001年，法国制定了关于重大海洋污染事故中多国间调停的规章；2002年3月4日，法国总理正式签署了该规章，并按要求起草了关于营救海洋失事人员的应急方案；2006年1月13日，法国政府颁布了海洋污染防治规章；此外，2004年8月13日生效的《2004—811号法令》还组建了一个新的应急组织(ORSEC)来保障民众安全，2005年9月13日颁发的法令对该组织作了进一步完善。

(4)石油储备。

法国规定本国石油储备须执行欧盟和国际能源署标准。1992年的《石油改革法》规定，法国立法机构决定哪些企业可以获得国家许可，签订提供石油储备的合约，获得许可的石油企业开展能源活动时须交纳“内部消费税(TIPP)”，或者提供航空燃料(船运不属于此合约)，用于国家石油储备。该合约将按照上一年度所有的产品消费选取五类，进行逐类评估。签署了石油战略储备合约的每个石油企业，都可以作为石油战略储备专家委员会(PCSPS)的代表。

石油战略储备专家委员会成立于1993年，使命就是建立石油战略储备并维护石油战略储备的稳定，以减轻石油企业关于战略储备的义务。作为回报，石油企业可将根据上个月出售的石油产品以吨为单位向石油战略储备专家委员会支付费用，作为能源与原材料部的部门之一，烃及原材料理事会可以利用石油战略储备在应对能源危机中采取相应措施。石油储备量的多少受国际能源署调控，同时也受政府法令的影响。

法国关于石油储备的法令主要包括：《关于改变石油战略储备的产品种类的法令》(1992)、《关于原油和石油产品筹集和战略储备法令》(1993)和《关于组建石油战略储备专家委员会法令》(1993)等。

(5)石油进口。

法国1928年《石油法》本着发展国家石油公司和保障石油供给安全的目的，授予少数几个石油公司石油进口权以便政府能够有效监控石油产品的进口量。这种监管在20世纪80年代开始有所松动。1992年《石油改革法》基于欧盟的《共同市场法案(European Single Market Act)》废除了1928年《石油法》，开放石油进口，通过拓展海外业务维持法国本土炼油规模，保障本国石油公司利益。该法规定：原油和石油产品的进出口、加工、运输、存储和配给只要符合本法规定，即不受其他法规约束；在法国市场上运作的石油公司必须建立自己的油库并且必须将有关建立、关闭或废弃炼油厂的任何项目通报工业部;这些公司必须遵守现行的安全法规。《石油改革法》还划分了3类石油企业,获得专门授权的石油企业可以在欧盟成员国间出口、存储和进口免税石油产品;已注册的石油企业可以存储免税石油产品,但必须准确记录存储数量;其他石油作业者可以从其他欧盟成员国接受免税石油产品,但必须在产品运送前向法国政府汇报。同时,为了与欧盟立法一致,1993年3月,法国政府发布通告,废除了以往从一些国家进出口石油产品时所需要的许可。

在进口关税方面,欧盟内部基本实现了零关税,法国对中东国家也实行一定的关税优惠,主要只针对北美实行全额关税。

此外,《石油改革法》第11条规定,政府可在以下情况下通过法令来规范或终止原油或石油产品的进出口:①战争状态下;②国家关系紧张,存在战争威胁时;③为维护和平;④为实施欧盟制定的措施。

(6)石油配给。

1985年前,向法国消费者出售石油产品的公司必须遵守法国于1959年制定的用以控制加油站和其他石油销售点分布的法令。该法令规定,工业部授予石油公司在获得授权的销售点向消费者出售石油产品的“特权”。在未授权的销售点也可以销售石油产品,但对销售量有严格控制。1981年8月,法国签署首个用来降低这种“门槛”的部长令:自1985年10月开始,加油站和其他销售点的建设和油料的供给不再受到控制;销售点的建立必须要通知工业部且遵守现行的安全法规;原先被授予“特权”的石油公司必须将其在销售网络中的销售量汇报政府机关。至此,法国石油配给市场基本实现全部开放。

3. 关于天然气领域的法律制度

(1)法国天然气市场。

1946年颁发的《国家天然气和电力法令(Gas and Electricity Act)》规定,成立天然气和电力高级委员会(The Gas and Electricity Upper Council),由其负责向政府提出关于能源问题的建议。该委员会定期举行会议,国会议员、政府公务员、地方代表、相关的消费者、行业协会及耗能较大的商业部门都可出席会议,对能源政策提出合理化建议。同时,根据该法令相应地设立天然气部(GDF)和电力部(EDF),天然气部全权负责国家天然气的出口、进口、运输及分配。2004年8月9日生效的《天然气和电力国家法令》规定,天然气部的股权公开化,但是70%的股权由国家拥有。2004年11月17日生效的法令规定,天然气部的身份变更为公司制企业法人。2005年7月13日生效的《能源政策法》就法国天然气的供应问题作了规定。2006年

11月30日，法国宪法委员会(Conseil Constitutionnel)认定天然气的私有化并不违背法国宪法。2006年12月7日生效的法令进一步规定，国家持有天然气部的股份降到1/3。根据以上法令，天然气市场在2004年7月1日开始对商业代理机构开放，并于2007年7月1日起开始对私营个体开放。

在天然气输送管网方面，2004年底前，天然气的输送主要由天然气部、法国西南天然气公司(Gaz du Sud-Ouest，简称GSO)和法国甲烷公司(Compagnie Francaise du Methane，简称CFM)三大公司完成，分别占有全国75%、8%和17%的天然气输送设施。天然气部供应法国北部、中北部和东南部，它供应的天然气全部来自进口；法国西南天然气公司由法国润滑油公司(70%)和天然气部(30%)控股，供应法国西南部，供应的天然气也逐渐被进口天然气取代；法国甲烷公司由天然气部(50%)、法国润滑油公司(40%)和道达尔公司(10%)控股，供应法国中部1/3的输送网络，并负责出售由天然气部和法国润滑油公司提供的进口天然气。此外，法国润滑油公司也持有一个小型输送网络的运作许可。每个输送网络在其运作的区域内可以垄断对所有消费者、公共及工业需求点的天然气供应。2004年11月，天然气部和道达尔公司签署协议，终止了它们在法国甲烷公司和法国西南天然气公司的交叉持股。至此，天然气输送分别由天然气部和道达尔公司下属的两个子公司承担。

(2)法国天然气运输法律制度。

2003年1月3日实施的《2003—8号法令》第25条规定，如果要使用运输液态石油能源的管线来运输天然气，则需要达到的相关标准，获得相关授权单位的授权，并综合考虑天然气、电力市场和公共能源服务状况；天然气输送公司应当签署公共服务合约，以保证天然气供应。为确保输送网络能够提供充足的天然气供应以满足需求，以上法令还要求天然气供应商应该提前6个月预测并互相交流其预测的天然气供应量，从而保证实现公共服务合约要求，尤其是满足消费者在高峰时段对天然气的消费需求。

借用天然气输送网络需要缴税，税金的多少取决于天然气输送网络间是否平衡。2005年5月27日生效的一项法令就详细规定了国家天然气输送网络采用的计价标准和关于天然气输送网络间的平衡问题。

(3)天然气储备。

2003年1月3日法国政府颁布法令，赋予具有资质的天然气供应商能够获得法国存储设施的权利，两大法国能源机构(道达尔公司和天然气部)负责规定应用存储设施需缴纳的费用和通用的条件，并负责重大基础设施的管理。2004年8月9日法国政府颁布法令，开始启用地下天然气存储设施。2005 年 7 月 13 日实施的法令指出，政府负责天然气储存的开发和合理应用，并负责天然气储备的维护，从而保证在特殊气候条件下的天然气的稳定供给。

法国《采矿法》第 7、8、9、10 条和第 104 条的规定，为规范研究天然气存储能力，授予地下存储许可是有必要的；地下存储许可分为独占研究性许可和普通许可。独占研究性许可，授予被许可人在许可范围内开展所有研究工作的权利和自由，并享有在研究和测试过程中取得的能源产品的权利；在普通地下存储许可中，被许可人无须申请地下存储独占研究性许可也可以在许可区域范围内开展研究。

为配合新《采矿法》关于地下存储的规定，法国政府于 2006 年先后颁布了 3 个法令：

2006 年 6 月 2 日生效的《2006—648 号法令》，标明了地下存储采矿许可的合法框架。关于地下存储的采矿许可有 2 类：地下存储的独占研究性许可和普通地下存储许可。

2006 年 6 月 2 日生效的《2006—649 号法令》规定了地下存储的可操作范围和政府控制和监管范围，以警示和防止因研究、采矿和地下存储而带来的损害。

2006 年 8 月 21 日生效的《2006—1034 号法令》规制了天然气地下存储的应用和管理，同时还将存储设施的使用权授予那些为消费者提供供给的供应商。此外，该法令还通过操控天然气的储备要求供应商履行合约。

(4)天然气配给。

法国 2003 年 1 月 3 日颁布的法令第 15 条规定：天然气配给的公共服务活动由政府或当地公共机构或其合作机构来组织。2004 年 8 月 9 日颁发的法令第 13 至 15 条规定，如果天然气公司运作的天然气配给网络供应 10 万消费者且在同一区域内开展多项经营，那么该公司必须成立一个部门来负责配给网络的管理，该部门在公司的组织结构和决策制定方面均独立于其他部门。2006 年 12 月 7 日颁发的法令进一步明确了这一规定：把各项活动合理分隔，不只是为了提供独立的服务和管理系统，更是为了建立独立的法定机构，以便保证天然气的供给、生产和配给网络的管理活动。

天然气供给商应当按照其供给授权合同中的条款、规章和《地方政府基本法(General Local Authorities Code)》规定的服务条款来开展服务，要求当地机构，或必要时与其合作的公共机构，有权给予服务授权并监督服务方对当地政府所规定的工作的完成情况；授权机构要保证对天然气公共配给网络的管控。

根据2003年1月3日颁发的《2003—8号法令》第25条第1款的规定，地方政府、政府的合作机构（或没有天然气公共配给网络所有权的附属机构）可以将天然气公共网络配给权授予获得能源与原材料部认证的任何一家公司。地方政府可以在能源与原材料部许可条件下组建一个公共机构负责此项工作，也可以直接利用现有的类似机构，或者直接参与到现有的私立或公立企业中去。

4. 关于煤炭领域的法律制度

在煤炭方面，根据1946年《天然气和电力法令》的规定，煤矿开采国有化，国家设立煤矿部，负责全国煤矿的采矿活动。随着煤炭资源的枯竭以及煤炭利用所造成的消极后果日渐显现，法国计划逐步放弃使用煤炭资源。1994年，商务部通过了“弃煤”计划，煤矿部将由电力部和天然气部的附属机构国家热电公司（National Company of Thermal and Electricity Generation，简称SNET）接管其全部事务。2004年的法令规定，煤矿部停止一切作业并移交其所有资产，并于不久后正式解散。随着煤矿部的解散，国民福利保障机构根据政府2004年的两个法令来保障煤矿工人的权利和福利。

二、法国电力法制

（一）电力市场

法国电力公司原为法国电力部（EDF）。根据1946年的《天然气和电力国家法令》，电力部全权负责国家电力的出口、进口及运输，所有产量规模超过8MVA的电厂都归电力部所有；私有电厂的规模严禁超过此界限，但是能源设备循环利用废弃物系统和供给加热网络系统不包括在其内。根据1955年5月20日生效的法令，电力部从其他供应者处购买电力必须缴税，财务部负责制定和审批此项税金。该法令出于成本考虑，迫使电力部必须生产和供应相同量的能源，平衡具有专权的电力部和私有电厂的关系。但该法令还规定，当电力供应满足当前社会的经济需要时，工业部长可以发布命令免除此义务。随着生产技术的革新，该法令后来反而促进了电力能源多元化发展。1995年，工业部长正式承认法国电力生产过剩，除非发电者采用的是热电联产（CHP）或者再生能源发电，否则电力部将延缓3年的购买私有电厂电能的义务。

1996年12月19日，欧盟颁布了《96/92/EC号指令》，规定在电力生产的申请方面引进公开竞标制度，授予生产者供应合法消费者电力的权力；每个成员国有权力定义合理消费者和选举一个电力网管理者；成员国需要设立处理纠纷的行政机构。法国即开始在各大区各省落实该指令。《电力公共服务的现代化与发展法》(即新《电力法》)于2000年2月在议会通过。按照1999年2月19日至2000年2月通过的一系列法令,电力市场部分开放,如果消费者的消费量超过100吉瓦时,则可具有选择供应商的权利。2003年,欧盟出台的《2003/54号指令》和《2003/55号指令》强调,要建立较为统一的电网准入规则和相对独立监管机构,争取在2007年7月之前实现发电、输电、配电与电力建设剥离,建立完全开放的市场,加强监管机构的力量,建成统一的欧洲市场。① 为回应欧盟法的规定,法国于2004年7月1日起,将电力市场向所有的商业客户、行业协会和科研机构开放。2004年8月9日,新《天然气和电力国家法令》规定,电力部股权公开化,但是至少70%的股权由国家拥有。2004年11月17日的《2004—1224号法令》规定,电力部的身份变更为公司制企业法人。2007年7月1日,电力市场正式向私人开放。

(二)电力生产

2000年《电力法》对电力生产进行了规定。该法规定,在电力建设规划方面,能源与原材料部应按初级能源来源的种类、生产技术和地理区域制定并公布数年内电力能源生产的投资规划,分配生产能力,确定准备实现的目标。该规划应当由能源与原材料部长提交议会表决。能源与原材料部长制定该规划的主要依据,应该是至少两年制定一次的能源公共服务纲领和数年内的前瞻性统计结果。电力规划也应符合上述要求。

在电力生产许可方面,该法规定只要以下几个条件符合规定,就可授予电力生产许可:公共电网及其配套设施的安全性与可靠性;所利用的初级能源的性质;工程地点的选择;占用的土地及公共设施;能源效率;申请人的经济能力和技术水平;与国家方针和公共服务政策的一致性;与今后数年内电力生产投资规划及其环保目标的相符性;不违反现行立法。装机容量不大于4.5兆瓦的生产单位可以向能源与原材料部申请以简易程序获取授权,对授权结果不服的利益相关人可以申请上诉。该法第6条第3款还规定,在出现能源市场严重危机、电力设施网络安全和公民生命安全受到严重威胁的情况下,能源与原材料部长可以采取临时性管制措施,尤其是在这些措施不致引起损害赔偿的情况下暂停电力开发申请授权。②

(三)电力传输和配给

电力运营商依法有权进入公共电网传输公司(Public Grid Transporr

---

① 参见徐介宪、迟峰、宋平:《国外电力改革与立法的做法与经验》,载《华东电力》2006年第7期,第38页。

② 参见何建坤:《国外可再生能源法律译编》,人民法院出版社2004年版,第164—166页。

Manager，简称GRT，是电力部的一个负责电力传输子公司）的传输电网。公共电网传输公司每年必须起草一个年度投资计划，报能源管制委员会（CRE）的批准。在咨询能源管制委员会后，能源与原材料部应每两年公布一份公共电力传输网发展计划。

1970年6月11日公布的《1970—492号法令》规定了高压线的建设，但是保护环境的相关法律法规也同样适用于高压线建设。按照1983年的《公共咨询民主化和环境保护条例（Democratization of Public Inquiries and Environment Conservation Act）》，所有的电力传输线都须经过公共咨询程序。如果受这些设施影响的土地所有权人反对建设的话，只能以公共利益诉求为由以地役权的方式提供给电力部。

《环保法》要求电力部在环境敏感区域埋藏好所有电力传输线，在人口密集区域对低于63千瓦的所有低压线也要埋藏好。但是，出于经济原因，该法并没有要求电力部埋藏好所有的低压和中压线。1992年，电力部和政府签订了一份处理电缆埋藏问题的合同，埋藏总成本达4亿法郎。

（四）有关电力传输与配给的财税法律制度与政策

依据2000年《电力法》的规定，适用于电网传输和分配的传输税是由法国财政部和能源与原材料部在能源管制委员会建议的基础上提出来的。在2002年11月1日，新的公共电力传输和分配网络的使用税也开始生效。通过与能源管制委员会合作，新的传输网络合同也已起草，新的税务政策也被涵盖进去了。2002年10月31日，电力部的附属机构法国电网公司（Reseau de Transport d'Electricité，简称RTE）发布了一个新的合同版本来管理公共传输电网接入。在2003年8月4日，法国电网公司更新了接入公共传输电网的特殊条件。

关于电力供应，合格消费者（Eligible Customers）和不合格消费者（Non-eligible Customers）之间有着显著的不同。在咨询了能源管制委员会之后，财政部和能源与原材料部对不合格消费者、非国有的电力分配商，以及根据财政部、能源与原材料部与能源管制委员会的协商而设立的应对断电的附加设备，设立了电力税。按照自由市场原则，对合格消费者的电价不进行管控。电力税必须反映法国政府的能源政策并由天然气、电力与煤炭理事会（DIGEC）监督。电力与煤炭理事会是能源与原材料部（DGEMP）的一个分支机构。

（五）热电联产

热电联产（CHP），是指发电厂既生产电能，又利用汽轮发电机作过功的蒸汽对用户供热的生产方式，这种同时生产电、热能的工艺过程，较之分别生产电、热能方式更能节省能源，提高能源效率。法国的工业部和环境部通过优惠的税收政策鼓励热电联产的发展。同时，政府还制定了新的适合法国电力公司购买热电联产电力的政策。新《电力法》又把热电联产作为一项节约能源的技术加以确定，规定法国电力公司和非全国性的营销商如果在一个站点的产电量没有超过最大值12兆瓦(MW)的话，就必须购买热电联产发电。

三、法国核能法制

(一)核能法制概述

1976年，法国政府为应对石油危机，决定大规模发展核电。长期以来，发展核能一直是法国的重点能源政策。通过发展核电，法国的能源自给率在1973年到2006年间，由22.7%提高到50%以上，每年因此减少石油进口费用240亿欧元。[①] 到2007年，法国电力中核电比重已经占到近80%，是仅次于美国的第二核电大国。

法国核能技术的发展和进步，推动了核能法律与政策的形成和不断修订。2005年法国通过的《能源政策法》要求促进法国核能产业的发展，以核电稳定电力价格；要求用新一代核反应堆取代现有核反应堆。在《环境法》、《公共卫生法》、《劳动法》中，都对核工业做了相应的规定。其他法律中也对核能做了相应的规定，例如《水资源治理法》、《航空污染治理法》等。自1963年后，大型核电设备的使用证和拥有权归中央部级部门管理，其他具有危险的工业设备仍然归地方管理机构拥有，这项集中式的管理模式在2000年《电力法》中仍然保留，目的是为了保障大众和雇员的安全。

法国虽重点发展核能，但核安全问题一直是争论的焦点。2011年日本福岛核事故发生后，法国又陷入了是否弃核的全民大讨论中。

法国周边一些国家都已在福岛核事故后宣布“弃核”，例如德国、瑞士和意大利。尽管在2010年核能已经占到德国能源总量的22%，但德国总理默克尔依然在2011年5月宣布德国预计在2022年底之前关闭国内所有核电站。2011年6月30日，德国议会投票批准放弃核能议案。德国也将因此成为首个彻底放弃核电这一能源方式的经济大国。[②] 瑞士政府于2011年5月25日发布的公报称，瑞士现有5座核电站将于2019年至2034年陆续达到最高使用年限。之后，瑞士将不再重建或更新核电站。瑞士议会2011年6

---

① 参见《法国多元化发展应对能源供应不足》，http://finance.sina.com.cn/chanjing/b/20060731/0854829123.shtml，2011-07-21。

② 参见《德国弃核》，载http://news.163.com/11/0531/01/75BIJ9LO00014AED.html，2011-07-25。

月7日通过了放弃核电的议案。这意味着2034年之前，瑞士最后一座核电站将关闭。意大利曾于1987年举行全民公投，决定停止使用核能，但当时的意大利总理贝卢斯科尼则有意恢复核能。2011年6月12日，意大利再次举行全民公投，根据14日公布的公投结果显示，多达94%的意大利民众反对恢复核电站建设的计划。[①]

就法国而言，当时的法国总统萨科齐于2011年5月初重申，他对法国核电的安全有信心，法国将继续为发展核电投入资金。2011年5月30日，法国总理菲永表示，法国对于德国的废核选择表示尊重，但是法国政府并不会作同样的选择；发展核能只是一种手段，最终目标是实现法国的能源独立，使法国工业发展能耗费用具有竞争力。[②] 2011年7月8日，法国工业部长贝松在接受欧洲电视一台的采访时宣称，法国政府在一项名为"能源2050"的社会发展学研究中分析研究所有可能的能源发展方案。法国在研究中将秉持公正客观的态度，不会遗漏任何一种方案，其中包括2050年前让核能退出法国整个社会的方案。这是法国政府官员首次在公共场合提到完全放弃核能的设想。[③] 但不可否认，短期内核能依旧是法国大力发展的能源之一。

（二）核能管理机构

1. 原子能委员会（Atomic Energy Commission，简称CEA）

法国原子能委员会是根据1945年的《1945—2563号法令》设立的，是法国政府下的核能研究、咨询与监管机构，直接对总理负责。该委员会由相关政府部门的代表组成，对核能的理论基础和实践应用问题、核能安全问题和军事应用问题展开探究。该委员会的决议在很大程度上可以影响议会的立法。例如，该委员会1952年的决议就在《公共卫生法（Public Health Code）》中得以体现，详细规范了放射性元素的公共安全问题。此外，该委员会还负责对核能源的监管，批复核能研究的项目及预算。20世纪80年代，法国修订原子能委员会章程，吸纳核能从业人员代表，成立了核能委员会（Commite de L'energie Nucleaire）。核能委员会对工业部长负责，每年都要对核能研发组织研讨会，探讨核能利用等问题。1992年9月，政府将核能委员会的主要任务确定为基于能源、卫生、国防和工业发展等目的，集中力量发展和监

---

① 参见《日核事故令全球重审核政策 多国宣布永久弃核》，http://news.sohu.com/20110618/n310560351.shtml，2011-07-24。

② 参见柳怡：《法国尊重德国弃核政策，称不做相同选择》，http://news.ifeng.com/world/detail_2011_06/09/6911616_0.shtml，2011-07-21。

③ 参见《法国政府研究新方案 拟让核能退出整个社会》，http://www.people.com.cn/h/2011/0711/c25408-1-4260680197.html，2011-07-24。

管核能利用活动，完成工业部和研究部布置的其他工作。[①]

2. 国家放射性废物管理机构（National Agency for Radioactive Waste Management，简称 ANDRA）

该机构曾经是原子能委员会的一个分支机构。1991 年，国家放射性废物管理机构正式成为独立为负责放射性核废物监管的专门性机构。

3. 核能安全局（IPSN）

该局曾经是原子能委员会的一个分支机构，2006 年发展成为独立机构，直接对议会两院负责。该机构由 5 位委员组成，其中 3 位是总统指定的，2 位是国民大会主席和参议院主席指定的。他们的委任期限是 6 年。该机构的主要职能是：向政府提供关于核设施安全评价程序的建议；评价开发商执行的安全措施是否与法规一致；控制核材料和放射物的营业表；掌管核材料的运输并参与所有的核试验；对外公布相关信息。该局授予的行政许可一般由工业部和环境部联合签发，或者直接由政府总理签发。法国本土 22 个大区除科西嘉区之外，都有该局的派出机构，分管各地的核安全措施。法国每个核电站设有的安全监督员，都是该局委派的。

4. 涉外核能政策委员会（Nuclear Foreign Policy Council）

该机构成立于 1976 年，直接对总统负责，负责核外交政策的确定以及核技术、核设备及敏感核材料的出口问题。该委员会委员由政府总理、内政部部长、工业部部长、商务部部长、外交部部长、研究部部长、国防部部长、能源与原材料部部长及原子能委员会主席组成，其他部门的行政首长或部分高级官员可以应邀参加该委员会的具体工作。

5. 部际委员会（Interdepartmental Committee）

法国存在多个行政部门所组成的部际委员会，其中与核能相关的有核安全部际委员会（Interdepartmental Committee for Nuclear Safety）和部际技术委员会（Interdepartmental Technical Committee），负责研究本国在国际条约中核安全方面的地位，协调核安全及核设施建造，防止核材料的开发及废弃对人健康和财产造成的损害，检查对民众、核设施操作人员的防辐射措施，提出核泄漏事故的应急措施，并负责制定包括具有放射性或非放射性废水的处理的法律法规。此外，这两个部际委员会还负责审查人造放射元素及核废物的安全问题，具体包括放射性物质的储存、运输等问题，还兼有研究欧洲原子能共同体决策和政策的职能。这两个委员会一般由卫生部

---

① 参见徐原：《世界原子能法律解析与编译》，法律出版社 2011 年版，第 34 页。

长、国防部长、工业部长、内政部长和相关部门代表组成。2003 年,法国又成立了核能与放射性物质应急部际委员会(CICNR),负责当发生核事故、运输核材料或面对核袭击时,向总理提供建议措施,防止核事件的进一步扩大。该委员会一般由总理、外交部长、国防部长、环境部长、卫生部长、工业部长、内政部长和交通部长组成。

6. 有关核安全的透明与信息高级委员会(Upper Council for the Transparency and Information on Nuclear Safety)

该机构源于在 1973 年设立并于 1987 年改组的核安全与信息高级委员会(Upper Council on Nuclear Safety and Information)。核安全与信息高级委员会主要由国会议员、工会代表、环保组织成员、专家学者和各相关部门代表组成,负责监督关于核安全、公开核信息的一切内容,并制定政策加强核安全的标准,并将其建议提交给工业部和环境部。2006 年 6 月 13 日,法国政府通过《2006—686 号法令》(TSN 法令),设立有关核安全的透明与信息高级委员会取代前一个委员会,负责将与核能有关的项目进行公示,并对关于核领域的透明政策和信息的一切问题具有裁决权。

7. 中央政府的有关部门

除专司核能管理的机构外,中央政府中的有关部门也涉及相关职能。例如,工业部负责监管核能的产量及工业利用情况;能源和原材料部负责监管核能的研发,并对核领域的技术、国际化及合法化进程进行研究;国家安全局(NSA)具有起草有关核能安全法规和现场安全检查的权力;卫生部负责指定和实施对核风险的防护策略,并监管核辐射的防护;内政部下设的公众安全部(Department for Public Safety)负责制定并协调、组织实施核泄漏等意外事件中的大众防护措施;环境部负责制定反核污染政策,在建设核设施前,仔细分析核设施对环境的影响评估,负责核设施的分类和核基础设施的安装,并且要和工业部、高等教育与研究部一同对国家放射性废物管理机构(ANDRA)进行监管;环境部根据 1976 年《设施分类法令(The Classified Facilities Act)》下设的设施分类高级委员会(The High Council of Classified Facilities)就核设施进行分类管理;运输部主管成立于 1941 年的危险材料运输部际委员会(Interdepartmental Committee of Hazardous Material Transport),负责公路、铁路及运河中核材料的运输;海上的核材料运输由海军总部(The General Directorate of the Navy)掌管。①

① Thierry Lauriol, *Energy Law in France*, edited by Martha M. Roggenkamp, *Energy law in Europe:national, EU and international regulation*, Oxford University Press, 2007, p. 536.

2002年5月15日，法国颁行了一项法令，决定改组环境部为生态与可持续发展部；2007年5月18日，法国通过新法令，改组生态与可持续发展部为生态、能源、可持续发展与领土整治部；2008年3月，法国又改组生态、能源、可持续发展与领土整治部为生态、能源、可持续发展与领土整治部。2009年6月，法国该部更名为生态、能源、可持续发展与海洋部，其职能也扩充至资源、环境、领土与居民、气候与能源、可持续发展、风险预防与交通等。隶属于法国生态、能源、可持续发展与海洋部能源与气候变化司，以及隶属于法国生态、能源、可持续发展与海洋部、法国高等教育与研究部的环境与能效署共同履行与核政策、核安全有关的职能。[①]

(三)法国核能具体法律制度

1. 法国铀矿开采法律制度

法国《采矿法》适用于铀的开采，但地方省市没有开采铀的垄断权，应当由法国核能安全机构和采矿委员会根据工业需求发放采矿权，工业部负责执行。根据1990年的法规，采矿商每年要向当地工业服务部门和核安全机构提供关于其核辐射环境的数据。1994年《采矿法》规定，采矿商在获得许可之前，必须向法国行政机关出示其财务实力。1995年4月19日实施的《1995—427号法令》对开采特许权争议、修订以及废除进行了详细的规定。2004年的《2005—105号法令》规定了保障机构对采矿者权益的保护。

2. 法国核设施的建设和法律制度的使用

法国政府对核设施享有建设、管理和控制的权力。核设施建筑的建造项目，必须由国防部和工业部联合编写申请报告并呈送给总理签署。此外，建设前还要进行公共利益诉求(Declaration of Public Interest，简称DUP)和听证(Hearing)。经营者要提交给核能安全和辐射防护总局(General Directorate for Nuclear Safety and Radiation Protection，简称DGSNR)一份完整的申请文件，核能安全和辐射防护总局成立一个小组对其申请认真审核，并会同环境部和工业部协商，组织一个规模庞大的听证会。听政期间还要举办一个公开的辩论会，从而得出公正的听证结论。其他关于授权建设建筑的许可允许经营者应在安全法规框架下开展，并向工业部和环境部提交一份最终报告并获得审批，报告包含设备的尺寸、启动剂粘合物的安全规则及运行手册。根据1987年《森林防火和安全法令》和《主要危险物防护法令》，环境部应基于营业者预先提交的安全报告和紧急事故的处理措施出示一份

① 参见彭峰、郑辉：《法国核安全立法评述》，载《中国法学会能源法研究会2011年年会会议论文资料集》，第282页。

危险研究报告。核能安全和辐射防护总局编写一份包含主要组织的建议、各个部的检查报告以及听证会结果的报告。授权建设许可的最终技术报告由核能安全和辐射防护总局起草，卫生部需要对此报告提出建议，它的建议代表中央政府。但如果卫生部在3个月内没有提出任何建议，则此报告应在总理签署前提交给政府审阅。地方政府部门则需成立一个委员会负责跟踪建筑的建设进度。工业部将核设施使用的管理授予核能安全和辐射防护总局，以及放射防护与核安全国家机构(National Institute for Radioprotection Nuclear Safety，简称IRSN)负责管理，并执行放射流体处理的技术管理。经营者必须符合多个部门的法规从而保证设施的结果、核材料供给和控制危害设施安全的危险因素。

在核设施的具体建设和运行方面，1963年的《1963—1228号法令》首次提出关于核电基础设施的建设、控制和解除的法令，涉及核反应堆、部分加速器、所有的核电站。法令规定，只有在得到法令授权的情况下，才能安装这些设备，包括为保护环境而安装的核设施和核预警设备。根据国防部或者工业部的建议，总理可以要求对这些设备保密。该法令先后于1973年、1985年、1990年和1993年进行了修订，最终确定了核设施的分类标准，并将公众调查期限延长了1个月；核设施应由核能安全和辐射防护总局派出的检查员进行检查，并向工业部长报告。2001年的《2001—592号法令》是关于核预警设备的规定，由国防部和工业部联合推荐负责核预警装备的人员，任期5年，可以连任。该人员必须精通核电安全政策和核电事务。此外，根据1984年8月10日关于基础核设施的设计质量、建造和运行的法令，核电运营者必须确保厂房和设备的质量及运营状况与其安全功能相符。1999年12月31日的法令又对1984年的法令进行了修订，规定了关于防止基础核设施运行偏差或外部风险的一般性技术措施。[①]

3. 法国废弃核设施处理法律制度

废弃核设备主要包括两部分：民用的核设施和核设施预警系统。许多已经被拆散、正被解除或者正在等待解除(试验反应堆、实验室或试验电厂的设施等)的基础设备都属于废弃核设备。预警设备的解除需要得到负责此设备的负责人的批准。

根据法国1963年到2006年的若干部关于废弃核设施处理的法律(主要有1991年的《核废物管理研究法》、2001年的《创设环境卫生安全署法》和2006年的《放射性材料和废物可持续管理规划法》)的规定，解除核设施要求

① 参见徐原：《世界原子能法律解析与编译》，法律出版社2011年版，第37页。

有以下几个主要步骤[①]。

(1)提交关于解除核设施的提交报告。此报告应当包含具体的解除步骤。

(2)根据正常的运营程序,终止运营的核设施。这个阶段包含处理燃料、处理现场的废气产品、处理废液、清洁现场、处理掉危害物等方面。在处理这些事情之前,必须提前6个月通知核能安全和辐射防护总局并提交安全报告。核能安全和辐射防护总局审核此阶段的完成报告并到现场检查。关闭设备可以与终止运营同时进行,包括拆解外围设备(不再检测安全性)等步骤。最后,还要列出残留的放射物的清单。

(3)最后关闭阶段,包括用非常规手段拆解设备及现场清理等工作。非常规手段解除设备时,操作者需要持有内政部颁发的许可。最后阶段需要在安全权力机构的监督下进行,保证安全级别处于最高状态。

(4)将所有剩余的辐射物质全部清理,保持现场的完整和清洁。之后还须提交一份完工报告,并通过核能安全和辐射防护总局的现场检查。

4. 法国核事故应急处理法律制度

1987年和1988年的相关法令规定,地方首长(Prefet)负责起草有关核事故的具体规定,列出详细的危害物清单、应急措施,明确每个行政机关和服务机关的责任;在专业人员到来之前,营业商应该采取的紧急预案。该预案应当公布在当地的报纸上,以便地方首长和其他经营者了解。1994年,法国采纳了国际原子能机构规定的核事故分级标准。2001年11月30日的法令规定了核运营者应急程序及其相关责任。根据2004年的《2004—811号法令》和2005年的《民众安全法令》,法国成立了一个核事故应急预案组织机构(ORSEC),负责核事故处理的相关事项。

5. 法国核材料和核设施交易法律制度

法国立法机关成立了一个专管机构负责核材料和核设施的贸易安全,监管核材料和核设施的进口和出口。

欧盟和法国本国政府规范发放出口许可证。许可证须根据由共和国总统领导下的核外交政策评议会议决定的指导方针来授权。1980年出台的《保护控制核材料法案》赋予工业部授权进出口、生产、储存、使用和运输核材料的权力。在授权之前,工业部应与内务部协商,如果必要的话,会与外交部(进出口时)、保护核材料运输委员会(运输时)以及其他管理部门共同

① Thierry Lauriol, *Energy Law in France*, edited by Martha M. Roggenkamp, *Energy law in Europe: national, EU and international regulation*, Oxford University Press, 2007, p. 583-584.

协商。许可申请人有15天的时间等待回复，如果逾期没有答复则视为同意。

在涉核知识产权交易方面，法国通过的《1972—1158号法令》规定由原子能委员会的管理活动产生的发明专利须以该委员会的名义申报，发明者可以受到奖励，经原子能委员会审核后由该会主席决定授予方式。其他方面的涉核工业产权及其交易活动适用法国《工业产权法》。①

6. 法国辐射防护法律制度

法国的《1966—450号法令》确立了辐射防护的基本规则，把负责核电站员工和其他相关人员的防护权力委托给卫生部。1975年和1986年的另外两个法规建立了保护核预警设备员工的安全相关措施。此外，欧洲原子能共同体在1980年颁行的法规确定了工人每年暴露在电离辐射下的时间限制，并确定应控制放射性流出物应当以何种方式排放到环境中去。核设施的经营商负有保护工人的责任，必须遵守辐射防护条款，努力限制设施对环境的消极影响。2003年3月31日实施的《2003—299号法令》规定个人和集体所受职业核辐射计量必须尽可能低地保持在合理范围之内（该原则被称为"ALARA原则"），将从业人员每年所受核辐射有效剂量极限值从50毫希伏降低到20毫希伏；该法令生效两年内，从业人员每年所受的放射性外照射与内照射的总有效剂量不得超过35毫希伏，并不得连续五年超过100毫希伏。

为了保护公众和附近居民的健康，欧洲原子能共同体又于1996制定了关于电离辐射的基本安全标准，法国以两部法令的形式在国内实施。第一部是2001年的《2001—270号法令》。该法令规定了核能利用等领域导致公众及附近居民遭受辐射危险的活动范围，并引入了"ALARA原则"（个人和集体所受职业核辐射计量必须尽可能低地保持在合理范围之内），规定公众每年所受有效辐射剂量为1毫希伏。第二部是2002年的《2002—460号法令》。该法令对放射性元素的管理作出了严格的规定，同时考虑到天然辐射的影响，重新定义了一般公众和从业人员健康防护的基本标准。②

7. 法国放射性废物管理法律制度

放射性废物是指产生于加工过程且包含放射元素，但不能用来循环利用或重新加工的物质。法国法律规定了废物管理和储存的具体制度。废物管理包括最终对环境无危害的废物的管理和储存。相对于其他排放物，放射性废物需要打包处理，以防止其日后的扩散危害。设计包装时，要根据放

---

① 参见徐原：《世界原子能法律解析与编译》，法律出版社2011年版，第39页。
② 参见徐原：《世界原子能法律解析与编译》，法律出版社2011年版，第40页。

射物的特点、浓度和生命周期确定相应的模式。根据1975年的《垃圾销毁和物质循环利用法令》,核能经营商必须确保正在产生的或储存的核废物不能对环境造成危害。该法令在1992年修订后,要求核废物的处理必须采取透明政策。在废物储存设施透明化之前,经营者必须向法国政府提供技术和财务的担保。还有其他法规对废物储存设施有规定,比如1961年的《污染防治法令》、1976年的《环境保护法令》、1992年的《污水净化法令》。卫生部、工业部、研发部和环境部联合负责制定全国核废物管理政策,监管核废物的相关设施。所有的核废物管理活动必须得到法国管理层的授权,并且符合劳动法、卫生部和环保法的规定。

1991年的《核废物管理法(Nuclear Waste Management Act)》要求对那些生命周期很长的放射性废物的处理必须考虑到未来子孙后代的利益。该法规定要进行关于高危放射性废物地下储存的研究,研究的结果将由一个委员会来评估审核。该委员会由科研机构、科技选择与评估办公室的代表组成。1993年的《1993—743号法令》规定核设施排放核废物需要进行行政许可。1995年的《1995—540号法令》规定了在建的和已经运行的核设施排放核废物的监管程序。1996年,由政府委任国家放射性废物管理机构建立三个地下实验室,目的是为了研究选择储存辐射废料的地下储存是否适合存储,并于2006年将分析总结报告提交给该委员会。2002年的《2002—255号法令》规定,核能安全和辐射防护总局负责监管核废物的排放。2006年6月13日,《关于核透明及核安全和辐射保护的法令》正式出台,将核安全及核辐射保护的监管委托给核安全机构(Nuclear Safety Authority),同时要求此机构应将信息不断提供给大众。2006年6月28日,政府颁布了一条永久持续性管理核废物的管理规定,要求对核废物处理的独立评估结果要不断地公示于众,规定了国内核废物的管理计划,并为实施这项计划制定了详细的时间安排,主要由3部分组成:①为了减少废物量,核燃料利用后需要在电厂内重新加工;②对不能循环利用的核废物需要包装在密封严实的容器中,暂时放在地面上;③废物不能在地面上做最终处理,需要放于地下深处的储存箱进行处理。[①]

为了监控核废物处理力度,该法规加强了评估单位的独立性以及政策的透明性。对于财政支持部分,法规规定研究费用来源于向核电经营者征收的核设施安装附加税。为了支持核设施的拆除和核废物的管理,核电经

① Thierry Lauriol, *Energy Law in France*, edited by Martha M. Roggenkamp, *Energy law in Europe: national, EU and international regulation*, Oxford University Press, 2007, p. 589.

营者需要建立一个账户,将资金拨发到该账户内,从而确保他们对政策的执行力度。

1991年的《核废物管理条例》也规定成立一个国家机关来管理核废物,即国家放射性废物管理机构。1992年和1993年法国又公布了关于执行《核废物管理条例》的4条法令。这些法令规定了对受地下核实验项目影响的地方政府和公众适用的补救措施,并规定了设立地下核研究实验室的步骤,构建了管理这些实验设备的法律框架。1993年,国家放射性废物管理机构和放射防护与核安全国家机构进行了一项核废料研究计划,由电力部、原子能委员会和COGEMA(原子能委员会的一个负责核材料的下属公司)签订了一份有效期极长的处理合同,该合同的主要目标是收集至今所有安全储存设施中的核废物、修复以前的临时储存核废物的设施、改进核废物处理方法以大幅度减少他们的体积、重新处理大量核实验燃料和拆除废弃核设施等。

1996年,法国在《工业管理白皮书(Ministry of Industry White Paper)》中公布了法国境内所储存的钚的总量,并颁布了两项配套法令,规定了核废物的出口、进口和运输的相关具体事项。

8. 法国核材料运输法律制度

核材料运输涉及《环保法》、《危险品运输法》和《核能法》等相关法律法规,以使人和环境在放射性材料运输过程中免受放射性污染的危险。目前,法国法律已经广泛接受了国际原子能机构(IAEA)的指导。根据国际原子能机构的建议,国际核材料运输实践中得到的并已经应用于实践的运输经验和具体步骤,应当被运用到核材料实际运输活动当中去,并用法律的形式加以确认。法国法律对此有专门规定,运输作业者的官方监管机构应当用具体规定的运输步骤来检查其运输活动是否合法。除了这些步骤外,官方监管当局必须经常通过询问等方式来确保他们合法。运输作业者必须遵守法律,监管部门也必须严格执行这一法规。

1942年的《航空、铁路或内水危险品运输法》和相关的执行条例规定,核材料运输时必须打上标签并且经过安全系统的跟踪。运输部长可以发出公告,规定适用于危险核材料的专门要求,并在咨询了危险品运输内务部后作出自己的决定。运输者应当根据核材料的危险程度对其进行分级管理以确保运输安全。

按照1982年和1986年颁布的政府法令,核材料的运输者必须得到工业部颁发的许可证,工业部在咨询了内务部和危险原材料运输部际委员会(Interdepartmental Committee on Transport of Hazardous Materials)后发出这一许可。核材料的运输也可能让二级承包商承担,但他们必须获得工业部的许可。此外,欧盟的一部相关法规要求核材料运输商必须聘请安全专家。

法国政府为了执行1980年的《核材料保护与控制核法》,先后颁布了3条政府法令,规定了详细的运输条件、安全措施和运输跟踪措施,规定在核材料运输之前,法国或外国的注册运输商必须提供数据给核能安全局和内务部。这些法令适用于每一种运输方法。

铁路或公路运输核材料必须通知给国家安全部门。运输车厢的污染控制措施必须上报给离子辐射防护办事处(The Office for Protection Against Ionizing Radiation,简称OPRI)。对于海运核材料政府也制定了一些法令,注册和运输许可由海军部(Minster of Navy)授予,航海监察指挥部(Navigation Inspecting Directorate)授权批准核材料上岸。如果发生可能有危害公众安全或者海洋、海岸线安全的事故,则须按照海上和原料运输方案(Nucmar)确定每个管理部门和公共机构的职责。空运核材料必须获得民用和商用航空总秘书处(Secretary General of Civil and Commercial Aviation)的授权,但符合法国自主卫生设施(IFAA)指导方针的空运除外。

9. 法国核责任法律制度

法国是1960年《关于核能领域第三方责任公约》(即《巴黎公约》,该公约于2004年进行了修订)和1963年《关于1960年巴黎公约的补充公约》(即《布鲁塞尔补充条款》)的缔约国,并于1965年、1968年、1980和1990年先后通过多部法令,规定了核设施运营商的职责、运输核材料的船舶所有者的职责以及给予受害者赔偿的指导方针。核材料运营商需要提供符合巴黎公约和本国法令要求的保险金额,否则将受到严重的处罚。此外,还对跨境和损害责任问题进行了规定。

法国是1963年《核损害民事责任的维也纳公约》(简称《维也纳公约》,该公约于1997年通过了相关补充协定)的缔约国,并根据该公约通过了本国的法令规定了核事故的保险与再保险制度,由国家设立中央再保险基金,用以承担核运营商的因核事故可能带来的风险。1997年的补充协定把赔偿数额从500万美元提高到3亿特备提款权(约合4亿多美元),诉讼时效延长到30年。

法国是1971年《海上核材料运输民事责任公约》(即《布鲁塞尔公约》)缔约国。该公约规定了以《巴黎公约》、《布鲁塞尔补充条款》和《维也纳公约》所使用的核事故造成的侵害由核运营商负责,还规定了一些免责事由。

2004年2月12日,法国签署了《巴黎公约关于核能领域第三方义务的修订条款》以及《布鲁塞尔公约补充协定》。修正后的巴黎公约考虑了适当增加对核事故受害者的赔偿额度,扩大了公约的应用范围,提高了核运营商的保险金增加到700万法郎。公约还详细定义了核损害的概念，扩大了损害赔偿范围。核损害特指经济损失，为恢复环境采取各项措施所带来的成本。而《布鲁塞尔公约补充协议》最重要的特点就是大幅度增加了协议所要求的三级赔偿数额。第一级，与巴黎公约相呼应，核运营商交付的最小保险金额度提高到700万法郎，并且由运营商连续提供，如其不能提供，则由公共基金提供。第二级已经增加到5 000万法郎并继续由公共基金提供。第三级已经升到3 000万法郎，由合同各方出资成立的公共基金提供。修改后的"巴黎—维也纳—布鲁塞尔公约体系"本着责任严格、唯一责任、有限责任、强制保险和单一法院管辖等原则，提供的放射性物质运输责任的总赔偿金为1.5亿法郎，核设施运营担保责任最高数额为6亿法郎，较以前有较大幅度提高。超过经营者责任的损失赔偿由国家从公共基金(3亿特别提款权)中支付。法国主管法院为巴黎高等法院。如果在法国境外发生损害事件，赔偿数额由损害发生国法律规定。

第四节　法国可再生能源法制

一、法国可再生能源法制概述

根据《京都议定书》的相关条款，欧盟成员国承诺在2008年至2012年期间温室气体的排放量要在1990年的水平上减少8%。太阳能、水能和生物燃料等新能源与可再生能源在实现这一目标中将发挥重要作用。1997年，欧盟委员会签署了《未来能源：可再生能源——欧盟委员会战略与行动计划白皮书》，制定了到2010年将可再生能源在总能源消耗中所占比例提高到12%的目标。2001年9月，欧盟正式通过了《关于提高在可再生能源中发电燃料的指令(The Renewable Directive)》。该指令规定了欧洲范围内促进和进一步发展潜在可再生能源的法律框架。

法国是欧洲最早研究新能源与可再生能源的国家之一，为新能源与可再生能源的发展确定了详细的法律制度。1993年，法国开始征收城市垃圾税，主要是为处置废物提供相应的基金，并鼓励将废物作为一种新能源加以利用(该税在2002年被废除)。法国在2000年出台了《电力公共服务的现代化与发展法》，其中有两个条款直接和新能源与可再生能源相关。①该法第8条规定，主管能源政策的部长为了确保电力供需平衡，应该对所需发电量每隔一年进行一次预测(PPI)。如果市场经营者不进行必需的投资，政府可能会招标，招标会由能源管制委员会组织。预测（PPI）会以政府法令的形式公布，在该法令中国家把可再生能源的设置目标也考虑在内。②该法第10条规定，非全国性的电力商如果在一个站点的发电量最大值没有超过12兆瓦（MW），则必须购买可再生能源发电，并使用节约能源的技术，如热电联产。能源管制委员会负责对由于购买电力的义务而承担的额外成本进行评估。公共服务发电基金（FSPPE）连同公共利益中与发电有关的其他基金一起赔偿这些损失。这些基金的资金来源于电力用户。政府根据具体法令对每种能源制定相应的收费表。目前法国已经发布了风能、小规模水力发电、生物燃料、沼气、热电联产和垃圾焚烧发电方面的收费表。

法国也为新能源与可再生能源发展提供了诸多优惠政策。例如，2005年1月1日，法国政府对新能源与再生能源设立了税收优惠政策。2005年《能源政策法》规定，对私人购买太阳能电池板的费用补贴50%；从2006年6月起将生物汽油采购价提高50%；对于购买清洁（电动、混合燃料或燃气）汽车规定了一些财政激励政策；政府鼓励新能源与可再生能源的研究和开发，尤其是通过国家研究署（National Research Agency，简称ANR）和工业创新署（Industrial Innovation Agency，简称AII）进行的研发，扶持诸如燃料电池或清洁汽车的开发项目。[①] 2006年对法国应用于再生能源的生产设备的优惠幅度从40%上升到50%。

2009年8月3日，法国颁布了《格纳勒格一号法案（Grenelle 1）》，"它涉及能源、建筑、运输、生物多样性和自然保护及其监管等多个领域。而在能源领域的规定主要有两方面目标，一是要在2050年时将温室气体排放量降低到当时的1/4；二是实现可再生能源的利用比例达到23%"。[②] 2010年7月12日，法国颁布了《格纳勒格二号法案（Grenelle 2）》，主要规定了促进可再生能源的利用、推广节能、建立温室气体的报告和减少温室气体排放的计划等政策措施。这是第一部用一整章专门规定可再生能源规范的立法性文件，标志着可再生能源在法国发展的新动向。[③]

① 参见苏苗罕：《法国2005—781号能源政策法》，http://www.energylaw.org.cn/html/news/2008/7/9/2008791815346685.html，2011-07-24。

② 罗国强等：《法国新能源法律与政策及其对中国的启示》，载《天府新论》2011年第2期，第66页。

③ 参见罗国强等：《法国新能源法律与政策及其对中国的启示》，载《天府新论》2011年第2期，第67页。

二、法国水能法制

水能是一种可再生的常规能源，也是一种可再生的清洁能源。在法国，水力发电是第二大重要的电力来源，大约占总电量的15%。2008年，法国水电装机容量为25吉瓦(GW)，占世界水电装机总量的2.7%，居世界第九位。[①]

（一）法国水能授权与许可法律制度

法国政府规定，装机容量小于4 500千瓦的小型水电必须有单边授权；如果超过4 500千瓦，政府可以按照1919年的《水电法》颁发许可。按这一法令作出的所有管理决定（如水电开发许可和授权）至今都认为是有效的，这在2000年《电力法》第6章和第7章有相关的规定。该法还规定，任何来自欧盟的自然人或者法人都可以申请许可，并可以把这一权力延伸到来自与法国签订了多边投资协议的经合组织成员国中的任何人。

法国1919年的《水电法》制定了运营商和管理者必须执行的强制措施，授予水电开发许可的程序也在该法第2章中规定。为了建立水坝，运营商必须向工业部成立的水坝技术许可委员会(Dam Technical Standing Committee)提交申请，并由该委员会研究所有的水坝项目并决定是否批准。

1994年10月13日实行的《1994—894号法令》中规定了水电的申请条件，要求申请人提供各种数据，附加的技术报告应涉及大坝的完整描述，包括发电量估计、申请者财务状况、预计水淹区域、土地和财产所有者要求的赔偿表、项目给所在区域供水带来的可能变化等方面。1997年12月19日实行的《1997—1194号法令》规定，只要设计的大坝容量不超过100兆瓦，地方首长(Prefet)就有权力监管这一程序。

工业部（或地方首长）正式收到许可申请后，应把完整的文件发给地方首长以及相关部门（例如环境部），以供其研究，征求意见。地方首长要在3个月内召集地方当局开会，之后再将会议记录发给工业部。在审阅过环境部等相关部门的意见和地方首长的会议记录后，工业部长（或地方首长）可以决定是否需要更进一步研究该许可申请。最后，将由地方首长举行咨询会并公告其决定。

地方首长举行公开咨询会时，应要求申请者提供任何所需要的数据，并以必要的方式通知公众；提供文件供地方当局研究时，地方当局必须在2个月内给予批复。按照1919年《水电法》的规定，地方首长应当就咨询问题向

① 参见IEA:《Key World Energy Statistic(2010)》，http://www.iea.org/textbase/nppdf/free/2010/key_stats_2010.pdf，2011-07-14。

地方政府部门征求意见。如果公开咨询结果令人满意，则需要发表一个公共利益诉求声明(DUP)，然后根据许可开始实施项目计划，并提供给地方首长，由其提供给地方当局研究后，才可正式授予许可。根据2000年《电力法》的规定，应由总理或相关部门签发许可。

(二)法国水能监管和安全法律制度

法国法律规定，超过20米的大坝由于涉及公众安全，应当实施分级设施管理制度；水淹时需要通过技术规范进行认真监管；运营商必须提供年度报告，在报告中须提供视频数据；每10年水电运营商必须对大坝位于水面以下的部分进行详细的检查，检查主要通过潜水或放空大坝等方式来进行。水电安全监管应当由大坝技术研究和控制办公室(Dam Technical Study and Control Office)负责，并应形成正式的报告。

三、法国风能法制

与其他能源相比，风能在法国所占比重较小，但近年间发展很快。法国《能源政策法》规定，法国应成立风能开发区(ZDE)，该区内的风电企业可以享受政府定价的电力收购政策。每一个开发区设立时都需进行行政审批。法国城镇及城镇间协作机构(EPCI)可以申请设立风能开发区，法国地方工业、研究与环境局(DRIRE)需要以该地区风能蕴藏量和当地电网可接纳能力为标准对申请进行预审，然后交大区(Region)地方政府审查。大区地方政府审查该开发区的设立是否符合法国《城市规划法》的客观要求，并在6个月内做出是否接受申请的决定。同时，大区地方政府还应将此申请抄送与风能开发区有关系的周边城镇。这些城镇应该在3个月内出具意见书，否则视为同意。大区地方政府负责协调各方关系，并监督开发区内风电设施建设以及环境保护等问题。每一个风能开发区都需要确定其区域内的最小或者最大发电量。[①]

在风电站与风力发电机建设方面，运营商必须申请建筑许可，并进行环境影响评估。地方首长对符合2000年《关于批准建设开发发电站的法令》所规定条件的开发商负责颁发建设许可证。地方政府应当向风电站征收地产税，但规模较小的风电站可以免税。

2005年，法国通过鼓励风力发电的“涡轮2005项目(Eole 2005 Programme)”，要求法国风电将继续以较快的速度增长。事实上，法国风能开发

---

① 参见罗国强等：《法国新能源法律与政策及其对中国的启示》，载《天府新论》2011年第2期，第68页。

在技术上已经成熟,政府已经采取了必要的措施来发展风力发电。工业部负责涡轮项目的实施,在电力供应成本较高并且风能资源较丰富的地区推广使用风电。但是,环境部有权拒绝对动植物造成破坏的风电项目。相关的政府部门成立的涡轮 2005 项目委员会(Eole 2005 Commission)由电力部负责进行检查。电力部通过商业投标以运营商的报价购买电力,因此每份电力部和运营商签订的合同都有自己的价格,这样才能更有效地考虑地方成本。

法国于 2008 年 11 月 17 日实施的《发展可再生能源的计划》确定了利用风力动能发电的电力收购条件和具体定价办法。收购价格根据当时的小时工作价值指数和物价指数确定,在一定的期限内是不变的。而 2010 年的《格纳勒格二号法案》规定了封顶的电力收购总量,一个电站超过 12 兆瓦的电量将不享受定价收购政策。《格纳勒格二号法案》还规定,海上风电站的审批不受《城市规划法》的限制;拥有 5 台以上发电机组的海上风能发电站将享受到国家定价收购政策,不受风能开发区范围的限制。①

四、法国生物质能法制

(一)生物燃料

法国《能源政策法》规定,国家有责任支持生物燃料的发展,提高生物燃料的竞争力。为此,法国政府通过对公私部门共同研究项目的资助和免税政策来支持生物燃料的发展,以促进这种可再生能源的发展,对抗温室效应。为了获得成功,法国环境与能源保护机构对沼气、生物汽油和生物柴油提供了技术和财政上的咨询,并支持小规模试验厂的建设。1992 年,法国政府免除了生物汽油的消费税。②

农业化学与能源联合会(AGRICE)成立于 1994 年,其主要职责是监督公私联合开发的生物能源开发项目以及能源作物的市场调查研究。该组织是由政府和一些石油公司、化工公司以及农产品加工业的公司共同组建的。该组织通过指定工厂种植的玉米用来制作生物燃料,其余作物将会根据农场的休耕规定免去部分税额并用于石油产品中。

(二)木材能源法律制度

法国是欧洲拥有森林面积最多的国家之一,其中大都市中就有 28%被

---

① 参见罗国强等:《法国新能源法律与政策及其对中国的启示》,载《天府新论》2011 年第 2 期,第 69 页。

② 参见中国可再生能源战略研究项目:《中国可再生能源发展战略研究丛书:生物质能卷》,中国电力出版社 2008 年版,第 183 页。

植物所覆盖，其中35%的植物是在过去50年间生长而成的。法国林业发展的目标是使林业产业达到成熟阶段，能够保持独立的可持续发展能力，提高在能源行业的竞争力，重新获得家庭取暖加热系统的市场，最终建成高效的燃料木材发散式网络。为了能够实现这个计划，政府于1995年在12个大区实施了“能源木材计划”，建立了高性能的家庭取暖清洁木材生产系统和审批程序。法国环境与能源保护机构负责为决策者提供资金支持，并与有关人士达成协议以确保设备的可靠性和木质燃料的供应和分配。此外，法国环境与能源保护机构还可以与参与“能源木材计划”的地方政府部门签订合同，从事相关的宣传和推广活动，并协助区域内的能源服务部门进行研究和投资。

早在1994年9月，法国工业部、农业部以及法国环境与能源保护机构就出台了国家投资木材能源规划，提出组建供应网络，满足集中采暖的木材能源需要，促进地区能源发展，创造就业机会。1996年，木材能源竞争性项目投标开始向各地区各部门开放。

五、法国太阳能法制

法国太阳能研究起步早，早在1970年就建成了世界上第一个太阳能发电站。法国太阳能光伏技术和太阳能光热技术都很成熟，与之对应的法律制度也相对健全。

在太阳能光伏技术法律制度上，2005年《能源政策法》就有所涉及，2008年的《光伏发电法规》也有所规定。根据相关规定，屋顶和地面光伏系统以及光伏建筑一体化建筑的回购实施优惠电价，有效期为20年；政府将对太阳能发电进行“绿色补贴”和优惠的“绿色信贷”，期限为5—10年（某些特殊情况下为20年）；对于光伏系统装机容量小于3千瓦的，给予安装费用50%的个税减免，有效期至2010年底；就增值税而言，对于使用光伏系统超过两年，且安装容量小于3千瓦的，将光伏发电系统材料和安装费的5.5%用于增值税减免。此外，法国《发展可再生能源的计划》还要求，预计从2008年到2011年，在法国的每一个大区至少建立一座光伏发电站，总发电能力要达到300兆瓦；太阳能发电可以享受简单、长期、优惠的税率；支持在超市、工厂和大型农用建筑等非居住用途建筑物的楼顶上安装太阳能板进行发电；简化针对居民在自己居住使用的房屋上安装太阳能板进行发电的行政审批程序；面积在30平方米以下的太阳能板免于征税；翻新国家所有的建筑物时要考虑安装太阳能板。法国《格纳勒格二号法案》规定，所有的在其楼顶上安装太阳能板的法人（包括国家机关、公共机构以及工农业、建筑业、第三产业中任何公私法人）都能享受政府定价的电力收购。2010年1月12日法国颁布的《关于确定利用由 2000 年 12 月 6 日〈2000—1196 号法令〉第 2、3 条确立的太阳能发电设备的电力收购条件的决议》规定，无论是公主体还是私主体，所有的光伏发电生产者都要向电网公司提交入网申请。如果电网公司接受了该申请，这个申请就会交予电力部，电力部将与光伏发电生产者签订合同，合同有效期为 20 年。2010 年 8 月 31 日法国颁布的《关于按照〈2000—1196 号法令〉第 2 条规定收购由太阳能设施发电条件的决议》规定，上网电价在 2010 年 9 月 1 日开始削减 12%，但对于低于 30 平方米太阳能板的家庭住宅，上网电价还是维持在 0.58 欧元/千瓦时；对于发电量在 3kWc 以下的光伏发电系统的设置适用简易程序，以鼓励家庭广泛设置太阳能发电装置；对于在地面上建立的发电能力在 250kWc 以上的发电站就要进行比较严格的审批程序，以减少其对环境可能造成的负效应。①

在太阳能光热资源利用法律制度方面，法国工业部于 1996 年出台了“公共能源资助项目计划”，该项目计划到 2000 年在全国部署 2 000 个太阳能热水系统，特别是在供电成本超过收入的海外地区，其目标是使太阳能加热市场走向成熟。法国环境与能源保护机构为使用独立的太阳能热水器以及复合的太阳能热水系统的用户提供补贴，用来促进太阳能热水器的推广。现今已经安装的太阳能热水器已经超过了 5 000 个。法国政府于 2000 年出台了补贴政策，斥资 4 000 万法郎向购买太阳能光热设备的单位和个人提供优惠补贴。

第五节　法国的节能政策与节能法

一、法国节能政策与优惠措施

法国能源的净储量在 1990 年以前一直增加，但是 1990 年以后便没有增加。因此，法国政府高度重视，并采用多种政策手段来提高能源利用率，维护能源的安全与稳定，比如，征收燃料税，对节能投资进行补贴，公开向研发、生产、知识、技术援助项目提供资金，还包括要求电力部及其下属公司主动降低电力需求。

此外，法国《能源政策法》还规定了“清洁汽车免税政策”，即购买低能耗、低污染的“清洁汽车”的法国公民可享受免税 1 525—2 000 欧元的优惠。

① 罗国强等：《法国新能源法律与政策及其对中国的启示》，载《天府新论》2011 年第 2 期，第 69—70 页。

与此同时，为限制高污染大型车的使用，法国政府将对8%的车辆征收双倍的行车执照费，而其他车辆的行车执照费保持不变。①

同时，法国还多次采用部门命令的形式颁行新的节能标准。例如，法国环境部先后于2009年6月30日和2009年12月31日分别取缔了100瓦（包括大于100瓦）和75瓦的白炽灯泡。2010年6月30日宣布，法国商店所有的60瓦白炽灯泡一律下架停止销售，代之以节能灯。②

二、法国主要的节能法

（一）能源节约法(Energy Conservation Act)

1974年出台的《能源节约法》要求合同订立时禁止设立扩大能源消耗的条款，要求测量共同住宅中个人的能源消耗，并赋予政府确定和执行新建筑物和集体供暖的规格的权力。1977年7月19日生效的《1977—804号法令》将政府的权力延伸到控制进出口、生产业、零售业和能源存储方面。《能源节约法》还规定，政府有权针对能源不足或严重的能源逆差的情况采取一定的措施。例如，针对耗能较大的活动用能（供暖、交通工具用能等），应当进行合理分配或限制。

（二）能源节约和热量利用法(Energy Conservation and Heat Use Act)

1980年出台的《能源节约和热量利用法》以及相关的配套法令规定，要通过一个包含公开听证和总理签字的能源设备分类程序来鼓励供热管网的生产制造；地方政府也应按要求执行该程序；地方政府有权强制使任何新的供暖装置与周围的供热网管相连。该法还规定，应当给予银行充分的税收优惠以促进节能投资贷款政策的落实。1981年发布的一个该法的配套法令详细列出了为在工业、居住和第三产业等方面节约一次能源而设计的设备与装备，并鼓励用可再生能源代替石油产品。

（三）清洁空气和合理利用能源法(Clean Air and Rational Use of Energy Act)

为加强污染防治措施的落实，法国政府于1996年12月通过了《清洁空气和合理利用能源法》。为配合该法，1980年出台的《能源节约和热量利用法》则进行了一定的修订。重新修订的《能源节约和热量利用法》把冷却管网也包含在内，并严格限制能源设备分类程序的应用，使供暖管网和冷却管网能够适用于可再生能源、热电联产和能源的循环再利用。新的能源设备

① 参见《法国：鼓励发展可再生能源》，http://www.cnsb.cn/html/news/72/show_72546.html，2011-07-22。

② 参见《法国宣布禁止销售60瓦白炽灯泡》，载《技术性贸易措施最新通报》2010年第25期，第7页。

分类标准已经由地方首长命令的形式宣布。

对于与能源有关的排放问题，《清洁空气和合理利用能源法》规定，应对建筑物和除汽车外的动产商品执行相应的技术规范，以强制生产者和消费者控制能源消耗和污染物排放。而在出售不动产或汽车等高能耗动产商品时，或为购买这些商品提供贷款时，能源消耗和污染物排放必须明确注明。

该法规定，截止到21世纪初，汽油、柴油、民用燃料和高级汽油中要增加更多的氧元素；汽车制造商和所有者必须采取必要措施降低能源消耗和污染物排放；该法实施两年之后，拥有超过20辆车的国家机关和公共机构应将其20%的车辆换成电动、液化天然气燃料或其他气体燃料；在居民超过10万的城市内，公交车队也须在两年的时间内换上富含更多氧元素汽油的车辆。为了鼓励使用电力、液化天然气或其他气体燃料的车辆，该法还确立了财税刺激政策，如免税、减税、退税和短期财税折旧等政策。低排放的车辆在上路和停车方面也享有的一些特殊的权利。

（四）能源政策法（Energy Policy Law）

该法于2005年7月13日开始实行，规定了有关履行能源节约证书（Energy Saving Certificates）或白色证书（White Certificates，简称WC）的重要规则。白色证书要求能源供给者在一定时期内完成证书所要求的提高能效的目标，以提升全社会的能源利用效率。白色证书制度既能够衡量能源供给者在规定的时间内提高能效的情况，又能实现市场化的证书交易，因此许多欧洲国家都在国内法中积极引进该制度。[①] 法国《能源政策法》详细规定了白色证书的准入门槛，并对白色证书的使用进行了详细的说明。

《能源政策法》还要求，到2015年前，法国每年的能源消耗减少2%；在2015年到2030年间，每年要减少2.5%。该法还规定，从2006年5月10日起开始在全国实施强制性能效标志制度，以鼓励公民购买小排量汽车。

（五）与节能有关的欧盟法（European Union Law）

法国是欧盟成员国，欧盟法是法国法律制度的重要组成部分。在节能法方面，欧盟为了切实做到提高能效，降低能耗，维护能源的可持续发展，先后发布了多项有关节约能源的法律与政策措施，主要包括1992年的《关于家用电器能源和其他资源消耗的标签及标准产品信息显示的指令》、1996年的《能源政策白皮书》、1997年的《可再生能源白皮书》、2001年的《能源供应绿皮书》、2005年的《关于制定能耗产品环保设计要求框架的指令（Eup指

---

① 邱立成、韦颜秋：《白色证书制度的发展现状及对我国的启示》，载《能源研究与利用》2009年第6期，第1页。

令)》、2006年的《获得可持续发展、有竞争力和安全能源的欧洲战略绿皮书》、《能源效率行动计划》、《建筑能源性能》、《能源终端利用效率和能源服务指令》、2008年的《促进可再生能源使用的欧洲议会和理事会指令议案》、2009年的《确立能源相关产品生态设计要求的框架(Erp指令)》等。2010年2月成立的欧盟能源总司(Directorate-General for Energy)作为欧盟下属的节能机构,权力所及范围也包括法国。法国根据欧盟的相关指令制定了许多相关的能源法律与能源政策,在国内法方面对欧盟制定的能源节约法规进行了有效的回应,以履行国际义务,维持生态平衡与可持续发展。

为配合欧盟节能法制在国内的落实,法国政府已经使用了超过50种方式来节约能源,具体包括为预算补贴、为上市公司制定新的节能准则、税收奖励以及节能宣传活动等。公共部门对于能源密集型工业设施的定期审计是十分必要的,因为这样能够分辨出哪些是节约能源的设施,哪些是需要对其产生的污染进行控制的设施。法国《财政法》通过加强节能投资和实施税收减免的政策来鼓励对现有建筑使用绝缘设备,以降低建筑物的能耗。一些新建建筑物绝缘标准也相应地建立起来,新建建筑物中很多供热设备已经具备能够清洁空气、合理利用能源的要求。自欧盟2009年的《确立能源相关产品生态设计要求的框架(Erp指令)》通过之后,法国政府为高效电器、节能交通工具等低耗能设备制定了能源标签,以提高公众的能源效率意识和发展替代能源的意识。政府支持使用公共交通工具,法国环境与能源保护机构帮助城建部门设计高效的交通网络,研究关于提高交通工具运输效率的课题,关于限速的交通政策也起到了降低能耗的作用。在节能科技研究方面,电力部正在进行电力设备和网络系统的调查研究,石油研究院(IFP)正在对使用常规能源的发动机系统进行改造。此外,政府还鼓励商家积极推出多项宣传活动来鼓励消费者节约能源。这些宣传活动也促进了能源的节约以及节能产品的使用。

法国工业部和环境部制定了《法国提高能效国家计划(French National Plan for Improved Energy Efficiency,简称PNAEE)》,以确保现今的能源政策能够减缓气候变化的趋势。《法国提高能效国家计划》与《法国应对气候变化国家计划(French National Plan for Combat Climatic Change)》和《法国落实欧盟可再生能源发展国家目标(French National Target in the European Renewables Directive)》相一致。为了实现这些计划与目标,法国政府命令法国环境与能源保护机构进行相应的法规建设,实现欧盟节能法与本国节能法的有效衔接。

第六节 法国与能源相关的环保法制

一、与能源相关的环境评估法律制度

对于大型能源设备的建设与运营，法国专门制定了环境评估制度，并制定了3个法定程序。

(一)设备级别划分(Classified Facilities)

法国政府早在1976年7月19日就通过了《设备级别划分法令(1976—663号法令)》。该法令明确定义了设备级别划分的概念，即对能源设备可能对环境、邻近区域、公共卫生、公共安全、农业生产、名胜古迹等造成的危害划分等级。由地方首长(Prefet)审定具有较大危害的设备；其他设备也应由地方首长认可并且必须遵守地方首长为了保护人口、健康和环境而规定的一般性政策。对于某些需要分级的设备来说，有害物质的使用也必须经过授权。在进行设备分级之前，设备运营商必须向管理部门提供财务担保。

地方首长在进行授权前，需要对即将建立和运营的设备执行的详细技术规范，并就事故介入处理时所必须采取的措施举行听证。如果一个分级设备危害程度在授权或宣布时没有进行适当的评估，环境部可以责令其中止运行以防止事故的发生。为了保证法令的落实，管理部门有权进行现场检查；行政人员有宣誓保密的义务。

(二)公共咨询(Public Inquiry)

在公众利益诉求(DUP)之前应当进行公共咨询，为一般公众提供关于规划设施的详细信息，并且评价建立该设施的环境影响。公共咨询时应书面记录公众的意见和建议。1995年的《环境法》修改了1983年的《公共咨询民主化和环境保护法令》，将公共咨询范围扩大到1985年法令中所列出的所有能源设施，包括油气管道、核设施、高压线、地下能源存储设施、化石能源勘探与开发站点、地热能源存储站点、矿物勘探站点、生物燃料、水坝和环保目标分类管理设施(ICPE)。

应地方首长的要求，地方行政法院院长从地方议会所列的名单中选取任命公众咨询员。公众咨询员负责公共咨询，可以指定专家并要求他们给出一份详细的影响评估报告。在研究影响评估报告之后，公众咨询员必须给出一份清楚详尽的建议。如果项目较大，则可以组成一个委员会来代替单一公众咨询员。项目直接或间接涉及的人员应当回避，不能被任命为公众咨询员或者委员会成员。

项目申请者提交给地方首长的文件必须包括《1985—1109 号法令》所要求的进行公众咨询和准备公共利益诉求(DUP)所必需的信息。当地政府部门研究后,再递交给地方政府寻求修改意见,公开完整的项目文件供大众咨询公共信息。政府还应设立特别的登记册以便公众能够写下他们的意见。咨询员或咨询委员会负责编写报告,在报告中应汇集公众反应的信息并得出结论,以及项目经营者的应对措施等。公众咨询员必须将自己的结论和最终报告递交给地方首长,再由地方首长递交行政法院院长。这一报告应当进行公示。

根据 1995 年《环境法》的规定,应设立一个独立的国家委员会负责审查国家规划建设的重大基础设施,其中也包括能源设施建设。该委员会应当公开举行听证会,持续时间不得超过 6 个月。该委员会由总理任命的 17 名委员组成,委员任期 5 年。委员主要由法官、议员、地方政府公务员、消费者保护协会等代表组成,委员会主席从行政法院中选择。每个项目需要由 3—7 名委员组成专门委员会进行检查,这些委员可以要求申请者提供更多的信息。对于不符合要求的,专门委员会可以要求进行补充调查,这一调查必须在 2 个月内完成。公开论证后,政府就可以启动公共利益诉求程序了。

(三)公共利益诉求(Declaration of Public Interest,简称 DUP)

1958 年的《1958—997 号法令》定义了公共利益诉求,后来的《征用法(Expropriation Code)》更新了公共利益诉求的描述,1983 年的《公共咨询民主化和环境保护法》引入了新的程序来进行环境保护和能源设施建设。公共利益诉求为管理者对受项目影响的主体进行相关损害的评估和赔偿提供了法律依据,也确认了公共利益诉求的法律效力,并描述了所能涉及的公共利益。特别是 1970 年的《关于城市新建的法规(Ville Nouvelle Est)》颁布以后,行政法官应当详细审查公共利益是否真正的存在,政府和公共团体或负责公共服务的个人都要服从于该法规。当能源设施处于危险情况时,应由总理签发公共利益诉求裁定。公共利益诉求的第二步就是授权强制采购令,它有可能需要剥夺权利人的不动产。

为了执行强制采购令,需要举行一个更为详细的分包询价程序来精确评估法令所涉及的土地和建筑的价值,并为每一个征用提供法律依据。强制采购令由地方首长签发,所列的财产将被强行采购,将这些财产转移给国家。这一法令需要发送到相关的土地所有权人和不动产所有权人。当然,这一法令并不立即转移这些财产,因为行政法官并没有利用司法权转移财产的权力。只有财产法官才能依据《1810 法令》来剥夺所有权人手中的财产,并确定对所有权人的损害等级。法官的相关决定必须通知到相关财产的所有权人。

在授权一个可能影响环境的公有或私有能源项目之前,必须按照1985年的欧洲指令进行环境影响评估。这一指令列出了受检查项目的潜在影响,如对人口、动植物、土壤、水源、气侯、名胜古迹和文物等的影响。1993年的《风景法令(Landscape Act)》授予国家颁布强制性命令保护风景的权力。同时,法国规定在环境保护地区严格禁止进行大型能源项目工程建设。

二、与能源相关的环境污染防治法律制度

(一)法国与能源相关的核污染防治法律制度

核电站所有废水、废弃和废渣排放标准必须满足1995年和1999年颁布的两部法令,即运行设备必须按照要求设计、运行和维护,从而减少废物的排放。如有必要,处理后的排放物越少越好,至少也要能达到相关标准。每个营业商,都要基于最好的技术、最低的成本和对环境特征的考虑,从而实现最佳的排放标准。

排放放射性废物必须经过授权,工业部、环境部和卫生部有权共同签署废物排放授权的政府令(国防部在授权中可以担当顾问)。当法律规定需要经营者一个简单声明的时候,营业者应先将声明提交给以上三个部门,随即得到正式承认。据1995年的法令规定,卫生部具体负责辐射废物的排放,如果放射性污染侵害问题需要法律追究,则卫生部会通知地方当局和营业者。

此外,2006年6月28日的《2006—739号法令》还规定了对放射物质和废弃物的长期管理的基本框架、手段和步骤。

(二)法国与能源相关的大气污染防治法律制度

1. 1976年《能源法(Energy Law)》

法国地方工业、研究与环境局(DRIRE)负责防治国有能源资源开发所带来的环境污染问题。该局必须上报使用电力超过2兆瓦的设施的建设并授权对所有分级管理的设施进行登记和检查。这些设施主要包括燃烧装置、锅炉和燃料超过20兆瓦的工厂等,受专门法规的管制,其中有些法规就涉及有害气体的排放。

法国对大气污染排放物的管制中主要涉及氮氧化物、二氧化硫、可吸入颗粒物等。法国政府采取了3步措施来减少污染物排放:①1974年设立了城市环境保护区。②1985年引入空气污染税,对分级管理的工业设施和所有超过20兆瓦的燃烧装置进行征收,以减少工业生产中大气污染物的排放。1991年,空气污染税把可吸入颗粒物和易挥发有机化合物包含进去。该税

的征收工作由法国环境与能源保护机构负责，并用于国家和私人污染控制设备的投资。③限制使用含硫高的重质燃油、小于2兆瓦的小型燃煤装置和含铅汽油。对于高、低含硫和含铅、不含铅的燃油分别征收不同的税率。

2.《清洁空气和合理利用能源法(Clean Air and Rational Use of Energy Act)》

1996年《清洁空气和合理利用能源法》适用于能源相关的污染物排放和其他所有对空气质量的有害排放。该法赋予国家有权采取以下措施用以保护空气质量：起草方案来改善空气质量、制定大气污染应急措施、处理能源相关的污染物排放、建立空气质量评估网络、强化大气环境执法力度。

中央和地方政府都有责任控制空气质量，它们需要确定空气质量目标和空气质量预警值，并公布排放进空气中对人有害的污染物质列表。每位地方首长必须为环境特别敏感地区的空气质量目标制定一个详细的区域计划。在制定计划之前，地方首长必须咨询地方政府部门（主要是卫生管理部门），列出污染排放物的详细清单，评估空气质量。计划草案应当公示，以便接受公众监督。如果公众或地方政府部门要求修改，则应由地方首长负责修改。每位地方首长也须准备一个保护大气环境的计划在本地最大城市实施。地方首长还要和市政委员会协商，举行公共咨询会议，并根据咨询结果和市政委员会的建议修改原计划。

当大气污染程度超过警戒值时，地方首长负责通知公众并采取必要措施来控制污染的扩大。如果地方首长决定限制或禁止使用汽车，则公众应该获得免费的公共交通服务。本法修改了1982年的《国内运输法(Domestic Transport Act)》，以便在法国全境布署空气质量评估网络，使城市交通方案能够满足空气质量控制的要求。

为了防止大气污染，达到保护空气质量计划中设立的目标，行政当局必须采取相应措施，如限制或管制道路交通。如果确定哪些设施是污染源，则暂停这些设备的生产。财政部、环境部和工业部的执法人员有权执行这一新法，例如进行现场检查，取样和收集文件等。地方首长可以代表官方要求任何违法者在限定时间内依照法律规定进行改正。如果违法者继续违法运作，则将处以罚款处罚。地方首长也将采取必要的措施或者命令违法者停止污染活动。

3.《联合国气侯变化框架公约(The Framework Convention on Climate Change of UN)》

法国在1992年签订了《气侯变化框架公约》并在1994年正式批准。依照该框架公约的要求，法国提交了本国国家计划给国际谈判委员会。该国家计划把温室气体甲烷的排放也划入了大气污染物排放的范围内。法国还建立了一个来自于工业部、运输部、环境部和住房部的官员所组成的特别工作组，采取一些措施，如增加能源税、对新建筑实行更严格的隔热要求、鼓励使用木质能源、促进提高燃油效率和采用低排放或零排放交通工具等，以防止能源不合理利用对大气造成污染与破坏。

为履行公约义务，法国主要公共团体进行了多项研究，防止能源不合理利用对大气环境的污染与破坏。例如，电力部主要致力于模拟大气污染的研究；国家科学研究中心（National Centre of Scientific Research，简称CNRS）正在开展生态科技项目（Ecotech Programme），研究社会经济因素对能源利用的影响；法国石油研究院（IFP）正在研发低排放引擎和发动机系统。

此外，法国于 1992 年成立了一个专门的部际委员会来协调气侯方面的政策。

（三）法国与能源相关的海洋石油污染防治法律制度

1978 年法国总理在《政府行动纲领》中制定了关于海洋石油污染的两项应急计划，即海洋污染防治计划和海岸污染防治计划（官方统称这两项计划为 Polmar 计划），来协调当原油泄漏时所需要采取的各种复杂措施，防止生态灾难的扩大。这一计划由地方首长负责解释执行。受污染的沿海城市的市长有权在发生原油泄漏时必须告知公众并且禁止民众靠近海岸。市长可以同地方行政部门一起执行防污染计划。海洋石油污染治理费用昂贵，财政负担由中央和地方政府支持。海洋污染带来的直接经济损失（如破坏的渔网和渔船）和间接损失（如渔业、旅游等）必须核算清楚。

第三章　德国能源法

德国全称为德意志联邦共和国，位于欧洲中部。德国在历史上很早就完成了工业革命，是欧洲第一、世界第四大经济体。德国还是 WTO、北约、欧盟、经合组织和八国集团的重要成员。

德国国土面积 357 022 平方公里，人口共计 8 211 万。德国实行联邦制，分为联邦、州、地区三级，共有 16 个州，14 808 个地区。德国大部处于温带海洋性气候，中东部内陆地区是温带大陆气候，南部沿海地区属于地中海式气候，气候温和，雨水充沛，植被主要是温带落叶阔叶林和亚热带常绿硬叶林。

德国是议会共和制国家，联邦总统为国家元首。联邦政府由联邦总理和联邦部长若干人组成，联邦总理为政府首脑。德国议会由联邦议院(Bundestag)和联邦参议院(Bundesrat)组成，实行两票制选举制度。联邦议院行使立法权，监督法律的执行，选举联邦总理，参与选举联邦总统和监督联邦政府的工作等。联邦参议院拥有 69 席，代表 16 个联邦州，党派比例随着各联邦州议会的选举而变化，没有选举任期，是一个连续的国家权力机关，参议院议长由各州州长轮流担任。

联邦宪法法院(Bundesverfassungsgericht，简称 BVerfG)是德国宪法监督机构之一，也是德国最高司法机构，主要负责解释《基本法》(即德国宪法)，监督《基本法》的执行，并对是否违宪作出裁定。联邦宪法法院共有 16 名法官，由联邦议院和联邦参议院各推选一半，由总统任命，任期 12 年。正、副院长由联邦议院和联邦参议院轮流推举。在司法体制上，德国还设有联邦普通法院(负责民事和刑事案件)、联邦行政法院(负责一般行政司法案件)、联邦惩戒法院(负责公职人员违纪案件)、联邦财政法院(负责财政案件)、联邦劳工法院(审理劳工案件)、联邦社会法院(审理社会福利纠纷)和联邦专利法院(审理有关专利问题的案件)等。德国联邦普通法院分为四级，分别为德国联邦最高法院、州高等法院、州中等法院和地方法院。

德国是大陆法系的母国之一，其主要法律渊源包括宪法、法律、法规命令、规章、习惯法、欧盟法、国际条约及一般法律原则。根据联邦原则，德国联邦法律的效力高于州的法律规范，州的法律规范高于地方自治团体的规章。联邦和州存在相同的法律渊源。

德国作为现代西方法治国家的代表之一，法治历史悠久，法律制度完备。德国能源法在世界上处于较为领先的地位。通过对德国能源法的介绍，对我国能源法律制度的构建将起到积极的借鉴意义。

第一节　德国能源状况与能源法律体系

一、德国能源状况

德国国内能源较为短缺。国际能源署（IEA）2010 年公布的能源统计数据显示，2009 年，德国能源总产量为 134.11 百万吨标准油（Mtoe），能源净进口量 210.90 百万吨标准油当量（Mtoe），能源总体形势不容乐观。

在煤炭方面，德国是净进口国。2009 年，德国净进口硬煤（Hard Coal）38.0 百万吨油当量（Mtoe），占当年全球硬煤进口总量的 46.4%，居世界第六位。在原油生产方面，德国是净进口国。2008 年，德国净进口原油 105.0 百万吨油当量（Mtoe），占当年全球原油净进口总量的 5.02%，居世界第六位。在精炼石油方面，德国是净进口国。2008 年，德国精炼石油产量为 116.0 百万吨油当量（Mtoe），占世界的 3%，居世界第七位；但其中净进口量为 9.0 百万吨油当量（Mtoe），占当年全球进口精炼石油总量的 2.7%，居世界第九位。在天然气方面，德国也是净进口国。2009 年，德国天然气净进口量为 83.0 十亿立方米（bcm），占当年全球天然气净进口总量的 11.08%，居世界第二位。①

在能源生产方面，2010 年，德国炼油厂日炼油 2 091 千桶，占全球总量的 2.3%，较 2009 年下降了 11.5%。2010 年，德国天然气产量为 10.6 十亿立方米（bcm），合 9.6 百万吨油当量，占全球总量的 0.3%，较 2009 年下降了 12.7%。2010 年，德国煤炭产量为 43.7 百万吨油当量（Mtoe），占全球的 1.2%，较 2009 年下降了 1.5%。

在能源消费方面，2010 年，德国日均消费原油 115.1 百万吨油当量（Mtoe），合 2 441 千桶/日，占全球总量的 2.9%。2010 年，德国消费天然气

① 参见 IEA：《Key World Energy Statistic(2010)》，http://www.iea.org/textbase/nppdf/free/2010/key_stats_2010.pdf，2011-07-14。

81.3 十亿立方米(bcm),合 73.2 百万吨油当量,占全球总量的 2.6%。2010 年,德国煤炭消费量为 76.5 百万吨标准油当量(Mtoe),占全球总量的 2.2%,较 2009 年增加 6.7%。[①]

德国核能在国民经济中所占的比重较高。2008 年,德国核电产量为 148 太瓦时(TW·h),占世界核电总产量的 5.4%,居世界第六位;德国核电装机容量为 20 吉瓦(GW),占世界总装机容量的 5.38%,居世界第五位;德国核能发电量占国内总发电量 23.5%,居世界第六位,该比例是世界平均水平的 1.74 倍。[②] 2010 年,德国核能消费量为 31.8 百万吨油当量(Mtoe),占全球总量的 5.1%,较 2009 年增加了 4.2%。[③] 但在日本福岛核事件之后,德国国内陷入了关于是否放弃核能的大讨论。2011 年 6 月 30 日,德国议会批准了放弃核能议案,德国预计在 2022 年年底之前关闭国内所有核电站。

为了缓解"弃核"所造成的能源压力,德国大力发展太阳能、风能、水能、生物质能等新能源与可再生能源,准备使新能源与可再生能源取代核能在能源结构中所占的位置。2010 年,德国水电消费量为 4.3 百万吨油当量,占全球的 0.6%,较 2009 年增加了 2.8%。2010 年,德国其他可再生能源(主要包括风能、地热、太阳能、生物质能和垃圾发电)消费量为 18.6 百万吨油当量,占全球总量的 11.7%,较 2009 年增长了 10%。其中生物燃料产量为 2 930 千吨油当量,占全球总量的 4.9%,较 2009 年增长了 7.4%。[④]

二、德国能源法律体系

德国能源法制相对完备,体系较为健全,主要由宪法、与能源有关的法律、与能源有关的法规命令、有关能源的规章、有关能源的习惯法、有关能源的欧盟法和国际条约,以及有关能源的的一般法律原则共同构成。

(一)宪法

《德国基本法》是德国的宪法,其中有很多关于能源方面的规定。例如,

---

① 参见 BP:《BP 世界能源统计年鉴(2011 年 6 月)》,http://www.bp.com/assets/bp_internet/globalbp/globalbp_uk_english/reports_and_publications/statistical_energy_review_2011/STAGING/local_assets/pdf/Chinese_statistical_review_of_world_energy_full_report_2011.pdf,2011-08-06。

② 参见 IEA:《Key World Energy Statistic(2010)》,http://www.iea.org/textbase/nppdf/free/2010/key_stats_2010.pdf,2011-07-14。

③ 参见 BP:《BP 世界能源统计年鉴(2011 年 6 月)》,http://www.bp.com/assets/bp_internet/globalbp/globalbp_uk_english/reports_and_publications/statistical_energy_review_2011/STAGING/local_assets/pdf/Chinese_statistical_review_of_world_energy_full_report_2011.pdf,2011-08-06。

④ 参见 BP:《BP 世界能源统计年鉴(2011 年 6 月)》,http://www.bp.com/assets/bp_internet/globalbp/globalbp_uk_english/reports_and_publications/statistical_energy_review_2011/STAGING/local_assets/pdf/Chinese_statistical_review_of_world_energy_full_report_2011.pdf,2011-08-06。

《基本法》第七章第74条关于联邦和州的共同立法权的规定中，第11款(甲)项就是“为和平目的生产和利用核能，建设和运用为此目的服务的装置，防止核能逸散或电离辐射以及处理放射性物质所引起的危害”。

(二)与能源有关的法律

德国联邦立法机关按照宪法规定通过的专门性能源法律(如《德国可再生能源法》)以及其他法律中有关能源的部分(如《德国矿业法》就适用于能源矿藏的开采)，皆属于能源法律。与能源有关的法律，构成了德国能源法体系的主体部分。

(三)与能源有关的法规命令

德国的法规命令是由行政机关根据法律授权制定的法律文件(如《德国节能法规》和《德国要求节能灯必须使用“蓝色天使”生态标签的命令》)，其效力与法律相等。与能源相关的法规命令，也就成为了德国能源法体系的重要组成部分。

(四)与能源有关的规章

在德国，规章是指区、县、乡镇、公法行会、大学、公法设施等自治行政主体在其自治权限内制定的规范。[①] 其中，不乏与能源相关的内容。这些规章与其他法律规范形式一样，共同构成了德国能源法律体系。

(五)欧盟法

德国是欧盟的主要成员国之一，因此欧盟法在德国国内法律体系中占有重要的地位。因此，德国将《组建能源监管机关合作机构条例》、《关于电力跨境交换网络接入条件的条例》、《关于欧盟内部电力市场通用规则的指令》、《关于天然气传输网络接入条件的条例》、《关于欧盟内部天燃气市场通用规则的指令》、《确立能源相关产品生态设计要求的框架(Erp指令)》等与能源相关的欧盟法视为效力原则上高于国内法的能源法律规范。

(六)国际条约

德国《基本法》规定，国际法是联邦法律的组成部分，它们的地位优于法律，并直接创制联邦境内居民的权利和义务。德国签订的有关能源的国际条约，例如《京都议定书》等，也构成德国能源法体系的组成部分。

(七)与能源法有关的一般法律原则

在德国，一般法律原则是指由学理总结，经司法判例确认的具有普遍法律效力的一般原则。[②] 当被确认的具有普遍法律效力的一般原则用于调整

---

① 应松年:《四国行政法》，中国政法大学出版社2005年版，第175页。

② 应松年:《四国行政法》，中国政法大学出版社2005年版，第176页。

现存的能源关系时，一般法律原则就成为能源法律体系中的一部分。

(八)与能源有关的习惯法

德国的习惯法是指在当事人长期采取的同类做法基础上产生，经法官确认的不成文法律规范。其效力级别需要由法官确认，可以具有宪法和法律的位阶。① 当有关能源的习惯法的效力级别一旦被法官确认，也就成为相应级别的能源法律规范。例如，德国宪法法院联邦法院很早就决定了确保能源供应是每代人的最高利益的宗旨；能源的长期供应被视为是经济运行不可或缺的先决条件和绝对的共同利益；根据人权中有尊严地活着的规定，为了保障人人能够安全地生活，该理念成为个体意识的必要的一部分。②

第二节　德国能源基本制度

一、德国能源基本制度沿革

捆绑式网络能源供应，是德国长期以来能源供应的主要方式。它最初产生在德意志第二帝国时期，是根据私人协议而确立的制度，即不同的大型企业订立限制竞争的协议(在德国主要是卡特尔协议)，而国家通过立法豁免这种垄断协议。随着第二次工业革命的开展和“电气时代”的到来，德国一些大中城市开始通过自己的公司从事用于市政设施的能源事业，引发了能源事业国有化的浪潮。1911年，德国仅有不到30%的天然气公司和25%的电力公司是私有制的。但是，在农村地区，德国因为无法为建立一个充分满足需求的供应系统提供财政支持，所以仍然继续依赖着私营企业。当时，德国是由市政府、国营企业、私营企业以及公私混合企业，共同满足能源供应任务。

第一次世界大战后，随着以高压电为支撑的远距离电力运输技术的发展，远距离传输电力的成本接近到就近硬煤、褐煤开采发电的成本，跨区域的特大公司随之产生。在这段时期，联邦各州开始逐渐卷入能源市场。由于一些新建的特大型电厂运营日益经济，德国能源产业伴随了一个激烈的集中和垄断的过程。魏玛共和国结束后，宣布实行“国家社会主义”政策的

① 应松年：《四国行政法》，中国政法大学出版社2005年版，第175—176页。

② Federal Constitutional Court, judgment published in Entscheidungen des Bundesverfassungsgerichts-Report of casesvo, pp. 191-324.

纳粹德国政府推动了这一过程，并于1935年通过了《能源经济法》，成立了第一个能源监管部门，并确立了当时存在的能源产业结构，建立了财政部长负责机制。

"二战"之后，纳粹政权被推翻，德国分裂，并置身于"冷战"的最前线。新成立的联邦德国政府为适应当时流行的"国家资本主义"体制，应对东西方之间随时可能发生的军事冲突，加大了国家对能源经济领域的控制。1957年7月27日，联邦德国通过的《联邦竞争法》即具有里程碑的意义。为了保持传统领域的垄断，该法直接规定了能源供应公司之间的垄断合同以及这些公司与各大城市之间的特许权合同可以豁免于该法的中央禁令。该政策一直持续到1998年《能源经济法》的颁布。

随着冷战的结束和经济全球化趋势的加强，"新自由主义"经济模式逐渐流行，德国也开始谋求能源领域的市场化。1998年《能源经济法》的颁布标志着能源产业化活动的开始。在捆绑式能源供应的市场自由化进程中，能源价格呈逐年下降趋势，尤其以电力价格的下降最为明显。但不久之后，天然气和电力价格负担便开始稳步上升了。这主要归因于国际基础能源市场价格的上升、能源税的开征、可再生能源成本居高不下等因素。2005年，以上因素已经构成德国电力价格的40%，而1998年这个比例仅为25%。德国排放权交易中二氧化碳排放权价格的稳步增长也是更深层次的原因。除此之外，从2007年起，德国能源增值税已从16%涨至19%，更加起到推波助澜的作用。①

为了缓解市场化改革带来的若干负面影响，2005年7月7日，德国修改了《能源经济法》，推出了电网接入监管以及垂直一体化的能源事业的法律拆分制度（即将电网或油气管道的运营与电力或油气资源生产和开发业务完全分离），为德国能源市场机制的完善铺平了道路。2009年，德国通过了新的《可再生能源法》，进一步加大了对可再生能源的财政扶持力度，有力地降低了可再生能源电力价格，有效地弥补了机场机制在能源领域产生的弱点和缺陷。

二、国家和私主体在能源管理体制中的地位

（一）国家在能源管理体制中的地位

能源开发和能源网络大部分是自然垄断的，这就需要协调好能源发展

---

① Johann-Christian Pielow, Hans-MartinKoopmann and EckartEhlers, *Energy Law in Germany*, edited by Martha M. Roggenkamp, *Energy law in Europe: national, EU and International Regulation*, Oxford University Press, 2007, p. 627.

的规划与预防垄断的关系。这种关系的理顺，则需要有一个健全的能够提供长期稳定条件的法律框架来保障。因此，国家对能源部门的监管是必要且合理的。这就是德国《基本法》中规定的国家基础设施建设的公共责任。德国《基本法》认为，福利国家（参见《基本法》第 20 条）和国家保护人权（德国《基本法》第 1 条、第 2 条）是政府的根本要求，所以尽管能源事业日益私有化、自由化，但国家仍然对其负有最终的监管责任，以及确保能源普及、可持续发展和为经济合理服务的义务。同时，国家对能源市场垄断行为也负有监控的责任，以维护能源行业的充分竞争。

（二）私主体在能源管理中的地位

德国市场化的能源供应，首先是一个私主体从事经济活动，并可归属于宪法所确定的人（广义上还包括法人）的基本权利。国家对能源部门的管理，必须尊重市场主体的独立和自由（参见《基本法》第 12 条）及其对私有财产的权利（参见《基本法》第 14 条）。立法者只有基于其目的合法、与客观实际相符，限制适当而必要，国家才能对这些基本权利进行限制，并且这些限制不能违反比例原则。因此，国家对能源领域是否可以干预和在何种程度上进行干预，必须遵循这些基本原则和要求。

三、德国联邦与州的能源权限

（一）立法权限

德国是联邦国家，联邦和州分别拥有立法权力。联邦立法机关是在整个联邦境内建立某种能源制度，或者是为了国家利益维护能源法制或经济统一的客观要求，制定联邦能源法律；而州只能在联邦不行使职权（即该领域没有被联邦权力所覆盖）时才能制定效力及于本州的地方能源立法。

（二）行政权限

德国的行政权力由联邦和州的行政机关执行。德国实行联邦制，绝大多数行政权力都被分配给了州，州不仅执行自己的法律，而且通常“在自己的权力内”执行联邦的法律（参见《基本法》第 83、84 条），即以自己的名义和责任选择适用联邦的法律。根据这项原则，关于能源问题的联邦法律的执行基本上属于联邦各州的职权范围，且通常由地方经济、环境或能源事务部门以及地方政府实施。

四、德国能源经济制度

德国《能源经济法》（有时也被译为《能源产业法》）最早由纳粹德国政府于 1935 年制定，1998 年，德国通过了新的《能源经济法》。2005 年，《能源经济法》又进行了一次修改。该法的立法目的是确保能源领域实现合理的竞争机制，具体内容包括德国设立联邦网络局（BNA）负责为能源企业制定限价政策；对电力、天然气、邮电和铁路网络进行监管；对垂直一体化的能源供应企业进行拆分；维护对私人终端用户用能的保障等。[1]

《能源经济法》总结了1998年《能源经济法》颁行以来积累在立法上与实践中的经验教训，确定了能源市场的基本运行制度和监管制度，为能源制度改革指明了方向，在一定程度上起到了德国基础性能源立法的作用。根据该法的授权，德国联邦政府与联邦经济和劳动部连续颁行了十几部配套法规。《能源经济法》的颁布与实施，在推动能源的私有化、市场化和竞争化方面起到了积极作用，也有利于保障能源服务的公共性与可持续性。

市场的自由机制越完善，对法制的需要也就越完善。能源经济产业法制的任务，就是促进真正有效的竞争，保障能源供应网络的长期高效的运营。监管机构必须平衡监管与高效之间的冲突，维护能源网络的稳定。

五、德国能源税收制度

德国法律开始并不允许地方各州为各自政府的创收而征税，但是能源税的出现改变了这一点。能源税本质上说是一种环境税，一方面有利于实现能源可持续发展，另一方面能够形成额外的财政收入。

1999年德国通过了《联邦对生态税收制度进行改革的法案》和《联邦继续对生态税收制度进行改革的法案》以及《联邦进一步对生态税收制度进行改革的法案》，规定能源税将用于资助社会保障系统。德国联邦《电力税法》规定，在德国境内，除去可再生能源产生的电能、提供发电设备使用的电能、公共电网、来自本地电厂的电能、应急发电机产生的电能以及产生并消耗在管道、航空、铁路运输等的电能之外，任何电能都应按照每兆瓦时20.50欧元征收电力税。铁路运输要征收每兆瓦时11.42欧元的电力税。工业用电、农业用电以及林业用电也需在最初消耗的25兆瓦时电能内，征收每兆瓦时8.20欧元的税，超过25兆瓦时后每兆瓦时改为每兆瓦时12.30欧元。

德国联邦《能源税条例》取消了关于石油、矿藏等方面的单独立法，用“能源产品”涵盖了绝大多数的产品种类。该法详细区分了20种与能源产品相关的税收标准，从煤矿的1吉焦0.33欧元到某些液体燃料的1百万吉焦1 217欧元不等。根据不同的能源种类和不同的消费需求，可以实行免税、

---

[1] 参见谢来晖：《通过管制实现竞争：德国2005年能源经济法评述》，载《纪念改革开放与能源法制建设暨2008能源法年会回忆录论文资料集》，第244页。

减税等优惠措施。例如,对于能源产品,如果其并非用于动力设备、取暖,或其他某些个人商业消费以及航海航空等,可以免税;潜在受益人必须申请得到许可方可免能源税。如果能源明显是出于某些可以享受免税、减税等特权的目的而使用,在申请之时即可获得免税或偿还。税收偿还的可能情况有如下几种:生物燃料用作混合燃料;用作工业生产、公共交通运输、农业或供外交官使用的汽油、柴油等。此外,德国还对可再生能源产业提供了诸多减税、免税或退税等税收优惠政策,以鼓励可再生能源的健康发展。

六、德国能源交易制度

开放的能源市场要求公开和竞争。供需的能源市场取代了进行能源配置的传统市场后,交易者在场外和德国能源交易所大量买卖能源。境内外的交易公司,像德国巴登—符腾堡州能源公司(EnBW)、德国意昂集团(E. On)、瑞典大瀑布电力公司(Vattenfall)、挪威电力公司(Statkraft)、英国石油公司(BP)、法国电力部(EDF)、意大利国家能源控股公司(ENI)、美国阿美拉达赫斯公司(Amerada Hess Corp.)等则都享有德国的能源交易补贴,运营各自在德国的交易业务。一些大型银行,如巴克莱银行(Barclays Bank)、德意志银行(Deutsche Bank)、高盛银行(Goldman Sachs)以及摩根士坦利银行(Morgan Stanley)也对排放权和能源金融衍生品进行交易。一些较大的城市,如汉诺威,有自己运营的交易场地并且积极参加交易市场;而其他城市则成立了合资交易公司。

2005 年 1 月 1 日,德国碳排放许可证开始以简单期权或远期期权进行交易,交易合同都是在能源市场之外谈判和达成的。这些合同起先通过电话进行,合同内容可以以参与合同的任何一方的标准条款和条件(即“正式确认书”)为基础确认,也可以根据欧洲能源贸易联盟(European Federation of Energy Traders,简称 EFET)、国际掉期[①]与衍生工具协会(International Swaps and Derivatives Association,简称 ISDA)和国际排放交易协会(International Emissions Trading Association,简称 IETA)发布的总协议为基础进行书面确认。此外,德国银行业协会下属的德国银行联合会(German Banking Association)制定的《关于金融远期交易的框架协议》也在衍生品的的场外交易中起到重要作用。针对排放权交易的个别磋商所达成的交易协

① 掉期是指在外汇市场上买进即期外汇的同时又卖出同种货币的远期外汇,或者卖出即期外汇的同时又买进同种货币的远期外汇,也就是说在同一笔交易中将一笔即期和一笔远期业务合在一起做,或者说在一笔业务中将借贷业务合在一起做。

议，在理论上讲是可行的，但是由于现代市场经济体制对效率化和标准化的客观要求，个别磋商交易协议形式已经越来越少了。

德国的排放权交易体系的建立，是德国为履行欧盟针对《京都议定书》所设定的减排目标而实施具体工作中的一部分。德国希望在2012年，实现全部温室气体的排放量相比1990年减少21%；所有的州都要进行最严格的排放限制。具体的节能减排目标将通过一系列不同的措施、方案和办法来实现，比如，征收能源税、鼓励可再生能源使用以及提高能源使用的效率等。排放权交易，只是众多手段中的一种。排放权交易，应当根据德国联邦《排放控制法(BImSchG)》获得许可，由德国《温室气体排放交易计划》确立的。该计划规定，为了有效减少温室气体排放、保护地球环境，建立排放权交易系统绝不允许违反该计划的规定；《京都议定书》的实现目标也是该计划目标的一部分，而该计划已经超过了《京都议定书》的时间限制。对于排放权的分配计划，第一、第二分配季度的时间分别是2005—2007年以及2008—2012年。德国还制定了联邦《排放权分配法案》，该法案规定，联邦政府是制定分配计划的主管机关。联邦环境部连同联邦财政部要提出建议，该建议将在网上公示至少6周时间，并对所有人开放评论。每一份国家分配计划必须在其生效前18个月起，在联邦公报以及网站上公示。排放权证书的分配需要进行书面申请，并且需要至少在新的分配季度开始前3个月开始。联邦政府的监管责任主要由联邦环境局履行。

第三节 德国常规能源法制

一、德国煤炭资源法制

德国煤炭资源丰富，但近些年来日渐衰竭。同时，由于政府关于职业健康和环保等方面的法律要求越来越严格，这些因素导致德国煤炭业日趋没落。德国政府也在考虑是否像其邻国法国、意大利一样实施“弃煤”政策。但是，作为一个煤炭大国，德国短期内依然会将煤炭作为一种常用的常规能源加以利用。

(一)煤炭勘探开采

1. 煤炭勘探开采许可制度

德国煤炭勘探开采适用于德国联邦《矿业法》。该法本着自由开采和利用矿产权原则对采矿业进行了详细的规制。该法的目标在于：保证原材料的供应，规范和支持矿产资源的勘探、开采和利用，确保采矿操作者和工人的安全，提高保障措施。

德国《矿业法》规定的矿产资源，包括在地面上下、海地面之下、或在海水中自然沉降和积累的所有的矿物质、固体、液体或气体。矿产资源进一步分为“自由矿（bergfrei）”和“基本自主矿（grundeigen）”。联邦《矿业法》第3条第3款规定了“自由矿”矿产资源和列表的详细目录，包括煤炭、钾盐、岩盐、铅、铁、金、铜、汞、糖类、硬煤、褐煤、天然气等。在其他能源开采的过程中发现的大陆架和沿海水域以下的矿产资源以及地热能源也被定义为“自由矿”。“基本自主矿”是剩余的其他资源，主要包括玄武岩熔岩、板岩、部分种类的石英和粘土。《矿业法》禁止土地所有者利用这些资源，直到1996年4月德国宣布废除原有的“基本自主矿”保护制度，“基本自主矿”划归土地所有者所有。“自由矿”则一直被视为无主物，其勘探、开采，以及利用需要一个明确的行政许可，煤炭即属于“自由矿”。

联邦《矿业法》规定了3类许可证：第一类是独占授权许可证，此类许可证只授权某一特定领域内矿产资源的勘探、开采，持有人一定要对消耗完的矿产资源进行合理利用（《矿业法》第7条）；第二类是普通授权许可证（《矿业法》第8条）；第三类是矿井财产证（《矿业法》第9条），该证书确立了所有人对矿产资源的勘探、开采和完全彻底适当的利用权，允许对抗第三方，在转让、抵押及作为抵押品的使用时具有一般不动产的法律性质。

联邦《矿业法》第30条要求许可证持有者在带有商业目的的勘探和开采活动中需向勘探地所在的州付费。《矿业法》第31条将该费用定为矿物市场平均每年价值的10%。如果采矿权的持有者在特定的时间段内未开展或中止勘探开采活动并对这种无理由的不作为负有责任，那么采矿权可以因此被撤销。《矿业法》第18条规定了撤回许可证的不作为时间，即勘探开采权限的1年时间、开采许可证的3年时间以及矿山财产权的10年时间。

2. 德国煤矿勘探开采作业规划制度

煤矿资源的勘探、开采以及加工的工作规划，必须由矿主起草并经主管机关[①]核准。《矿业法》第52条提供了3种勘探开采作业规划：①主要的经营计划是强制性的，以整合和经营不超过两年的矿业活动；②一般业务计划在持续时间超过两年的矿业活动中会被主管机关所要求；③特殊经营计划在特定或辅助性的采矿活动要按照要求制定。这些规划是煤矿主管机关进行监管业活动的一项特定程序。联邦《矿业法》第55条规定，经营规划包括

① 主管机关主要是指矿业管理局或采矿局，还包括分管的州务部长和地方各州的矿物主管机关。

采矿活动的尺度、其技术的实现、持续时间方面的细节，同时也必须提供特别是关于预防损害第三方等额外的证据。矿业公司只有满足这些需求后才能被批准经营规划。

煤矿具体进行规划时，应当进行环境影响评估，否则规划不能进入审批程序。环境影响评估应当组织听证，由有关当局（包括受影响的市政当局）、受影响的第三国或第三方，以及公众（包括环境或自然保护协会）共同参与。

根据《矿业法》第 48 条第 2 款的规定，处理经营规划批准的主管机关可以限制或完全拒绝“只要与公共利益相冲突的”勘探和开采申请，因此主管部门必须调查已有利益是否超越了煤矿资源勘探开采规划的利益。同时，德国《基本法》第 14 条规定的对私有财产的保护，煤矿矿主以及规划主管机关都必须予以考虑。联邦行政法院有权对主管部门做出的权衡公共利益的行政决定进行司法审查。

德国褐煤规划具有特殊的程序，各州规定有所不同。例如，《北莱茵威斯特伐利亚规划法》规定，该州褐煤规划的起草由地方褐煤委员会负责。在规划区域内的地方当局代表、行业商会代表、商会代表、雇主协会代表和工会代表等组成褐煤委员会。褐煤规划应当由规划区域内的地方政府以及公众共同参与，并报各州主要规划当局的批准。褐煤规划必须符合两个条件：长期能源供应的要求和环境保护被充分考虑。但是，州宪法法院在法律依据的前提下有权驳回规划当局批准的项目。

根据联邦《矿业法》第 61 条的规定，勘探开采作业规划如果被批准，煤矿主在获得许可证之后，应当按照规划进行勘探开采，并对其勘探开采行为负责。《矿业法》第 59 条至第 62 条规定，煤矿主可以委托具备可靠、有技能和资质适合的人协助自己进行管理，并且要不断协调他们的权力和职责。《矿业法》第 65 条至 68 条规定，在经营规划中强加给经营者的经营细节（如预防措施、重建地表等）都须在州政府的采矿规范中予以规定。

3. 煤炭勘探开采责任制度

《矿业法》第 77 条规定，如果在勘探开采煤矿过程中与相邻土地的使用权发生冲突，矿业公司如果可以证明其行为有助于公共利益并且没有其他更经济的解决方法，可以申请以征收的形式购买到土地。国家一旦进行征收，需要煤矿公司的支持。征收涉及剥夺私有财产，应当根据《基本法》及联邦《矿业法》第 84 条对受损失的一方进行补偿。

根据《矿业法》第 107 条的规定，当相邻土地的使用影响到采矿活动的时候，可以由州政府或其下属机构的法令规定以公共利益为名限制这些地区的建设，此时也可能会涉及补偿责任。

《矿业法》第120条规定了采矿致人伤害实行推定与严格责任体制的结合制度，以便于受伤原告提起损害赔偿。被告煤炭公司须对不是由采矿活动引起的伤害承担举证责任。然而，如果争议的伤害显然不是由采矿活动所造成的，原告则无权援用这一推定。

(二)德国煤矿安全法律制度

德国煤矿基础设施完备，具有世界上先进的煤矿安全控制系统，近些年来一直没发生过致人死亡的煤矿安全事故。德国的《煤炭安全法》规定了详细的灾害与矿难预防联动机制，为煤矿的安全运营提供了法律保障。德国煤炭安全执法机构共有4级：第一层级是州政府设立的企业经济能源与交通部，第二层级是矿山与能源管理处，第三层级是各区设立的安全监察部，第四层级是煤炭行业协会。各级机构相互协调，共同实施对煤矿安全的监督和检查，处理紧急情况。①

此外，德国还有完备的煤矿救护队制度。德国对煤矿救护队员的筛选、培训、考核和装备等都有明确的规定：队员入队之前首先需要进行采矿理论、基本知识和基本技能的培训，然后进行考试，从中选拔出合格的队员，再在矿区进行基本知识和体能训练。救护队的小队长和大队长要到总部接受专业培训。救护队员每周一进行模拟演习，每个队员都配备有报警器，接到警报后要及时赶到现场或及时回应。矿主要对矿工的身体实行定期检查，贯彻德国社会法中规定的“先预防，后康复；先康复，后补偿”原则，切实维护工伤者的权益，从而减低社会成本。② 德国对矿工死亡赔偿额度很高，每发生一例工亡事故，企业必须给工亡家属支付50万欧元的赔偿费。③

(三)煤炭补贴

德国对煤炭资源的依赖使其特别重视对煤炭资源的补贴政策，其补贴力度在相当长的时间内是欧盟范围内最大的。20世纪末期以来，德国政府应欧盟的要求，逐渐降低对煤炭的补贴力度。2007年7月德国决定：在2018年前对煤炭开采的公共补贴将以社会可接受的方式进行；联邦政府提供财政保证，负责回收矿址成本、关闭最后八处硬煤矿、负责修复地表损伤；逐步

---

① 参见邓江波：《德国能源战略及煤炭产业的基本走势》，载《江苏煤炭》2004年第1期，第90页。

② 参见陈扬、黄海：《借鉴德国经验，推进我国煤矿安全生产》，载《中国公共安全(学术版)》2010年第3期，第25页。

③ 聂启胜：《结合德国煤矿安全生产管理经验浅析如何提高我国煤矿安全管理水平》，载《科技情报开发与经济》2007年第33期，第293页。

取消补贴的新协议应在 2012 年应经联邦议会重新讨论并批准。[①]

二、德国油气资源法制

(一)德国油气资源勘探开采制度

德国油气资源属于《矿业法》中规定的"自由矿(bergfrei)",勘探开采制度也适用于《矿业法》的基本要求,此处不再赘述。

(二)德国油气资源管网制度

德国《能源经济法》规定,联邦网络局(BNA)及各州管网监管机构负责对电网、油气管道、邮电和铁路等管网系统进行监管。

在市场准入方面,只有第一次担任能源供应网络的运营商才须经州主管机关授权,家庭供能仅需通知监管主管机构,其他消费者和终端消费者的供能不需要授权或通知。同时,如果不需环境评估的项目,应当简化规划审批手续。

在职责划分方面,德国根据欧盟的要求,对所有垂直一体化的能源供应事业根据运输、存储、销售等环节进行了分工性的拆分,其中就包括油气管道。但法律对直接面向消费者的较小的油气管网运营商免于拆分,以避免市场的动荡。拆分后,油气管网的所有权人应当对自己的网络负责,独立承担经营责任与经营风险,以适应市场竞争的客观要求。

首先,拆分是法律资格上的拆分,即生产、运输、销售环节的各个公司均具有独立的法人资格。同时,还实行关联产业禁止规则,即若一家公司存在网络运营商,则不允许同时拥有能源生产供给部门,也不允许对能源相关部门有任何利益(比如股份),以防止纵向垄断的发生。其次,拆分是业务上的拆分。专业公司的专门人员分别管理运输、存储、销售等不同的系统,相互之间分工合作,有效地提高了运作效率。为了保持运营商的独立性,在聘任经理等高级管理人员的时候,引入了一些需要其满足的特定条件。经理不可以直接或间接参与和能源生产或供给的日常运作相关的公司机构,而且他们必须如此以保证他们行为的独立,经理必须成为公司能源管网运营商机构中的一员。能源行业中其他部门从事与运营相关工作的雇员必须遵守管理规章。因此,与能源管网运营商有关的公司机构的所有人员都必须被运营商聘任,而且禁止插手能源生产和供给方面的工作。这样一来,经理和

---

① See Johann-Christian Pielow, Hans-MartinKoopmann and EckartEhlers, *Energy Law in Germany*, edited by Martha M. Roggenkamp, *Energy law in Europe: national, EU and International Regulation*, Oxford University Press, 2007, p. 644.

决策制定者们就不得同时为两个部门工作。这些部门服务的定价必须合理且方便运用，同时被详尽表述在服务协议中，以免潜在的交叉补贴。总而言之，法律拆分和业务拆分的要求是互补却不重叠的。两种拆分方法都是为了确保能源管网部门对能源供给垂直企业中对能源管网运营的独立管理。

在管网接入方面，油气管网的运营商在进行网络接入时，需要提供输入和输出容量，使得网络接入能够在不附着于任何特定交易的运输路径的情况下就能实现，而且可以独立使用和交易。但是，由油气生产网点向油气储备装置的管道进行接入，则需要进行谈判，而并非完全取决于联邦网络局的先前许可。油气网络接入期间的环境评估要求保证充足、公平、公开，不管是计费方式上还是实际操作中，都不能劣于网络供应的要求。

在供给义务上，油气供应商必须在特定的油气输送网络内向家庭用户提供能源供应，必须公布油气的供应情况及价格。这是德国有史以来第一次以运营成本为根据进行收费，也反映了油气管网运营商的效率和结构。原则上，根据即将不再依据成本进行网络收费的相关规定，必须考虑对效率高的输出设备进行奖励，给予它们一个合理、有竞争力且风险充足的利润回报比率。德国还规定，油气公司负有提供广泛的油气资源供应的责任，但并不是要求油气公司也得经营相应的油气资源输送网络，从 2006 年 6 月 1 日开始，每 3 年的 6 月 1 日提供给家庭用户。

在监管制度上，德国联邦网络局(BNA)负责对包括油气管网在内的所有能源网络进行监管，并对跨州能源网络的违法行为实施行政处罚。各州也有自己的监管机构，负责本州内的能源管网的具体管理。一些州将他们的监管权授予了联邦网络局，在这种情形下，联邦网络局必须遵守那些对州直接负责的部门的指令。为避免监管决定的不一致，在联邦网络局中建立了由州监管机构的代表组成的委员会。对监管机构的决定不服的可以向州高等法院提出上诉，但除非有法院的命令，否则上诉并不能中止相应的行政决定的执行。

除去联邦网络局之外，德国还设有联邦卡特尔局(BkartA，又称为联邦反垄断局)，在联邦各州也设有法定资格的类似监管机构，负责反垄断监察，维持对第三方的非歧视准入，防止垄断型企业滥用市场支配地位，防止垄断价格的产生。联邦卡特尔局因而具有了监管终端用户能源价格的职能。

联邦卡特尔局对联邦网络局关于增强德国石油天然气网络监管的规定进行了补充，对长期油气供应合同(LTCs)的准入进行限制。长期油气供应合同制度不仅过度地束缚了地区性的和地方性的供应企业，而且妨碍了新进入者的竞争。该制度不仅阻碍了油气网络的产能，还阻碍了向上游企业购买油气。2006年，经法院批准，联邦卡特尔局决定，终止违反竞争法的地区性和地方性油气供应商的油气供应合同的所有条款，该命令对违反竞争法但实际执行情况超50%的四年期合约和实际执行情况超80%的二年期合约的合同条款也进行了禁止性规定。此外，为了应对需求发生变化，油气供应合同中必需允许将供应风险在一个以上的上游供应商进行分配，或者至少与其实际所占的份额相等。而且还进一步要求，合同中不再允许包含默许延长条款。

如果有关人员认为自己的权益受到了侵害，原则上有三种途径来获得法律保护：竞争法途径、能源经济法途径，以及个人在民事法院进行诉讼。这三种方法可以依次进行使用。

（三）德国石油战略储备制度

德国石油战略储备制度历史悠久，早在1966年，原联邦德国就制定了《石油产品储备最低限量法》，明确要求联邦德国的石油公司应当建立一定数量的石油储备。其中，炼油公司必须满足65天，进口石油公司必须满足45天的要求。1975年，原联邦德国政府宣布加入国际能源署（IEA），并根据该组织要求制定了《石油储备法》，将炼油公司和进口公司义务储备要求分别提高至90天和70天。

1978年，德国再次修改《石油储备法》，决定建立德国石油储备协会（Erdol Bevorratungs Verband，简称EBV）。该协会由相关石油公司组成，定期举行大会。大会是该机构的最高权力机关，负责制定和修改协会章程，选举监事会和董事会，拟定和修改会费建议，选举审计人员等。由大会选举出的监事会，成员9名，其中3名为政府代表，3名为炼油公司代表，3名为进口公司代表，负责石油的采购和签约，制定会费标准和预算，决定超额部分石油出售收入的使用，任命和解除理事会成员并监督董事会的工作。董事会成员为2名，任期5年，负责处理该协会的日常工作。[①] 该协会负责的石油战略储备期限为65天；炼油公司负责的石油战略储备的期限要求降低到25天，对进口公司负责的石油战略储备期限则未作要求。依照《石油储备法》，该机构成员依石油产品的种类按吨缴纳强制性的义务费。一旦发生石油危机，机构成员有权按义务费比例分配石油储备使用权。

1987年，德国再次修改《石油储备法》，将石油储备协会的储备量提高到80天的水平，将炼油公司的义务储备降低到15天。1998年，德国宣布

---

① 参见《德国的能源政策和石油战略储备机制》，http://finance.sina.com.cn/roll/20050317/14171438566.shtml，2011-07-31。

石油储备水平应当达到90天，正式取消对任何公司的强制性义务储备要求。①

德国石油储备协会规定，石油储备中90%为自备储备，10%为委托储备。委托储备通过招标方式获得。除去义务费之外，该协会还可以向银行申请贷款。石油储备的义务标准最高为105%，超过部分允许该协会进行出售，但它的出售行为不能动摇国内石油市场。紧急情况下需要动用石油战略储备时，应当由联邦经济与劳动部下达命令。如果动用时间超过半年，则还需要议会批准。

德国还成立了国家能源应急组织（NESO），负责实施国际能源署的具体要求，制定实施能源应急机制，履行平衡国际油价的任务。该组织由联邦经济与劳动部、经济与出口管理局、石油储备协会、德国石油供应协调委员会（KGV）、德国石油危机供应理事会（KVR）以及相关专家学者组成。②

三、德国电力法制

（一）德国电力改革

1998年德国《能源经济法》规定了电网向第三方开放接入的各项事务，德国由此拉开了电力改革的序幕。欧盟在2003年通过相关指令要求各成员国在欧盟范围内开放其能源市场。根据此项指令的要求，德国于2005年再次修订了《能源经济法》，提出了安全、廉价、环保、用户友好、高效的五个能源行业基本目标。③ 该法有关电网的规定主要包括：开放电网与天然气输送管道的接入，准许第三方在支付合理的网络使用费后使用网络设施；将电网企业与发电、供电业进行拆分，禁止一个企业同时在多个领域内经营；建立联邦网络局对电网等企业实施专业监管；建立能源环保标签制度等。该法还规定在2007年7月之前向所有用户开放电力市场。

《能源经济法》把德国电力业分为3个层次：第一个层次是所谓的“复合实体”（下属公司），该实体发展、维护、连接跨区域高压电网以及经营核心发电厂，复合实体是垂直一体化的公用事业，这意味着是同一个实用程序在生产、运输、供应电力；第二个层次关注当地公用事业及主要是农村的终端消费者的能源供应商（区域供应商）；第三个层次包括900多个地方设施，这些

① 马冰、刘伟：《德国的石油需求与石油储备简介》，载《国土资源情报》2002年第1期，第26—27页。

② 参见《德国的能源政策和石油战略储备机制》，http://finance.sina.com.cn/roll/20050317/14171438566.shtml，2011-07-31。

③ 李瑞庆、魏学好：《德国电力市场化改革的启示》，载《华东电力》2007年第1期，第64页。

设施为各自的市提供电力。[1] 拆分，使得专门人员分管电网运营子公司，可以提高公司的效率，加强公司责任能力的分配，提高监管机关对电网运营的控制能力。

改革之后，德国出现了众多供电中小企业，经营向发电企业批发电能、向电网企业出售电能的业务。电能消费者则可以选择不同的供电商以取得优惠的资费标准。按照德国《能源经济法》第 20 条第 1 款 a 项规定，供电商与各个配电电网运营商之间须订立框架性的电网使用协议，具体规定双方的权利义务，也包括负荷测量、费用结算、故障责任等一系列的细节条款。[2] 该法还规定，联邦网络局有权采用严厉的监控手段防止电网企业的自然垄断，对电力、天然气、邮电、铁路等公用设施进行监管，有权明令禁止电网企业滥用市场支配地位，有权对违法行为进行巨额罚款；2008 年开始，德国应当制定相关制度，在监管中引入激励机制。此外，还要求从 2007 年 1 月开始，监管机构要按照发电、输电、配电等不同环节拆分电网公司，拆分后的公司各自独立履行相应职能。地方监管机构主要负责：地方网络系统的监管；批准企业间的输电费用；定期检查报告网络系统的各项情况；地方网络系统企业的反垄断执法。

此外，德国还大力扶持可再生能源发电并网力度。例如，德国《可再生能源法》规定，公共电网运行商必须购买可再生能源所发电力并支付优惠价格；电网运营商有义务将其电网与其装置连接起来，电网运营商应负责将并网连接点建至距发电装置最远不超过 2 公里的位置。

同时，德国长期以来大力发展智能电网建设。德国智能电网建设包括输电、配电、用电环节，主要研究领域包括智能配电系统、智能用电（计量、负荷管理和智能家居）、储能技术、电动汽车充放电、欧洲智能互连电网方面。[3] 当前，德国已经建成了世界领先的智能电网系统。

（二）德国电网法律制度

1. 电网接入制度

德国《电力工业法》规定，电网运营商负有连接发电商和终端用户，并且

---

① Johann-Christian Pielow, Hans-Martin Koopmann and Eckart Ehlers, *Energy Law in Germany*, edited by Martha M. Roggenkamp, *Energy law in Europe: national, EU and International Regulation*, Oxford University Press, 2007, p. 629.

② 李升、庄田园：《德国电力市场改革后法律人才需求分析》，载《中国电力教育》2011 年第 9 期，第 88 页。

③ 陈智伟、周小玫等：《德国、丹麦、英国可再生能源发展对浙江的启示》，载《浙江经济》2011 年第 5 期，第 37 页。

提供相同电压，并将发电储电设备连接入网的义务。电网运营商和发电商、终端用户谈判获得的是网络接入权。发电商和用户都有权通过它接入网络，接入网络需要缔结合同，确定电网计费方式和标准；如果拒绝接入，则应说明理由。同时，联邦网络局(BNA)具有对此项活动进行监督管理的权力。不过，对于在操作上、经济上或技术上不可实现或是不合理的要求，可以拒绝连接。

2. 电网运营与收费制度

市政府与电力供应商之间可以签订承包合同，电力供应商可以公开取得市政府所有的能源输送网络的建设经营权。当涉及电力最终消费者时，合同的最大有效期可以达到50年。

电力供应商应当按照规定的电力网络向家庭用户提供电力供应，必须公布电力供应状况和电力指导价格。此外，供应商还必须保证在低电压输送电力的状态下，也能按照规定向所有的家庭用户提供充足的电力。能源公司应当提供广泛的能源供应的责任，但并不意味着要求能源公司也得经营相应的能源输送网络。广泛的能源供应就意味着绝大部分能源在特定的日期(从2006年6月1日开始，每个第3年的6月1日)提供给家庭用户。[①]

当承包协议期满前2年，失效日期必须刊登在当地的联邦公报上。对于覆盖超过10万个客户的大型城市，还必须在欧盟的官方杂志上公布。如果市政府与一个新的能源输送商签订了新的特许经营合同，现在的能源输送商有责任移交现有的网络，并得到相应的补偿。

《能源经济法》关于电网收费的内容很抽象。该法第21条a款表明，基于成本的电网收费计算方法有出现偏差的可能，同时允许引入基于奖励的规范制度。该制度原则上意味着，一旦同意针对网络接入的收费，在规定的一段期间内(2—5年)应当不收费，同时根据效率标准设定更高的收费标准或总收入标准，提高效率的电网运营商会得到更多的奖励。2006年6月底，联邦网络局提交了一项关于基于奖励的规范制度的提案。同时，联邦政府在议会程序中也引入了相应的规则。

3. 电网监管制度

根据《能源经济法》，德国对能源网络进行监管，其中就包括对电网的监管，由联邦网络局负责，与油气管网的监管制度相似，此处不再赘述。

---

① Johann-Christian Pielow, Hans-MartinKoopmann and EckartEhlers, *Energy Law in Germany*, edited by Martha M. Roggenkamp, *Energy law in Europe: national, EU and International Regulation*, Oxford University Press, 2007, p. 668.

四、德国核能法制

(一)德国核能法律框架

德国虽然在2011年宣布“弃核”,但是在其最后一座核电站关闭之前,现存的核能法律制度依然有效。德国核能基本法是于1959年制定的《和平利用原子能和防止其危害法》,其后多次修改,最后一次修改是在2002年。该法共计6章,详细规定了德国核能的主管部门、监管体制以及相关责任。该法明确指出德国核能立法宗旨是“逐步淘汰,确保安全,履行国际义务”①。除核能基本法外,德国还有《核辐射防护条例》、《联邦政府和能源供应企业的原子能协议》等规范性法律文件。

(二)德国核能管理体制

根据《原子能法》的规定,德国环境保护与核安全部和联邦核能委员会共同负责核安全以及辐射防护管理事项。联邦核反应堆安全委员会、联邦辐射防护委员会和联邦放射性物质委员会是核能管理的咨询机构,联邦核技术委员会是负责制定相关的行业标准。

联邦政府相关部门也有相关的核能管理职能。例如,联邦教育与研究部负责核技术的研发;联邦财政部和海关一道负责核燃料及其他放射性物质的进出口管理;联邦运输、交通与城市事务部负责核物质的运输;联邦经济和技术部负责国际核能合作;联邦辐射防护办公室负责核辐射的防护工作,主任由核安全部长兼任。根据德国《原子能法》的规定,该办公室的主要职责是负责核材料的政府保管,建造、运行和监管联邦用于暂时保存和最终储存放射性废物的设施,核燃料和放射性物质的运输审批,政府保管以外的核材料安全存放审批,从事辐射工作人员辐射记录系统的建立和维护。②

同时,德国还同经合组织、国际原子能机构、欧洲原子能共同体等国际组织积极开展合作,并认真履行这些组织所交予的国际义务。

(三)德国放射性矿物开采制度

德国《矿业法》适用于放射性矿物的开采。同时,放射性矿物的开采还额外需要相关许可证。此外,开采放射性矿物还要符合《核辐射防护条例》的规定。

(四)核燃料及相关设施管理制度

德国《原子能法》第2章对核燃料及其相关设备作出了规定。放射性物

① 参见徐原:《世界原子能法律解析与编译》,法律出版社2011年版,第81页。
② 参见徐原:《世界原子能法律解析与编译》,法律出版社2011年版,第88页。

质、核燃料及其相关设备的生产、存储、运输、买卖和进出口均需要经过联邦防辐射委员会的行政许可。德国已经终止了核设施建设申请许可申请，政府目前只履行监管职能。核设施运营商必须指定专门人员配合联邦核安全部进行的监管和评估工作。在应急预案方面，核设施的负责人有义务在核事故发生时将相关情况向主管部门报告，并启动应急预案。在核材料及设备交易方面，由于德国已经弃核，相关核材料以及设备交易也已停止。在核材料的保管方面，除政府保管的核燃料之外，任何核燃料在交付给最终处置设施之前的整个保管过程均须政府审批，且期限不得超过5年；必要时，该期限经申请可延长1年。

(五)核废物管理及辐射防护制度

经地方当局批准，核辐射防护办公室负责建造和经营核废物处理场。处理场的建造费和处理及废物所用的费用由废物所有者承担。只要是针对核废物处理场及其处理设施进行建造、运营、占有、使用、根本改变、退役等活动的，都必须保证核废物以及被拆卸或废弃的核设施部件应当全部完整地加以利用，或者作为核废物按照规定予以处置，但操作核物质设施以及产生核辐射的设施除外。而对于核废料的处理，德国规定，核运营商必须提供从回收之日起处理的核废料具有充足的临时存储设施的证明。如果核运营商委托第三方临时储存准备回收的核废物，那么第三方可以对回收的核废物进行处理。如果有人想要完整地利用核废料，就必须提供重新利用是有保障的证明。对于已经处理过并提取过的核原料，管理方应当提供有符合安全性要求的临时性存储设施的证明。核废料的所有者有义务将这些放射性物质存放在规定的存储设施中。

辐射防护则由《原子能法》和《核辐射防护条例》进行规制。主要内容有：应当保护放射性物质操作人员以及公众免受放射性物质的侵害；大气和水体的放射性物质不得超标；在放射性区域工作的人员应当出具医生证明；放射性区域的停留人员应当进行体内辐射的测定；对放射性物质的生产、冶炼、购买、占有、使用、出售和存储都必须对核辐射的剂量及其效率进行记载并上报；核设施所有者有责任向监管部门汇报核辐射的情况。

(六)核物质运输制度

核物质的运输适用于德国《危险货物运输法》、《公路、铁路、海洋和内水危险品运输条例》和国际原子能机构的《放射性材料安全运输条例》。随着德国的弃核，核物质运输制度将逐渐丧失其相应的作用。

(七)核损害责任

德国是《巴黎公约》、《布鲁塞尔补充协议》、《布鲁塞尔公约》和《维也纳公约》的缔约国。根据德国《原子能法》第 1 条第 4 款关于保证履行德国在核能利用与核辐射防护等领域的国际义务的规定,《巴黎公约》等相关国际条约可以直接适用于德国国内的核损害赔偿中去。德国《原子能法》还进一步规定:核损害责任的保证金上限为 25 亿欧元,每隔 5 年对保证金进行价值评价;核设施所有者实行无限责任,责任限制为政府规定的最高额,但如果出现战争或异常严重的自然灾害,则核设施所有者承担有限责任,以政府规定的最高额为限;损害请求时效为知道损害存在后 3 年内或应当知道而未实际考虑时起 30 年内。若由于核事故的影响,核设施所有者履行法定的损害责任不能以预定的补偿额度来弥补或不能以预定的补偿方式来履行补偿责任时,则应免除核设施所有者的损害赔偿义务,免除赔偿的最高金额为 25 亿欧元。该损害赔偿责任的免除只限于此最高金额扣除财务保证金所包含或能支付的数额。同时,德国《原子能法》还规定,不能因满足个别受害者的要求而不适当地损害全体受害者的整体要求。此外,当依据《巴黎公约》等相关国际条约及其国际议定书的其他缔约国的国内法,不能使得核事故受害者因在德国《原子能法》的实施范围内收到的损失而获得应有的赔偿,或者赔偿的种类、程度和范围大大低于适用德国《原子能法》可能给受害者带来的应有的损害赔偿,或者在核损害发生的州提起诉讼根本没有成功的希望时,则联邦政府应当提供补偿,其上限为联邦政府赔偿的最高限额。[①]

(八)核能法律责任

德国《原子能法》规定,在未证明已采取财务保证措施的前提下运输核燃料、未经审批建立核设施、违法提供财务保证证明、违反回收或撤销许可的裁决、未携带核燃料运输批准证书、未按要求出示批准通知书等行为,最高处以 5 万欧元的罚款。[②]

第四节 德国可再生能源法制

一、德国可再生能源法

自两德统一以来,德国就一直加强对新能源与可再生能源的扶持力度。2000 年 2 月 25 日,德国通过了《可再生能源法(EEG2000)》,该法共计 12

① 参见徐原:《世界原子能法律解析与编译》,法律出版社 2011 年版,第 108—109 页。
② 参见徐原:《世界原子能法律解析与编译》,法律出版社 2011 年版,第 110 页。

条，确立了可再生能源在全国能源消耗中的比例要超过50%的目标。同时，该法还规定：政府应采用所有可再生能源发电量的固定、递减、有时间限制的收购价格；规定距离电网最近的运营商有优先购买可再生能源电能的义务；针对注入各电网的可再生能源电量不同而造成的电网运营商成本不同，在德国全国范围内实施了平均化措施向开发可再生能源的企业提供相应的补贴；[①]在全国范围内对电网运营商所购买的可再生能源所发之电与其向最终用户提供电量之间的比值确定一个平均值，如果电网运营商购买的可再生能源发电之量超过限定的比值，则可以将超出部分卖给其他的电网运营商，直到达到平均比值；相关部门根据可再生能源的市场和成本变化，提出相应调整的政策建议。[②]

2004年，德国修改了《可再生能源法》，把该法的条款增加到21条。修改后的《可再生能源法(EEG2004)》的主要目的是促进可再生能源的发展，提高可再生能源在德国能源消耗中的比例，以实现节能减排的目标。[③] 该法规定了输电网的具体义务，德国电网运营商必须按法律规定的价格全额收购"绿色电力"，并有义务在全国范围内平衡、分摊因使用成本较高的绿色电力所造成的电费上升；明确了强制入网的具体标准，对根据不同类型、不同资源、不同装机规模的分布式能源规定了不同的电价水平；考虑技术进步的因素，规定了不同可再生能源固定电价下降的时间表。[④] 该法还规定了相应的补偿和补贴等激励措施。可再生发电新设备投资补偿主要包括：政府以投产年度、设备功率、所用的原料及技术性能确定可再生能源发电新设备的补偿幅度，补偿期限最长为20年，每年降低1.5%；为鼓励广大民众在家庭中使用可再生能源，政府对小型设备补偿较高。生物质能技术创新补贴主要内容有：为鼓励多用植物能源，政府给予用生物原料发电的500千瓦以下设备，每千瓦时6欧分的生物能源补贴，500千瓦以上至5兆瓦以下的发电设备给予4欧分的补贴；木材发电的补贴为2.5欧分；20兆瓦以下的发电一供热联合设备可获2欧分的混合能源补贴。此外，混合能源如使用特别新颖和有创新的技术将获得2欧分的技术创新补贴。德国还鼓励新建沼气设备和利用植物原料，原则上小型沼气设备和植物原料设备能获得较高的生物

---

① 邹伟进等：《德国发展可再生能源的实践及启示》，载《理论月刊》2008年第6期，第145页.

② 蒋懿：《德国可再生能源法对我国立法的启示》，载《时代法学》2009年第6期，第118页。

③ 参见《德国2010年电力12%来自新能源》，载《电力需求侧管理》2007年第5期，第71页。

④ 陈智伟、周小玫等：《德国、丹麦、英国可再生能源发展对浙江的启示》，载《浙江经济》2011年第5期，第37页。

能源补贴。[①]

2009年德国再次修改《可再生能源法(EEG2009)》,把该法的条款扩充到66条。具体上看,该法包括前言、接入与输电配电、优惠政策、补偿政策、法律法规、透明度、监管机构、实验报告和过渡性规定、附件等9个部分。其主要内容有:到2020年,德国可再生能源在电力消费中所占的比例要达到30%;可再生能源优先以固定费率入网,即电网运营商必须以法律规定的固定费率,收购可再生能源供应商的电力,供电商再根据全部入网的可再生能源、传统能源成本状况,厘定电价;提升可再生能源收购价格,调整可再生能源补贴性价格标准,将最低档可再生能源入网价格由每千瓦时7.87欧分提高到9.30欧分,陆地风电价从每千瓦时8.03欧分上调至9.2欧分,海洋风电价从每千瓦时8.92欧分上调至13—15欧分,以后每年调低5%;光伏(PV)能电价调降至33—43欧分,2010年下降8%—10%,以后每年降低9%;调低对新项目入网价格每年递减速度,以降低可再生能源供应成本;大部分新项目价格入网每年递减的速度由原来每年规定的2%降低为1%(做出特别规定的除外);对供电质量和技术要求规定奖惩机制;[②]由联邦政府授权各输电网运营商建立全国性的可再生能源专用账户,由能源监管机构实行统一核算,以确定各输电网之间可再生能源额外成本的转移支付额度;输电网运营商根据共同预测的下年可再生能源发电量及产生的费用,计算并公布下年的可再生能源附加电价。联邦网络局负责具体的管理和运行实施办法,并会同州政府对实施效果进行评估。并网操作以及其他保障电网安全不可或缺的设备,必须符合电网运营商根据具体情况提出的必要的技术要求和《能源经济法》的相关规定。此外,该法对可再生能源电量实行固定上网电价政策,其基本形式为"固定初始上网电价+逐年递减额"。其中固定电价由《可再生能源法》具体规定,一般每两年修改一次,逐年递减额则依据法律法规确定,以鼓励新设备新技术尽快投产。[③] 这也是该法与德国《上网电价法》的衔接。《上网电价法》规定,在20年内,可再生能源发电必须上网,电网企业必须接受;为推动可再生能源上网和降低发电成本,《上网电价法》规定每年降低可再生能源上网电价5%,实际执行过程中所降低的上网

① 楚新:《德国:多条腿走路发展生物质能》,载《中国经济导报》2007年4月12日。

② 参见程辉:《德国的〈可再生能源法〉》,载《学习时报》2010年8月30日。

③ 参见李瑞庆等:《英国和德国可再生能源制度比较分析》,载《电力需求侧管理》2009年第1期,第78页。

电价是5%至6%,2009年光伏上网电价实际下调了9%左右。[①] 依照德国的上网电价优惠政策,各类可再生能源上网电价按照其经济性排列的顺序为:垃圾填埋气(沼气、瓦斯气)、陆上风电和海上风电、生物质发电、地热发电、光伏发电。德国十分重视各类可再生能源的技术创新,通过规定各类可再生能源成本的逐年递减幅度,使各类可再生能源通过技术进步,降低发电成本。[②] 该法还对补贴粪肥利用技术、鼓励沼气和堆肥厂组合投资等扶持政策做出了相关的规定。此外,2009年《可再生能源法》还规定电网在超负荷等紧急情况下可以限制100千瓦以上可再生能源发电机组的贡献,以减少由于可再生能源发电接入而产生的电网事故发生率。[③]

2009年,德国政府通过《可再生能源取暖法(EEWarmeG)》,规定到2012年前,政府要为采用可再生能源取暖的家庭提供5亿欧元的财政补贴。不久,德国联邦环境部和核安全部为了配合《可再生能源取暖法》,颁行了《关于可再生能源用于取暖市场的措施的促进方针》。根据以上相关规定,已建房屋主人一般没有使用可再生能源的义务,除非各联邦州另有规定;如果房屋主人安装相应可再生能源设备,将取得补助金额;新建房屋主人有使用一定比率可再生能源的义务,在此比率范围内没有补助,但是如果房屋主人使用超出此比率范围的可再生能源,则会得到补助,补助比已建房屋主人的要少25%。[④]

二、德国可再生能源激励政策

在政策指引下,德国可再生能源发展迅猛。根据德国能源和水利联邦协会的统计,德国新能源与可再生能源的发电量2009年底已经达到了930亿千瓦时,占德国电力消耗的16%,远远超过欧盟为其成员国设立的截止到2010年前可再生能源发电量占本国电力消耗的比例至少要达到12%的目标。具体上看,在德国在可再生能源中,风能占发电量的比重为6.4%,生物质能占4.4%,水电占3.3%,太阳能占1%,垃圾发电厂占0.9%。[⑤]

---

① 参见《德国补贴电价下调,光伏市场"量升价降"》,http://www.chiner.com/newsopen.aspx?newid=501,2011-08-05。

② 陈智伟、周小玫等:《德国、丹麦、英国可再生能源发展对浙江的启示》,载《浙江经济》2011年第5期,第37页。

③ 参见王乾坤等:《德国可再生能源发电政策法规体系及其启示》,载《能源技术经济》2010年第3期,第51—53页。

④ 张宁:《德国出台新法促可再生能源利用》,载《中国煤炭报》2009年6月15日。

⑤ 木子林:《德国2050年能源需求100%来自可再生能源》,载《山西能源与节能》2010年第1期,第95页。

德国国家复兴银行推出了“可再生能源激励计划”，该银行承诺向利用可再生能源发电的项目（主要包括太阳能取暖、浅层地热能利用、水力发电装置、沼气、垃圾发电设施、生物质能发电设施、太阳能光热发电设施和风力发电设施等）提供长期低息贷款。

2010 年，德国联邦环境部宣布，到 2050 年，德国的能源消耗几乎可以全部来自可再生能源。德国因此便成为了世界上第一个提出在未来一定时期内将全部采用可再生能源的国家。2010 年，德国联邦环境部在可再生能源领域的研发经费已经达到了 1.2 亿欧元。

2010 年 8 月 4 日，德国政府通过了“国家可再生能源行动计划”。该计划规定为德国设立一个具体的工作目标：截止到 2020 年底，德国可再生能源消费量比 2009 年至少要增长 8 个百分点。该计划还详细列出了现有和未来促进可再生能源利用的措施、手段与政策细节，并规定了各行业的具体发展目标。

2010 年 9 月 28 日，德国联邦政府又发布了其面向 2050 年的能源总体发展战略《能源规划——环境友好、可靠与廉价的能源供应》。该规划规定：可再生能源应当成为德国未来能源消费供应的主体；随着经济和技术的不断发展进步，可再生能源时代将很快到来，届时可再生能源价格将变得更加廉价和可接受。到 2020 年，可再生能源发电将占德国电力消耗总量的 35%；到 2030 年，这一比例将达到 50%；到 2050 年将提高到 80%。① 2011 年，德国联邦环境部将在预算中增加可再生能源研究经费，迄今为止已经确定的研发经费已经达到 1.28 亿欧元。其中重点实施的 184 个新项目中，大部分包括风能特别是海上风电研究，还有光伏发电降低成本和提高能效方面的研究。2011 年 4 月，根据德国联邦政府《能源规划 2050》的具体要求，出台了《第六能源研究计划》，可再生能源成为其中的一个优先主题。②

德国还推行“能源合作社”制度。德国能源合作社通常是为新能源和可再生能源推广和利用而设立的。合作社一般是通过利用太阳能、风能或生物质能，在满足自己社员内部利用的前提下，还可以根据德国《可再生能源法》并入附近电网，以政府鼓励价格卖出。大型电网公司必须以每度电 49 欧分的高价收购，此价格约为市场价的 3 倍。国家对能源合作社的补贴会持续

① 参见李山：《德国：坚定迈向可再生能源之路》，载《科技日报》2011 年 3 月 6 日。

② 参见《2011 年德国联邦环境部增加可再生能源研究预算》，载《中国科技信息》2011 年第 6 期，第 7 页。

20年。[①]

德国政府为促进使用可再生能源也进行了一系列鼓励措施。例如,德国莱法州政府已经决定,从2010年起,80%的政府机关和公用建筑将全部采用"生态电流"。剩余20%的公共建筑,在现有合同到期后也全部改用生态电力。截止到2010年底,德国本土16个州全部将可再生能源列为重点项目,予以扶持和优先发展。[②]

三、德国风能法制

德国风能发电处于世界领先水平。截至2010年,德国风力发电机组数量为21 607个,装机容量27 214兆瓦,位居世界第三。[③] 2010年德国实现风力发电总量已超过300亿千瓦(kW),占德国全年总发电量的5%左右。[④]

德国很早就制定了《风电并网法》,规定了输入公共电网的风能的最低补偿标准。2009年7月,德国又颁布了《风电设备参与系统服务的条例》,详细规定了风电设备参与电力系统服务的奖励办法:2001年12月31日至2009年1月1日投入运行的参与无功补偿的风电设备,可获得0.7欧分/千瓦时的奖励,2009年1月1日至2014年1月1日投入运行的参与无功补偿的风电设备,可获得0.5欧分/千瓦时的奖励。[⑤]

近些年来,德国政府大力推广能源合作社,"风能合作社"就是重点项目之一。德国萨克森—安哈尔特州的达德斯海姆镇就是德国著名的"风能合作社"。在当地政府的倡导下,该镇居民绝大部分都参加了该合作社。该合作社有30多台风动力装置,每年提供1.6亿—1.9亿千瓦时的环保电能,相当于约16万人的电力消耗,还受到了联邦政府的褒奖。

德国近年来一直致力于波罗的海和北海地区的海上风能项目建设。2002年,德国颁布《海洋设施法令》,规定联邦政府可以决议选出特殊且合适的地区,用来建立风力发电厂,国家可以以可能的授权方式,来增强投资者投资行为的合法性和确定性。同时,针对同一地区多项申请的情况,该法案

---

① 参见青木:《促进新能源利用,德国流行能源合作社》,载《中国合作经济》2010年第8期,第55页。

② 木子林:《德国2050年能源需求100%来自可再生能源》,载《山西能源与节能》2010年第1期,第95页。

③ 李山:《德国:坚定迈向可再生能源之路》,载《科技日报》2011年3月6日。

④ 谢晶仁:《德国新能源和可再生能源发展的若干思考》,载《农业工程技术(新能源产业)》2011年第5期,第6页。

⑤ 王乾坤等:《德国可再生能源发电政策法规体系及其启示》,载《能源技术经济》2010年第3期,第51页。

要求联邦海上和水道测绘局(BSH)依据"最先符合认证要求者可得认证"的原则进行决定,而不是"先来先得"。此项制度的目的,是采取措施以防止申请人保留当前土地,以待将来再用来开发的行为。2008 年 7 月 15 日,德国修改了联邦交通部于 1997 年制定的《海上风电安装条例(SeeAnlV)》。该条例规定,德国海上风电的并网和收购电价由联邦环境部(BMU)负责实施;海上风电的项目规划和批准由联邦经济和技术部(BMWi)负责;海上风电安装则由联邦交通部下属的联邦海上和水道测绘局(BSH)负责发放许可。2011 年,德国联邦环境部将为德国阿尔法文图斯(Alpha Ventus)海上风电试验场拨付 3 000 欧元的测试经费,[①]政府对海上风电厂的补贴额度已经达到了 8 欧分/千瓦时。为了将海上风力发电厂与电网连接,电厂必须和最近的电网运营商联系。发电厂的变电站和邻近合适的电网连接点之间的连接必须由各自的电网操作人员搭设并付款。输电系统运营商则可以根据《热电联产法》,将这些费用移交到随后的电网运营商。海上发电项目需要合并成为高压输电的方式,进行自海岸起 20 公里以内距离的传输。

四、德国太阳能法制

1999 年,德国提出了"十万太阳能屋顶发电计划",实现了太阳能领域的跨越式发展。2010 年,德国新增光伏太阳能装机容量约为 7 吉瓦(1 吉瓦=1 000 兆瓦),约占全球装机容量的一半,是目前全球最重要的光伏太阳能市场。[②] 德国太阳能的迅猛发展取决于德国优惠的太阳能政策。

2009 年,德国太阳能行业协会(BSW)表示太阳能发电设备将大幅降价 15%。2010 年 7 月 12 日,德国政府实行了"可再生能源市场刺激计划"。根据该计划,政府为太阳能提供基本补贴、特别补贴和创新补贴。基本补贴规定:如果第一次安装太阳能集热器装置且集热器净面积不到 40 平方米的,每平方米补贴 90 欧元;如果单户住宅或双户住宅第一次安装用于供热的综合性太阳能集热器装置且集热器净面积超过 40 平方米,并且缓冲储存器容量至少 100 升以上的,40 平方米内每平方米补贴 90 欧元,超过 40 平方米的部分每平方米补贴 45 欧元。特别补贴规定:太阳能集热器装置采用的是新一代锅炉的,可以获得 400 欧元的补贴。创新补贴的主要内容有:第一次安装集热器面积为 20—40 平方米的大型太阳能集热器装置的,每平方米补贴

① 罗涛:《德国新能源和可再生能源立法模式及其对我国的启示》,载《中外能源》2010 年第 1 期,第 39 页。

② 李山:《德国:坚定迈向可再生能源之路》,载《科技日报》2011 年 3 月 6 日。

180欧元,但是获得这一补贴后,就不再获得其他特别补贴;如果建造或扩建在40平方米以上,并为3个住房单元或使用面积在500平方米以上的非住宅楼使用的大型太阳能装置的,德国国家复兴银行可以在法律框架内提供优惠贷款、还款补贴等方式对项目进行资助,但还款补贴不得超过投资总额的30%。[①]

2010年3月3日,德国联邦政府认为,鉴于目前光伏设备价格下降近40%,今后的太阳能发电补贴应与市场发展形势相适应,故向联邦议会建议,对安装在屋顶太阳能设备的上网电价下调16%;对安装在空地部分的太阳能设备的上网电价下调11%;对其他的太阳能设备的上网电价下调15%。经联邦议会通过后,该政策从2010年7月1日起生效(此前已安装并网的不在此列,仍按原规定执行)。此外,今后对于利用光伏设备发电自用的(即自家利用而不外输),政府将加大补贴,每度电补贴从3欧分上调至8欧分(按电表计数实行补贴)。[②]

2011年,德国联邦环境部与联邦教研部共同推动了"光伏发电创新联盟"项目,该项目的任务是使德国在未来几年内将国内能源结构调整为以可再生能源为主,进一步健全能源基础设施,具体内容包括:能源存储技术研究、电力网络技术研究、地热能、太阳热能发电和低温太阳热能利用的研究等。此外,德国还颁布了《太阳能电池政府补贴规则》,对太阳能的补贴制度进行了详细的规定。

德国"太阳能合作社"也是能源合作社的主要形式之一。例如,德国南部巴登符腾堡州的"丰罗特—沃佩温特太阳能合作社"就是代表之一。该合作社是由一些环保主义者组成,建立时共筹资金60余万欧元。太阳能发电设施设置在体育馆和学校的屋顶,社员定期提供租金。太阳能所发的电力除去供社员使用外,剩余的电力卖给国家,国家用鼓励价格回收,社员平分收益。通过这种手段,一方面降低了火力发电给环境造成的负效应,另一方面为社员提供了可观的收益,实现了经济效益与环境效益的双赢。虽然自2010年7月1日开始,德国开始逐步减少太阳能发电补贴,但由于可再生能源设备投入的减少,也缓冲了可再生能源电价的提升。[③] 太阳能能源合作社的前景依然远大。

---

① 参见吴润华:《德国出台资助太阳能装置新政策》,载《太阳能》2010年第12期,第52—53页。

② 程辉:《德国的〈可再生能源法〉》,载《学习时报》2010年8月30日。

③ 参见青木:《促进新能源利用,德国流行能源合作社》,载《中国合作经济》2010年第8期,第55页。

五、德国生物质能法制

德国重点发展生物质能，希望此项能源能够取代核能在国民经济中的重要作用。2007 年，德国生物质能源占再生能源市场的份额超过 60%；生物质能源占德国再生能源供热市场的份额超过 90%。[①] 2010 年德国的生物柴油产量达 240 万吨，而且德国已从 2011 年 1 月开始在全境推广含 10%乙醇的汽油。[②]

除《可再生能源法》外，德国环境部还于 2001 年制定并在 2005 年修改了《生物质条例(BiomasseV)》。该条例的主要内容包括：生物质的范围；哪些生物质可以算作生物质发电；哪些生物质必须排除在生物质发电之外；生物质发电的技术范围；生物质发电需达到的环境标准。[③]

德国为发展生物质能，制定了许多优惠制度与政策。例如，2005 年，德国政府推行了一项变废为宝的"劳艾克"工程，推动生物质能在国内的广泛使用。劳艾克是德国西部北莱茵威斯特伐里亚州的一个生物质能工厂，成立于 2001 年。该工厂建设在农场附近，以就近和循环利用生物制原料。在这一过程中，农场产生的牲畜粪便和庄稼、蔬菜垃圾进入劳艾克工厂进行发酵，从中产生沼气和肥料，沼气可以用来烹饪、取暖和发电。这种模式一方面处理了垃圾，另一方面为农业生产提供了动力能源，劳艾克工厂也得到了丰厚的回报。目前德国已经在国内各地广泛推广劳艾克工程。德国联邦农业部长认为，如果全国 2 亿多吨肥料和其他可用废弃物全部用于生产生物能，其中的一半用于生产能源或者发电，德国 170 万个家庭可用它供热，400 万个家庭的全部电力需求可由它来满足。[④]

2009 年 4 月 29 日，德国政府审议通过了由联邦农业部、环境部共同提交的《德国国家生物质能行动计划》。该报告的主要内容有：德国实际已具备了物质能开发利用的现实潜力；政府将重点推进生物质能在发电、供热、燃料生产等领域中的推广和利用；要发挥法律法规的重要作用，并针对实际情况及时修正调整，使其更加适合扩大生物质能热利用的需要；扩大生物质能的利用必须体现可持续的原则，应当避免出现生物质能利用对经济、社会和生态环境带来的负面影响；要将生物质能利用融入到地区经济循环体系，

---

① 楚新：《德国：多条腿走路发展生物质能》，载《中国经济导报》2007 年 4 月 12 日。

② 李山：《德国：坚定迈向可再生能源之路》，载《科技日报》2011 年 3 月 6 日。

③ 罗涛：《德国新能源和可再生能源立法模式及其对我国的启示》，载《中外能源》2010 年第 1 期，第 39 页。

④ 参见张维佳：《变腐朽为神奇：德国的生物能发电》，载《中国环境报》2005 年 1 月 13 日。

兼顾生态环境保护和文化景观资源保护的要求；德国要继续扩大从外国进口生物质能产品；要加大生物质能在热电联产等节能减排领域的应用；要把生物质能促进重点从注重“利用率提高”调整到突出生物燃料对增进气候保护的“净贡献率”；要加大科技投入，增强生物质能相对于矿物质能源在价格和利用效率上的全方位竞争优势；预计在2002—2020年，德国生物质材料及能源利用耕地面积理论上将达到250万—400万公顷，德国生物质能占全部一次能源消费量的比例必须要有显著地提高。[①]

德国还制定了诸多鼓励发展生物质能的法规，主要包括：《可再生能源使用资助指令》、《农业投资促进计划》、《农业领域生物动力燃料资助计划》、《生物质发电条例》、《复兴信贷银行降低二氧化碳排放资助计划》等。同时，德国近来开始谋求传统的木质能源的“复兴”。德国森林覆盖率达30%以上，木材资源充足，林业发达。德国政府规定远离城市的乡村使用木质能源的家庭，政府给予补贴150欧元/年。

第五节　德国节能法制

一、德国节能法规

德国政府历来重视节能法制建设，并结合实际情况多次修改《节能法规(ENEV)》以适应社会对节能减排的强烈要求。德国节能法起源于1977年的《节能法规》和《保暖法规》。1977年，德国颁布《节能法规(ENEV1977)》，对“暖通设备”和“日用水制备”及其运行提出了要求，规定新建建筑必须实行“节能保温”制度。1977年，德国颁布了《保温法规(WSVO)》，规定了建筑物围护结构的导热系数的最低值。1984年，德国修改了《保温法规》，对最低值的要求更加苛刻。1995年，德国对《保温法规》进行大规模修改，废弃了导热系数最低值制度，开始采用年采暖能耗标准、通风热耗标准，并且将太阳的热量和室内的热量考虑进去。2002年，德国通过了新的《节能法规(ENEV2002)》，将《保温法规》和1978年制定的《采暖设备条例》并入进去。2002年的《节能法规》规定要统一考量建筑物采暖及热水设备的能量要求，并执行能源证书制度，对所有的建筑实行能源证书制度，没有能源证书的房屋将禁止出售。2004年，德国再次修改《节能法规(ENEV2004)》，设立了可

---

① 参见列春：《德国出台〈国家生物质能行动计划〉》，载《工程机械》2009年第12期，第78—79页。

参照执行的新标准。2009 年德国修改的《节能法规(ENEV2009)》详细规定了能效证书制度，具体包括：能效证书的概念、用途、取得方式；能效证书的创制方式；有关建筑物的设计节能标准；年度初级能源需求以及最终能源需求的规定；建筑面积与能源消耗制度；有关混合使用建筑的规定；有关热传输、热损失的量化指标；以及相关的法律责任。

二、德国节能政策

德国重视节能政策，对建筑物、锅炉、热水设备等节能保暖性能和指标作了详细的规定，为企业提供免费的节能咨询，为节能项目提供优惠贷款，并提倡使用节能电器。2000 年，德国实施了“能源评估计划”，对积极采用节能技术与产品的消费者实行低息贷款和部分资助。通过开发研制“能源评估体系”计算机软件，并培训专业咨询人员学习使用该软件，再将专业咨询人员对建筑物的调查数据和业主的访问数据输入计算机，可得出建筑能耗比，假若高出标准值，则为其提供节能改造方案。对热损失、电损失大的家用电器也进行节能改造经济补贴，同时为建筑节能和高效节能技术的研发和信息传播也提供经济补贴。每年为节能投资提供低息贷款和可再生能源的利用提供优惠贷款。[①]

2007 年 8 月，德国宣布实施“保护环境和节能计划”，要求在 2020 年实现德国可再生能源利用占到能源利用总量的 25%—30%。其中，采暖要至少使用 14%的可再生能源。同时，还要推广环保高效的热电联产设施建设，要求热电联产设备发电总量应当达到 30%。到 2012 年，建筑物节能标准要在 2008 年的基础上再提高 30%，如果业主没有按期实行建筑物的节能改造，则需缴纳采暖能源费用。政府斥资 75 亿欧元支持该计划，并针对改善城市供暖系统的投资实行 30%的补贴，资金总额将近 1.5 亿欧元。

1999 年，德国引进了生态税制度改革，并提高了采暖用能的税率，将这部分税款用于冲抵养老金，做到取之于“能”，用之于民。生态税对公共交通工具减征，对可再生能源免征。截止到 2009 年，生态税收已经达到186 亿欧元。[②]

德国政府还规定，私人住宅用户可以聘用能源评估专家来自己的房屋做“能耗体检”，并提出节能建议；联邦政府提供不超过 50%的报销额度，

---

① 马宏亮：《国外建筑节能政策比较》，载《科协论坛》2010 年第 1 期，第 113 页。

② 卢求：《值得借鉴的德国生态节能政策与措施》，载《中国建筑装饰装修》2009 年第 3 期，第 167 页。

300 欧元以下的节能咨询费；中小企业用户则可以报销 80%。而对电源能耗的咨询和房屋气密性的测试，政府则分别提供 50 欧元和 100 欧元的补助。[①]

此外，德国联邦经济部与德国国家复兴银行共同设立了中小企业节能专项基金，专门用于提高德国中小企业能源效率，为中小企业实施节能政策提供战略指导，为中小企业采取节能措施提供资金支持。[②]

三、德国建筑节能制度

德国建筑物节能主要包括住宅建筑节能和工业建筑节能。政府负责监管住宅节能，而工业建筑节能则主要依靠业主的自觉性。德国《节能法规》对建筑物节能有明确的规定：新建住宅建筑应当以建筑面积为基准进行能耗标准控制；与建筑体形系数（建筑外表面积与其包围的采暖体积的比值）相对应的建筑物最大允许能耗标准和建筑最大允许平均散热系数应当明确；建筑设计时必须提交相关的“建筑能耗证书”，按照所需各项能源的数量量化成相应的计算表格。住宅类建筑需要计算采暖能耗和热水设备能耗；非居住类建筑需要计算用于采暖系统以及为室内通风设施提供采取采暖功能所需的一次能耗、用于制冷系统以及为室内通风设施提供制冷功能所需的一次能耗、用于供应热蒸汽的一次能源、用于热水制备的一次能源、用于照明的一次能源和用于辅助能源的一次能源。[③] 此外，德国还制定了相关的税收优惠政策，提高人们对建筑物节能的积极性，同时又为节能建筑技术的研发提供有力的物质支持。政策性银行也发挥了积极作用。以北威州为例，节能和新能源项目是通过政策性银行来实施的；住房建设的低息贷款是通过北威州住房援助机构来发放和管理的；在 1958—2008 年的 50 年间，北威州政府共资助建设了 550 万套住房，累积发放贷款 66 万亿欧元。德国还积极推进示范性工程，既能促进建筑物节能意识的普及，同时也为新的建筑节能产品提供了良好的试验平台。[④]

德国国家复兴银行制定了“生态住宅计划”，为被动太阳能建筑（即不依赖传统供暖方式，利用太阳能转换人体热源和房屋保温性能，实现房屋供暖

① 参见郁喆隽：《开源节流：德国环保政策一瞥》，载《社会观察》2009 年第 12 期，第 64 页。

② 参见韩秀申：《德国发展节能环保事业的经验及启示》，载《中国外资》2011 年第 4 期，第 35 页。

③ 参见《德国节能法规的发展》，载《建筑科技》2007 年第 Z2 期，第 68 页。

④ 参见王红霞：《德国的建筑节能措施及对我国的启示》，载《科技情报开发与经济》2010 年第 9 期，第 125 页。

热水和照明需求的建筑物)[①]、能耗值为60千瓦时/立方米的节能建筑以及40千瓦时/立方米的节能建筑提供专项贷款。如果不属于上述三类住宅,但是利用可再生能源取暖的建筑物,也可以依照此计划申请低息贷款。德国国家复兴银行还提出了"旧住宅改造计划",既有住宅建筑的节能改造可以申请到10年的低息贷款,贷款可以覆盖到住宅的附属投资之内。既有住宅的改造主要针对建筑围护的保温隔热装置和取暖装置进行技术革新。

四、德国热电联产法律制度

热电联产(CHP)是一种能够同时提供热力和电力的系统,可使用燃气轮机、蒸汽轮机、内燃机、燃料电池等作为能量转换装置。该系统可以把传统电站里被浪费掉的余热用于供热,因此使能源利用率大大提高。[②] 1998年,德国《能源经济法》第2条规定:环境可承受性是指使能源供应活动满足合理和节约的要求,以确保以自然资源进行有节制和可持续的开发,尽可能降低给环境造成的负担。热电联产和使用可再生能源在此方面具有特别重要的意义。[③] 2000年5月18日,德国《热电联产法(KWKG)》正式生效。2002年和2008年,德国对该法进行了修改。《热电联产法》的实施目标是在一定的有限时间内保护热电联产项目并使其现代化,延伸小型项目的电力产出,以及推广燃料电池的应用。该法规定,热电联产的运营商有权连接到最近的电力网络;当其电力供给被并入电网时,运营商有权得到当地电网运营商的补偿。电力运营商应当承担将热电联产设备连接到自身电网的义务。热电联产工厂操作员的薪金包括两个部分:①工厂和电网运营商同意支付的市场价格,②根据该热电联产工厂分级而产生的附加费。如果价格没有谈妥,即适用惯例价格。工厂操作员也可以将多余的电力卖给第三方。

需要重点指出的是,电网运营商的运送和付款义务并非适用于热电联产工厂制造的所有电能,而仅仅针对那些由生热过程中即刻产出的电能。对于一般工厂来说,只要将热电联产工厂产生的电力注入公用电网,其自身发展也就得到了推动,从而实现"双赢"。

此外,《热电联产法》将对电网运营商的支出社会化,转为对最终客户的电网收费。对于那些年消耗电量在10万千瓦时以上的终端用户以及电力费

---

① 孔维新:《借鉴德国能源利用体系建设经验》,载《天津经济》2010年第9期,第22页。

② Roland Berger战略顾问公司:《德国最新可再生能源技术前瞻》,载《资源与人文环境》2009年第5期,第42页。

③ 陈海嵩:《德国能源供需政策及能源法研究》,载《法治研究》2009年第4期,第54页。

用超过营业额4%的生产部门公司，具有特殊的政策提供以帮助他们减轻财政负担。

供热系统也是和热电联产工厂密切相关的部分。截至2007年，热电联产工厂提供的热能，已经为德国供热市场提供了5%的份额。热能的提供者应当与电网运营商签订合同，其中的合同条款必须符合《热电联产法》。

第六节　德国能源法的发展趋势以及对中国的借鉴

一、德国能源法的发展趋势

（一）能源法更加体系化

能源法是一个年轻的法律部门，发展前景广阔。近些年来，德国能源法经过创新和发展，逐渐形成了一个众多法律规范相协调、调整手段和规制方法多样、调整对象完整的科学的理论与实践体系。首先，德国能源法自身协调统一。德国能源法以市场化为切入点，在拆分垄断性能源行业的同时，积极推进常规能源、可再生能源与新能源和节能法律法规的发展与完善，以《能源经济法》为支点，形成了一个有机统一的科学的能源法律体系。随着能源理论的日益更新和各项能源实践活动的深入开展，德国能源法将会更加注重自身体系内的协调统一，实现不同能源单行法相互衔接、能源新法和能源学理论与实践的新发展逐步跟进，形成更加科学化的能源法制体系。其次，德国能源法与其他相关法在体系上更加协调。随着人们对能源的认识不断深化扩展，公众对环保等方面的要求日益提高，能源法所调整的对象和社会关系也将越来越复杂，能源法与其他相关法的衔接度也将越来越高。因此，这就伴随着一个能源法律制度与其他相关法律制度相互磨合协调发展以形成完整体系的过程。例如，德国通过了关于"弃核"的新法案，这就势必导致德国对《原子能法》的系统性修改，以便及时与新法案跟进，以便使德国能源法体系更加科学。

（二）能源法内容更加精细化

当今世界正处于一场能源革命时期，能源学科与环境、经济和理工学科的结合程度更加紧密，能源家族成员也越来越多，各种新能源也不断涌现，能源所涉及的社会关系也越来越具体。与之相适应，德国能源法的内容也将越来越精细化，制度上也将更加完整化和严谨化。同时，随着德国能源法横向上调整对象的日趋多样化，纵向的管理制度方面也将更加详细和具体，这就要求能源法协调市场的基础性作用与政府的宏观调控的过程更加具体，步骤更加详细。

（三）既重视可再生能源与新能源的促进激励，又注重常规能源及节能减排

为缓解能源危机，积极调整能源结构，德国越发重视可再生能源与新能源的促进与激励机制的构建与完善。例如，德国近年来对《可再生能源法》进行修改的频率越来越高，规定的相关激励措施也越来越具体和细化，同时也根据不同种类的可再生能源与新能源的实际发展状况及时进行调整，体现了与时俱进的发展理念。随着"弃核"计划的逐渐落实，德国能源法势必继续加大对可再生能源与新能源的扶持力度，以缓解能源结构调整对国内经济社会发展所造成的冲击。

同时，在短时期内，德国常规能源在德国能源结构中依然占据相当重要的地位。因此，德国能源法就需要进一步对常规能源的科学合理开发与利用进行规制，力求提高常规能源的开发与利用效率，降低其对环境所可能造成的负效应。此外，由于节能减排已经成为各国努力实现的战略目标之一，也是各国必须履行的重要的国际义务。因此，作为欧洲发达国家的重要代表，德国能源法将更加注重节能减排方面相关事项的规制，以顺应当今世界发展低碳经济的历史潮流。

（四）能源法与环境法的一体化趋势加强

能源与环境具有十分密切的联系：能源大都源于相应的环境要素，并能通过一定的形式对环境产生影响。因此，能源法与环境法之间的联系更为明显。同时，由于人们对环境质量的要求越来越高，环境法律制度越来越严格，体系越来越完整，在一定程度上会对能源法的发展产生一定的影响。例如，德国《能源经济法》就提出要建立拥有安全、节约、环境友好的能源供应途径。在此背景下，能源法与环境法相互协调共同发展甚至形成能源环境法制一体化的趋势日渐加强。例如，欧盟在2009年通过了《2009/125/EC号指令（Erp指令）》，针对主要涉能行业相关产品环境标准进行了详细规定，并将相关涉能产品目录的内容逐年扩大。德国作为欧盟的重要成员国之一，必定将在国内立法中对《2009/125/EC号指令》予以具体化。因此，在未来相当长的时间内，德国能源法与环境法的一体化趋势将逐年加强。

（五）在法律框架下通过政策施行能源法

德国十分重视能源政策对能源法实施的重要作用。例如，德国为了配合《可再生能源法》的颁布与施行，早在1999年就制定了"十万太阳能屋顶计划"，鼓励居民在建筑顶部铺设太阳能发电装置。近些年来，德国政府又通过了"温室气体排放交易计划"、"可再生能源激励计划"、"国家可再生能源行动计划"、"能源规划——环境友好、可靠与廉价的能源供应战略(2050)"、"国家生物质能行动计划"、"农业领域生物动力燃料资助计划"、"降低二氧化碳排放资助计划"、"能源评估计划"、"保护环境和节能计划"和"能源合作社政策"等能源法的相关配套性政策,促进能源法的具体实施和落实。能源政策是在能源法律规定范围内制定的,为的是更好地落实能源法的实施。同时,能源政策还具极大的灵活性,能够根据形势的变化而改变。较之法律的修改,政策变化所受的限制和约束要小得多。因此,能源政策能在一定程度上弥补能源法律的弱点和缺陷,更好地落实能源法。预计在未来,德国将出台更多的能源政策,配合德国能源法的改革和进一步发展。

二、德国能源法对中国的借鉴

(一)能源法制体系化

中国当今并未形成完整的能源法体系,一方面,我国没有独立的《能源法典》,另一方面,我国在《油气法》、《核能法》等能源单行法上缺位,而现行的《煤炭法》、《电力法》等能源单行法不仅体系陈旧,而且相互之间缺乏相应的衔接性。总体来看,我国能源法效力层级低,调整范围窄,立法目的不明确,内部系统性、体系性差,对外与其他相关法的衔接性差,法律文件之间的抵触和冲突也不同程度地存在。为了解决这些体系上的问题,我国应当借鉴德国能源法的先进立法经验,尽早建立具有中国特色的较为完备的能源法体系。

(二)能源法制精细化

我国能源法在宏观上体系混乱,在微观上过于粗糙,规定大多笼统,过于原则化。例如,我国不仅对石油、天然气、核能、水能等常规能源领域没有具体细致的法律规定,对风能、太阳能和生物质能等可再生能源的规定也很泛泛,更不用说天然气水合物等新型能源了。因此,德国能源立法的精细化,无疑是值得我们充分借鉴的。我们需要建立起细致严密的能源法制,以适应能源发展过程中所产生的种种需求。

(三)重视常规能源法、可再生能源法与节约能源法协调发展

中德两国都是经济总量排列在世界前列的国家,经济发展对能源所造成的压力很大。在能源结构中,常规能源所占的比重较大,短时期内不会改变;可再生能源的发展程度还相对较低,具有运营成本高、技术力量薄弱等缺点,但在未来,可再生能源将会成为能源结构中的重要组成部分。同时,鉴于中德分别是工业化国家和发展中国家的重要代表,都是《京都议定书》的缔约国,都面临着经济发展和节能减排的双重压力,面临着履行应对气候

变化的国际义务。而在这些方面，德国都走在了中国的前列。因此，中国应当参照德国能源法的体例结构，做到既重视常规能源的发展，又重视对可再生能源与新能源的激励与扶植机制，还要重视能源行业标准的制定与落实，切实做到节能减排。

(四)通过积极稳妥的政策手段实施能源法

政策既是立法的先导，也是促进法律实施的有效手段。德国十分重视政策在能源法中尤其是在可再生能源法制订与实施中的作用，实践中也产生了良好的效果。借鉴德国能源政策的结合与运用经验，在法律之下通过政策来有效推动能源发展，在未来的能源法制建设中不失为一种明智之举。

第四章　英国能源法

英国，全称为“大不列颠及北爱尔兰联合王国”，简称“联合王国(UK)”，由英格兰、苏格兰、威尔士和北爱尔兰组成，其中英格兰面积最大，又是首都和中央政府所在地。此外，还有英联邦(British Commonwealth of Nations)的概念，即是一个以英国为主导的国家联合体，由澳大利亚、加拿大等 54 个主权国家(含属地)所组成，成员大多为英国的前殖民地或附属国。该组织元首为英王，英王同时兼任英联邦王国内的 16 国的国家元首。英联邦并不是一个国家，只是一个供各成员国进行政治、经济磋商与合作的松散组织。但是，英国的法律在一些英联邦国家中依然能够起到作用。

英国是位于欧洲大陆西北方向的岛国，属温带海洋气候，全年气候温和，全年温差不大。英国河流众多，海岸线曲折，多优良港口，交通便利。英国历史悠久，是最早完成工业革命的国家，也是曾经称霸全球几个世纪的政治经济军事强国。截止到 2010 年，英国本土面积 24.4 万平方公里，人口为 6 204.17 万，人口密度较高，为 246 人/平方公里，居世界第六位。2010 年，国内生产总值达到 22 474.55 亿美元，居世界第六位。英国是联合国常任理事国之一，欧盟和北约的重要成员国之一，八国集团和 20 国集团的重要成员国之一，在国际社会中的影响力举足轻重。

英国自“光荣革命”后，一直实行君主立宪制，国王为国家元首，是英国最高的权力象征，实际权力很小；内阁是英国议会的执行机关，由首相和阁员组成，阁员一般是各部的部长；内阁首相为政府首脑，由议会产生，对议会负责，受议会监督，负责国家日常各种事务；英国议会实行两院制，分为上议院和下议院，每年举行两次会议；英国还设有枢密院，负责发布王室公告和枢密院令，其最重要的部门是司法委员会，是英国重要的一级上诉机构；英国还设有皇家委员会、部委员会和咨询委员会等咨询机构。[①]

英国是典型的不成文宪法国家，也是普通法系(英美法系)的代表国家

---

① 参见王名扬：《比较行政法》，北京大学出版社 2006 年版，第 147—161 页。

之一，成文法、习惯法和判例是该国的主要法律渊源。[①] 英国司法机构的设置较为复杂，其中英格兰和威尔士的司法机构主要由民事、刑事和专门法院三个系统组成。民事法院分为郡法院、民事高等法院、民事上诉法院等层级，刑事法院分为治安法院、皇家刑事法院、刑事上诉法院等层级，专门法院包括劳动关系法院、军事法院、少年法院等。上院是英国的最高司法机关，也是民事、刑事案件的最终上诉机关。北爱尔兰的司法机构和英格兰、威尔士相似，而苏格兰却与其他地区有所不同。苏格兰郡法院仅负责民事案件的管辖，其他法院管辖民事案件，监管刑事案件，苏格兰高等法院是该地区民事案件和刑事案件的最高审判机关，但是该地区的民事案件也可以上诉到英国上院。在行政诉讼方面，英国的行政诉讼由普通法院管辖，适用一般法律原则进行审理。英国还设有行政裁判所，负责接受当事人申请，针对行政案件进行裁决，但该裁决并不具有终审效果，不服裁决的当事人有权向普通法院提起上诉。在英联邦层面上，英国枢密院司法委员会是英联邦成员国、英国的海外领地、“保护国”和托管地法院的最高上诉法院。英国法官应当是法律协会具有一定司法实践年限的出庭律师。法官一律由首相推荐，国王任命；其中英国大法官拥有对司法人员的任免权。法官一旦经过任命，不能随意免职。最高法院法官为终身制，地方法院法官 72 岁以后方可退休。

第一节　英国能源状况与能源法

一、英国能源状况

英国的煤、石油、天然气能源十分丰富，包括储量丰富的北海油气田。但由于英国人口密度较高，人口对能源的压力很大。根据国际能源署(IEA) 2010 年公布的统计数据显示，2008 年，英国能源总产量为 166.69 百万吨油当量(Mtoe)，净出口量为 57.77 百万吨油当量(Mtoe)。[②] 根据英国石油公司(BP)于 2011 年 6 月公布的《世界能源统计年鉴》的资料，在煤炭方面，截止到 2010 年底，英国煤炭探明储量为 228 百万吨，占世界总量的 0.026%，

---

① 英国大部分地区属普通法系，但苏格兰例外。

② 参见 IEA:《Key World Energy Statistic(2010)》，http://www.iea.org/textbase/nppdf/free/2010/key_stats_2010.pdf，2011-10-24。

储产比为13;煤炭产量为11百万吨油当量,与2009年相比增长了1.6%,占世界增长总量的0.3%;煤炭消费量为31.2百万吨油当量,比2009年增长了5.2%,占世界消费总量的0.9%。在石油方面,截止到2010年底,英国石油探明储量为4亿吨,合28亿桶,占世界总量的0.2%,储产比为5.8;石油产量为63百万吨,合1 339千桶/日,比2009年下降了7.7%,占世界生产总量的1.6%;石油消费量为73.7百万吨,合1 590千桶/日,与生产量相比具有10.7百万吨的缺口,合251千桶/日;日均消费量比2009年下降了1%,占世界消费总量的1.8%;石油冶炼能力为1 757千桶/日,与2009年基本持平,占世界总量的1.9%。在天然气方面,截止到2010年底,英国天然气探明储量为9万亿立方英尺(注:1立方英尺=0.028 316 8立方米),占世界总量的0.1%,储产比为4.5;天然气生产量为571亿立方米,合51.4百万吨油当量,比2009年下降了4.3%,占世界总量的1.8%;天然气消费量为938亿立方米,合84.5百万吨油当量,存在367亿立方米的缺口,合33.1百万吨油当量;消费量比2009年增长了8.3%,占世界总量的3.0%。在核能方面,截止到2010年底,英国核能消费量为14.1百万吨油当量,与2009年相比下降了10.1%,占世界消费总量的2.2%。[①] 在火力发电方面,截止到2008年,英国火力发电生产量为177太瓦时,占当年世界总量的4.1%,居世界第四位。[②] 在水力发电方面,截止到2010年底,英国水能消费量为0.8百万吨油当量,比2009年下降了32.4%,占世界消费总量的0.1%。在其他可再生能源方面,截止到2010年,英国的消费量为4.9百万吨油当量,比2009年增长了4.5%,占世界消费总量的3.1%。[③]

二、英国能源法

(一)英国能源法体系

英国是普通法系的代表国家,法律分为普通法和衡平法,适用一般法律原则、遵循先例原则和程序优先原则。英国法律体系主要由成文法、枢密院令、部门制定的法规、地方法规和单行条例、判例法、国际条约、欧盟法共同

---

① 参见BP:《BP世界能源统计年鉴(2011年6月)》,http://www.bp.com/assets/bp_internet/globalbp/globalbp_uk_english/reports_and_publications/statistical_energy_review_2011/STAGING/local_assets/pdf/Chinese_statistical_review_of_world_energy_full_report_2011.pdf,2011-10-26。

② 参见IEA:《Key World Energy Statistic(2010)》,http://www.iea.org/textbase/nppdf/free/2010/key_stats_2010.pdf,2011-10-24。

③ 参见BP:《BP世界能源统计年鉴(2011年6月)》,http://www.bp.com/assets/bp_internet/globalbp/globalbp_uk_english/reports_and_publications/statistical_energy_review_2011/STAGING/local_assets/pdf/Chinese_statistical_review_of_world_energy_full_report_2011.pdf,2011-10-26。

构成。[1] 因此，英国能源法体系主要由以下部分构成。

1. 与能源有关的成文法

即由议会通过的与能源相关的法律，例如英国的《能源法 2008》、《能源法 2010》等。英国崇尚议会主权原则，议会通过的成文法律地位较高，其他法律不论是否由议会授权制定，都不能和议会的立法抵触。

2. 与能源相关的枢密院令

枢密院令是英国枢密院制定的行政法规，是以英王的名义颁行的，事实上是由内阁决定的。英国制定的与能源相关的枢密院令也是英国能源法的重要组成部分。

3. 与能源相关的部门法规

部门法规是英国各部的部长根据议会的授权制定的法规。部门法规是英国数目最大的行政法规，其中与能源相关的部门法规也就构成了英国能源法的重要一环。

4. 与能源有关的地方法规和单行条例

英国宪法惯例认为，英国地方政府可以根据地方政府法和其他法律的授权，制定与使用本地区的法规或单行条例。独立的行政机关根据英国行政组织法的规定和其他法律的授权，也可以制定单行条例。与能源相关的地方法规和单行条例，也是英国能源法必不可少的重要内容之一。

5. 与能源有关的判例法

判例法是英国法中最重要的不成文法。英国法院在司法审判中确立的原则是判例法最主要的原则，法院对成文法的解释有时也可以成为判例法。因此，有关能源的判例法也构成了英国能源法的重要组成部分。

6. 与能源有关的国际条约

国际法上很早就确立了有约必守原则。在英国，除去有关改变现行法律的条约、加重财政负担的条约、割让土地的条约和明文规定必须由议会同意才能生效的条约之外，其他条约均不须经议会制定相关法律就能直接适用，其中就包括与能源相关的国际条约。

7. 与能源相关的欧盟法

欧盟作为一个“准国家”性质的国际组织，其颁布的欧盟法在各成员国境内均具法律效力。英国作为欧盟成员国之一，与能源相关的欧盟法在英国境内基本上能够起到国内法的作用。

---

① 参见王名扬：《比较行政法》，北京大学出版社 2006 年版，第 41—43 页。

(二)英国主要能源法律文本

1.《英国能源法案 2004》

2004 年,英国通过了《能源法案 2004》。该法案分为 4 个部分,分别为民用核工业(The Civil Nuclear Industry)、可持续和可再生能源(Sustainability And Renewable Energy Sources)、能源监管(Energy Regulation)、杂项和补充(Miscellaneous And Supplemental)。

该法案的第一部分分为 5 章,分别为核退役(Nuclear Decommissioning)、有关核产业的经营流转(Transfers Relation To Nuclear Undertakings)、民用核能监察(Civil Nuclear Constabulary)、有关放射性核废物的授权(Authorisations Relating To Radioactive Waste)、有关核工业的杂项规定(Miscellaneous Provisions Relating To Nuclear Industry)。该部分规定的内容主要有:民用核工业和民用核设施退役的监管机关核退役管理局(The Nuclear Decommissioning Authority, NDA)及其职责、核退役基金账户(Nuclear Decommissioning Funding Account)的管理、有关核产业经营流转的规定、民用核能监察局(Civil Nuclear Police Authority)的职责、有关放射性物质排放活动的授权许可、相关设备、软件和信息的管理、与核有关的开支事项、英国原子能管理局(UKAEA)的附加职责以及该法案与北爱尔兰相关法律的衔接问题等。

该法案的第二部分共计 5 章,分别为可持续能源(Sustainable Energy)、海洋能源的生产(Offshore Production Of Energy)、海洋能源设施的退役(Decommissioning Of Offshore Installations)、有关电力的可再生能源义务(Renewables Obligations Relating To Electricity)、可再生运输燃料义务(Renewable Transport Fuel Obligations)。该部分规定的内容主要有微型发电技术(Microgeneration)、可再生能源产业园(Renewable Energy Zones)、海洋能源的开发、管理以及可持续或可再生能源发展与应用的保障措施等。

该法案的第三部分共有 4 章,分别为电力交易和传输(Electricity Trading And Transmission)、电力与天然气的联网系统(Interconnectors For Electricity And Gas)、有关能源许可证持有人的特殊管理制度(Special Administration Regime For Energy Licenses)、相关条款的进一步规定(Further Provisions About Regulation)。该部分主要规定了电力与天然气的交易、传输、联网等相关制度、能源管理订单(Energy administration orders)制度、有关能源产业破产程序的限制、电力供应与高压线路的相关规定、有关预付电表(Prepayment meter)的规定、秘密信息(Confidential information)

的保护制度等。

该法案的第四部分没有划分章节，主要内容包括费用的收取（Imposition of charges）以及相关的补充规定（Supplemental）。

2.《英国能源白皮书2007》

早在2003年，英国政府就发布过《能源白皮书》，全称为《能源未来——创建低碳经济》（Our Energy Future——Creating a Low Carbon Economy）。2007年5月，英国政府又发布了新的《能源白皮书》，全称为《迎接能源挑战》（Meeting the Energy Challenge）。该能源白皮书的主要目的是在确保能源安全供给的框架下，建立可靠和可竞争的能源价格，增加投资，以满足日益增加的、多样化的需求；建立可持续的能源，并应对气候变化所带来的种种问题，特别是考虑在2012年后建立后京都协议时代的碳捕获和存储的价格机制。该白皮书认为，英国能源总体战略应当主要集中在以下方面：提高能源效率以节省能源，开发清洁能源和在竞争的市场价格条件下确保可靠的能源供应。英国通过实施能源战略，到2020年将提高能源效率35%，减少8%—15%的电力消费和13%的天然气消费。《能源白皮书2007》的主要内容有：建立应对气候变化的国际框架，强化执行欧盟温室气体排放交易计划（EU Emission Trading Scheme，ETS）；建立完善的信息、激励和规定，健全公平竞争的能源市场，完善能源投资环境；大力支持低碳技术和清洁能源技术，提高能源效率，鼓励节能减排。① 在优化能源结构方面，该白皮书计划将国内能源结构从2005年的“煤炭占35%，石油和天然气占40%，核能占19%，可再生能源占6%”逐渐过渡到2020年的“煤炭占20%，石油和天然气占40%，核能占5%，可再生能源占35%”。同时，该白皮书重申了2003年能源白皮书中英国确定的减排目标：以1990年为基准期，到2020年减排26%—32%，到2050年减排60%。但明确了可以根据将来情况的变化，对减排目标进行相应的调整。②

3.《英国能源法案2008》

2008年11月26日，英国《能源法案2008》正式生效。该法案共六编，附有6个附件。该法案第一编规制的是天然气进出口、天然气海上存储将二氧化碳海底封存等问题，第二编规制的是可再生能源发电并网的问题，第三编规定的是能源设备退役问题，第四编规定的是油气资源的管理问题，第五编

---

① 王葆青：《英国能源发展新战略》，载《全球科技经济瞭望》2007年第11期，第11页。

② 参见鲍健强、朱逢佳：《从创建低碳经济到应对能源挑战——解读英国能源政策的变化与特点》，载《浙江工业大学学报（社会科学版）》2009年第2期，第151页。

是杂项，第六编是一般规定。该法案的主要内容有：允许私主体投资海上天然气工程建设，强化相关政府监管；鼓励私主体投资碳捕捉和碳封存技术项目，并为之制定了行政许可条件和行政许可程序；强化可再生能源义务，对该义务实施联合管理，强制实施上网电价制度；完善石油设施、天然气设施、核设施和可再生能源设施的退役程序；建立海上电力输送制度；推广智能电表等。[①]

4.《英国计划法案2008》

2008年11月26日，英国女王正式签署《计划法案2008》，该法案提出了一个重要的国家能源基础设施计划，主要内容包括能源基础设施计划委托、城市和乡村能源改革计划和能源基础设施税政策等。[②] 该法案授予中央政府可以通过基础设施规划委员会具体参与到地方新能源与可再生能源的发展决策当中去，简化了新能源与可再生能源发展协议的签订和履行程序。

5.《英国能源法案2010》

2010年4月8日，英国女王正式签署《能源法案2010》，该法案的主要内容包括：①建立碳捕获和储存(CCS)的激励机制，定期发布英国碳捕获和储存进展报告，全力支持本国在建的4个商业碳捕获和储存示范项目。②制定强制性的社会价格补贴制度(mandatory social price support)，对符合相关条件的能源消费者提供价格补贴，解决最弱势消费群体的能源需求，引导消费者积极利用清洁能源；补贴的来源，主要由能源企业从2013—2014财政年度前每年提供的至少3亿英镑资助。③规范能源市场，要以消费者的眼前利益和长远利益为目标，明确天然气和电力市场办公室(OFGEM)在配电以及在违反许可证条件的行政处罚等方面的具体职权，延长天然气和电力市场办公室对违反许可证条件的罚款期限，从12个月延长到5年。[③] 政府要命令能源企业在一定期限内向消费者告知天然气和电力方面的市场价格变化，以促进能源市场的和谐发展与良性竞争。④授权能源大臣对可能对消费者造成不公平影响的天然气和电力企业之间的交叉补贴情况进行处理。⑤政府应当每3年编制定期报告，实时追踪英国在碳捕捉和储存领域取得的最新进展。[④]

---

① 参见苏苗罕：《英国2008能源法概要介绍》，http://www.energylaw.org.cn/html/news/2010/6/4/20106410226045.html，2011-11-11。

② 参见《2008计划法案》，http://www.legislation.gov.uk/ukpga/2008/29/contents，2011-10-10。

③ 参见《英国再次出台能源法》，http://cn.sonhoo.com/info/434402.html，2011-11-05。

④ 参见中华人民共和国科技部：《英国颁布〈2010能源法〉》，http://www.most.gov.cn/gnwkjdt/201008/t20100806_78775.htm，2011-11-05。

(三)英国能源政策

自冷战结束以来，英国作为老牌工业强国，并不甘心在国际舞台上被边缘化，一直积极谋求重新实现崛起，提高自身国际地位。20世纪末21世纪初，随着低碳经济理念的提出，英国政府认为，实现低碳发展，不仅能使本国通过控制温室气体排放，实现气候问题的综合治理和妥善解决，缓解该国的节能减排压力，有效应对国际金融危机对其的不利影响。而且，积极倡导低碳经济，也有助于英国在国际上塑造良好的道德形象，成为国际气候政治领域的主导者，在新的国际战略高峰中谋求领导权。因此，英国长期致力于缓解全球气候变化问题的工作。近年来，英国在科学研究、立法、政策措施以及国际合作等方面采取了一系列积极措施，试图通过对能源领域的调控工作应对全球气候变化问题。

1. 以低碳理念引导能源的发展

早在2003年，英国在《我们未来的能源：创建低碳经济》能源白皮书中率先提出了低碳经济的理念。接着，英国又开始了对低碳经济的论证。2006年10月底，英国财政部公布了由经济学家尼古拉斯·斯特恩组织撰写的关于气候变化的经济学报告。该报告指出：如果让大气中温室气体的含量相当于550ppm(1ppm即百万分之一)的CO_2，那么气候变化产生最坏影响的风险就可以大大降低；超过了这一含量将会给全球带来不可逆转的灾难；为了实现这个目标，全球需要在未来的50年内每年拿出相当于全世界GDP中1%的资金用于控制温室气体的排放，这将带来低碳能源技术和其他低碳商品和服务方面可观的商业机会，每年形成数千亿美元的新市场，并提出全球应对气候变化应采取碳排放贸易、技术合作等举措。[①] 斯特恩报告具体形象地从经济学角度论证了低碳发展的合理性与必要性，引起了世界各国的高度重视和广泛关注。同时，英国科学家首次计算出了碳预算，即在不触发全球变暖的灾难性临界点的前提下，全球能够排放的温室气体总量，研究将这一预算值设定在1万亿吨碳左右[②]。2008年11月26日，英国议会通过了《气候变化法案》(Climate Change Act 2008)，成为世界上第一个为减少碳排放、适应气候变化立法的国家。按照该法律，英国政府必须致力于发展低碳经济。2008年12月1日，英国气候变化委员会发布《创建低碳经济——英国温室气体减排路线图》报告，提出了一个涵盖2008—2022年3个5年期碳

---

① Stern, Stern Review on the Economics of Climate Change, http://www.hm-treasury.gov.uk/, 2011-10-26.

② Myles R. Allen, David J. Frame and Chris Huntingford, et, *Warming Caused by Cumulative Carbon Emissions towards the Trillionth Tone*, *Nature*, 2009, 458:1163-1166.

预算的未来减排路线图。[①] 2009 年 4 月，英国议会正式通过议案约束碳预算，明确提出 2008—2022 年，每 5 年为 1 个周期，设立 3 个减排周期；降低碳排放的宏伟目标是到 2020 年减少 34%，到 2050 年减少 80%，这是世界上第一次以立法形式约束节能减排。[②] 可见，英国一直在研究、论证低碳能源发展理念，并积极制定低碳能源发展政策，致力于加大对政策的贯彻力度。

2. 实施能源与低碳科技计划，鼓励可再生能源与低碳能源的发展

由于英国的大力推动，近年低碳经济的理念在全球迅速传播，并得到广泛的认可。为了使低碳经济发展理念及其相关理论付诸实施，近年来，英国先后发布了一系列研究报告，实施了大量的科技计划，鼓励可再生能源与低碳经济发展。例如，2009 年 11 月，英国能源与气候变化部公布了草拟的能源规划，明确指出核能、可再生能源和洁净煤是英国未来重点发展的三个重点。一系列计划与政策的出台，彰显了英国政府积极应对气候变化的态度与决心。

3. 加强能源与气候变化方面的立法

为了应对气候变化，英国十分重视能源与气候变化方面的立法。2001 年，英国根据当时刚修改的《财政法》的要求，颁布了《开始征收气候变化税的法令》，宣布从 2001 年 4 月开始正式征收气候变化税，税率为：天然气为 0.15 便士/千瓦时，煤为 1.17 便士/kg[折 0.15 便士/千瓦时]，液化石油气(LPG)为 0.96 便士/kg[折 0.07 便士/千瓦时]，电力为 0.43 便士/千瓦时。[③] 同时，该法案还规定了气候变化协议制度(CCAs)，如果有用能大户和政府签订相关的环境变化协议，政府将对提高能源效率以及对提高能源效率及减少排放的企业者最多给予减轻 80%的优惠税率。企业则有义务将使用能源的数据、生产数量向环境部报告。环境部可以指定独立监察人(一般为民间机构)进行查核，若完成目标则核发认定证，税务当局凭该认定证自动进行减税措施。[④] 2002 年，英国正式实施《可再生能源义务法》，要求供货商在所销售的能源中，可再生能源必须有一定比例，该比例应当逐年增加；供货商每生产 1 兆瓦的可再生能源，就获得一个可再生能源义务证书；

① 李丽平：《从低碳"先进生"英国，中国能学些什么》，载《绿叶》，2010 年第 4 期，第 102 页。

② 参见《英国：低碳经济的先行者》，http://pangdianfeng.blog.163.com/blog/static/951898582009112361937785/，2011-11-02。

③ 吕文斌：《英国能源利用、气候变化及提高能效的政策及启示(下)》，载《节能与环保》2007 年第 10 期，第 14 页。

④ 参见《英国为防止气候变化采取的措施》，http://www.chinapesticide.gov.cn/filesmx.asp?xh=04090602，2011-07-17。

用能大户如果达到了可再生能源义务法的要求，既可以通过努力获得可再生能源义务证书，也可以直接购买（2006、2007 年的价格折合为 33.24 镑/兆瓦时，这个价格每年将随零售价格指数上涨），还可以结合上述两种做法；购买可再生能源配额所支付的资金将发放给出具了可再生能源证书的供货商。[①] 2007 年 3 月 13 日，英国议会公布了世界上第一部气候变化法草案文本，公开向公众咨询。在此基础上，2008 年英国通过了《能源法案 2008》（Energy Act 2008）、《气候变化法案 2008》（Climate Change Act 2008）和《计划法案 2008》（Planning Act 2008）。[②] 2010 年 4 月 8 日，英国又颁布了《能源法案 2010》。

4. 成立专门机构协调能源与气候变化的关系

英国除了从科技计划与立法方面着手应对气候变化，还成立了相关机构，加强从行政管理到技术研发保障等诸多方面协调能源与应对气候变化的关系，具体包括以下 3 种。

（1）专门的行政管理机构。英国协调能源与应对气候变化的关系的行政管理机构，包括英国能源和气候变化部、英国气候变化委员会。2008 年 10 月 3 日，当时的英国首相布朗宣布成立能源与气候变化部（The Department of Energy and Climate Change，DECC），负责具体制定、落实能源政策与减缓气候变化政策。该机构的任务主要有 3 个：确保英国能源的安全与有效利用；转向低碳社会；确保 2009 年 12 月在哥本哈根达成关于气候变化的国际协议。此外，根据英国《气候变化法案》的规定，英国能源和气候变化部应当对英国现今和未来可能遭受的气候变化的影响进行风险评估，并在本法生效后 3 年内向议会提交第一份风险评估报告，随后每 5 年必须提交一份此类报告。如果确有必要，英国能源和气候变化部可以延期提交风险评估报告，但必须充分说明延迟的原因并应设定新的提交日期。[③] 英国能源和气候变化部的设立，主要是为了确保能源能够有效、高效和符合伦理的方式妥善运行，缓解能源利用对气候变化造成的压力。能源和气候变化部可以做出有关能源治理事项制度、程序方面的决策，并提出能源监管绩效的方式。英国还设立相关的管理董事会，为能源与气候变化部制定能源标准、控制体系和

---

① 参见英国驻重庆总领事馆：《可再生能源义务法令》，http://cq.cqnews.net/dt/gywj/zcfg/200711/t20071126_1821724.htm，2011-10-17。

② 参见《能源法案 2008》，http://www.decc.gov.uk/en/content/cms/legislation/energy_act_10/energy_act_10.aspx，2011-07-17。

③ 宋锡祥、高大力：《论英国〈气候变化法〉及其对我国的启示》，载《上海大学学报（社会科学版）》2011 年第 2 期，第 93 页。

战略，分配能源资源，审批能源商务计划，并监督能源实施绩效，加强能源与气候变化部内部协调能力的建设。此外，在2008年12月1日，英国政府又成立了独立的咨询协调机构气候变化委员会(CCC)，该委员会的职能是就碳预算水平和降低成本提高效率等问题，向政府提供决策依据。该委员会自成立后，每年都要就英国在目标和预算上的进展向议会提交报告，而政府必须对报告做出响应，以保证透明性和问责制的执行。[①] 该委员会还提交了题为《建立低碳经济，英国应对气候变化的贡献》的减排预算报告，对英国重点领域的减排路线进行了情景分析，要求政府自2008年起公布5年碳预算，并提出到2050年至少减排80%的目标。2009年，该委员会向英国交通部(DFT)和英国能源与气候变化部(DECC)建议提高飞行税，以减少航班次数，以实现到2050年将英国航空业的温室气体排放控制在2005年的水平以下，所征收的税金也可用于帮助适应气候变化。[②] 近期，英国气候变化委员会又促使政府公布了2023—2027年的第四期碳预算(Fourth Carbon Budget)和温室气体减排目标，并为英国主要行业提供了相关减排措施。气候变化委员会下设由25人组成的秘书处，负责该机构的日常事务，并负责组织针对气候变化的趋势及其对社会经济的影响的分析预测。同时，该委员会还设立了由9名成员组成的适应气候变化小组委员会(The Adaptation Sub-Committee)，作为气候变化委员会的附设机构，负责以气候变化法委员会的名义出具专家意见。[③]

(2)专门的能源与气候变化社会管理和研究机构。伴随着社会治理模式和“第三部门”的兴起，英国越来越重视社会力量在公共治理中的作用。能源领域作为一个庞大的社会治理领域，也应充分发挥社会力量在协调能源与气候变化关系的社会治理与研究活动中的作用。2003年4月，英国工程和科学研究委员会(EPS RC)、经济和社会研究委员会(ESRC)以及自然环境研究委员会(NERC)共同建立了英国能源研究中心。该中心成立的前3年共获得政府资助2 800万英镑，承担了包括是否通过发展高效能的燃料电池鼓励发展氢经济，是否能够通过发展生物燃料、风能、潮汐能、波浪能和太阳能来提供更多的能源，将新能源系统并入现有供应网络的障碍等重大课题，并积极通过社会力量推进能源革命，号召民众积极应对气

① 丁洪美：《英国以〈气候变化法案〉推动碳减排》，载《中国绿色时报》2009年4月29日。

② 黄堃：《英国气候变化委员会建议提高航空飞行税》，http://news.qq.com/a/20090909/002946.htm，2011-11-03。

③ 宋锡祥、高大力：《论英国〈气候变化法〉及其对我国的启示》，载《上海大学学报(社会科学版)》2011年第2期，第90页。

候变化问题。此外，英国政府还于 2006 年 6 月投资 1 000 万英镑成立了曼彻斯特能源研究中心，重点推进新型波浪能、潮汐能和微水电技术等低碳技术研发和社会宣传与推广工作。2006 年下半年，英国政府宣布成立国家核试验室（NNL），以保障英国核研发的核心技术与能力。目前，英国现有的 12 座核电站供应着国家 20% 的电力需求[①]。英国还在苏格兰北端的奥克尼群岛上建立了欧洲海洋能源中心，作为世界上首家海洋能源试验场，主要针对波浪能、潮汐能和风能等新型海洋能源技术和设备进行试验和市场推广活动。

5. 采取多种措施维护能源安全，促进低碳经济发展

英国政府长期以来一直重视通过综合性措施调控能源市场，协调与能源和气候变化相关的社会关系，以维护能源安全，促进低碳经济发展，缓解气候变化压力，其主要措施包括：

（1）政策工具。英国在利用气候变化税（CCL）、气候变化协议（CCAs）、排放贸易机制（ETS）、碳减排承诺（CRC）、碳基金（CT）等政策工具及低碳交通（Low-carbon Transportation）、洁净煤（Clean Coal）、热电联产（CHP）、碳预算（Carbon Budget）等计划的基础上，充分发挥各种政策工具的优势，组成相互联系、相互作用的政策工具有机体系。相关措施的实施，促使低碳技术研发推广计划能够得到社会各界的广泛认同。健全的市场经济体制使英国形成了以市场为基础，以政府为主导，以全体企业、公共部门和广大民众为主体的能源经济良性互动体系。[②] 但近些年来，英国能源税负有日渐过重的趋势，到 2011 年已经达到了英国家庭每年缴纳电气费用的 1/5，逐渐成为英国普通家庭的负担，而针对新能源的补贴力度相对较小，反而限制了普通民众利用新能源的能力。[③] 2011 年 4 月，英国政府宣布将北海油气田生产的石油产品征收税率从 20% 上调到 32%，这样，调整后的英国成品油产品边际税率将高达 81%，成为发达国家中最高的税率之一。[④] 相关情况已经引发了英国社会和国际社会的广泛关注。

（2）专项基金。英国设立了各种专项基金，以促进可再生能源发展，维护能源安全。能源专项基金中最具代表性的就是碳基金。作为由政府利用每年大约有 6 600 万英镑的气候变化税（CCL）作为投资、按企业模式运作的

---

① 中华人民共和国科技部：《国际科学技术发展报告 2008》，科学出版社 2008 年版，第 51 页。

② 孟浩、陈颖健：《英国能源与 CO_2 排放现状、应对气候变化的对策及启示》，载《中国软科学》2010 年第 6 期，第 32 页。

③ 参见戴正宗：《绿色税冲击英国家庭能源账单》，载《中国财经报》2011 年 6 月 14 日。

④ 参见陈佳雯：《石油增税计划招非议，英国政府拒绝让步》，载《中国税务报》2011 年 5 月 11 日。

商业化基金，碳基金能够有效地促进英国经济部门和公共部门的节能减排，加大对可再生能源等低碳技术的投资。[①] 2008年，英国政府启动环境改善基金，将政府对低碳能源和高能效技术示范和部署的支持以及对能源与环境相关的国际化发展结合起来，提供相应的基金资助。[②] 为了在绿色运输和能源项目中加大投资，2010年3月，英国又设立10亿英镑的绿色能源基金，改造运输体系，使用清洁燃料，提升低碳能源（如风能、海洋波浪能和太阳能）的利用，为数千人创造新的工作岗位。[③]

(3)重视能源设施工程建设。近年来，英国政府投入大量资金，加大了能源设施工程的施工建设力度。仅在2007年，英国政府共批准了建造世界最大的生物质能发电厂、世界上最大的海上风力发电项目等8个大型可再生能源项目，提出投巨资兴建拦海大坝、开发潮汐能的设想等。[④] 英国还在在塞文河上兴建一座拦河坝，利用潮汐能发电，工程造价高达140亿英镑，预计建成后可为英国提供5%的电力，同时不会释放任何导致全球气候变暖的温室气体。英国还在本国东海岸上投资兴建了4个碳捕捉和储存(CCS)示范项目。2010年，英国在西南康沃尔郡北海岸建成了世界上最大规模的波浪能示范项目。同时，英国政府还投资新的基础设施，发展智能电网，发展热电联产，提供低碳供暖系统，允许私营能源公司建设与运营新的核电站。[⑤] 英国政府计划通过加快一系列能源工程设施建设，以促进能源结构的调整与低碳经济的发展。

(4)加大低碳能源理念的宣传。英国政府重视运用宣传与教育等多种手段，鼓励大众切实做到节能减排，积极投身参与到低碳经济模式当中去，引导人们向低碳生活方式转变，缓解气候变暖趋势。英国政府还公开建议，公务员应当购买使用环保汽车，其所有新盖房屋要在2016年前达到零碳排放，而目前新建房屋中至少应有1/3要体现碳足迹减少计划。鉴于英国每年6.1万吨二氧化碳排放量中的40%直接来自个人和家庭的活动，英国环境、食品和农村事务部将在其网站上公布二氧化碳排放量计算器，以便让公众可以随时上网计算自己每天生活中排放的碳排放量，有效地帮助公众知晓、

① 王文军：《英国应对气候变化的政策及其借鉴意义》，载《现代国际关系》2009年第9期，第29—35页。

② 郑新立：《国际经济分析与展望(2009—2010)》，社会科学文献出版社2010年版，第143页。

③ 钱伯章：《英国设立10亿英镑绿色能源基金》，载《中国化工报》2010年3月31日。

④ 曹周华：《2007年英国科技发展综述》，载《全球科技经济瞭望》2008年第12期，第60页。

⑤ 陈丹：《2007年英国科技发展综述》，http://env.people.com.cn/GB/5770038.html，2011-11-02。

采取有效的措施，为节能减排做出应有的贡献。[①]

6. 鼓励多种形式的国际合作，共同应对气候变化

英国在应对能源危机，缓解全球气候变暖趋势，促进全面协调可持续发展以及节能和环保等领域积极与其他国家开展形式多样的国际合作。

（1）英国积极主持和参与各种有关国际能源合作和应对气候变化的国际会议或国际活动，推进国际缓解能源危机、调整能源结构，以便达成符合各方利益的气候变化政治议程。例如，2002 年 5 月 31 日，英国和欧盟其他成员国就签署并正式批准了《京都议定书》，而英国是最早达到规定目标的国家。2003 年，英国积极参与建立国际氢能经济合作组织（IPHE）的活动，推进国际氢能研发合作的组织和实施。2004 年 11 月，英国参加了天然气市场化伙伴计划部长级会议，讨论回收和利用煤矿、垃圾填埋场以及石油和天然气系统逃逸的甲烷等资源，以促进能源的“开源节流”，减少其引起的温室效应。2005 年 6 月，英国在“鹰谷”主持召开了八国峰会（G8），首次将气候变化列为两大议题之一，并以“G8＋5”（5 国：中国、印度、巴西、墨西哥与南非）形式加强工业化国家与主要发展中国家的对话，达成了气候变化、清洁能源与可持续发展的行动计划，开创了气候变化的政治议程。[②] 2009 年 4 月，英国在伦敦主持了二十国集团（G20）第 11 次会议，督促会议通过了《伦敦峰会公报》，指出：“我们重申我们在化解气候不可逆变化威胁方面的承诺，其依据是各国负有共同但有区别责任的原则。我们将致力于在 2009 年 12 月于哥本哈根召开的联合国气候变化会议上达成协议。”[③]

（2）英国积极和其他国家签署政府间合作协议，加强气候变化领域的国际合作。例如，2008 年 1 月，英国与中国签署了 7 个能源环保类协议，内容包括生态城、清洁能源、气候变化，以及将英国设立的环境改善基金用于中国的环境改善项目等。[④]

（3）英国还通过企业、高等院校、科研机构和金融机构等社会组织加强能源与促进气候变化及其相关方面的国际合作。例如，2006 年英国石油公司（BP）和美国通用电气公司（GE）决定联合开发并部署氢气发电项目，在汲

---

① 刘睿：《零距未来：高质量的低碳生活》，载《南方周末》2010 年 1 月 14 日。

② 陈迎：《国际气候政治格局的发展与前景》，http://www.china.com.cn/international/zhuanti/zzyaq/2008-02/13/content_9675442_4.htm，2011-11-04。

③ 参见《G20 伦敦峰会公报全文》，http://finance.sina.com.cn/stock/usstock/c/20090402/23296059953_2.shtml，2011-11-04。

④ 俞岚：《中国与英国瑞士携手应对气候变化》，http://www.chinanews.com/cj/news/2009/09-25/1885002.shtml，2011-11-03。

取两家公司在煤气化、重整技术、燃气轮机和碳捕获及存储方面的技术实力和经验的基础上，达到大量减少发电所产生的温室气体排放的目的。[①] 2008年1月，英国石油公司与中国有关企业和研究机构签署一系列能源合作协议，涉及的领域包括煤炭清洁利用技术的战略整合和商业化、风力发电等领域。[②]

第二节　英国常规能源法

一、英国常规能源状况

(一)石油

20世纪六七十年代，世界接连爆发几次石油危机，作为西方重要的发达国家之一，英国蒙受了巨大的损失。数据显示，1965年至1974年，英国的石油产量很低，均不超过0.4百万吨(Mt)。但在1969年，英国在苏格兰以东海域发现了蒙特罗斯油田，进而发现了北海油气田，有效地缓解了石油危机对本国的影响。1975年6月，英国北海油气田正式产油，并于1978年猛增到52.8百万吨(Mt)，居西欧第一位。1981年，英国石油产量首次超过消费量，为89.4百万吨(Mt)，1985年达到顶峰，年产量为122.4百万吨(Mt)，这使英国石油不但实现了自给，并且能适量出口，成为世界重要产油国之一。[③]但此后，英国石油产量又逐渐降低，1991年的产量仅为91.3百万吨(Mt)。随后由于英国加大石油开发力度，石油产量稳步上升，在1999年达到137.4百万吨(Mt)的历史最高之后，又逐步递减至2010年的10.7百万吨(Mt)。在石油储量方面，随着北海油气田逐渐接近枯竭，从20世纪80年代中后期以来，英国的石油储量不断下降，从1980年的84亿桶)逐步降低到1989年的38亿桶，之后虽然逐渐增加到1997年的52亿桶，但最后又降至2010年的28亿桶，仅占世界总量0.2%，储产比(R/P)为5.8。[④]

---

① 周勇刚:《BP与GE联合开发氢气发电》，载《中华工商时报》2006年8月2日。

② 参见《BP与中国有关企业和研究机构签署系列能源合作协议》，http://www.cheminfo.gov.cn/zxzx/page_info.aspx? id=160932&Tname=hgyw，2011-11-04。

③ 参见《北海油田》，http://www.dljs.net/dlsk/24593.html，2011-11-05。

④ 参见BP:《BP世界能源统计年鉴(2011年6月)》，http://www.bp.com/assets/bp_internet/globalbp/globalbp_uk_english/reports_and_publications/statistical_energy_review_2011/STAGING/local_assets/pdf/Chinese_statistical_review_of_world_energy_full_report_2011.pdf，2011-10-26。

(二)天然气

由于北海油气田的开发,英国天然气产量自1970年的9.4百万吨油当量(Million tons of oil equivalent,Mtoe)缓慢增长到1990年的40.9百万吨油当量(Mtoe)后,又快速增加至2000年的97.6百万吨油当量(Mtoe),为历史最高。此后,英国天然气产量又逐步递减到2010年的57.1百万吨油当量(Mtoe),占世界天然气生产总量的1.8%。这主要是英国在2003年提出低碳经济计划的原因。在天然气储量方面,英国天然气储量在20世纪70年代后期达到了较高的水平。但是在20世纪80年代开始,英国的天然气储量逐年减少,先由1980年0.74万亿立方米(Trillion cubic metres,TCM),缓慢降至1991年0.54万亿立方米(TCM)。即使之后英国天然气储量逐步增加到1999年的1.27万亿立方米(TCM),但随后快速降到2010年的0.25万亿立方米(TCM),占世界总量的0.1%,储产比(R/P)为4.5。①

总的来看,虽然英国近年来石油和天然气生产量和储量都在不断下降,但其剩余资源还是可以保障一段时间内的能源供应安全。据英国能源与气候变化部公布的资料,目前英国的石油和天然气供应英国的能源需求的60%左右。②

(三)煤炭

英国煤炭资源丰富,这也是第一次工业革命能够在英国首先发生的重要原因之一。英国的煤炭主要以无烟煤和烟煤为主,但在过去的60年里,英国能源总供应中煤炭的所占比重已下降了90%。在1968年,英国能源总供应中煤炭的所占比重为50%,而2009年这一比例已经降到了14.2%。在煤炭产量方面,英国自1981年的75.7百万吨油当量(Mtoe),锐降到1984年的29.1百万吨油当量(Mtoe);在1986年恢复到63.6百万吨油当量(Mtoe)后,又逐年降低到2010年的11百万吨油当量(Mtoe),仅占世界煤炭总产量的0.3%。由于煤炭利用率低,并且会产生巨大的环境副作用,英国政府准备逐步降低煤炭在能源结构中的比重。③

---

① 参见BP:《BP世界能源统计年鉴(2011年6月)》,http://www.bp.com/assets/bp_internet/globalbp/globalbp_uk_english/reports_and_publications/statistical_energy_review_2011/STAGING/local_assets/pdf/Chinese_statistical_review_of_world_energy_full_report_2011.pdf,2011-10-26。

② 参见DECC:《Oil and Gas》,http://www.decc.gov.uk/en/content/cms/meeting_energy/oil_gas/oil_gas.aspx,2011-10-22。

③ 参见BP:《BP世界能源统计年鉴(2011年6月)》,http://www.bp.com/assets/bp_internet/globalbp/globalbp_uk_english/reports_and_publications/statistical_energy_review_2011/STAGING/local_assets/pdf/Chinese_statistical_review_of_world_energy_full_report_2011.pdf,2011-10-26。

（四）核能

英国是继美、苏之后第三个掌握核技术的国家，核能技术起步早，发展快。英国长期以来一直大力发展核能，以缓解能源危机，维护能源安全。英国核能消费量，在2001年达到了20.4百万吨油当量。随着环保主义开始流行，2001年后，英国核能消费量呈下降趋势，到2010年仅为14.1百万吨标准油当量，较前一年降低了10.1%。[①] 对此，英国于2011年7月准备通过"核能复兴计划"，准备提高核能在能源结构中的比重。英国核能管理机构还积极倡导民间力量和国际力量投资该国核能建设。2009年9月，美国巴布科克(Babcock)国际集团宣布收购英国原子能管理局的商业分支机构英国原子能管理局有限公司(UKAEALtd.)100%的股权。此次收购表明英国政府允许民间或国际核能公司与英国核设施退役局(NDA)建立直接关系，提高了英国军民两用领域的废物分类、高危险设施退役、危险材料封装和储存以及废物运输等方面的能力，而新的所有制结构，将更有助于原子能管理局有限公司更多地专注在其商业业务上，有利于其核心技术、出色业绩和强势品牌得到充分利用。[②] 同时，政府也鼓励英国核燃料私人有限公司(BNFL)、英国国家核工业有限公司(NNC)、英国核工业放射性废物处置有限公司(NIREX)积极参与相关领域的核活动。

（五）电力

英国电力生产长期以来呈增长趋势，自1990年的319.7太瓦时(Terawatt-hours，太瓦时，1太瓦$=10^{12}$瓦)逐步增加到2006年的398.1太瓦时，占世界电力生产总量的2.1%，到2008年又有所降低，为390太瓦时，仅占世界电力生产总量的1.9%，长期以来电力生产总体上处于缓慢递增然后递减的状态。但是，英国电力生产基本上处于供不应求的状况，2008年英国电力净进口量为11太瓦时，居世界第六位，占到世界电力进口总量的4.1%。[③]

近年来，英国加大了对智能电网(Smart Power Grids)的投入。英国于2009年7月公布的《低碳转型计划》就提出了有关智能电网的六大关键：①为电力消费者提供信息，使终端用户通过智能电表来管理各自的能源消费；②改进需求侧管理，在住宅和商业建筑中提供进行需求侧管理所需的数

① 参见BP：《BP世界能源统计年鉴(2011年6月)》，http://www.bp.com/assets/bp_internet/globalbp/globalbp_uk_english/reports_and_publications/statistical_energy_review_2011/STAGING/local_assets/pdf/Chinese_statistical_review_of_world_energy_full_report_2011.pdf，2011-10-26。

② 杜培锋：《巴布科克收购英国原子能管理局有限公司》，载《国外核新闻》2009年第10期，第5页。

③ 参见IEA：《Key World Energy Statistic(2010)》，http://www.iea.org/textbase/nppdf/free/2010/key_stats_2010.pdf，2011-10-24。

据，例如，通过提供信息，鼓励在用电低谷时对电动汽车进行充电；③使个人和商业用户能够利用分布式发电技术向电网售电；④加强电力调度机构监测系统的能力，使调度机构能够根据全网的实时数据做出更加有效的决策；⑤在电网中使用大量先进技术，包括先进的通信和信息管理系统、智能表计、需求侧管理和储能技术；⑥通过更加优化地使用电网以满足负荷需求。[①] 2011 年，英国能源和气候变化部同英国天然气和电力市场办公室联合出台了《智能电表执行计划》，提出要把具有互动特征能够显示实时数据的智能电表(Smart Meters)引入家庭，可随时监控家庭能源使用情况，使家庭改变不科学的能源消费习惯，为家庭节能带来方便。[②]

二、英国常规能源法

(一)英国油气法

1. 英国油气资源管理机构

英国贸易工业部(DTI)主要负责英国包括油气资源在内的矿产资源开发利用的管理工作。该部几经改组，于 2009 年被改组为商业、创新与技能部(Department for Business, Innovation and Skills;BIS)。该部的行政首长是内阁大臣(部长)，分管能源的是能源国务大臣(分管能源的副部长)，负责能源型矿产资源的宏观管理工作。该部下设能源开发司(ERDU)和矿区使用费办公室。能源资源开发司负责管理英国陆上和海上油气资源勘探开发、生产及相关活动，包括油气资源勘查/开采许可证管理、区块招投标、环境保护、安全生产、制定相关政策等。矿区使用费办公室负责征收和管理大陆架油气矿区使用费和天然气税，并与有关部门联合研究制定有关税费政策。北爱尔兰地区的油气资源勘探许可则由英国企业、贸易与投资部(DETI)负责。同时，英国石油天然气委员会负责油气资源勘探开发的监管审查工作，并制定实施相关政策。[③] 此外，英国还有天然气和电力市场办公室负责规制与发电相关的天然气市场。

2. 英国油气资源开发许可制度

石油、天然气和煤炭是重要的能源矿产资源。就所有权而言，根据英国

---

① 郭磊、马莉：《英国低碳能源战略白皮书及对我国的启示》，载《电力技术经济》2009 年第 6 期，第 15 页。

② 王仲成、安树民、吴佳：《英国新政府能源政策的基本走向及其启示》，载《中国科技论坛》2011 年第 4 期，第 146 页。

③ 潘继平等：《挪威、巴西及英国油气资源管理体制及其对我国的启示》，载《国土资源情报》2009 年第 4 期，第 21 页。

《石油法》(Petroleum Act 1998)的规定，自然条件下陆上地层中的石油归国家所有，而根据普通法，在沿海低水位和高水位之间的海床之下的矿产资源属于国家所有。就开采权而言，英国实行的是矿产勘查和开发许可证制度。在英国，油气资源的勘查与开发利用必须得到英国贸易和工业部(DTI，简称贸工部，该部现被改组为商业、创新与技能部)颁发的许可证，同时还应具备当地矿产规划机构颁发的规划许可证。英国的陆上许可证主要有以下 3 种许可证形式：开发许可证、评估许可证和开采许可证；海上勘探开采只有开采许可证，分为初期、二期和终期 3 种。许可证每 2 年发放一次，勘探许可证的期限为 6 年，评价许可证的期限为 12 年，开采许可证的期限为 30 年；初期许可证的年限为 6 年，二期许可证的年限为 12 年，终期许可证的年限为 18 年。[①] 具有相应技术和经济能力的英国公司都具有申请资格，由能源国务大臣负责向中标的公司发放许可证。获得许可证的公司必须在规定或约定的时间内进行勘探开采作业，并虚心接受政府的监督和管理。

油气资源许可证申请方式主要分为招标式申请和非招标式申请。招标式申请许可证的程序较为复杂。首先，负责贸易、工业和能源的国务大臣负责发布招标公告，划分块区(block)并编号，招标公告中还应指定分配方式。在获得许可前，申请人应当支付招标公告规定的最初费用。许可证持有者应当与许可审批机关签订协议，审批机关要在每个许可证中参股 51%，或者按照市场价格购买 51%的原油或天然气。此外，许可证持有者每年还必须按照规定交纳租金。非招标式申请则属非竞争性的地区，申请和授予的程序相对简易。[②]

3. 英国石油战略储备制度

石油是工业的血液，关系着国家能源安全和经济安全。根据国际能源署和欧盟的相关规定，国家应当维持 90 天的石油战略储备。但由于英国是石油生产大国，也是一个石油净进口国，欧盟允许英国维持 67.5 天的石油战略储备。[③] 在石油战略储备责任机构方面，英国石油传略储备并不是由政府直接掌握的，而是在政府的许可下全部由大型炼油企业和大型成品油零售商建立和维持。

---

① 马卫华、董佳：《英国石油天然气监管法律制度探析》，载《华北电力大学学报(社会科学版)》2008 年第 6 期，第 34 页。

② 参见《英国矿业管理制度》，http://www.mlr.gov.cn/wskt/wskt_bdqkt/201001/t20100125_134274.htm，2011-11-06。

③ 张磊等：《基于美日英法石油战略储备的中国石油安全储备的分析与对策研究》，载《未来与发展》2009 年第 10 期，第 43 页。

4. 英国油气管道制度

英国对油气管道的市场准入、管理和退役等环节都有相应的法律制度。根据英国《管道法》、《石油法》、《天然气法》、《基础设施规划（环境影响评价）条例》、《城乡规划（环境影响评价）条例》、《管道工程（环境影响评价）条例》等相关法律法规的规定，拟建设长度超过16公里的油气管道工程申请人必须向政府申请授权许可证，政府对申请人的资质、条件以及工程可能造成的环境影响进行审查。如果拟建设口径超过800毫米，长度达到400公里以上的油气管道工程，还须进行环境影响评价。环境影响评价应当关注充分考虑当地生物物种多样性，以及管道建设方案对乡村自然风光及动植物物种、地形地貌的影响；关注具有特别价值的地形地貌；关注具有建筑学或者历史价值的建筑物是否受到影响，以及防止水体污染及管线穿越耕地后的地表恢复措施及其他环境保护方法。在审查和评价之后，能源国务大臣对符合条件的申请人颁发建设授权许可证（PCA）。获得许可证之后，油气管道运营方要按照法律法规的要求以及申请书中的承诺开展工程建设活动。油气管道安装设施应当具备英国石油污染防治证书（UKOPP）或国际防油污证书（IOPP），否则该设施将不允许在工程中使用。[①] 油气管道工程完工后，运营方还要制定油气管道运营方案、油气管道废物处理计划、油气管道安全应急计划，保证油气管道正常运行。在油气管道即将退役时，运营方还应根据英国《环境保护法》等法律法规制定油气管道退役方案，报政府审批，经批准后即可按照该方案有序地实施管道退役计划。

（二）英国煤炭法

1. 英国煤炭管理机构

英国煤炭管理局（Coal Authority）是英国煤炭资源的政府主管部门。它是根据1994年10月的《煤炭工业私有化法案》组建的，总部设在诺丁汉郡的曼斯菲尔德，行使对全国煤炭企业的管理职能。该局负责向煤炭生产者核发开采许可证，发布矿务信息，对矿区进行年度监察，管理国家煤炭资产，并有在采矿区进行地表复垦、治理矿区污染、制定矿工以及公众健康安全标准等的任务。英国商业、创新与技能部（原贸工部）负责监督煤炭管理局，批准煤国家煤炭安全战略，编制煤炭年度预算，并负责将煤炭管理局的年度报告送交议会。英国职业安全与健康局负责对矿山安全状况以及健康和福利状

---

① 参见刘瑾、江敏、范巍：《英国油气管道环境保护立法研究》，载《中国石油企业》2010年第12期，第40页。

况实施监察。[①]

2. 英国煤炭许可制度

英国煤炭的勘查与开采许可证主要由英国煤炭管理局负责管理。该局具体负责审核和发放煤炭勘探与开采许可证，并对煤矿的规模、运营机制等方面进行规制，并根据煤矿的产量和收益征收开采权利转让金。英国煤炭许可证的具体审批预授权程序与油气资源相似，此处不再赘述。值得一提的是，煤炭安全准入制度是英国煤炭许可制度的重要组成部分。在英国，如果准备从事煤炭开采，须符合有关瓦斯开采利用、地热利用、瓦斯燃气的采集等事项。同时，英国对煤炭开采企业还有严密的劳动保护要求和生产环境要求，如果企业发生事故，政府将酌情提高费率的工伤保险浮动费率。[②]不符合相关安全条件的，不得获得许可。

3. 英国煤炭清洁生产制度

由于煤炭的利用会产生巨大的环境负效应，广受环保主义者批评，法国、意大利等国家纷纷宣布"弃煤"。英国政府虽然短期内并没有明确的"弃煤"计划，但是依然制定相关政策措施，尽量实现煤炭的清洁生产和利用。2009 年 6 月 17 日，英国政府宣布实施"清洁煤炭"计划，强制要求境内新设的煤电厂必须提供具有碳捕捉和碳封存技术能力的证明，并要承诺每个碳捕捉和碳封存技术项目要具备在 10—15 年内存储 2 000 万吨二氧化碳的能力，对实施碳捕捉和碳封存技术的煤电厂政府可以给予相关财政激励。此外，煤电厂还要及时更新自己的碳捕捉和碳封存技术设备，一旦没有达到相关要求，政府将采取措施限制煤电厂的二氧化碳排放量，或限制它们的运营时间，以实现煤炭清洁生产与利用的目的。[③]

4. 英国煤炭安全制度

英国煤炭工业安全系数较高，近年来只在 2008 年 9 月发生过一次安全事故，仅死亡 1 人，这归功于英国完善的煤炭安全制度。英国 1954 年的《矿山和采石场法》规定了矿主、煤矿直接管理人员、煤矿安全监督员的法定义务。矿主的义务主要有：防止井下采矿过程中产生粉尘；防止井下空气中粉尘对矿工身体造成的伤害；防止井下或地面工作场所易燃物质燃烧产生的

---

① 参见江西省赴英、德煤炭开采及安全管理考察团：《对英国、德国煤炭开采及安全管理的考察和认识》，载《江西煤炭科技》2008 年第 1 期，第 42 页。

② 参见江西省赴英、德煤炭开采及安全管理考察团：《对英国、德国煤炭开采及安全管理的考察和认识》，载《江西煤炭科技》2008 年第 1 期，第 43 页。

③ 参见陈伟：《推进低碳经济建设应对能源气候挑战——英国低碳转型战略计划解读》，载《新材料产业》2009 年第 11 期，第 73 页。

有害气体和有害物质对矿工身体造成的伤害。煤矿直接管理人员的主要义务是防止工作面发生涌水或瓦斯突出，一旦工作面发生涌水或瓦斯突出时，煤矿管理人员应立即通报矿长，并提出抢险救灾措施，组织井下其他人员安全撤离，除救援人员外任何人都不准进入事故地点，并停止采区作业，直到救援工作结束为止。[①] 煤炭安全监察员是英国职业安全与健康局派出的，主要负责对矿区煤矿的粉尘、排水、噪声、矸石处置等进行监察，并对煤矿潜在的安全问题或对危害矿区环境的行为开展行政执法。同时，英国政府还规定所有煤矿都必须参加国家批准成立的矿山救援总会，并在每个煤矿配备两支救援队，每队 6 人。一旦发生煤炭安全事故，救援队保证在半小时之内到达现场。在煤炭安全管理机构方面，除了英国煤炭管理局之外，英国还设有职业安全与健康局、健康与安全执行局和安全与健康检察院组织，具体负责规定矿主和矿工的权利与义务，制定职业安全法规，公布惯例法(ACOPs)，监督煤炭安全与职业健康的执行情况。英国还在煤炭安全监管领域引入了商业机制。英国矿山救援服务公司在全国设立了 6 个矿山救援中心，矿主可以与救援服务公司签订合同，以便在发生煤矿安全事故时得到帮助。英国于 1995 年颁布了《矿山撤离和救援条例》，对煤矿救援队员提出了基本要求：体检合格，具有两年以上井下工作经历，取得急救业务合格证书。符合条件的队员在接受 15 天的煤矿救援培训之后，方可从事煤矿救援活动。获得救援资格之后，队员还需接受每年 6 天的年度培训。[②] 英国非常重视新闻媒体、公益机构和社会力量对煤炭安全的监督作用。英国每年出版的《煤矿指南》，都详细介绍了英国煤矿和煤矿安全状况，还专门列出政府负责煤矿安全和环保的部门和官员的姓名、电话等，以便公众有效参与监督和管理。[③]

(三)英国核能法

英国核技术起步时间较早，仅次于美国和俄罗斯。早在 1946 年，英国就通过了《原子能法》，并于 1954 年和 1964 年进行了修正。此外，英国的《能源法案》、《放射性物质法》、《电离辐射法》、《核装置法》等相关法律法规也有有关核能的具体规定。

1. 英国核能监管机构

英国卫生与安全执行委员会(Health and Safety Executive，HSE)负责

① 参见董维武：《英国采煤业职业健康与安全立法综述》，载《中国煤炭》2009 年第 2 期，第 106 页。

② 参见董维武：《英国采煤业职业健康与安全立法综述》，载《中国煤炭》2009 年第 2 期，第 106—107 页。

③ 董维武：《英国煤炭开采技术和安全生产现状》，载《中国煤炭》2008 年第 1 期，第 78 页。

核安全许可证的发放、核设施的日常管理和安全监督以及核安全法规和标准的制定，具体事务则由该机构下设的核安全局（Nuclear Safety Directorate，NSD）负责。该局主要由英国能源集团处、英国核燃料公司处、英国原子能委员会、国防和其他核设施处、核安全研究和政策处组成。英国贸工部（今商业、创新与技能部）负责听取卫生与安全执行委员会有关民用核安全管理方面的报告，并负责核电站的建设、运营和监管，监管核材料、放射性物质的进出口监管，确保英国能够履行不扩散核武器以及保障监督核设施的国际义务。每年该部都应当向议会报告相关情况。该部下设的原子能管理局（UKAEA），主管本国核能利用。该部还下设核安保办公室（OCNS），负责核能安全保障方面的相关问题。英国卫生与安全委员会（Health and Safety Committee，HSC）负责管理本国核设施的运营安全。英国境内放射性物质的处理由英格兰环保局（EA）、苏格兰环保局（SEPA）和北爱尔兰环境部下设的工业污染和放射化学监察局负责。这些机构有义务定期向英国环境、食品和农村事务部大臣报告。英国核设施监察局（NII）分属于英国卫生和安全执行委员会，主要负责监察核设施在建设、调试、运用、退役等各个环节的安全运行状况。[①] 英国交通部负责核物质在大不列颠境内[②]公路、铁路的运输监管和整个联合王国[③]境内的空中和海上运输。北爱尔兰环境部负责北爱尔兰境内的公路运输，企业、贸易和投资部负责北爱尔兰境内的铁路运输。[④] 2011年，英国设立了核能监管局（ONR），负责接管英国核设施监察局以及交通部有关核能监管的相关职责。该局主要负责对民用核能、核设施以及放射性物质的运输进行统一管理，确保核能利用安全。该局并没有针对放射性物质的环境监管职能，环保局将继续履行对核能利用的环境监管职能。[⑤] 英国核退役管理局（NDA）负责清理退役核设施，所用费用大约一半由政府拨款，一半由该局自行筹措。[⑥]

2010年8月26日，英国核退役管理局公布了《对来自于核工业的固体低放射性废物的管理战略》。该战略采用废物处理体系，建立能够容纳绝大多数固体低放废物的最终处置库，对现有的低放射性废物管理资产加以最

---

① 参见徐原：《世界原子能法律解析与编译》，法律出版社2011年版，第24—25页。

② 主要是指大不列颠岛，包括英格兰、苏格兰和威尔士。

③ 指包括北爱尔兰在内的英国（UK）全境。

④ 参见徐原：《世界原子能法律解析与编译》，法律出版社2011年版，第30页。

⑤ 参见张炎：《英国拟设立新的核监管机构》，载《英国拟设立新的核监管机构》2011年第2期，第10页。

⑥ 李慧：《减排压力巨大，英国能源政策路在何方》，载《中国高新技术产业导报》2010年7月12日。

充分的利用。该战略的目的是防止核废物的产生,促进核材料的重复使用和循环利用,妥善处理核废物。[①]

2. 英国核设施许可制度

在英国,任何核设施的运营必须获得相关的许可证。只有法人才能申请到核设施运营许可证,该许可证不得转让。许可证既是该法人建设、运营核设施的许可凭证,又是该法人建设、运营核设施的义务凭证,许可证持有人必须按照许可证的具体规定开展核电站的设计、建设、运营、调试、退役,并在任何阶段都要接受政府主管部门和公众的监督。

3. 英国放射性核物质管理制度

英国放射性矿物的勘探开采授权由国务大臣负责。任何场所应用于任何目的的放射性物质应当由环保局实施强制登记管理。在核电站储存放射性物质则应当实行相关的许可制度。在核电站许可时,应当要求申请人采用最佳的办法以减少需要处置放射性废物的数量和体积。接触放射性物质或者处在放射性物质场所的工作人员应当采取有效的措施防止有毒物质向大气排放,相关场所必须经过无害化处理。产业部门使用辐射装置时,对工作人员和民众必须采取防护措施,卫生和安全执行委员会负责相关的安全监管,并通过卫生与安全委员会对国务大臣负责。英国的《放射性物质法》、《电离辐射法》和《辐射(应急准备和公众宣传)条例》规定了工作人员和公众有关核辐射健康防护的基本安全标准,卫生和安全执行委员会则制定了核电站厂区外部工作人员、孕产妇工作人员、检测设备和医疗设备的辅助导则。在放射性物质处理方面,进行放射性废物储存或处理必须经过环境部门许可;英国贸工部(今商业、创新与技能部)大臣经财政部大臣同意后,可以批准对核材料、放射性废物的存储和处理,可以审批对核装置的退役,并可以向相关活动提出贷款。[②]

4. 英国核材料管理制度

英国贸工部(今商业、创新与技能部)大臣有权采取措施防止核材料的不当使用。此外,根据《欧盟原子能机构条约》的规定,英国核材料运营商有义务定期按照要求向欧盟委员会报告自己的核材料的信息,欧盟委员会有权检查相关核材料、核装置以及其记录,以核查运营商提供相关数据的准确性。如果有违该条约规定的义务,欧盟委员会有权进行制裁。

英国核材料的运输、使用、储存都必须符合贸工部(今商业、创新与技能

---

① 参见伍浩松:《英国公布固体低放废物处置战略》,载《国外核新闻》2010年第9期,第22—23页。

② 参见徐原:《世界原子能法律解析与编译》,法律出版社2011年版,第25—28页。

部)下设的核安保办公室所制定的安保要求。核运营商必须采取足够的安保措施以防止核事故的发生。核运营商如果想对核电站或核实验室进行扩建或改造,则必须向国务大臣进行申请,并保证在建设、改造期间或其后,都能符合法律规定的安保要求。核材料的进出口应当实行许可制度,国务大臣负责发放相关的国家许可证或欧盟委员会许可证。①

5. 英国核事故应急响应制度

根据英国《核装置法》、《电离辐射法》、《辐射(应急准备和公众宣传)条例》等相关法律法规的规定,制定核应急情况相应计划、预先对响应方式进行操作和试验是授予核电站许可证的附加条件,授予许可时应当进行危害识别、风险评估,制定应急计划和公众宣传。②

6. 英国核损害责任制度

英国核设施许可证持有人对核损害承担严格责任,但英国《核装置法》将核损害局限在对有形财产的实物损害,而不包含纯经济损失和对无形资产的损害。英国是《巴黎公约》和《布鲁塞尔公约》及其相关议定书的缔约国,根据相关条约和英国国内法的规定,英国核运营商应付索赔的基金总量应当达到3亿特别提款权(SDR)。该数额如果经英国财政部的批准可以增加,一般索赔须准备的最小数额(用于在运输核材料期间的事件,但不包括运输工具损害的索赔)为500万特别提款权。该数额如果经过财政部的批准也可以增加。③

(四)英国电力法

1. 英国电力市场改革

"二战"结束以后,西方发达国家受到凯恩斯主义的影响,加大了对社会经济的控制力度。同时,英国由于战时本国经济受到重大损失,国内发生了严重的经济危机与能源危机,就加大了国家对能源产业的控制力度,在1947年基本实行了电力市场的国有化。随着20世纪七八十年代新自由主义经济模式的盛行,英国也紧跟其他发达国家的脚步,着手实行能源市场化改革。

英国早在1989年就开始了有关电力私有化的《电力法》,成立于1947年的英国中央电力局对电力市场的国家垄断逐渐被打破,新成立的电力监管办公室(OFFER)负责编制和发放发电、输电、公共供电和二次供电许可证,监督电力法制的实行,调解相关争议,发布负荷预测、电源点选择、环保要求

---

① 参见徐原:《世界原子能法律解析与编译》,法律出版社2011年版,第27—29页。

② 参见徐原:《世界原子能法律解析与编译》,法律出版社2011年版,第27页。

③ 参见徐原:《世界原子能法律解析与编译》,法律出版社2011年版,第30—31页。

等公共信息，促进电力市场竞争，保护用户利益等。英国国有电力企业被改组为3大发电公司①、12家区域配电公司和1家高压输电公司②。英国原地方电力委员会被改组为区域供电公司(Regional Electricity Company)，作为公共供电企业电力监管办公室可以向符合条件的二级供电商颁发二级供电许可证，可供大客户自行选择供电商。同时，英国还放开了电力产权交易市场。之后，英国又先后通过了《电网规则》和《电力库运行规则》等配套法规。此阶段英国电力改革的特点是以电力产业市场化为主的改革作为监管的主要内容，重构了电力市场的参与主体，在电力生产和电力销售方面引入了竞争，对电力输送、配送实施体现市场规律的价格管制(PRIX)，同时加强电力产业的环境管制。③ 但是，英国市场化的运行效果远远不如法国、德国等其他西欧国家。首先，英国区域电力公司的供电、售电活动并不完全分离，这就导致了区域电力公司的"地方垄断"；其次，传统的交叉补贴机制令市场的竞争性受到影响。鉴于此，20世纪末21世纪初，英国又通过了《公用事业法2000》和《平衡和结算规程》(BSC)，形成了具有特色的"三位一体"监管模式，对电力市场进行全面的监管。其中，新的燃气电力监管机构——天然气和电力市场办公室(OFGEM)负责对燃气、电力这两个市场结构类似且密切相关的产业实施统一监管；天然气和电力消费者委员会(GECC)负责维护市场的消费者权益；英国能源大臣负责部分电力市场事务。④ 这样，英国一方面明确了电力市场监管机构的分工与职责，另一方面又建立了相互制约的监督机制。同时，此次改革以新的电力交易制度(NETA)替代了原有的电力库制度，使电力行业出现了纵向整合(供电公司购买发电公司，以实现发电和售电的自我平衡)和横向兼并(供电公司间的相互兼并，以提升竞争能力)的趋势；同时，为了限制垄断，新的电力交易制度(NETA)方案还针对英国国家电力公司(NGC)的输电业务实行价格控制(PRIX)，而对国家电力公司的电网系统，由于其公益性，天然气和电力市场办公室对其减少营运费用予以鼓

---

① 即国家电力公司(National Power)、国家发电公司(Power Gen)和东方电力公司(Eastern Electric Power)。参见张敏蔚：《英国电力工业改革的启示》，载《国外电力》2007年第6期，第79页。

② 即国家电网公司(National Grid)。参见张敏蔚：《英国电力工业改革的启示》，载《国外电力》2007年第6期，第79页。

③ 孔善广：《英国电力产业的政府监管》，http://cplaw.cupl.edu.cn/show.aspx?id=1431&cid=6，2011-11-07。

④ 李琪、李睿、王萍萍：《英国与我国电力监管的比较分析》，载《电力政策研究》2008年第3期，第40页。

励。[①] 2003年,英国颁布《贝塔(Betta)法案》(The British Electricity Trading and Transmission Arrangement),正式分离供电与售电市场,建立了全国统一的电力交易和传输制度,形式上形成了完全竞争的电力供给市场。[②] 但是,直至今日,英国电力市场的开放程度依旧相对落后于其他西欧国家。

随着全球气候变暖趋势的加快和低碳理念的盛行,英国又开始谋求电力市场化与低碳化相结合。为了实现电力产业的复兴,英国政府计划在2050年前完成电力需求翻一番,进一步完善电力市场。2011年7月12日,英国政府公开发布了《规划电力的未来:一个安全的、负担得起和低碳电力白皮书》,又称《英国电力市场化改革白皮书》。该白皮书提出了吸引投资、减少对消费者电费支出负担的影响以及创造多种电力来源组合(天然气、新核能、可再生能源以及碳捕获和封存)等关键措施,创造更环保、更清洁,以及价格较便宜的电力来源组合。该白皮书的的主要内容包括:在电力市场上引入碳底价(Carbon Floor Price)的概念,引导和鼓励投资者积极投资低碳节能减排的电力生产方式;建立新的长期合同(主要包括上网电价合同和关税与差价合同),以财政手段激励能源供货商投资低碳节能的发电模式;制定详细的发电排放绩效标准(Emissions Performance Standard,EPS),规定450克二氧化碳/千瓦时的排放标准;新建的燃煤电厂必须采用碳捕捉和储存技术,不然不得建造,鼓励能源商投资短期天然气发电厂;实施能力控制机制(Capacity Mechanism),要求既保障现有的电力供应能力,又能满足未来的发电能力安全。[③] 配合该白皮书出台的是英国的《可再生能源路线图》。该路线图制定了到2020年以前英国可再生能源应当满足15%的能源需求目标,确立了为实现2020年目标的八大技术:陆上风能、海上风能、海洋能、生物质发电、生物质供热、地源热泵、空气源热泵和可再生能源运输。此八项技术力争要在2020年前能够实现在运装机容量29吉瓦,提供超过90%的可再生能源需求;在实行世界首个可再生能源供热规划后,使2020年前能够安装12.4万个可再生能源供热装置;在2014年之前,将生物燃料占所有公路运输燃料总量的比例由3%提高到5%以上。[④]

---

① 参见孔善广:《英国电力产业的政府监管》,http://cplaw.cupl.edu.cn/show.aspx?id=1431&cid=6,2011-11-07。

② 参见徐介宪、迟峰、宋平:《国外电力改革与立法的做法与经验》,载《华东电力》2006年第7期,第36页。

③ 冯迪凡:《电力市场改革白皮书(2011)发布》,载《第一财经日报》2011年7月20日。

④ 参见《英国发布可再生能源路线图》,http://www.scec.sh.cn/hydt_detail.aspx?id=4081,2011-11-11。

2. 英国电力监管制度

1998年，英国成立天然气和电力市场办公室，负责监管和调节电力市场，保障和促进竞争，保护消费者合法权益，规制电力市场的运行，防治垄断的发生，遏制气候变化等等。该机构要每年发表报告，报告经议会同意后将由议会负责具体实施。报告应当对当年的电力管理和分配状况如实记载，具体内容应该涵盖当年的电网集成措施和运营绩效，并详细报告相关利益方的情况，并为消费者的电力消费活动提供建议。

3. 英国电力许可制度

和其他常规能源一样，英国电力也实行许可制度，未取得运营许可证而从事生产、输送、销售或者供应电力的活动均属违法。英国实现电力市场化之后，发电商、输电商、供电商均须持有相应的许可。发电商的许可是面向市场的，而输电商的市场则被英国国家电力集团持有，在地方上的区域电力公司也对其管理的地域内拥有独占的输电权限。此外，对于（陆上）输电许可证，英国还存在另外一种输电许可的形式，即允许其他国家连接到英国电网的许可——联网许可证。英国电力供应许可，则主要为地方区域电力公司所持有。

4. 英国电力联网制度

英国电力市场化之后，逐渐放宽了发电市场准入门槛。英国具有完备的电网基础，电网互联程度高，电能并网性好，吸引了国内外许多企业积极投资英国电网运营。在配电和供电领域，英国实行了非歧视性和透明性的零售接入费，有效地统一了国内电力联网市场。[①] 同时，英国还注重发电企业和配电、供电企业之间的融合，实现公平接入，公平竞争，提高全国电网的上下游一体化程度。同时，英国还注重电力网络与天然气网络、电信网络的互联程度。目前，英国电网、天然气网络和电信网络互相开放了市场，更加促进了能源网络市场化，更有利于维护消费者的合法权益。

5. 英国电力价格制度

英国电力价格是根据发电商的报价和电子负荷预测情况制定的。每天中午之前，各发电厂家将次日的发电机组运行数据报交到电子数据库，然后依照全网购电成本最低原则，确定发电计划，并得出第二天的各区间报价。

英国阶梯电价的计费模式可分为五种。第一种是随着用电量的大小而变化，用电量少则价高，当用电量超过一定数额后，则电价的平均数自然下

---

① 参见郑晓东等：《基于网络融合视角的英国电力市场分析及启示》，载《河海大学学报（哲学社会科学版）》2010年第3期，第69页。

调。这种方式是用电越多，平均支付的单位电费就越低。第二种是分时电价机制，一般将一天分为两个时段。低谷时段多为晚间12点至早7点，这一时段内的电费只为日间价格的35%。部分地区将低谷时段设为晚7点至次日早7点，这时的电价则是日间电价的70%左右。第三种是实时电价制度，该制度是由英国率先提出来的，主要针对大型工业企业用户。该机制将一天划分为48个时段，根据发电系统的生产成本的变化而实时变化。第四种是固定费用机制，该机制中固定电费的收取，与用电量大小或是否用电无关，只考虑用户接入的电压等级和用户类型。一般情况下，民用电的固定费相当于50千瓦时的电费。第五种是电度电价，这是最传统的计费方式，根据用电量的大小来计费。[①]

第三节　英国可再生能源法

一、英国可再生能源状况

加大对可再生能源的利用力度是英国政府谋求通过能源政策手段减少二氧化碳排放的关键性长期目标。英国商业、创新与技能部（其前身就是英国贸工部）负责在英国环境、食品和农村事务部的协助下开发各种可再生能源，主要包括风能、生物质能、太阳能、海洋能和潮汐能、水能和地热能等。英国国家能源基金会（National Energy Foundation）则负责提供可再生能源产品开发与应用方面建议和资金支持的机构。

（一）生物质能

生物质能是来自植物或动物的有机材料，这是一种重要的可再生能源，它可以通过燃烧生物质或转化为其他可用的方式（如沼气、或者是燃料如乙醇和生物柴油）加以利用。英国属温带海洋气候，全年气候温和湿润，生物资源丰富，种类齐全，生物质能潜力巨大。英国生物质能产量从2002年的3千吨油当量迅速增长到2010年的180千吨油当量，占到世界总产量的0.3%。目前，生物质能是英国第一大可再生能源。但是，英国生物质能开发利用程度与欧洲其他发达国家还有一定的差距。如德国2007年生物燃料的发电量达到46 552 000兆瓦时，法国也达到了16 680 000兆瓦时，分别为

---

① 参见余瀛波、冯琳：《英国：率先提出实时电价机制》，载《法制日报》2010年11月16日。

英国的 11 倍和 4 倍左右[①]。

(二)风能

英国是一个海岸线曲折的岛国，具有开发风能、尤其是海上风能的良好地理位置和条件，据英国风能协会(BWEA)的估计，英国海上蕴藏风能的理论储量是英国年用电需求量的 3 倍。截至 2010 年 1 月，英国的风电装机总容量超过了 4 000 兆瓦，成为该国仅次于生物质能的第二大可再生能源。但是，英国风力发电量也只占 2010 年全国总发电量的 1.5%左右，仅占全球装机总容量的 2.6%。[②] 为了提高风能的利用率，英国商业、企业和管理改革部(DTI)于 2008 年宣布要大大增加海上涡轮的数量和规模。英国有六大海上风力发电场：诺森伯兰郡的布莱斯风电场(Blyth)、威尔士北部海岸的北霍伊尔风电场(North Hoyle)、泰晤士河入海口的肯特郡平原风电场(Kentish Flats)、大雅茅斯的斯克罗伯沙滩风电场(Scroby Sands)、威勒尔的 Burbo 海岸风电场(Burbo Bank)、东北部海岸的巴洛风电场(Barrow)。截止到 2008 年，英国共有分布在 137 个发电场的近 1 800 台涡轮机在运转，总装机容量达到 2 034.85 兆瓦。[③]

(三)水能

英国地势起伏，河流众多，水能资源比较丰富。21 世纪以来，英国水能消费量一直在 1 百万吨油当量左右徘徊，利用模式主要是水力发电。英国水电站以小水电为主，主要集中在苏格兰高地。目前，水能是英国除生物质能和风能之外利用最多的可再生能源。

(四)太阳能

英国为温带海洋气候，温和多雨，光照不够充分，太阳能发展潜力有限，仅为赤道地区国家的 60%。目前，英国大约平均每年安装 10 000 套太阳能制热系统，但英国利用太阳能的重点是太阳能电池。英国石油公司是世界上最大的太阳能电池制造商之一。此外，世界上最大的太阳能电池制造商夏普太阳能公司(Sharp Solar)也在雷克瑟姆(Wrexham)建立了生产基地。[④]

(五)海洋能

海洋能是可再生能源，主要包括波浪能和潮汐能。英国是岛国，具有开发利用海洋能的便利条件。据估算，英国大体拥有欧洲 35%的波浪能和

---

① 谷峻战:《英国可再生能源产业发展现状》，载《全球科技经济瞭望》2010 年第 4 期，第 19 页。

② 谷峻战:《英国可再生能源产业发展现状》，载《全球科技经济瞭望》2010 年第 4 期，第 19 页。

③ 参见英国驻华大使馆:《可再生能源》，http://ukinchina.fco.gov.uk/zh/visiting-the-uk/about-uk/environment/renewable-energy，2011-11-03。

④ 谷峻战:《英国可再生能源产业发展现状》，载《全球科技经济瞭望》2010 年第 4 期，第 20 页。

50%的潮汐能资源。仅苏格兰地区波浪能和潮汐能的蕴藏量就分别达到14 000兆瓦和7 500兆瓦，分别占欧盟地区总蕴藏量的10%和25%。① 根据2010年5月公布的《英国近海能源评估报告》显示，通过利用近海可再生能源，英国在未来40年里将可减少11亿吨温室气体排放量。② 英国是世界上第一个设立潮汐电站的国家，并在西部海岸建成了潮汐电站群。英国商业、企业和管理改革部还在德文郡沿海海岸推进"海流计划(Seaflow Project)"，建设世界上最先进的潮汐发电装置。在波浪能发电方面，英国具有两种领先世界的波浪发电装置：一个是陆海能量转换器(LIMPET)，一个被称为"海蛇装置(Pelamis)"③。

(六)地热能

英国处于亚欧板块和美洲板块交界地带，地质活动频繁，地热资源丰富。地热可以通过不同形式的发电装置转化为电能。英国第一座地热能发电站位于南安普顿，每年可提供16 000兆瓦时的电力。④

二、英国可再生能源法

(一)英国可再生能源法概况

英国政府历来重视可再生能源的发展，计划到2020年实现可再生能源发电量占英国发电总量的20%。为此，英国在制度方面为可再生能源的发展提供了强有力的保障。在激励机制方面，早在1988年，英国政府就通过了《非化石燃料义务法》(Non-Fossil Fuel Obligation，NFFO)，以支持可再生能源的发展计划。之后，英国于2002年4月开始实行《可再生能源义务法2005》(Renewables Obligation，RO)。该法具体规定了合格的可再生能源电力的范围，即风电、波浪发电、水电、潮汐发电、光伏发电(每月发电量至少达到0.5兆瓦时)、地热发电、沼气发电和生物质发电等。⑤ 该法还规定了为英国电力供货商提供的可再生能源发电目标：英国的电力供货商应当逐步提高可再生能源发电在总发电量中的比重。这一比例起初在2002—2003年定为3%，2006—2007年提高到6.7%(北爱尔兰地区为2.6%)，2011—2012

① 谷峻战：《英国可再生能源产业发展现状》，载《全球科技经济瞭望》2010年第4期，第20页。

② 王京安等：《英国能源产业政策及其启示》，载《河南社会科学》2010年第6期，第107页。

③ 参见英国驻华大使馆：《可再生能源》，http://ukinchina.fco.gov.uk/zh/visiting-the-uk/about-uk/environment/renewable-energy，2011-11-03。

④ 谷峻战：《英国可再生能源产业发展现状》，载《全球科技经济瞭望》2010年第4期，第21页。

⑤ 李瑞庆、赵筠筠、王艳、王磊：《英国和德国可再生能源制度比较分析》，载《电力需求侧管理》2009年第1期，第77页。

年将提高到10.4%,之后5年这一比例将每年提高1%。对于来自符合条件的可再生能源的每1兆瓦时电量,电力供货商都会获得由天然气和电力市场办公室颁发的可再生能源证书(Renewable Obligation Certificate,ROC)。该证书是可以交易的,如果一家电力供货商未达到当年规定的可再生能源占全部发电量的比例,则必须出资购买不足的部分,不足部分的每1兆瓦时电量换算量的价格每年随"商品零售价格指数(RPI)"的变动而变动,2008—2009年的标准是35.76英磅。所花费用进入"购买基金",每年购买基金在电力供货商中进行分配,所获金额由上一年度电力供货商获得的可再生能源交易证书的数量来决定,真正做到了"奖优罚劣"。[①] 这就是英国著名的可再生能源"配额制"。配额制既能明确可再生能源发展的重要目标,又能充分利用市场机制,还能促进不同技术形式的可再生能源共同发展。英国相关的监管制度十分严厉,一旦发现企业违反义务,没有完成规定的配额,就会对企业施以严厉的处罚。[②]

由于《可再生能源义务法2002》在运行过程中出现了若干问题,英国又颁布了《可再生能源义务法2005》和《英国能源报告2006》,要求将可再生能源义务配额的强制比例提高到20%;政府和企业应当开展协商,探讨如何给可再生能源义务分级,既要为更多新兴技术(离岸和海洋能)提供有针对性的额外支持,又要保持对更加经济的技术提供适当公平的支持;在2009年分级之前,要确保所有运营项目(除混烧之外)都在可再生能源义务之下获得不低于最低水平的支持。同时,英国还自2008年4月起实施了可再生能源交通燃料义务(Renewable Transport Fuel Obligation,RTFO)计划。该计划要求燃料供应商销售燃料中要供应一定份额的生物质燃料,具体标准为在2008—2009年达到2.5%,2009—2010年达到3.75%,2010—2011年达到5%。同时,供应商在提供可再生燃料时可获得证书和燃料税,义务期满后,供应商可持证向管理部门证明其已经完成了义务,该证书也可以进行交易,若期满后供应商未能出示足够的证书,则需购买相应许可证书。不能完成义务的供应商购买证书的罚款在义务期的前1—2年内为15便士/升。此外,燃料供应商应当对其可再生交通燃料义务履行情况进行报告。2007年,英国政府宣布修改《可再生能源义务法2005》,并于2009年正式实施。《可再生能源义务法2009》的主要内容包括:可再生能源义务将延续到2027年;

---

① 参见谷峻战:《英国可再生能源产业发展现状》,载《全球科技经济瞭望》2010年第4期,第22—23页。

② 李瑞庆、赵筠筠、王艳、王磊:《英国和德国可再生能源制度比较分析》,载《电力需求侧管理》2009年第1期,第76页。

在可再生能源资源满足的条件下，可将配额提高到20%；可再生能源义务捆绑，即根据各种技术的发展和成本推出不同的可再生能源义务证书，以刺激新技术的发展，这一新制度将于2013年开始实施；波浪能和潮汐能等新兴技术将从资本补助和其他政策中获得支持，新能源技术研究所和环境改革基金将为其提供基金支持；针对不同的可再生能源发电企业做出分类，应当提供不同的补贴政策；对使用不同技术的可再生能源、不同机组容量、不同位置、获得市场准入许可证的不同日期、是否添加化石能源混烧、是否受到其他政策优惠等不同具体情况的企业，分为5种不同的补贴力度。这5种情况分别是：①需要4兆瓦可再生能源电力才能申请一个单位可再生能源证书的技术：垃圾填埋场沼气发电。②需要2兆瓦可再生能源电力才能申请一个单位可再生能源证书的技术：下水道污水沼气发电、非高能农作物混烧发电。③每兆瓦时可再生能源电力申请一个单位可再生能源证书的技术：陆上风电、水电、高能农作物混烧发电、非高能农作物混烧热电联产、热电联产、地压气体、燃料高温分解。④2/3兆瓦可再生能源电力就可以申请一个单位可再生能源证书的技术：海上风电、高能农作物混烧热电联产、生物质能发电。⑤1/2兆瓦可再生能源电力就可以申请一个单位可再生能源证书的技术：波浪能发电、潮汐能发电、燃料厌氧分解、燃料改进型高温分解、指定类别的高能农作物燃烧发电、指定类别的生物质能热电联产、太阳能光伏发电、地热能发电、潮汐水坝发电，另外指定的小型发电企业也可享受此项政策。[①]

在管理机制方面，英国贸工部（DTI，现为商业、创新与技能部）与英国环境食品和农村事务部（DEFRA）具体负责可再生能源的协调工作。这两个部门目前已经联合成立可持续能源政策网络（Sustainable Energy Policy Net，SEPN），具体负责制定、执行和修改可再生能源发展战略。除行政管理之外，英国相关政府部门还通过直接投资的方式培育生物质能产业的发展。例如，贸工部（现商业、创新与技能部）就通过实施“新能源和可再生能源项目”，每年投资250万英镑用以建立以能源作物和农林废弃物为原料的燃料供应体系。[②] 英国内阁科学技术办公室（OST）则成立了英国能源研究合作论坛（UK Energy Research Partnership，UKERP）和英国能源研究中心（UK Energy Research Centre，UKERC），为可再生能源的科研与成果转化提供物质帮助与智力支持。[③]

---

① 参见马宇骏：《英国可再生能源政策发展及对我国的启示》，华北电力大学2011年硕士论文，第12—13页。

② 丁声俊：《国外生物能源的法制建设（上）》，载《世界农业》2010年第2期，第15页。

③ 参见张永宁、陈磊：《英国发展生物能源的政策及启示》，载《化学工业》2007年第6期，第13页。

英国还制定了优惠的可再生能源上网电价制度。2010年，英国放开了对5兆瓦以下的可再生能源机组的入网限制，以促进家庭可再生能源的发展。对于5兆瓦以下的可再生能源机组，英国实行固定电价制度，其中生物质能发电为0.51元/千瓦时，水电为0.51元/千瓦时，太阳能发电为2.97元/千瓦时，风电为0.51元/千瓦时，其他参与配额的小型机组为1.03元/千瓦时。①

（二）英国生物质能制度

英国重视生物质能的利用，几年来加大了对生物质能的研发和投资力度。英国贸工部（现商业、创新与技能部）筹集6 600万英镑进行“生物能源资金拨款计划”，支持生物质热电项目、能源作物发电和小规模生物质热电联供项目。英国环境、食品和农村事务部斥资190万英镑进行“生物能源作物研发项目”，研究能源作物的基因改良和农村环境保护。英国生物技术和生物科学研究理事会（BBSRC）和英国研究理事会（EPSRC）等机构投资2 500万英镑支持的可再生能源项目就有290万英镑用于促进生物质和生物能源的发展。②

在管理机制上，英国贸工部（现商业、创新与技能部）与英国环境食品和农村事务部等政府部门主管生物质能的开发与利用，并设立专项基金支持生物质能事业。英国环境食品和农村事务部还专门设立“生物能源研发投资论坛（Bioenergy R&D Funders Forum，BEF）”，代表政府具体负责生物质能的研究工作。此外，英国生物技术与生物科学研究理事会（BBSRC）和英国工程与物理科学研究理事会（EPSRC）以“第三部门”的身份负责组织、资助和协调生物质能的研发、产业化与社会化工作。③

英国政府还制定了优惠的生物质能补贴制度。利用矿物燃料发电的企业必须缴纳发电税，用于补贴包括生物质能在内的可再生能源发电厂；生物质能发电商在合法获得发电许可之后，可以按照奖励价格出售其电力。为了保证私有化的供电企业能够向生物质能发电企业购买电力，英国政府为它们规定了相关的配额，如果到期完不成任务，电力监管机构有权向供电企业征收其营业额10%的罚款。电力监管机构还负责向生物质能发电配额有剩余的企业实施政府采购，回收剩余部分，以鼓励企业加大对生物质能发电

---

① 郭磊、马莉：《英国低碳能源战略白皮书及对我国的启示》，载《电力技术经济》2009年第6期，第16页。

② 丁声俊：《国外生物能源的法制建设（上）》，载《世界农业》2010年第2期，第15页。

③ 张永宁、陈磊：《英国发展生物能源的政策及启示》，载《化学工业》2007年第6期，第14页。

的投资力度。[①]

英国还在国际层面加强有关生物质能领域的合作，现在不仅在欧盟层面联合25个研究组织进行生物质能“演化树项目（Evoltree）”等项目的研究，而且在欧盟范围之外加强同美国、加拿大、中国、前苏联以及东欧国家在生物质能领域的合作。[②]

（三）英国风能制度

英国是岛国，远离欧洲大陆，常年受盛行西风控制，风能资源丰富，理论储量约占全欧洲的40%。近年来，英国出台了诸多激励机制和优惠措施，鼓励商业风电产业尤其是海上风电产业的发展。在扶植商业风电产业发展的同时，英国还积极开展对家用风能发电的援助项目，具体规定包括：居民安装家用微型发电机，按不同功率减免增值税；政府提供优惠贷款，引导企业开展对家用微型发电技术的研发工作；对于家庭安装直径0.5米以下的微型发电机的，政府承诺取消地方审批制度；英国贸工部（现商业、创新与技能部）将提供免费的全国风力资料查询系统，民众只要输入邮政编码，即可获得所在地区的历史风力资料，以判定是否适合安装风能发电系统。此外，英国政府还将研究具体方案，解决安装和使用微型发电机成本高、家庭所发余电出售给电力公司的价格过低等问题，以促进家用风能发电更快发展。[③]

（四）英国水能制度

英国国内河流众多，水能资源开发潜力巨大，英国政府也通过了诸多法律政策，鼓励水能资源的开发与利用。2001年，英国能源大臣发布《可再生能源条例》，将国家支持修复水电站的规模从10兆瓦提高到20兆瓦，以确保所有新建水电站都能够进入国家资助范围。[④]

英国地势起伏，地形复杂，多山地、丘陵和盆地，一方面有利于蕴藏水能资源，另一方面却导致了水电工程施工量大，安全性差。因此，英国制定了完备的发电水库管理制度。根据英国《水库法》的规定，发电水库业主有义务向管理当局申报已有的和在建的大型发电水库，并做好水库水位、渗漏、沉陷以及施工、运行和维修方面的记录。在水库竣工后两年内，水库业主应当接受检查工程师（Inspecting Engineer）的验收，验收合格之后，每10年要

① 参见满相忠、王珊珊：《国外开发生物质能优惠政策及其经验启示》，载《地方财政研究》2007年第8期，第60页。

② 张永宁、陈磊：《英国发展生物能源的政策及启示》，载《化学工业》2007年第6期，第14页。

③ 王涛：《英国推广家用风能发电》，载《中国电力报》2007年5月16日。

④ 参见朱晓红：《〈再生能源条例〉为英国的水电开发开辟了道路》，载《水利水电快报》2002年8期，第16—17页。

重新检查一次。如果检查工程师提供有关水库安全的建议措施，水库业主应当听取。业主还应聘请监督工程师(Supervising Engineer)，负责向发电水库业主通报有关水库的安全情况，指导水库业主做好相关记录，并每年至少一次向业主提供书面报告。如果监督工程师认为有必要，可以向业主提出立即进行水库安全检查的意见或建议。水库管理当局一般为各郡或各地区的议会，负责对发电水库进行法律上和行政上的管理。如果水库业主不遵守法律法规，水库管理当局有权采取紧急措施，并派遣工程专家组进行应急处理。专家组工程师(Reservoirs Panel Engineer)除了负责应急情况处理之外，还负责修建、改造发电水库工程的设计、施工和监理工作。发电水库还应设有英国环境大臣负责监督发电水库管理当局履行职责，听取其报告。①

(五)英国太阳能制度

太阳能是一种取之不尽用之不竭的清洁能源，鉴于技术的逐步成熟和发展低碳经济的客观要求，英国政府逐渐在政策上和制度上加强了对太阳能行业的扶持力度。2010 年 4 月开始，英国开始以高于市场价的价格对太阳能发电进行收购。依照当时的报价，太阳能发电商每千瓦时可以盈利 0.41 英镑，按此计算，截止到 2011 年 3 月，英国太阳能单位电力成本可以降低到 0.039 英镑。②

(六)英国海洋能制度

英国近年来注重对海洋能源开发的支持激励力度。2010 年 3 月 15 日，英国政府发布《海洋能源行动计划》，准备开发海洋能源产业，并设立海洋能源 2030 年远景目标。根据该计划，英国将设立全国海洋能源战略协调小组，旨在制定详细的海洋能源开发路线图，引导私营经济开放海洋能源领域，推动海洋能源技术研发，建立健全海洋能源产业链，以促进潮汐能、波浪能等海洋能源发展。英国准备通过该计划满足 1 500 万个英国家庭的能源需求，提供 16 000 个就业岗位，到 2050 年前减少约 7 000 万吨的二氧化碳排放。③作为前期工程，英国皇家资产管理局与苏格兰政府将投资 40 亿英镑，在苏格兰北部沿海地区建立 5 个波浪能发电站和 5 个潮汐能发电站，再投资 10 亿英镑用于当地电网和港口建设。这 10 个海洋能发电站项目已经被德国意昂集团英国分公司、南苏格兰电力公司和苏格兰可再生电力公司所分得，政府

---

① 参见王正旭:《英国的水库安全管理》,载《水利水电科技进展》2002 年第 4 期,第 65—67 页。

② 参见刘姝池:《英国:新能源发电盈利超传统方式 10 倍》,载《中国能源报》2010 年 2 月 22 日。

③ 参见黄堃:《英国发布海洋能源行动计划》,载《中国石化报》2010 年 3 月 26 日。

还设立了一个2 200万英镑的海洋能源政府基金，保障这些项目的顺利实施。[①] 同时，英国政府准备对潮汐能和波浪能授予可再生能源证书，该证书是英国低碳能源获得补贴的途径，能源公司通过从开发商那购买证书来完成他们绿色发电的义务。[②] 这表明，英国开始对海洋能源加大扶植力度。

第四节　英国节能法

一、英国主要节能法律文本

英国长期以来一直积极倡导发展低碳经济，并在法制层面加以跟进，陆续颁布一系列法律文件，以切实做到节能减排。英国节能法律文件主要包括：

（一）《英国气候变化法案》（The Climate Change Act）

英国根据2006年的《能源评估》和2007年的《能源白皮书》的要求，于2008年11月26日实施了《气候变化法案》，成为世界上第一个针对减少排放而建立起具有法律约束性长期国家目标的国家。该法案由序言和共计6个部分的正文组成，共101条，主要内容有：①以法律的形式正式确立英国的节能减排目标，要以1990年为基准，英国六种温室效应气体的排放到2020年要减少20%（后京都协议中为30%），到2050年减少80%；②通过强有力的执行机制，保证这些目标的实现；③加强节能减排体制框架建设，缓解气候变化趋势；④加强英国经济和社会适应气候变化的能力；⑤建立以议会为主导的明确的定期问责机制；[③]⑥确定了二氧化碳、甲烷、氧化亚氮、氢氟碳化物、全氟化碳、六氟化硫等6种温室气体，并授权英国能源和气侯变化部有权在必要条件下增加温室气体种类。此外，英国《气候变化法案》还规定，国家将运用国内排放交易体系，以控制温室气体排放；国家鼓励企业采取节能减排措施；同时授权有关部门引入财政激励体系，鼓励家庭减少温室气体排放，减少废物的产生，推行循环经济；对家庭收集废弃物进行规范，并对个人

---

① 参见覃泽文：《巨额投资海洋能，英拟打造海上"沙特"》，载《中国能源报》2010年3月22日。

② 刘洋：《英国将削减可再生能源补贴》，载《中国能源报》2011年10月31日。

③ 参见黄堃：《英国机构认为英不应靠购买碳排放权实现减排目标》，http://news.xinhuanet.com/world/2011-03/23/c_121220986.htm，2011-11-06。

使用垃圾袋进行收费等具体举措。[1] 英国《气候变化法案》规定的减排目标，目前已经被以5年为单位的碳预算所分解，近年英国又将2020年的中期目标定为减排34%，但英国气候变化委员会认为应该将这一目标提高到42%。[2]

为了配合《气候变化法案》的实施，英国政府采取了一系列的配套措施：英国环境、食品和农村事务部(DEFRA)实施了"气候变化计划"，作为该国落实节能减排政策的重要战略之一；该部还成立了气候变化办公室，协调不同的政府部门在气候变化与节能减排方面的资源共享，以便对气候变化政策、策略进行分析和改进；该部制定了个人碳排放计算标准；英国外交和联邦事务部(FCO)也制定了相关措施用以维护能源安全，应对气候变化；英国政府还联合英国石油公司(BP)、英国天然气集团(BG Group)、森特理克集团(Centrica)、庄信万丰催化剂公司(Johnson Matthey Catalysts)、英国国家电力供应公司(National Grid Transco)、北爱尔兰电力公司(Northern Ireland Electricity)、鲍尔根公司(Power Gen)和南苏格兰电力公司(Scottish & Southern Energy)共同成立了英国节能信托基金会，通过提倡可持续性发展战略和提高能源利用率来促进节能减排。[3]

英国《气候变化法案》虽然规定了明确的节能减排目标，但其实际落实难度较大。2011年，英国气候变化委员会声称在2010年英国的碳排放量非但没有减少，反而增长了3%，事实上已经违背了每年削减碳排放量3%的既定目标。当时的英国气候变化委员会首席执行官戴维·肯尼迪(David Kennedy)认为英国虽然在交通与取暖等领域实现了一定程度的节能减排，但在住宅保温节能方面却是进展缓慢，政府应当采取新措施以切实实现既定的节能减排目标。当时的英国气候大臣克里斯·胡恩(Chris Huhne)表示，政府的改革表明政府对减排态度认真，政府将在经济复苏中继续减少对化石能源的依赖，实现经济增长方式向永久性低碳转变的锁定；英国将继续通过电力市场改革、绿色协议和绿色投资银行等措施进行有关节能减排的长期结构性转变。[4]

---

① 宋锡祥、高大力：《论英国〈气候变化法〉及其对我国的启示》，载《上海大学学报(社会科学版)》2011年第2期，第90页。

② 参见黄堃：《英国机构认为英不应靠购买碳排放权实现减排目标》，http://news.xinhuanet.com/world/2011-03/23/c_121220986.htm，2011-11-06。

③ 参见英国驻华大使馆：《气候变化》，http://ukinchina.fco.gov.uk/zh/visiting-the-uk/about-uk/environment/climate-change-uk，2011-11-07。

④ 参见王淏：《英国：气候政策需要新举措》，http://www.cma.gov.cn/qhbh/newsbobao/201107/t20110705_97713.html，2011-11-07。

（二）《英国低碳产业战略远景》（Low Carbon Industrial Strategy：A vision）

2009年3月，英国政府出台了《低碳产业战略远景》，作为英国发展低碳产业，促进节能减排的重要战略性文件之一。该文件主要内容包括：本国相关产业要切实做到提高能源效率，尽量减少产业运行、消费者和公共服务成本；要重视可再生能源、核能、碳捕捉和碳封存技术、智能电网等能源基础设施建设；积极引导企业树立未来低碳产业发展方向；加大低碳汽车的开发与生产力度；通过培养技能、基础设施采购和研发、示范和政策的部署，促进英国发展成为低碳经济商业中心。[①]

（三）《英国低碳转型计划》（The UK Low Carbon Transition Plan）

2009年7月15日，英国政府正式发布《低碳转型计划》，作为国家落实节能减排政策的重要战略性文件。该计划是英国《气候变化法案2008》和《能源法案2008》在政策上的反映。该计划共有9章，2个附件，主要内容包括：

1. 减排目标

该计划规定，截止到2020年，英国温室气体要在1990年的排放基础上减排1/3，在2008年的基础上削减18%；英国要把每年1%的减排速度提高到1.4%。具体来看，首先，所有英国主要政府部门都要编制自己的碳预算或者由中央政府分配相应的碳预算，并要具体明确的详细实施计划。其次，英国应当优化能源结构，按照本计划制定的相关措施逐步提高可再生能源的比例，力争在2020年能够达到欧盟15%的要求。[②]

2. 电力和重工业部门的节能减排

该计划明确规定，在确保电力供应安全的前提下，截止到2020年，英国电力和重工业部门应该在2008年的排放基础上减排22%。在发电结构中，40%的电力来自于新能源，其中30%来自可再生能源，10%来自核能和碳捕获与封存。此外，英国还注重对智能电网的开发力度，建立更大规模的智能电网，投资4亿—5亿英镑对现有电网进行翻新和扩大；成立电网战略集团负责可再生能源的入网投资；制定新电网准入制度；投资近海电网加快离岸风能的传输；以及到2020年投资80亿英镑用于智能电表的普及；建立起碳捕捉和碳封存技术的开发和研究基金。英国政府雄心勃勃，准备通过这些措施使本国在2050年前基本消除电力生产领域的碳排放。[③]

---

① 参见王京安等：《英国能源产业政策及其启示》，载《河南社会科学》2010年第6期，第107页。

② 参见英国驻华大使馆：《英国将减少两个伦敦的碳排放》，http://www.cbcsd.org.cn/news/7986.shtml，2011-11-03。

③ 参见任力华、李成：《英国的"低碳转型计划"及其政策启示》，载《城市观察》2010年第3期，第45—46页。

3. 家庭和社区的节能减排

该计划规定，截止到2020年，来自家庭的排放将在2008年的基础上减排29%。对此，该计划要求政府应当采取以下措施：①政府应当设立碳减排目标，要求各级能源供货商在2008年4月到2011年3月间帮助英国家庭节能减排20%；②政府斥资32亿英镑用于现有住房节能改造；③政府积极倡导社区节能计划，为全国9 000户低收入家庭提供更好的能效待遇；④政府应当建立长期有效的节能融资试点模式，通过金融手段鼓励家庭与社区实现节能减排；⑤政府应当引入清洁能源现金回报计划，积极使用新能源或可再生能源的居民、商户和小区将得到现金回馈；⑥为解决燃料贫困问题，政府将投资200亿英镑用于解决老年人和弱势群体家庭的能源支付问题。该计划要求到2050年前，英国家庭能源消耗所造成的温室气体排放量将接近为零。①

4. 工作场所的节能减排

该计划规定，截止到2020年，英国工作场所的排放将在2008年基础上减排13%。为此，英国政府应当采取以下措施：①充分利用欧盟排放交易制度，做到节能减排；②提供强有力的财政支持和鼓励措施，以气候变化税、气候变化协议、碳减排承诺书、低息贷款和财政拨款补贴等形式，支持企业和公共部门工作场所的节能减排；③通过碳基金、废物和资源行动方案等具体措施帮助工作场所进行节能减排的技术转型。英国政府计划在2050年前实现办公室、学校、医院的碳排放量接近于零。②

5. 交通运输的节能减排

该计划规定：截止到2020年，英国要在确保石油供应安全的前提下，将交通运输领域的碳排放量在2008年的基础上减排14%；在2020年前，所有的新乘运车辆的排放标准将在2007年的基础上减排40%，达到欧盟95克/公里的排放要求。具体来看，该计划要求政府采取以下措施：①所有政府部门和机构的新购车辆标准应在2011年以前达到欧盟的要求，力争提前4年完成欧盟的相关要求；②政府要在未来两年内投资3 000万英镑，用于交付数百辆低碳巴士；③从2011年起，政府对超低碳汽车提供2 000到5 000英镑资金的购买补贴；④政府将投资3 000万英镑用于电动汽车充电站的建设；⑤英国政府承诺，截止到2020年，将有10%的运输燃料来自可再生能源；⑥英国政府要在2008到2011年期间，投资1.4亿英镑，用于英格兰道路

① 参见陈伟：《推进低碳经济建设应对能源气候挑战——英国低碳转型战略计划解读》，载《新材料产业》2009年第11期，第73页。

② 郭磊、马莉：《英国低碳能源战略白皮书及对我国的启示》，载《电力技术经济》2009年第6期，第14—15页。

的低碳改造，并投资500万英镑用于火车站的循环贮存；⑦英国要求从2012年起，将所有在欧盟境内起飞和降落的飞机纳入到排放贸易制度的减排行列中，将英国的航空排放限制到低于2005年的水平。英国政府计划在2050年前实现公路和铁路运输领域的去碳化，并大大提高空运和海运领域的能耗。[①]

6. 农业、土地与废物管理领域的节能减排

该计划还详细规定了英国在农业、土地利用和废物管理的节能减排要求。截止到2020年，英国相关领域的碳排放量要在2008年的基础上减排6%。政府将采取以下措施：鼓励农民更有效地使用化肥、更好地管理牲畜及其粪便；支持厌氧技术，将废料和粪便转化为可再生能源；减少需要填埋的垃圾，更好地对垃圾废气进行捕捉利用；鼓励私有资金投资造林。[②]

（四）《英国2050年能源气候发展路线分析报告》(Report On Energy and Climate Development Path Analysis 2050)

2010年，英国能源和气候变化部发布了《英国2050年能源气候发展路线分析》，作为英国政府公布的第一份有关2050年英国能源供需以及温室气体排放的长期发展规划。该规划提出了32项节能减排行动，主要包括：制定政策支持节能产品及相关消费；在保障能源安全的同时，引导能源供应向节能减排和低碳发展；采取高效且对后代负责的方式进行能源开发利用；在国内外采取积极行动应对气候变化等。[③] 同时，该规划还阐述了英国实现节能减排，发展低碳经济，维护能源安全的6种可能性途径，以保证英国在2050年前实现比1990年碳减排90%的承诺。这6种可能性途径分别就以下情况做出假设并予以分析：①通过减少英国能源需求及大力发展可再生能源、核电及采用碳捕获与封存(CCS)技术的火电站来实现相关目标；②不能利用碳捕捉和碳封存技术发电的情况；③不建新核电站的情况；④可再生能源新增装机容量最小的情况；⑤生物能供应受限的情况；⑥能源消费者及相关行业消费方式改变力度很小的情况。[④]

二、英国节能机构和节能制度

（一）英国节能机构

英国环境、食品和农村事务部是制定相关节能政策法规、管理节能减排

① 参见吕江：《〈低碳转型计划〉与英国能源战略的转向》，载《中国矿业大学学报（社会科学版）》2010年第3期，第27页。

② 参见《英国经济力争向低碳转型》，http://www.cenews.com.cn/xwzx/hq/qt/200908/t20090818_621038.html，2011-11-03。

③ 刘洋：《英国发动绿色能源"引擎"》，载《中国石化报》2010年9月3日。

④ 刘洋：《英国发布能源规划，描绘低碳未来》，载《中国高新技术产业导报》2010年9月6日。

资金的专门性行政机构。该部下设碳基金会(CT)和节能基金会(EST),分别负责具体执行工业、交通和建筑等方面的节能工作。具体而言,碳基金会的职能主要包括:调查工商业机构其碳排放量,分析节能减排项目的费用效益;为新老建筑提供旨在降低碳排放量的设计服务;提供有关节能减排领域的融资服务;开发新的节能减排技术(如薄膜太阳能技术、生物质能技术),并承担商业孵化功能;开展独立的碳排放量的认证。节能基金会的职能主要包括:为居民提供节能咨询(如如何改进家庭节能,如何得到政府资助等);开展节能宣传,从事"绿色医生"服务(通过委派专家实地了解情况,为居民提供有关节能的详细诊断、费用情况和具体建议);对消费品进行节能认证等。[①] 英国商业、创新与技能部(原贸工部)则负责节能项目的直接组织管理,具体从事项目的招投标、监管和评估工作。[②]

(二)英国节能税收制度

英国自 2001 年开始向能源终端消费者征收能源消费税,税率为电力 0.043 英镑/度,天然气 0.015 英镑/度。[③] 从目的来看,英国的能源消费税能够通过财务手段督促能源终端消费者自觉做到节能减排;从用途来看,英国将能源消费税的 20%用于资助节能,有力地促进了节能事业的发展。

(三)英国节能激励制度

作为经济发达国家,英国有能力通过财政、金融经济手段,建立完善的节能激励制度。英国的节能激励制度一般由政府主导,基金会等公益组织独立运作。英国近年来大力推广节能技术,其主导了"最佳节能实践项目",又称"能源行动计划",对节能技术的研发提供最高达 49%的财务支持。该项目的投人产出比为 1:15,即政府投入 1 英镑,节约的能源费用是 15 英镑。此种技术激励机制得到了世界银行(World Bank)的肯定。英国还组织实施了"低碳创新项目",通过科研补贴、科研低息或贴息贷款、节能技术培训和高效管理系统开发等方式对节能科研项目进行资助。该项目大体实现了商业化,通过多种方式进行融资活动,有力地支持了节能技术的研发与示范。此外,英国还通过"资本津贴项目"对采用节能设备的能源终端用户提供税收优惠和折旧优惠,激发能源终端消费者的节能动力。

在家庭节能方面,英国在各地设立节能中心,负责向一般民众宣传节能

---

① 齐康:《英国应对气候变化的节能减排政策措施》,载《上海节能》2010 年第 4 期,第 51 页。

② 参见赵怀勇、何炳光:《公共财政体制下政府如何支持节能——欧盟、英国和法国的运作模式、启示与借鉴》,载《重庆工学院学报》2004 年第 2 期,第 2 页。

③ 参见赵怀勇、何炳光:《公共财政体制下政府如何支持节能——欧盟、英国和法国的运作模式、启示与借鉴》,载《重庆工学院学报》2004 年第 2 期,第 2 页。

知识，推广节能政策，指导民众向政府申请领取节能补贴。英国还设立节能基金机构，负责向社会定期推荐节能产品和节能商家，并给推荐的产品和商家颁布有效期为1年的认证证书。英国政府还设立了“家庭节能奖”，积极安装和使用节能电器、节能取暖设备、节能门窗和节能保暖墙体的家庭，每户可以申请最高额为2 700英镑的奖金。[①]

（四）英国社区节能制度

在家庭和社区节能方面，英国建立了完善的示范制度，试图通过分别设点、逐步推广的方式，实现节能减排的目标。英国最具代表性的示范社区是由英国和世界自然基金会（WWF）联合资助的位于英国伦敦南郊的贝丁顿能源社区（Bed ZED），该社区普遍采用了紧凑体型、绝热材料、木质窗体和氩气玻璃，并以生物质燃料热电联产为社区集中供暖；通过屋顶铺设光伏发电板提供电力，并为电力汽车充电。[②] 该社区最先进的是自然通风系统，经过特殊设计的“风帽”可以随风转动，利用风压给建筑物提供新鲜的空气，并排出室内污浊的空气，利用废气的余热来加热进入室内的寒冷空气。住宅中还设置了热量回收装置能够将灯具、电器、人体、热水等所产生的热量进行收集。[③] 这些技术措施的利用，有效地节约了能源。

长期以来，英国政府对节能社区进行强有力的补贴。再以贝丁顿社区为例，“以一幢典型的建筑单元来分析，和相同面积的传统项目相比，尽管在节能和环保措施上的投资额需要增加约52万英镑，但是，由于政府的鼓励，地价得到了极大的优惠；由于市场反映良好，平均房价高于普通住宅15.75%，增加收入48万英镑；由于高密度提高了土地的使用率，增加收入20.88万英镑。综合算来，开发商可获得大约66.8万英镑的回报。对住户来说，每年仅是账单就可以减少约3 847英镑。而环境方面的收益更多，每年可减少二氧化碳排放147.1吨，节约水1 025吨。根据入住一年的监测数据，小区居民采暖能耗减少88%，热水能耗减少57%，电力需求减少25%，用水减少50%”，[④]而生活质量却有了显著的提高。

为了推动家庭节能，英国还出台了“家庭节能绿色交易计划”。该计划又称“绿色贷款计划”，预计从2012年起，由能源供应商负责支付住宅中有关

---

① 参见《国外推广普及节能灯的经验》，载《稀土信息》2007年第10期，第19—20页。

② 参见《英国发展低碳经济应对气候变化和能源安全的理念和最新进展》，载《中国石油和化工标准与质量》2009年第1期，第43页。

③ 参见《英国的“零耗能”住宅节能减排的妙招》，载《重庆建筑》2007年第7期，第47页。

④ 参见《蜚声世界的可持续范例——英国贝丁顿零能源社区》，载《广西城镇建设》2010年第6期，第37页。

提高能效所花费的成本，居民可以在以后20年内定期偿还；对每年电力及燃气费在1 500英镑以上的英国家庭，能源供应商负责为其垫付10 000英镑进行节能改造。[①] 英国还出台了“绿色家庭计划”，鼓励居民在家中安装太阳能装置、屋顶式风力发电机等设备，并将居民购买微型发电设备的产品附加税从17.5%减少到5%。[②] 此外，英国还制定了有关家庭节能的一揽子方案，主要包括：①为能源供应商设立鼓励家庭提高能效的义务；②制定更高的建筑物节能标准；③提高产品的节能降耗标准；④建立财税激励机制，包括降低节能材料和节能技术的增值税；⑤在燃料短缺地区实施一些项目，为公众提供更温暖健康的居住环境；⑥实施地方政府的能效项目；⑦提倡和鼓励个人和社区举办针对气候变化的一系列活动。[③]

（五）英国建筑节能制度

英国建筑物节能制度主要由建筑研究环境评估体系（Building Research Establishment Environmental Assessment Method，BREEAM）和《可持续住宅规范》构成。其中《可持续住宅规范》是英国政府于2007年4月制定的，是一个官方的建筑节能评价体系，分为设计评估阶段和竣工后评估阶段。在这个体系中，建筑物的能源碳排放标准占到36.4%的权重系数。[④] 根据评估结果，建筑物被划分为相应等级并将被授予相应的节能等级证书。节能等级证书分为两种：商用建筑节能等级证书（EPCs）和公用建筑节能等级证书（DECs）。[⑤] 能耗和碳排放评级很有意义：从2008年10月起，用于出租的房屋必须进行能耗和碳排放评级获得商业建筑节能等级证书后，才能获得房屋出租或买卖许可证；大型公共建筑则必须张贴经过能耗与碳排放评级的公用建筑节能证书，公示能源使用状况。[⑥]

为了促进建筑节能工作的顺利开展，英国于2006年4月出台建筑节能新标准，要求新建建筑必须安装节能节水设备，使其能耗降低40%。[⑦] 英国还于2008年开始实施《促进建筑节能十项措施》，这十大措施是：①制订国家节能计划，将建筑节能标准分为10个等级，采用新标准建造的住宅，能耗比

---

① 参见王涛：《英国多项举措推动旧房节能改造》，载《经济日报》2011年5月25日。

② 张健：《英国如何促进节能减排》，载《学习时报》2009年9月28日。

③ 胡其颖：《英国节能减排政策与节能做法》，载《中国科技成果》2008年第16期，第18页。

④ 徐永模：《可持续建筑认证与标识》，载《混凝土世界》2010年第4期，第70—71页。

⑤ 参见林水锋：《英国为政府办公大楼进行节能评级》，载《中国能源报》2009年6月1日。

⑥ 国家发改委节能管理信息化赴英国培训班：《英国节能工作对我国的启示》，载《中国能源》2009年第9期，第22页。

⑦ 张通：《英国政府推行节能减排的主要特点及对我国的启示》，载《中共中央党校学报》2008年第1期，第55页。

传统住宅减少75%；②出台建筑节能新标准，规定新建筑必须安装节能节水设施，使其能耗降低；③在10年内建设100万栋零能耗绿色住宅并在税收上给予优惠；④每年划拨5 000万英镑的“能源效率基金”，鼓励企业和家庭购买节能设备；⑤对采用环保技术建造或装修房屋的居民，政府给予减免印花税的优惠；⑥新建房屋或原有房屋通过改造后，采用太阳能、风能等可再生能源发电者，可享受政府补助，金额最多可达改造费的一半，所发电力若自用有余，政府以优惠价收购；⑦为鼓励住宅节能，规定凡通过英国天然气公司安装保暖墙的家庭，可以申请100英镑退税；⑧设计新建筑时设计人员必须从风、光、冷、热、声五种要素出发综合考虑节能问题；⑨注重采用新材料、新技术；⑩准备动用行政力量，在未来3年内为全部建筑配备节能灯。[①] 英国还加大了对节能建筑实施财政补贴和税收优惠的政策力度，以呼应上述十大措施。例如，英国对购买价值高效绝热门窗的家庭提供100英镑的补贴，对每台太阳能热水器提供500英镑的补贴；对于高于国家标准的节能建筑，国家提供40%的印花税优惠，对于零碳排放的建筑则免征印花税。[②]

（六）英国交通节能制度

交通产业在各个国家都是用能大户，因此英国一直重视交通领域的节能制度构建。在车辆税方面，英国按个人车辆和公司车辆分别计税。个人车辆的碳排放按AAA、AA、A、B、C、D共6个级别收税，AAA级每公里二氧化碳排放量为100克以下，税率最低；D级每公里二氧化碳排放量为185克以上，税率最高。公司车辆的碳排放税以其价格为基准按百分比征税，对清洁燃料汽车可以给予一定的税收折扣优惠。在燃料税方面，英国根据交通工具所应用的不同燃料分别进行征税，常规汽油税率最高，生物柴油和天然气的税率居次，氢燃料不征燃料税。英国政府还规定，对购买清洁燃料车辆和对现有车辆进行节能减排改造的消费者，国家负责提供补贴，最高补贴标准为25%。同时，英国政府还制定了交通工具燃油经济性标识制度，并在交通节能信息传播和培训等方面加大投入，以促进交通工具的节能减排。[③]

---

① 参见《英国促进建筑节能的十项措施》，载《建筑装饰材料世界》2008年第2期，第54页。

② 田智宇：《英国和法国支持节能的财税政策及对我国的启示》，载《中国能源》2008年第5期，第33页。

③ 参见刘玫：《英国促进交通节能的政策措施简介》，载《世界标准信息》2007年第Z1期，第65—66页。

第五章 意大利能源法

意大利位于欧洲南部，包括亚平宁半岛及西西里岛、撒丁岛等岛屿，西与法国，北与瑞士、奥地利，东与斯洛文尼亚接壤。意大利80%国界线为海界，海岸线长7 200多公里，东、西、南三面面临地中海的属海亚得里亚海、爱奥尼亚海和第勒尼安海，并与突尼斯、马耳他和阿尔及利亚隔海相望。意大利全境4/5为山丘地带，北部有阿尔卑斯山脉，中部有亚平宁山脉。意大利属于温带气候，是欧洲与地中海盆地地区生物多样性最高的国家之一，意大利因其拥有美丽的自然风光和为数众多的人类文化遗产而被称为美丽的国度。

意大利是一个民主共和国，也是一个发达国家，在欧洲及全球的军事、文化和外交事务中扮演着重要的角色。意大利是北大西洋公约组织(NATO)和欧盟的创始会员国，也是八大工业国集团、20国集团和欧洲四大经济体成员之一。意大利是经济合作与发展组织(OECD)、世界贸易组织(WTO)、欧洲议会、西欧联盟及欧洲创新中心等组织的主要参与国家。

意大利是世界第八大经济体以及欧元区第三大经济体，拥有较高的人均国内生产总值。对外贸易是意大利经济的主要支柱，外贸连年顺差，进口主要以石油、原料和食品等为主，出口以机械设备、化工产品、家用电器、纺织等轻工产品为主。国外市场主要在欧洲，进出口主要对象为欧盟和美国以及东亚和拉美地区。

意大利目前分为20个大区，其中有5个大区拥有自治权。① 意大利的行政区域可以进一步划分成110个省(province)和8 100个自治市(comuni)。意大利南北生活水平有相当大的差距，意大利北部人均国内生产总值远远超过欧盟平均水平，但一些地区及南部省份则低于欧盟平均水平。意大利工业化也造成了许多环境问题，特别是在比较工业化的北部，温室气体的排放量高居不下，空气和水体污染比较严重。意大利政府不得不

---

① 这5个区分别是：瓦莱达奥斯塔、弗留利—威尼斯朱利亚、萨丁、西西里和特伦蒂诺—上阿迪杰。

致力于解决全国的环境问题，并得到了一些改善。

第一节　意大利能源基本状况

一、意大利能源概况

意大利是一个能源非常短缺的国家，境内的煤炭储量和产量都很少，石油和天然气资源也严重不足，核能在1987年和2011年的两次全民公投中遭到彻底摒弃，因此，意大利的能源自给率一直比较低。2010年，意大利一次能源消费总量为1.72亿吨油当量，占世界同期能源消费总量的1.4%。在2010年意大利的能源消费结构中，石油占42.5%，天然气占39.8%，煤炭占7.9%，可再生能源占9.8%。[①]

煤炭方面，由于意大利境内煤炭产量不多，因此对煤炭的消费也较少，且呈下降的趋势，2010年为1 370万吨，仅占当年世界煤炭消费的0.4%。石油方面，截至2010年，意大利已探明的石油储量为1亿吨，占全球已探明储量的0.1%。2010年石油生产为510万吨(106千桶/日)，而消费7 310万吨(1 532千桶/日)，自给率仅为7%。天然气方面，2010年意大利已探明的天然气储量为1 200亿立方米，约占全球已探明储量的0.1%。当年意大利天然气生产量为76亿立方米，消费量则达到了761亿立方米，自给率为10%左右。在水能方面，2010年意大利消耗了大约1 120万吨油当量(Toe)的水电，占世界水电消耗的1.4%。除水能之外，意大利在其他可再生能源方面发展迅速，2010年其他可再生能源消费量为560万吨油当量，占世界总量的3.5%。[②] 根据意大利国家统计局的数据，2009年，意大利全国电能需求为3 176亿千瓦时，比上年下降了6.4%。其中本国发电量为2 857亿千瓦时，占电能需求总量的90%，其余则依赖进口。[③]

据欧盟统计，意大利能源需求的84%依赖进口，远远超过欧盟49.5%的

---

① 参见BP:《BP Statistical Review of World Energy 2011》，载英国石油公司(BP)网站，http://www.bp.com/ statistical review，2011-06-15。

② 参见BP:《BP Statistical Review of World Energy 2011》，载英国石油公司(BP)网站，http://www.bp.com/ statistical review，2011-06-15。

③ 付云雁:《意大利能源利用现状及展望》，载中国驻米兰总领事馆网站，http://milan.mofcom.gov.cn/aarticle/ztdy/201102/20110207422104.html，2011-07-06。

平均水平。[①] 2009年，意大利进口石油总额为241.28亿欧元，进口天然气总额为172.32亿欧元，合计占其进口总额的14%。目前，意大利虽然在可再生能源的利用技术方面处于世界领先的地位，然而由于能源对外依存度高，随着全球经济开始复苏，新一轮的油价上涨给意大利又带来了前所未有的压力。[②]

（一）石油

意大利为欧盟成员国中第四大石油消费国，仅次于德国、法国，基本和英国持平。意大利90%以上的石油依靠进口，平均年进口石油8 000万吨，这也使意大利成为全球第七大石油进口国。[③] 在意大利30多个石油进口国中，利比亚[④]、俄罗斯和沙特阿拉伯是其三大主要进口石油进口国，2010年以上三个国家向意大利输送的石油占意大利年度石油进口总量的一半以上。此外，伊朗、伊拉克和阿塞拜疆也是意大利的主要石油进口国。

意大利的石油消耗具有自己的特点，除交通运输业每年要消耗50%左右的石油外，石油发电是意大利第二大石油消耗产业。由于石油价格的不断上涨，在发电领域天然气正在不断地取代石油的地位，这也是为什么近年来意大利天然气消耗量稳步增长的重要原因之一，2010年用于发电的石油消耗只占意大利年石油消耗的10%左右。

在意大利的主要油田中，位于意大利南部的瓦莱达奥斯塔、北部的Villafortuna以及亚得里亚海东南海岸外的Aquila油田是意大利的三大主要油田。该三大油田均属于埃尼集团（ENI）[⑤]，其年产量占全国石油开采总量的3/4。除埃尼集团（ENI）的油田外，意大利还有Ropso、Vega、Gela和Ragusa

① 参见《意大利：能源多样化任重道远》，载中国国家电力监管委员会网站，http://www.serc.gov.cn/xyxx/gjdl/200802/t20080220_5651.htm，2011-6-28。

② 《意大利今年石油进口费用预计将达到374亿欧元》，载国际石油网，http://oil.in-en.com/html/oil-0849084936937459.html，2011-07-09。

③ IEA:《Key World Energy Statistic 2010》，载国际能源署网站，http://www.iea.org/textbase/nppdf/free/2010/key_stats_2010.pdf，2011-03-10。

④ 利比亚卡扎菲政府于2011年7月14日宣布，停止与意大利最大的天然气石油企业埃尼公司（ENI）的全部合作，原因是意大利参与多国部队对利空袭。埃尼公司是利比亚境内最大规模的外国石油企业，埃尼公司在利比亚石油领域投资大约300亿美元。值得注意的是，利比亚政府区别对待法国和美国，没有封杀两国的能源企业。这场危机如何解决将对意大利能源供应产生重大影响。参见《利比亚：埃尼没戏了，永远》，载《今晚报》2011年7月15日（第4版）。

⑤ 埃尼集团，全称为国家碳化氢公司（Ente Nazionale ldrocarburi，简称ENI），也常被译为意大利国家能源控股公司，其前身是1926年成立的阿吉普（AGIP）公司，即意大利石油总公司。埃尼集团拥有包括阿吉普石油公司（AGIP）在内的300多家公司。埃尼集团（ENI）不仅是一些专营能源业务公司，如阿吉普石油公司（AGIP）和斯那姆煤气公司（Snam Rete Gas）的控股公司，也是其他领域比如机械、工程以及旅游等一些公司的控股公司。1992年埃尼由国营企业改制为股份制公司，从1998年合并阿吉普石油公司（AGIP）后成为了一个上下游综合的公司。

等多个小型油田。由于新油田的不断探明，到目前为止，意大利境内的石油产量仍然可以保持增长。[①]

根据英国石油公司（BP）最新的统计数据，2010 年意大利石油精炼能力达到每天 240 万桶，远超过本国对石油消费的总量，并一举超过德国、法国和英国，在欧盟各国中居于首位，成为名副其实的石油精炼大国。

（二）天然气

自 20 世纪 80 年代起，意大利对天然气的需求始终在稳步增长。2010 年意大利年消耗天然气达到 761 亿立方米，是仅次于德国和英国之后的欧盟第三大天然气消费国。天然气的消费主要集中在发电、民用及工业等三方面，占了意大利天然消费的 90%以上。

意大利天然气的 90%左右也依赖进口，是世界上第四大天然气进口国。2010 年意大利进口了 753.4 亿立方米天然气，主要从阿尔及利亚（34%）、俄罗斯（19%）、利比亚（12.5%）、荷兰（11%）等国进口。[②]

（三）煤炭

意大利境内的煤炭生产很少，几乎全部依赖进口。意大利对煤炭的消耗主要集中在燃煤电厂以及工业用煤两个方面，其中燃煤电厂每年煤炭消耗占意大利煤炭总消耗的 2/3，工业用煤占 1/4。

意大利的煤炭消耗总体而言处于下降的趋势，但由于本国几乎没有煤炭生产，因此意大利所消耗的煤炭基本依靠进口，这也使意大利成为世界第九大煤炭进口国。[③]

（四）电力

意大利是 IEA 欧洲国家中继德国、法国、英国之后的第四大电力消费国。2009 年，意大利全国电能需求为 3 176 亿千瓦时，其中本国发电量为 2 857 亿千瓦时，占电能需求总量的 90%，其余则依赖进口。

意大利电力生产结构具有两个显著的特点：①天然气发电占主导地位。2009 年，意大利传统热电方式发电量为 2 182 亿千瓦时，占发电总量的 68.7%。其中煤炭发电量为 390 亿千瓦时，天然气发电量为1 457 亿千瓦时，石油发电为 180 亿千瓦时。②新能源发电增长较快。2009 年，意大利可再生能

---

① 洪峡：《意大利能源概括及可再生能源的开发利用》，载《全球科技经济瞭望》2009 年第 5 期，第 12 页。

② BP：《BP Statistical Review of World Energy 2011》，载英国石油公司（BP）网站，http://www.bp.com/ statistical review，2011-06-15。

③ IEA：《Key World Energy Statistic 2010》，载国际能源署网站，http://www.iea.org/textbase/nppdf/free/2010/key_stats_2010.pdf，2011-07-10。

源发电量达到675亿千瓦时，比上年增长了13.1%，占总发电量的21.3%，其中水力发电量为475亿千瓦时，地热发电量为54亿千瓦时，太阳能、生物燃料等其他方式发电量为146亿千瓦时。①

(五)可再生能源

为了缓解应对意大利对化石能源的依赖，意大利政府十分重视可再生能源的开发和利用，近年来不断向可再生能源领域投入大量资金，同时也制定了一系列的相关政策，希望通过大力发展可再生能源来减少温室气体的排放。意大利通过采取"绿色证书"、上网电价、税收优惠等强制和激励相结合的措施使可再生能源得到了快速发展。据意大利议会环境委员会估算，2010—2020年，意大利政府用于补贴可再生能源发电项目的资金将达到1 000亿欧元。仅在2020年，补贴资金将在100亿—120亿欧元，每度电补贴额约为2.7—3.2欧分。2011年，意大利用于可再生能源发电项目的补贴资金为60亿欧元。该委员会还表示，意大利对可再生能源的补贴政策必须保持稳定，补贴额度的减少需要循序渐进，使该行业的技术创新和发展有足够的时间来适应。②

意大利开发和利用可再生能源的主要途径是利用可再生能源来生产电力，目前可再生能源发电在欧盟27国中所占比例约为14%，而且可再生能源发电的比例还将增加，意大利可再生能源发电量比例在2009年超过了20%。

意大利最重要的可再生能源是水电。水力发电在意大利起步较早，主要是小水电发展速度快，装机容量大，意大利的小水力发电无论是装机容量还是年发电量均在欧盟各成员国中名列前茅。水力在意大利可再生能源的开发利用中占据的比重很大，2006年意大利水力发电占到了全部可再生能源发电的73%，成为对能源消耗贡献最大的可再生能源。

意大利地热资源较为丰富，是全球人均地热资源最多的国家。意大利第一个地热电站于20世纪初建于托斯卡纳大区，此后地热发电得到较快发展。20世纪80年代，地热电站趋于饱和，地热发电的发展速度放缓。意大利的地热装机主要集中在3个地区，即lardello-travale、radicondoli和amiata。截至2010年，意大利地热装机容量达到了711兆瓦，差不多是OECD的中欧洲国家的一半。意大利是欧盟地区利用地热发电最多的国家，地热发

① 付云雁:《意大利能源利用现状及展望》，载中国驻米兰总领事馆网站，http://milan.mofcom.gov.cn/aarticle/ztdy/201102/20110207422104.html，2011-07-06。

② 《意大利拟补贴可再生能源发电项目1 000亿欧元》，载国际能源网，http://www.in-en.com/finance/html/energy_11481148471022303.html，2011-07-03。

电生产了大约8.5%的可再生能源电力，地热能目前是意大利继水能之后最重要的可再生能源。

意大利的风能虽然起步晚，但自1996年开始每年都以将近翻半的速度增长，意大利已经成为世界第六大风电生产国。意大利近年来的风电装机容量发展迅速，截至2009年，意大利拥有4 850兆瓦的风电装机容量，比2008年增长了1 100兆瓦。其中增加最多的为西西里、普利亚、卡拉布里亚、坎帕尼亚和撒丁岛，意大利中部和北部的一些地区也有较快增长。[①] 在未来的几年里，意大利的风能将得到更加迅猛的发展，尤其是海上风能将得到更多关注。

意大利目前是继德国之后生物质能源发展最快的市场。2010年，意大利有273座沼气厂投入运营，这些沼气池大部分都在伦巴第地区。此外，意大利还在充分利用动植物残留物、食品回收等方式发展生物质能源，这些资源在理论上可以带来可观的能源生产。可持续发展基金会预计到2020年，意大利将会在新的沼气厂上投资超过51.7亿欧元。

由于气候条件适宜与日照充足，意大利是极有潜力的太阳光电市场。意大利的太阳能起步相对较晚，过去30年间，意大利太阳能光伏产业经历了一个发展，停滞到强劲增长的过程。意大利太阳能在可再生能源中所占的比例也不高，但近几年来发展迅速。目前，意大利已经成为欧洲第三大光伏发电市场和全球第五大光伏市场。2009年，意大利新增的太阳能光伏发电系统和设备4万套，累计安装的系统和设备达到了7万套。新增的光伏装机容量为711兆瓦，从2008年欧洲和世界排名的第四位跃升到第二位；累计的光伏装机容量超过了1 142兆瓦，排名世界第五位。装机容量的大幅增加，使意大利2009年太阳能光伏发电量从2008年的193吉瓦时猛增到2009年的673吉瓦时，一年时间增加了两倍半，使意大利成为全球最具活力和发展最快的太阳能市场之一。[②]

二、意大利能源的发展

十多年来，意大利能源行业发生了结构和市场的深刻变化，包括先后实施了电力与天然气市场改革、大力发展新能源，通过了提高能效、节约能源、

① GWEC：《Italy wind energy overview》，载全球风能委员会网站，http://www.gwec.net/index.php? id=130，2011-07-06。

② 参见赵秋生：《意大利太阳能光伏发电市场及展望(一)》，载中国国际贸易促进委员会网站，http://daibiaochu.ccpit.org/Contents/Channel_1371/2010/0927/271963/content_271963.htm，2011-07-06。

保证供应安全等多种措施，能源利用结构有了明显的改善。从总量上看，由于经济的缓慢增长，近10年来，意大利能源消费总体上变化不大，稍微呈现先增后降的趋势，能源消费总量在2005年升至峰顶（消费量为1.83亿吨油当量），并逐年回落，到2010年又开始有小幅增长，2010年能源消费较上一年度增长2.3%。从能源供应结构的变化看，意大利可再生能源的发展迅速，占能源供应总量的比重由2000年的6.9%增长至2009年的10.7%。而传统石油产品的比重出现下降，由2000年的49.5%下降至41%；天然气的比重呈上升趋势，由2000年的31.4%上升至35.5%。[①] 同时，电能的消耗逐年稳步增长，电能已经成为意大利能源体系中的主要能耗。

在各类别的能源消耗中，民用、工业和交通运输是意大利的主要能源消耗部门，大约各占意大利能源总消耗的1/3。近年来，由于气候的因素导致空调和取暖的消耗降低，民用部门的能源需求连续2年持续下降，2006年民用能源消耗占能源总消耗的32%。工业和交通运输业的能源需求基本保持稳定，2006能源消耗分别占能源总消耗的29%和31%。[②]

为推动可持续发展，欧盟制定了中长期的节能减排规划法案，简称“20/20/20”，主要包括3个方面的战略目标：到2020年，温室气体排放量比1990年减少20%；可再生能源和绿色能源达到能源消费总量的20%；最终能源利用效率提高20%。减少温室气体排放可以通过提高能效、增加可再生能源的份额以及促进高能耗行业的改革等方式达成，意大利主要采取了大力发展可再生能源的策略。意大利在节能减排上的目标是：到2020年，温室气体排放量要比2005年减少14%；可再生资源和绿色能源占能源消费总量的比重提高至17%（2005年该比重为5.2%）。尽管意大利在陆上风能、生物燃料方面有了显著增长，但离欧盟所设定的目标还有一定差距。

2009年意大利可再生能源发电比例突破20%的门槛，已接近了欧盟制定的绿色能源发展目标（意大利为25%）。此前，意大利还制定了2010年的可再生能源发展计划，即将可再生能源在电力消费中所占比例提高至22%，但这一目标不具有强制性。这是意大利为应对气候变化和帮助欧盟实现2020年可再生能源在能源消费总量中的比重达到20%所做出的努力。[③]

---

① 付云雁：《意大利能源利用现状及展望》，载中国驻米兰总领事馆网站，http://milan.mofcom.gov.cn/aarticle/ztdy/201102/20110207422104.html，2011-07-06。

② 洪峡：《意大利能源概括及可再生能源的开发利用》，载《全球科技经济瞭望》2009年第5期，第11—12页。

③ 《意大利可再生能源发电比例突破20%》，载中国可持续发展研究会网站，http://www.kcxfz.org/kcxfz_xq.aspx?id=907&basicId=007，2011-07-08。

根据2011年年初欧洲风力能源协会发表的27国国家可持续能源实施计划分析报告，欧盟27国意欲加快步伐，提前实现其在2020年可再生能源占总能源消费比例达到20%的目标。有15个欧盟成员国在国家计划中表示将超过此前规定的目标，各国超出部分比例如下：保加利亚(2.8%)，西班牙(2.7%)，希腊(2.2%)，匈牙利(1.7%)，德国(1.6%)。另外10个国家也将达到既定目标，未达到目标的只有卢森堡(－2.1%)和意大利(－0.9%)。[①] 可见，意大利的可再生能源虽然整体而言有了较好的发展，但其速度还不能满足国内外对意大利可再生能源的期望和需求，为了解决本国的能源问题，意大利还需要出台更为有效的措施。

第二节　意大利法律体系及能源立法框架

一、意大利立法体系

意大利是一个大陆法系国家，意大利的法律体系主要由成文法构成。意大利现行宪法是在1947年12月22日的立宪大会上通过的。议会是意大利最高的立法和监督机构，由参议院和众议院组成，两院权力相等，可各自通过决议，但两院决议相互关联，意大利的国家立法职能由两议院共同行使。

意大利共和国总统是国家元首，代表国家的统一，由议会在其成员的联席会议上选出。总统有权批准政府向议会两院提交立法议案，公布法律及颁布具有法律效力的法令和规章，并主持最高司法委员会。与此同时，总统具有立法效力的行为和其他一些由法律规定的行为，需要取得提议的部长或内阁总理的连署签名才能生效。意大利政府由内阁总理领导，共和国总统任命内阁总理，并根据其提名任命各部部长。

意大利的司法部门构成独立自治的体系，不从属于其他任何权力。最高司法委员会是意大利最高的司法行政机构，由共和国总统担任主席，拥有决定法官的录用、任职、调动、提升和纪律措施的权力。意大利宪法法院是超脱于其他司法机关的独立机关，核心的权限是违宪审查权，其管辖权主要包括：对法律、法规的违宪审查，对机关争议、权限争议的审查，对弹劾总统案的审查，对公民复决请求的审查等。

---

① 《欧盟可再生能源发展速度超出预想》，载中国网络电视台网站，http://news.cntv.cn/20110111/114787.shtml，2011-07-08。

意大利在1972年进行了一次机构改革，随着某些宪法条款的实施，各地区作为一个实体拥有由地区议会和地区政府产生的立法与行政职能。地方政府可以在其管辖范围内（省和市）重新分配某些职能。和地方相比，国家在某些问题上保持着一个协调和指导的作用，并在宏观上保证国家在和谐和整体的政策指导之下。

根据2001年修订后的宪法规定，在遵守宪法，以及由欧盟法律和国际义务所引申出的有关限制的前提下，立法权由国家和各大区分别行使。国家在一些重要的问题上享有专属立法权，在国家专属立法范围内，除了授权给大区的之外，制定法规的权力属于国家。在其他领域制定法规的权力属于大区。市、省和特大城市有权在其组织规范及职能行使方面制定规章。在共享立法领域内，除了根据基本原则的规定由国家立法予以保留的以外，大区有立法权。对于国家立法未予以明确保留的内容，都属于大区的立法权范围。[①] 大区组织分为地区议会、区政府及其主席。地区议会行使由宪法和法律授予的立法权及其他职能，可以向议会两院提出法律议案。区政府是大区的执行性机构。区政府主席代表大区；决定政府政策并对其负责；公布法律及颁布地区性规章；在遵循共和国政府的指令下，领导由国家授予大区的行政职能。[②] 这也意味着除了国家保留的权力之外，地方有权在任何问题上立法，其中国家规定总体原则、立法框架和目的，而地方则有权立法细化那些适用于所有地方的中央政策和目标。

二、意大利能源立法框架及特点

意大利的能源法律体系由宪法中与能源有关的相关规定、能源法律、立法令、法令以及总理法令和部长法令构成。立法令由议会授权政府制定，并以相关的授权法案规定为标准。法令由于某些具体的需要和紧急情况由政府适用并很快生效，但是在生效之前60天必须由议会转化为为法律。如果法令不转化为法律，它就会失去任何溯及力。此外，意大利参与的国际能源条约（如《京都议定书》）和国际能源协议（如意俄能源合作协议）也是意大利能源法的重要组成部分，而欧盟的相关能源指令已经成为意大利能源法的主要内容和发展动力。

（一）宪法

意大利宪法中关于能源的规定主要包括：

① 《意大利共和国宪法》第一百一十七条。
② 《意大利共和国宪法》第一百二十一条。

(1)授权地方政府同中央政府协调能源市场政策制定。2001 年的宪法修改完全改写了地方政府的权限,包括了在能源产品的生产、运输、分销等方面同中央政府联合立法的权限。在这样的权限分配下,中央机构应负责基本原则、立法框架以及能源生产、运输、分销各个阶段的目标,而地方则有权立法细化规定那些适用于所有地方的中央政策和目标。

(2)为了公共利益,法律可以将有关必要的公共服务、能源、处于垄断地位且具有显著的公共利益性质的特定公司和特定种类的企业,自始保留给国家、公共机构、劳动者或用户团体,或通过给予适当补偿予以征用的方式移转给上述主体。[①] 意大利国家电力公司(ENEL)就是根据宪法这个规定于1962 年被国家化的。此外,曾经关于国有化的规定已经被今天的新法律和规制框架所取代,这些规定既考虑到了宪法的依据,也参照了欧盟委员会的指令。

(3)征用私人财产,主要是关于房地产、一些为满足公共利益需要的财产,在能源领域主要是指开发者在开发新的基础设施时取得对土地的托管。为了增强能源基础设施的建设,一项旨在加快征用的程序已于 2004 年制定,由于其规定更为简洁,所以征用的程序也更为快速和简便。

(二)能源法律框架

意大利关于能源的法律较多,也规定得比较细致。不仅有为推动能源行业改革而制定的关于能源自由化、能源价格、能源公共事业、能源监管等方面的法律,也有为了执行欧盟指令而制定的促进可再生能源发展、提高能效、应对气候变化等方面的法律。近年来主要的能源立法包括:

(1)为使电力市场自由化,颁布 1999 年 79 号立法令,执行欧盟 1996 年第 92 号指令。该立法令彻底审查了所有关于能源管理部门的法律规定,并提供了能源工业每个阶段的基本原则,包括:能源生产阶段的全面自由化,为发电站的建设和运营发布新的更为便捷的授权规则,迫使处于优势地位的生产者减少其部分装机容量;大规模的市场竞争,以及全面的零售竞争将在 2007 年实施;电力进口的自由化,为适格消费者和贸易者的利益引入第三方跨境联系制度。在第三方准入制度和关税管制之下,建立运输和分销线路管制;对传输和调度进行独立管理;减少市场的集中,经营者一人只能生产或者进口意大利不超过 50%的电力市场份额。

(2)为使天然气市场自由化,颁布 2000 年第 164 号立法令,执行欧盟1998 年第 32 号指令。该立法令建立了有效和持续竞争的法律基础,将天然

---

① 《意大利共和国宪法》第一百四十三条。

气的进口、出口、运输、调度、分销和贸易活动自由化。这个法令从行政、经济、管理的角度审查了整个石油链。随后，2001 年的意大利宪法修改给予地方政府同中央政府协调能源市场政策制定的权利，这已经对该立法令的相应内容特别是天然气管理制度的发展产生了影响。

(3)为提高可再生能源来源的利用，意大利政府颁布了 2003 年第 387 号立法令，以执行欧盟 2001 年第 77 号指令。该立法令建立了一个促进可再生能源，尤其是小型可再生能源发电设备的国家框架。在立法令的第 2 条通过了关于可再生能源以及通过可再生能源生产电力的定义，与欧盟的指令保持一致。立法令还设定了一个由产业活动部(现经济发展部)定期报告、回顾以及监控的时间表，以跟踪对欧盟指令的执行情况。还规定了电力和天然气监管机构(AEEG)根据意大利国家电力局(GSE)对电力市场的监控报告，有权采取惩罚措施。同时设定了支持可再生能源以及提高能效的 5 年计划，鼓励地方政府设定可再生能源的发展目标。

(4)2004 年第 239 号立法令引入了关于天然气链各个阶段的一部分法律条款，同时部分执行了欧盟 2003 年第 54 号和 55 号指令。这些新规则包括：确定了中央政府的排除权限以及地方政府的权限，引入第三方使用新的互连线路基础设施免税制度；决定能源的非捆绑管理和分销活动中的外包服务；引入适用于在大规模天然气市场中天然气运输的财政规则；改变现存分销中临时特许权有效期的期间。

(5)2007 年第 239 号立法令包含了中央与地方当局在能源领域的权限分配。特别是，除了电力工业需要由中央为了制定能源政策予以保留之外，地方在制定能源政策方面具有完全的自主性。中央保留的领域主要有：①能源的跨境交易；②能源领域总体框架计划以及国家能源基础设施的发展；③能源基础设施的技术建设需求；④能源战略储备；⑤能源工业的研究与发展；⑥管理能源供给以及基础设施故障；⑦能源技术安全需求，工伤以及火灾预防；⑧能源市场竞争；⑨发布能源生产、运输、分销阶段的授权与特许。

(6)在过去的几年里，意大利一直缺乏较为长远的能源发展战略，这种状况一直持续到 2009 年第 99 号立法令的颁布。该法案的出台，使意大利能源的基本战略和政策有了较大改观。根据该法律，意大利新的能源目标包括：①多元化的能源种类以及地区来源；②改善国家能源体系的竞争性，使本国的能源基础设施符合欧盟市场的要求；③促进可再生能源的发展以及能源效率的提高；④增加能源领域的研究和投资，加强国际能源合作；⑤保证能源行业从业人员以及公众的健康和安全。

具体而言，2009 年第 99 号立法令主要关注了核能、天然气以及可再生能源3个领域，更新了一些相关的法律规定，简化了在能源基础设施建设方面的许可程序，并出台了一些加强研究与技术革新、开展国际能源合作等方面的内容。电力和天然气监管机构(AEEG)的权力得到了加强，它有权根据最终消费者所承担的费用对国家电力局(GSE)和单一买方(Acquirente Unico)进行监管。对国内外互联电网建设、Terna公司的义务以及ENEA的活动作了新的规定。核能方面，法律授权意大利政府公布关于核电站选址以及类型的策略和目标，并加强对核电站建设、运营、报废等方面的监管。经济发展部、环境保护部和城建运输部应联合审查，严格许可程序以及环境影响评价标准。同时授权一个新的机构以加强对核废料和环境保护的监管，以及要求其他部门启动损害求偿程序。为促进可再生能源的利用，法律还规定了居民少于20 000的市镇可以请求加入"电力交换服务网络"以平衡大量未被纳入系统的电力，为此，市镇必须保持对这些可再生能源电站(不超过200千瓦装机容量)的所有权；还规定了市镇可以使用公共用地发展太阳能电站，并为生物质能设定了新的激励措施。该法律还对"绿色证书"作了新的规定，将生产可再生能源的义务转移到了除传统能源生产/进口商之外的所有与Terna公司签订上网调度合约的实体，不论该实体是否对所生产的资产享有所有权(例如大规模销售商和大企业消费客户)。这个义务转移将从2011年开始生效。在天然气方面，为了提高天然气市场的流动性和竞争性以获得更加低廉的价格，意大利将在大规模销售商之间启动新的天然气股票交易市场(Gasex)，这个市场将由电力市场运营商(GME)负责，相关的运营监管规则将在经济发展部后续的法令中明确。

(7)此外，在2009年意大利还通过了另外一部相关的法律，即2009年第102号立法令。该法涉及到了地区热能的绿色证书问题，规定了农业地区的联产电站有权以其部分热能使用换取绿色证书。这个规定有可能会使绿色证书市场饱和，且有可能会使该证书的价格下降。该法案还提出了关于"清洁电网"的概念，这个概念标准的界定由经济发展部规定联网电力的传输和分销标准，而地区和相关省规定私人所投资的电力生产的标准。此外，一些分销商经过电力和天然气监管机构(AEEG)认定后在一定情况下可以享受税收优惠。在随后的2009年第103号立法令中规定了政府可以指派一个专门委员会调查和加速能源运输和分销过程中的许可停滞问题。

(8)为了执行欧盟2009年第28号关于促进可再生能源发展的指令，意大利颁布了2011年第28号立法令。该法令修改了目前意大利关于可再生能源电力生产的激励体系，其目标是建立一个支持意大利可再生能源电力发展的稳定的长效机制。经济发展部和环保部应在规定的时间内制定相应的法令以实施该机制。立法令对意大利境内的发电站提出了更为严格的技术要求，规定从2012年起只有符合经济发展部定期修订的技术标准的发电站才能享受奖励和优惠，在农业地区建立光伏电站将受到一定的限制。法案还规定了在该法实施两年后应制定新的税率体系，且以后每3年修改一次。这将会对意大利可再生能源市场的稳定起到更大作用。

受到欧盟乃至意大利经济自由化的影响，目前意大利以能源部门的自由化为目标的立法进程仍在继续，而关于国家和地区在能源立法方面的权限转移也使得意大利能源法处于不断的调整和变动之中。

（三）意大利能源法的特点

意大利能源法呈现出以下一些特点。

1. 能源立法分散，没有统一的能源法典

由于分权以及职能调整的结果，意大利的能源立法分散在不同的法律、立法令以及其他法令当中，并没有调整整个能源领域的统一的能源法典。其能源法中，大多是针对某个主题专门进行立法，在该立法过程当中同时涉及到不同的能源部门，如为使电力市场自由化，颁布1999年79号立法令；为使天然气市场自由化，颁布2000年第164号立法令。这种状况造成的结果就是，国家缺乏总体的能源统筹规划，难以协调各类能源的发展，也不利于达到能源多样化的目标。

2. 能源立法层次多样，从宪法、法律到立法令、部长法令对能源领域都多有涉及

意大利的能源法体系既包括了以众多能源法律、立法令在内的立法，也包括了其他相关法律中关于能源的内容，如预算法、财税法等。为了同欧盟社区的法律和指令保持一致，意大利通过各种法律和立法令实施这些规则，极大地丰富了意大利的能源法。此外，根据法律的要求，意大利还制定了许多能源计划、监管规则以及技术标准等，这些规则也构成了意大利能源法的重要内容。

3. 能源自由化是重要的能源法主题，能源私有化、自由化进程还在继续

从20世纪90年代开始，意大利就开始了大规模的能源领域私有化、自由化进程，这个进程一直持续到现在还没结束。开放能源市场，一方面是欧盟对各国的强制性要求，另一方面也是获得持续、可靠、低价能源的必经之路。意大利在这方面出台了大量的立法，尤其是电力、石油和天然气领域的自由化改革已经初见成效。虽然如此，意大利国家电力公司（ENEL）和埃尼集团（ENI）在市场上的支配地位还很强大，意大利还需要在继续自由化的进

程，降低在每个阶段中公有制的份额，增加透明度以确保市场的投资；按照欧盟的要求开放国内市场以实现欧盟市场的区域一体化，从而提高效率、实现规模经济。

4. 能源供应安全得到广泛关注，能源结构不断调整

2003年意大利遭遇的全国性停电事故以及2006年、2009年的两次俄乌天然气纠纷一方面对意大利的能源供给带来了负面的影响，另一方面也凸显了意大利能源供应结构的脆弱性——对石油、天然气进口的依赖以及国内电力产能的不足。意大利近年来一直致力于能源的多样化，减少对化石能源的依赖。2010年的意大利《可再生能源行动计划》更是将能源供应安全确立为国家能源基本政策。虽然石油的份额已经有所下降，然而对天然气需求稳步攀升，给能源多样化带来了挑战。随着政府核能计划遭到搁浅，意大利的能源多样化更多地转向了可再生能源。

5. 近年来可再生能源立法较多，且调整变化速度快

意大利的各种可再生能源都具有较大的发展潜力。意大利在传统的水能和地热能源方面已经得到了比较好的开发和利用，在风能、地热和太阳能装机容量方面位居世界前列，生物质能也得到了较好的扶持和发展。这都得益于意大利近年来通过大量的立法完善了可再生能源领域的促进投资和激励机制。意大利目前的可再生能源投资的财政激励体制和其他国家相比还是具有一定的优势的。这个体制虽然经过了多次修改，但都起到了较好的促进作用。在风能、太阳能、生物质能领域实现了上网电价的激励机制，从上网电价和可交易绿色证书（Tradable Green Certificate，TGC），到税收、投资优惠以及专项基金支持，激励措施的力度可以说十分具有竞争力。不过，由于可再生能源市场的发展日新月异，意大利的可再生能源法也有较大的变化和调整，在补贴和税收优惠方面尤甚。

第三节　意大利主要能源法律制度

一、能源管理与监管制度

能源管理和监管是实现能源目标以及完善能源市场的要求。意大利经济发展部（前产业活动部），环境、国土以及海洋部，电力与天然气监管局和地方政府在能源领域有着不同的权限。总的来说，所有这些机构当前的政策都是为了保证意大利能源转型的快速完成。

意大利政府一直致力于将能源问题视为一个重要的战略问题，由经济发展部(The Ministry of Economic Development，MSE)负责国家的能源政策。目前该部的人员和资源也已经有所增加，并建立了能源和矿产资源、能源基础设施和供应安全以及核能和可再生能源3个部门。

环境、国土和海洋部(The Ministry for the Environment，Land and Sea)负责气候变化政策的协调。此外，它和经济发展部一道为提高能效和促进可再生能源发展提供支持。

近年来，意大利正经历着急速的立法与监管权力向地方转移的改革浪潮。许多原本属于国会的专属立法已经转移到了地方，特别是在主要的经济领域，如零售贸易、农业、旅游、运输以及职业教育等，但关于环境与文化资源的保护仍然处于专属立法的范围内。至于在能源生产、运输和分配领域，国家和地方都有立法权。这就意味着地方有权在不与国家立法框架及基本原则相冲突的前提下单独对这些领域进行立法。此外，在能源基础设施领域，比如发电站、天然气、输电网络以及液化天然气领域，其授权应当同时得到相关部委以及地区的同意。

在过去的10年中，意大利奉行分散的能源管理政策，具体的管理权力被下放到各级政府以及其他独立的能源监管机构。这项政策已经在经济的方方面面影响了各地区和当地政府的角色，也直接或间接地影响了能源的分配和供给。一般而言，"分散化"容易导致权责分配的不明晰，分散同样会进一步影响意大利市镇执行的效果，它们并没有足够的人手和能力去完成相应的行政职能。①

由于近年来意大利政府在经济中对国家所有的控制已大幅减少，因此对监管机关的需要变得愈加强烈。事实上，意大利能源行业的私有化如果没有独立的监管机构以应对这些"私人"公司的话是不可能得到实现的。这个监管机构尤其需要被授予以下权力：界定服务的技术性标准、设定以及修改关税以及对普遍服务义务的控制。1993年12月的第537号立法令明确了政府应该通过立法令的形式为公共服务设立一个管制机构。尽管如此，意大利能源通往自由化的道路依然漫长，并且充满了政治斗争，其中最大的

---

① Marcello Clarich, Matteo Falcione, Giovanni G. Gentile, Michele Passaro and Francesco Vetro, *Energy law in Italy*, edited by M. Roggenkamp eds, *Energy law in Europe: national, EU and international regulation*, Oxford University Press, 2007, p. 731.

阻碍是来自反对依赖市场的公共事业机构。[①]

一般而言,所有的管制机构都有一些战略目标,比如:①促进竞争及效率;②保护消费者的利益;③保证全国范围内服务的水准。一个在既定标准下明确以及透明的关税体系是达成上述目标所必须的工具,关税体系必须考虑到政府的财政目标,以及欧盟社区法律和意大利政府的能源政策。1995年11月14日的第481号立法令在1996年正式实施,其为意大利公共服务领域独立的的监督与管理机构(比如能源和通讯行业)的建立和运行提供了立法框架。这些管制机构的目的是接管相关当局在价格设定和一般管制中的地位。

目前,意大利能源领域的管制措施由经济发展部以及能源监管机关(电力和天然气监管机构)发布,并与1999年第79号立法令所设定的原则保持一致。一般而言,经济发展部长负责发布影响电力系统一般框架的管制措施,能源监管机关负责更为具体的监管,或独立进行,或细化其他部委设定的原则。

电力和天然气监管机构(The Regulatory Authority for Electricity and Gas,AEEG)是根据1995年第481号立法令成立的,其目的是规范和监督电力和天然气部门。电力和天然气监管机构决策委员会的委员依照经济发展部长的指示并经政府同意,由总统任命。能源监管机关由一个包括主席在内的5个委员的委员会领导,委员由议会任命,每次任期为7年。能源监管机关被授予以下权利:在考虑技术、市场发展以及欧盟社区政策的基础上,建议政府对在现行立法内的公共服务进行规制;对服务以及许可状况作出修改计划;作出废除许可计划;检查市场活动及竞争;将反竞争行为提交竞争委员会当局;设定价格及关税;保证供给符合透明原则,服务的质量以及环境保护;对能源供给部符合管制的行为进行罚款,暂停不断违反管制规则的公司的活动;要求提供相关信息和文件。

电力和天然气监管机构同样负有促进竞争的任务。因此,这可能会使能源监管机关与意大利竞争委员会产生利益冲突。后者是在1990年经第287号立法令成立的,具有保护竞争以及市场管理的职能。意大利的竞争规则适用于"在全国范围内广泛参与的私人和公共企业",竞争的原则同样适用于在垄断体制下运营的公共事业公司。为了公共利益而将公共服务信托

---

① Marcello Clarich, Matteo Falcione, Giovanni G. Gentile, Michele Passaro and Francesco Vetro, *Energy law in Italy*, edited by M. Roggenkamp eds, *Energy law in Europe: national, EU and international regulation*, Oxford University Press, 2007, p. 731.

或者基于合法的垄断是一个例外，这要视它们执行具体任务的程度。换句话说，1990年的竞争法与1995年的公共事业管理法之间建立了目标与方法的直接联系。为了避免冲突，区别每个监管机关的角色及功能是十分重要的。从其规定来看，1995年的公共事业管理法赋予了能源监管机关促进竞争的任务，而1990年的第287号立法令则关注巩固竞争的需要以及(企业等)机构之间合并的控制。意大利竞争委员会已经在能源领域进行过多次调查，其中包括了大规模电力市场的企业联合行动、石油生产的下游市场、企业兼并等。

二、“绿色证书”与“白色证书”制度

(一)“绿色证书”制度

为支持可再生能源的发展，意大利政府从1992年开始实施所谓的CIP6机制(由1991年第9号立法令和1992年第6号立法令规定)，以保证购买价格的方式支持可再生能源发电厂的建设。根据可再生能源项目的建设费用、运行和维护费用、燃料费用、促进发展的费用以及可再生能源设备的种类、全部或部分用于可再生能源和能源产品是全部出售或是仅出售剩余产品等不同情况，规定了不同的购买价格，从政策导向上推动可再生能源的发展。

为了达到欧盟社区在绿色能源上的目标，以及执行欧盟1996年第92号指令，意大利于1999年颁布第79号立法令，引入了“绿色证书”制度。“绿色证书”是指通过利用可再生能源向国家电网输送电力并由国家电力调度中心(GRTN)[①]认可后颁发的证书。它既是一种认证，又有具体的数量标准，每张证书代表5万千瓦时的可再生能源生产量，有效期为8年。根据立法令的要求，年产量或进口量在1亿千瓦时以上的非可再生能源生产企业，必须按前一年度实际产量的一定比例向国家电网输送可再生能源。该比例开始为2%，2004年开始逐年递增0.35%，2008年的预算法将这个比例修改为到2012年之前每年增长0.75%(2011年达到6.8%)。生产商或进口商可通过

① 2000年4月意大利国家电力调度中心(GRTN)正式开始运行，财政部拥有其全部股份。GRTN受工业部和其他政府部门领导，与电网的拥有者是合同关系。GRTN的主要职责是管理输电和调度；根据安全、可靠性及经济标准明确网络的检修和发展计划；与电网拥有者(Terna公司)签定合同。GRTN的作用主要体现在：给可再生能源生产企业进行认证；发放“绿色证书”；管理双边协议方式的“绿色证书”交易；组织GME方式的“绿色证书”交易平台；进行交易登记；检查可再生能源生产指标完成情况；计算“绿色证书”参考价格(参考价格的制定依据是GRTN购买的CIP6能源的平均成本以及销售CIP6能源的平均收益，2010年的价格为112.82欧元/MW·h)；行业年度统计。

自己的可再生能源生产来完成规定的指标，也可通过购买“绿色证书”的方式完成任务。

国家通过国家电力调度中心（GRTN）向企业发放“绿色证书”，分为两种途径：①直接通过认证的可再生能源发电装置；②在1999年4月1日后仍然在运行的原享受CIP6政策的发电装置（全部使用可再生能源）。“绿色证书”可以在GME[①]的监管下由双方在市场上达成转让协议，协议过程可以在拥有“绿色证书”的企业和具有可再生能源生产或进口义务的生产商和进口商之间进行。但其交易是通过GRTN进行，即双方将供需信息通过网站提交GRTN。国内外生产商、电力进口商、大规模销售商以及相关方（消费者、用户、环境组织以及贸易联盟），经向GME申请可以获得市场运营者的资格。

2010年第122号立法令最终修改了2008年预算法在绿色证书上的规定，明确为了执行欧盟2009年第28号指令，从2011年起，由意大利国家电力局（GSE）回购的绿色证书将比2010年减少30%，减少的部分80%将是原来超额的绿色证书。2011年第28号立法令规定，到2015年为止，GSE从大电厂所购买的绿色证书将不再往市场投放。到2015年之后，以传统能源向国家电网输入电力需要捆绑绿色能源的规定将会废止，届时将会有新的激励措施计划。然而，到2015年意大利的绿色证书制度的走向如何现在还言之过早，因为意大利能源领域的变革一直在进行着，在新的规定还未出台之前，还有待观望。

（二）“白色证书”制度

“白色证书”，也称能源效率证（TEE），是一个为减少能源消耗而出台的鼓励措施。意大利政府2004年7月20日颁布立法令并从2005年1月1日起正式确立这种制度。“白色证书”实际上是对能源企业提高能源效率的一种认证，政府管理部门根据企业的节能效果给予认证，并确定具体的标准。企业申请“白色证书”，有最低的节能目标，根据注册项目的不同而变化，从25Tep到200Tep不等。[②]

“白色证书”主要针对节约电能、天然气、其他燃料3种类型进行发放。节能措施既包括生产过程也包括最终使用部门，如用高效率设备取代老旧

---

① GME的贸易平台是1999年根据当时的产业活动部部令的规定设立的，国内外的生产商、贸易商和协会组织都可作为买方或卖方参加交易。参加交易者也可通过GME网站提出自己的买卖建议，进行网上交易。

② 以石油当量Tep为计量单位，1Tep相当于11 628千瓦时热能，或相当于4 545.45千瓦时电能（与一般家庭一年的平均电能消耗差不多）。

的家用电器和取暖器。大部分的"白色证书"的期限为5年，对建筑物保温、生态建筑以及类似的项目，期限可为8年。

最终用户达到10万以上的企业，必须实施"白色证书"制度，10万用户以下的企业或服务、制造和安装部门的企业可以自愿实行"白色证书"制度。对达到节能目标的企业，电力和天然气监管机构(AEEG)或其他政府部门将给予经济奖励，奖励金额由AEEG分年确定。节能效果超过规定目标，可出售其富余的"白色证书"。达不到最低节能目标者，可从市场上购买"白色证书"，否则将受到经济处罚。同时，还要求各个企业的节能总额中，至少有一半是通过采取节能措施而非购买能源效率证书而实现。

"白色证书"可以买卖，开始的价格定为100欧元/Tep，管理部门可根据市场行情调整价格。"白色证书"的合同既可由供需双方直接签订，也可在电力市场管理处GME内的专门市场内进行，电能和天然气管理局AEEG负责签发TEE、评估TEE价格并对节能效果进行检查。从2006年开始，AGGE与意大利最大的能源环境研究机构国家新技术、能源和可持续经济发展局(ENEA)合作，对节能效果进行评估。[①]

三、能源公共事业制度和能源私有化、自由化进程

受到先前在能源工业领域国家所有的历史影响，意大利的能源生产与供给在很大的程度上一直由公共事业机构来运营。目前意大利的能源公共事业机构包括了意大利国家电力公司(ENEL)和埃尼集团(ENI)，以及地方市一级所有的本地公共事业机构。意大利的能源领域基本上由上述两大公司所垄断。

意大利的能源工业在其发展的早期以民间自发为特征，从20世纪50年代后基本的趋势是从分散走向集中。早期的意大利法律并没有给国家或者地方建设输送电力线路的机会，电力供应体系事实上由私人来从事，只有在水力发电领域需要政府的特许权。地方政府在1903年3月29日的第103号立法令中获得了对此类公用事业进行监管的权力。1925年10月15日的皇家法令最终实施了1903年的立法令，并规定当地的公共事业机构既可由政府直接管理，也可经批准后由私人或者特殊公司经营。能源领域的地方自治在1900年之后的乔瓦尼·乔利蒂(Giovanni Giolitti)政府时期第一次被提出，当时的公共事业机构都由小私人公司运营，不能满足市场的需求，无法提供可靠、经济和平等的能源供给服务。尽管如此，在20世纪30年代

① 姚良军、孙成永:《意大利的低碳经济发展政策》,《中国科技产业》2007年第11期,第59页。

大约 90%的能源主要由私人运营。①

1953 年后，随着几个全国性能源巨头的成立，意大利的能源行业进入了集中发展的时期：1953 年埃尼集团(ENI)成立；1960 年国家原子能委员会(CNEN)成立(在 1982 年由 ENEA 接管)；1962 年意大利国家电力公司(ENEL)成立。

埃尼集团(ENI)作为一个公共公司依据法律规定于 1953 年成立，在碳氢能源领域占据着支配地位。埃尼集团(ENI)是一个上下游综合的公司，它直接(或间接的)运营着石油、天然气、煤的生产和供给。埃尼集团(ENI)不仅控制着天然气储备的大量份额和大部分的天然气生产，还保有意大利 35%的下游石油供给。斯那姆煤气公司(Snam Rete Gas)作为埃尼集团(ENI)的子公司如今已在米兰证券交易所上市，它负责将大部分的天然气运送给分销商和工业消费企业。埃尼集团(ENI)的主要目标是为国家利益促进能源的管理。埃尼集团(ENI)曾在意大利平原地区有独占的天然气开发与生产的权利，同时也为相关方建设和运营输油管道，只有在其他地区才开放给其他公司(实体)开发及生产。

自 1962 年以来，意大利国家电力公司(ENEL)在电力进口和供应以及大部分的电力生产(大约 80%)中占据着垄断地位。埃尼集团(ENI)虽然曾拥有独占权利，但却没有在石油和天然气领域形成垄断，意大利国家电力公司(ENEL)则在 1962 年电力工业全面国有化之后在电力领域取得了垄断地位。1962 年第 1643 号立法令第 1 条规定，这个新的意大利国家电力公司(ENEL)拥有在全国范围内进行电力的生产、进口与出口、运输、转换、分销以及供应的权利，而不管该初级能源是何种能源。因此，电力行业中所有私人的公司及其财产在支付了适当的报酬之后，都直接或者间接地被转移给了意大利国家电力公司(ENEL)。

20 世纪 80 年代后期，随着国家化管理体制以及经济领域内公共存在的消褪，政治力量又开始瞄准能源领域及其他重大公共事业的重组。此次重组促成了一些大规模的私有化运动，其驱动并非是为了增强市场的作用以改善工业发展，而是为了减少意大利政府的预算赤字。到 1988 年，意大利颁布国家能源计划并于 1991 年实施，第一次尝试改变意大利国家电力公司(ENEL)的优势地位，这次改革之后，埃尼集团(ENI)和意大利国家电力公

---

① Marcello Clarich, Matteo Falcione, Giovanni G. Gentile, Michele Passaro and Francesco Vetro , *Energy law in Italy*, edited by M. Roggenkamp eds, *Energy law in Europe: national, EU and international regulation*, Oxford University Press, 2007, pp. 723-724.

司(ENEL)改制为股份合作制公司。

1992年第359号立法令启动了意大利能源领域的私有化进程。私有化进程导致了意大利的公共事业机构向股份制公司的转型。这项政策的目标是多重的，特别是为了恢复持续有效的竞争、通过使用私人风险资金实现大公司的资产重组，以及减少国家债务。顺应私有化的发展趋势，意大利政府也审视了埃尼集团(ENI)的地位。首先是在1992年将ENI改制为股份公司。其次，意大利财政局将该公司64%的股份投放到市场上。在1995年11月第一次募集后，又于1996、1997、1998年先后募集了三次。1993年，意大利国家电力公司(ENEL)改制成为股份有限责任公司。在1994年和1995年，由于立法者支持将国家利益转移给公众，这期间的立法加快了私有化和自由化进程。

目前，在石油天然气领域，国内最大的天然气生产商为埃尼集团(ENI)，同时艾迪逊公司(Edison)也进行小范围的开发；其他由一些较小的私人公司生产。有14家公司根据授权可以从非欧盟国家进口天然气，它们主要包括以下一些公司：意大利达米尔能源(Dalmine Energie)公司、艾迪逊公司(Edison)、意大利国家电力公司(ENEL)、意大利能源(Energie)公司、意大利埃尼集团(ENI)、法国天然气部(GDF)、Plurigas公司以及Unendo Energie公司。运输管道基本上由斯那姆煤气公司(Snam Rete Gas)或者SRG公司(附属于ENI)以及SGI(管道公司)所有和运营。唯一的液化天然气终端由ENI的附属公司运营，其他天然气终端的项目正在进行之中。储存设施原则上由Stogit公司(附属于ENI)和艾迪逊公司(Edison)管理。大规模的分销网络由超过400个机构构成，其中包括了市镇公共事业机构和其他私人公司。天然气贸易是一个竞争压力不断增长的领域，数百家贸易商已经获得授权向意大利终端消费者出售天然气，但当中只有少部分从事大规模的贸易。

在电力领域，意大利国家电力公司(ENEL)是主要的电力生产商，在自由化的早期，为了降低其市场占有份额其被迫减少15 000兆瓦的装机容量。意大利国家电力公司(ENEL)在生产、分销、贸易以及拥有传输电网之间受到企业分拆法令义务的限制，并淘汰了核电站。配电网由当地公共事业机构或者意大利国家电力公司(ENEL)的配电公司在特许体制下运营。电力领域主要的新参与者为(包括生产以及贸易活动)：①在全国范围内的有Edison、Edipower、Endesa、EGL和ATEL；以及②市镇当地公共事业机构(ACEA Roma、AEM Milano、AEM Torino、ASM Brescia、AGSM Verona、

ACEGAS *Trieste*、HERA *Blogna*)。[①] 在电力自由化改革之后，ENEL 被迫减少进口，其发电量也降到总购买量的 50%之下，且其电力传输部门被迫被并入 Terna 公司，后其在 Terna 的股份又被转移给了国营银行(CDP)。

无论是意大利国家电力公司(ENEL)还是埃尼集团(ENI)，在过去近 20 年的能源体制改革中都被部分私有化了，但政府依然保有其相当重要数量的股份(直接或间接的控制 30%左右)。它们在意大利的能源市场中仍保持着优势地位，并且也因滥用支配地位受到多次谴责，意大利的能源自由化改革还有待进一步深化。

四、价格与税收制度

意大利的能源价格一般来说比经合组织(OECD)中的其他欧洲国家要高。意大利对国家所有的能源采用了不同税率的增值税和消费税。意大利的能源税收政策由经济与财政部负责，而地方政府也制定了不同的地方税收规定，这就造成了目前意大利复杂的能源财政税收体系。

石油产品适用消费税和增值税。汽油、柴油和液化天然气的增值税率是 20%。如果购买石油用于工业、电力生产以及汽车柴油的话可以获得相应退税。居民购买轻质燃油和汽油也需要支付 20%的增值税。

天然气适用消费税、增值税以及由地方制定的附加税。从 2008 年起，年消费额在 120 万立方米以下的工业消费者者需要支付 14.23 欧元/10^7 千卡(注：1 千卡=4.18 千焦)的价格，年消费额在 120 万立方米以上的则只需支付 8.54 欧元/10^7 千卡的价格。此外，各个地区还制定了最高 7.11 欧元/10^7 千卡的不同的增值税率。

在 2008 年之后，年消费量少于 480 立方米的用户增值税的税率为 10%，其他用户的税率仍为 20%。在 2008 年之前，年消费量在 250 立方米之内的国内消费者的增值税率为 10%。年消费量大于 120 万立方米的用户需要交纳 0.75 欧元每立方米的消费税。

意大利居民消费者支付了大约 10%的电力增值税。自从 1991 年 5 月开始，意大利对每个月电力消费的 150 千瓦时不收消费税。在这个额度之上，消费税为 0.018 6 欧元/千瓦时；对于拥有多个住宅的家庭而言，其他住宅的消费税为 0.020 4 欧元/千瓦时。对工业消费者而言，月消费额在

① Marcello Clarich, Matteo Falcione, Giovanni G. Gentile, Michele Passaro and Francesco Vetro, *Energy law in Italy*, edited by M. Roggenkamp eds, *Energy law in Europe: national, EU and international regulation*, Oxford University Press, 2007, pp. 727-728.

1 200 兆瓦时之下的消费税为 0.003 1 欧元/千瓦时，月消费额为200 兆瓦时以下的消费者还需额外支付 0.009 3 欧元/千瓦时的地方税。[①]

五、能源环境保护制度

意大利的能源规范体系包括了一系列的能源法规、政策等规定，这些规定在不同时间分管不同的领域，因此并不存在一个统一的综合的法律体制。与此相类似，意大利环境法也是因形势而成为立法的目标，并非是根据合适的综合规划的结果。[②] 近年来欧盟在能源与环境方面对各成员国提出了更高的要求，特别是在应对气候变化方面做了很多努力，先后通过了多项能源与环境的发展目标和指令，这也推动了意大利能源与环境法的进一步融合。

尽管大量关于环境的立法和行政机构负担在实践中成为了能源特许与许可的障碍，但意大利的能源法在一定程度上已经将环境保护视为一个基本原则。这也是世界能源发展趋势在意大利能源立法中的体现，因为在意大利的能源立法中需要考虑欧盟社区的能源政策与立法中关于能源与环境的规定。能源开发利用中越来越需要考虑环境问题的趋势已经为立法和监管设定了诸多标准，因而它们两者"独立"的特征越来越少。

目前的意大利的环境立法发展已经经历了 30 多年，在此期间大量的规定被通过。1966 年第一部关于大气污染的法案诞生，1973 年的法案关注了卫生和环境保护，以及与工业电厂有关的噪音、水体和大气污染。1975 年第 393 号立法令涉及到燃气涡轮发电厂。更进一步的规定是 1976 年的法案，它涉及保护水体不受任何形式的污染(浪费)的规定。1982 年另外一个法令提出了使用替代能源的激励措施，以减少能源消耗以及增加可再生能源的使用，这些规定可以视为是转变为环境政策的初步规定，这个法案是实施 1981 年的国家能源计划(PEN)的结果，其目标是增强可替代能源的地位，很显然有积极的环境保护意味。同样，这个目标在以实施 1988 年国家能源计划的 1991 年第 9 号和第 10 号立法令中得到体现，该法案将电力产品从可再生能源中分离出来。

欧盟委员会 1985 年第 337 号指令关于环境影响评价(EIA)的规定是目前欧盟社区中统一行动以保护环境的重要依据。意大利 1986 年成立了环境

---

① IEA:《Energy Policies of IEA Countries-Italy 2009 Review》，载国际能源署网站，www.iea.org/Textbase/npsum/italy2009SUM.pdf，2011-07-12。

② Marcello Clarich, Matteo Falcione, Giovanni G. Gentile, Michele Passaro and Francesco Vetro, *Energy law in Italy*, edited by M. Roggenkamp eds, *Energy law in Europe: national, EU and international regulation*, Oxford University Press, 2007, p. 772.

部(经由第349号立法令),它通过了一些旨在实施部分欧盟指令的法令。关于环境承受能力评估的重要规定见于1988年的法令。[①] 更进一步的法案[②]根据环境影响评价区分了不同的活动与建设类别,且规定了经营者需要提交环境影响分析报告。1988年意大利为执行欧盟1984年指令,通过了对燃烧设施的规定,对大型工业设备以及所有发电厂的排放进行控制。[③]

1999年第348号立法令规定了一个更有持续性和综合性的体制,以实行大范围的建设与活动环境影响评价。这些活动与范围包括:石油与天然气管线,化学物质、石化产品、天然气产品的存储,热电与水电厂,固体燃料存储,以及存储放射性燃料及其废料的建设等。每一个类别的相关框架都建立在三个层面上:计划(涉及国家与欧盟市场)、设计(涉及废物清理,及与其他活动的相似性)、环境(具体的环境影响评价,如污染因素、水文地质风险等)。

意大利的环境问题已经由2006年4月3日第152号立法令(所谓环境法典)所规制。特别是该法令包括了下列相关规定:①关于下列内容及其程序:环境评估的策略(VAS),环境影响评估(VIA),以及综合环境授权(IPCC);②土地保护以及沙漠化预防,防治水污染,以及水资源管理;③水资源回收与管理;④保护大气以及减少排放到大气中的气体;⑤对保护环境活动的补偿。

至于能源设施,其已经被确认使用环境影响评估(VIA)(以可再生能源作为原料生产可在一个程序中完成,根据2002年第55号立法令,获得授权也还需要其他条件)。环境法典预见到了在生产超过300兆瓦热功率以及对其进行更大改进时可以将环境影响评价程序整合到环境授权程序中(AAI)。

六、能源国际合作制度

意大利积极参与国际能源、环境各领域的合作。比如与拉丁美洲、地中海盆地、巴尔干地区、中亚和东亚、中国、印度、伊拉克、泰国以及美国等国家或地区都有密切的能源与环境合作关系。意大利是国际能源署(IEA)执行协议的参与者,作为缔约方和倡议者之一,埃尼集团(ENI)是其中技术和研究领先者。在欧洲,意大利参与了欧洲原子能共同体、欧盟委员会框架下的能源合作,在其中参加了诸多能源研究和技术研发的项目,也同其他欧盟成

---

① 1988年8月10日第377号总理法令,在1986年第349号立法令第6条涉及到了环境影响评价,成立了环境部。

② 1988年12月27日总理法令。

③ 1988年5月24日第203号立法令。

员国开展了形式多样的合作。意大利还启动了一个意大利—美国气候变化与科技合作项目，并与美国能源部在核能以及煤炭技术研发中进行合作。

在多边合作方面，意大利是碳封存领导论坛(CSLF)[①]、国际氢能经济伙伴关系(IPHE)[②]、甲烷市场化合作计划[③]的成员之一，意大利还在2005年格伦伊格尔斯G8会议上倡议成立了全球生物质能源伙伴关系(The Global Bioenergy Partnership)，致力于推动生物燃料技术的推广以及生物质能的可持续发展。

意大利和中国在清洁发展机制(CDM)下进行了多次合作，达成了许多清洁能源减排量购买协议，还在生物能源、水电和降低矿山气体排放方面与中国展开合作。同时，意大利国家电力公司(ENEL)也向中国火力发电厂提供煤炭清洁利用技术，如二氧化碳捕捉与封存技术等。

意大利与俄罗斯在石油、天然气方面具有良好的合作关系，目前意俄之间的能源合作已经扩展到了提高能源利用率和改善能源销售结构等方面。2006年，阿尔及利亚国营碳化氢公司与意大利5家能源公司签署了天然气出口合作协议。根据该协定，阿尔及利亚将通过正在兴建的连接两国的海底输气管，每年向意大利增加出口80亿立方米天然气。阿尔及利亚天然气储量丰富，当年向意大利出口天然气约为240亿立方米，占意大利全国天然气消费量的40%。[④] 同时，为了实现意大利能源来源的多元化，意大利还积极扩展与其他石油天然气来源国的合作，如与阿塞拜疆、埃及、安哥拉、澳大利亚等国家联合勘探和开发其本国的石油、天然气资源。

由于煤炭发电成本低于其他化石燃料，煤炭与石油天然气相比受政治因素的影响较小，因此意大利将使来自煤炭的发电量比较稳定，目前意大利的电力的近30%来自煤炭发电。印度尼西亚是意大利煤炭的第一大来源国，其次分别为南非、哥伦比亚、俄罗斯和澳大利亚。2008年8月12日，意大利《晚邮报》报道，意大利国家电力公司将冒险出资1.5亿欧元购买印度尼西亚巴彦资源(Bayan Resources)公司10%的股权。该公司总裁称，尽管亚洲市场以及煤炭供应存在许多不确定因素，但意大利国家电力集团将铤而

---

① CSLF是一个关于国际气候变化的倡议，关注技术进展和成本的分离，以及所捕获二氧化碳的运输和长期安全保存，其目的是为了使这些技术在国际上广泛可得，以识别和解决更广泛的有关问题。

② IPHE提供了一个组织和实施有效、高效的服务伙伴关系的机制，重点关注国际氢能和燃料电池技术的研究、开发、示范和商业利用等相关的活动。

③ 一项推进甲烷开发利用成本效益、短期甲烷回收和甲烷清洁能源使用的国际行动。

④ 《阿尔及利亚与意大利公司签署天然气出口合作协议》，载腾讯网，http://news.qq.com/a/20061116/000485.htm，2011-07-02。

走险。意大利国家电力集团已经在奇维塔韦基亚港口建设现代化清洁煤炭发电厂，还将在托尔港口建设第二座类似的发电厂。[①]

在前些年，意大利有意重启境内核能利用，为此意大利先后与英国、法国、俄罗斯、美国等核技术先进国家签订了开发民用核能的协议，希望从2014年起5年内在意大利建设不少于4座欧洲压水核反应堆（EPR）。意大利政府还在2007年签署了全球核能伙伴关系（GNEP）协议。特别是2009年意大利议会通过重启核能的法律之后，这个意大利参与国际核能交流更加频繁。然而，2011年全民公投结果显示有95%以上的投票者赞成停止发展核电，因此，意大利的核能国际合作又遭到了搁浅。

第四节 意大利常规能源法制

在意大利的能源消费结构中，传统的化石能源占据了绝大部分的份额，其中石油和天然气等碳氢能源则是意大利能源消费的主体。虽然近年来意大利石油在能源消费中的比例缓慢降低，但不断增长的天然气需求填补了这个空缺，因此碳氢能源仍然是意大利能源消费的主要内容。

由于意大利境内的煤炭生产很少，主要还是依靠企业根据其需求从其他国家进口，因此在此仅介绍其关于国内生产的最新规定。在核能方面，意大利在2011年的全民公投中选择了弃核的态度，因此本部分也只介绍了其基本的立法状况，并对其发展沿革进行简要评述。

一、意大利石油与天然气法制

意大利绝大部分的能源供给都来自化石燃料，尤其是石油和天然气，近年来一直占据了大约80%的能源供给。意大利碳氢能源法律体系已经逐渐从硬岩开发的系统规制视角转变为现代的油气立法。虽然如此，作为地下矿物能源开发与生产的法律基础仍然是1927年的矿业法和民法典。1927年的皇家法令规定：对于矿物质以及地下能源的开发与生产，不论其是以何种形式或物理特征进行工业开发，都适用现行法。[②] 当时的现行法区分了两种矿物质类型：矿山和采石场。“固体、液体以及气体燃料、沥青以及含沥青

① 《意大利国家电力公司将出资1.5亿欧元购买印尼煤炭企业股权》，载国际电力网，http://power.in-en.com/html/power-0849084944227186.html，2011-07-08。

② 1927年7月29日第1443号皇家法令，第1条。

的岩石"包含在了矿山之中，石油以及天然气也归属于这一类别。至于地下矿物质的归属，依照意大利民法典第826条规定，"矿物质是国家不可废弃之一部分"，因此它们的所有权归属于国家。结果，所有的地下矿物质在法律上被视为一种矿资源不可缺少的一部分，不能成为土地所有人的私人财产。这种地下矿物质在它们从矿山分离前没有自主存在的法律地位。

关于地下资源归属于国家的规定说明这些资源是归"公众使用"的，对这些资源的开发以及使用可以由国家或者国家委托的私人以践行公共服务的名义进行，私人可以接受这样的授权或许可。在意大利，国家在碳氢能源的开发与生产上一直有较为积极的介入。如上所述及，碳氢能源的开发与生产权利在1953年授予了埃尼集团(ENI)，1953年法案的第1条授权ENI为公共利益开发碳氢能源以及进入天然气领域。因此，ENI获得了开发碳氢能源，以及建立和运营碳氢能源的运输和供给管道的排他权利。尽管如此，ENI并非在意大利全境获得这个排他权利。到1957年的法案为止，ENI已经获得大部分陆上地区的排他权利。例外的5个地区分别是：西西里岛、撒丁岛、特伦蒂诺—上阿迪杰、弗留利—威尼斯朱利亚以及瓦莱达奥斯塔。在这些地方当地的矿物质法律规定了碳氢能源的开发以及生产。1967年，ENI的采矿权得到进一步扩大，与此同时它也负责意大利内海以及大陆架的碳氢能源的开发以及生产。[①]

关于陆上和近海碳氢能源的开发和生产更多的规定在一些部长法令中。[②] 实际上，关于陆上和近海的规定并没有多大差异。因此，关于碳氢能源的具体体制已经在20世纪60年代末完成。经过20世纪90年代颁布多项法令之后，国家对碳氢能源的监管变得愈加合理。

(一)许可体制

在意大利的行政法中，所有的国家同意在严格意义上都可称为"特许权"。尽管如此，在实践中，意大利的碳氢能源法令也区分勘探、开发以及存储许可和生产特许的区别。

意大利1991年的改革法案以及之前的立法都涉及了管理碳氢能源开发、开采、生产的许可制度。授予碳氢能源许可证的程序规定在1994年4月18日第448号总统令之中。为了实行碳氢许可证指令，1996年11月25日

---

① Marcello Clarich, Matteo Falcione, Giovanni G. Gentile, Michele Passaro and Francesco Vetro, *Energy law in Italy*, edited by M. Roggenkamp eds, *Energy law in Europe: national, EU and international regulation*, Oxford University Press, 2007, p. 733.

② 关于陆上活动的规定包含在1968年5月2日的部长法令中。关于近海活动的规定包含在1967年9月2日的部长法令中。

第625号立法令对该制度作出了修正。2000年第164号立法令对这些许可体制做出了较为完整的总结，并进一步提出要开放天然气市场。2004年第164号立法令授予了钻井许可持有人可以修建或者运营与其活动相关的基础设施的权利。最新的法令包含了一条旨在加快许可速度的规定，之前该法令规定的申请期限是3个月。

勘探许可是指为寻找液态或者气态的碳氢能源进行地理、地质的调查，或者为了检测海洋底土进行的地理调查。意大利1991年的改革法案中并没有提出“勘探许可”的定义。这体现了勘探许可在现实中重要性的有限性，石油公司更喜欢直接申请开发许可。勘探许可是非排他的许可，最多每年颁发一次。勘探许可证持有者必须是私人，并且没有取得任何持续开发许可或者生产特许资格。勘探许可在申请人缴纳注册及出租费用后颁发。

开发许可根据1996年第625号立法令所确定的程序授予。相关申请由经济发展部依据下列因素审查：矿山的利益、证据以及创新目标，完全且合理的开发计划，项目运行的时间及其发展。开发许可的有效期为6年，但可以续期。开发许可的持有人为了确认及展示开发地的存在，被授予进行钻井工事的权利。当发现了液态或者气态碳氢能源之后，寻找以及钻井活动宣告成功。

如果开发成功并发现了适宜的开发地，且项目工程被尽责地执行，开发许可证的持有者便可以申请生产特许。如果开发地在经济上、技术上可以证明其生产能力，那么开发特许将会被颁发。申请必须在发现开发地之后120天之内提出，并附带一个发展计划。若均符合上述条件，开发许可持有人通常会获得生产特许。因此，开发许可持有人在获得相关特许上有具体的特权。

特许权适用于特定的区域（最大为150平方公里），期限为20年。在特许权授予15年后，特许权的受益人如果要求继续开发，他有权再得到10年的期限以完成其钻井以及研究工作，并完成与其特许相关的所有义务。

在存储授权方面，一直到2004年第239号立法令实施前，碳氢能源存储活动一直附属于许可体制。该法案实施之后，精炼和存储活动已经自由化，废除了特许体制并代之以授权体制。然而，地下存储仍然在特许体制的范围。存储特授权由经经济发展部授予，其期限为20年，并可以再延长10年。由于存储特许通常是授予生产特许持有人，因此存储特许和生产特许可以同时存在。1996年的立法令增加了如果存储设施已经填满且生产特许已经停止，存储特许可以授予其他人的规定。

(二)石油法制

在过去的20年里,意大利的石油需求已经从1990年的9 010万吨下降到了2010年的7 310万吨,大约减少了20%左右。这一方面是由于意大利推广天然气利用,导致天然气份额的上升,另一方面是由于石油的获得相对于天然气而言更加不稳定,运输成本也较高所致。这也使得对石油的使用更多地集中到了运输领域。

虽然意大利90%以上的石油需要依赖进口,但其仍然是欧盟国家中位列丹麦和英国之后的石油生产较多的国家。然而,行政效率不高也导致了对意大利石油的投资与竞争的不充分。在意大利,勘探和生产的石油进入市场的平均周期几乎是欧洲其他国家的两倍。

关于石油勘探和生产的国家政策在过去的50年中变化不大。2004年第239号立法令对意大利的石油和天然气上游活动规定进行了较大的修改,其主要规定了获得勘探与生产许可更为简便的程序。

在石油的生产方面并没有特殊的激励措施,1996年第625号立法令创立了相应的版税,陆上的为7%(前两万吨除外),海上的为4%(前5万吨除外)。2008年第8号立法令为小规模石油基地的勘探出台了新的激励措施,2009年第99号立法令则加快了研究与勘探授权程序。

在2004年第239号立法令实施以前,根据原产业活动部的规定,进口矿物原油产品或滤渣受到许可证的限制。① 这个许可证既可以是具体的单一进口,也可以是一般的大量矿物润滑油进口。2004年第239号立法令对先前的体制作了一些创新,规定在全国范围内对矿物油的进口活动是自由的,但要符合欧盟监管指令以及现行法律关于遵守公共服务的义务。

此外,石油生产还需要考虑到来自经济发展部以及各地区的环境压力,生产商需要经常实施这些行为:①发布与新项目有关的详细信息;②在项目进展的整个过程中向有关地方当局提供技术支持;③保持与投资者及其他公共机构在获得勘探与生产许可上的对话。

在石油应急方面,2001年第22号立法令明确了经济发展部负责起草和修订《国家能源应急管理手册》,其中包括在能源应急的情况下可以采取的措施和程序。在经济发展部内部,能源和矿产资源部门的石油办公室相当于永久性的国家能源应急组织(NESO),它负责提供相关的数据、协助政府决策以及同国际能源署(IEA)的联系。一旦出现石油供给的突发中断,国家

① 1933年11月2日第1741号皇家法令第1、2、3条,以及1934年7月20日第1303号皇家法令第1—11条。

能源应急组织(NESO)将可以决定动用国家能源应急储备并颁布部长法令,同时通知石油公司以减少其所储备的额度,保证市场能够获得足够的供给。2006年第67号欧盟指令整合了先前立法中关于在能源应急中维持原油及其产品证券市场的规定,在此情况下,石油公司也要保持同经济发展部的联系,并及时向第三方披露相应的传输和存储水平的数据。

在石油储备方面,2001年第22号立法令建立了工业企业保证石油储备的法律基础。经济发展部保证国家的总体能源储备的充足,并符合欧盟以及国际能源署(IEA)的要求。意大利所有的能源储备都在工业行业。意大利立法要求国家的整体能源强制储备不得少于90天的国内消费水平。

意大利能源领域的自由化改革已经对石油市场产生了较为积极的影响,然而石油领域的中游和下游市场还有待进一步的开放。意大利汽油和柴油的零售市场仍然受到过时立法的调整,这对零售价格以及竞争市场产生了比较消极的影响。在下游区域,关于管线之间的最低距离要求的立法限制了零售商的商业活动,这也对该领域的竞争性产生了不利影响。

在未来几年内,意大利政府需要对石油供给基础设施进行中长期的规划(包括对基础设施的改善计划以及许可程序的更新),并在石油的中下游领域更新立法以促进竞争。此外,应当评估在运输领域的限制石油需求措施,该领域内对石油需求份额的进一步攀升将影响到紧急情况下节约石油的有效性,因此,也需要对石油储备管理机构进行改革,以适应新形势下能源应急的要求。[①]

(三)天然气法制

意大利的天然气储量不多,虽然近年来不断有新的油气田发现,但意大利国内的天然气生产也很有限,90%以上的天然气需要依赖进口。

受益于环境保护的严格要求以及能源计划的实施,天然气成为了意大利最主要的一次能源需求。在过去的25年里,意大利的天然气需求大约翻了一番。意大利大约1/3的天然气用于发电,目前意大利境内大约一半的发电站是由天然气生产的,考虑到最新的立法和政策,也许这个比例还会上升。意大利有着完整的天然气输送管线,覆盖了至少90%以上人口。

意大利天然气供给市场的结构,除了有针对性的集中之外,事实上处于地区分割的状态,当地的经营者总是希望增强自己在当地的地位,且在大多数情况下与运输网一样属于相同的工业集团。这种状况给新的经营者进入

---

① IEA:《Energy Policies of IEA Countries——Italy 2009 Review》,载国际能源署网站,www.iea.org/Textbase/npsum/italy2009SUM.pdf,2011-07-12。

带来了困难。

埃尼集团(ENI)在天然气领域具有主导地位,它控制着意大利80%的天然气油田。此外,ENI还控制着意大利62%的天然气进口以及44%的市场销售。ENI/AGIP负责国内天然气生产(80%以上),斯那姆煤气公司(Snam Rete Gas)负责天然气的运输和分配工作,Snam经营着大部分的天然气传输网络。

1999年5月19日意大利通过第144号立法令,授权政府实施欧盟1998年第30号指令关于天然气国内市场的一般规则。比较该法案和欧盟指令,可以发现该法案不仅是为了实施欧盟指令,也涉及到投资以及刺激就业。①1999年第144号立法令第41条提出了为了实施欧盟指令立法应遵循的一般指导原则及标准。新体制的目标是促进天然气领域的自由化,特别是在运输、存储以及分配阶段。所有与天然气有关的管理以及监管体制,包括公共服务因此得到了重新安排。2000年5月19日意大利政府依据1999年第114号立法令发布了执行欧盟指令的立法令。

1999年第144号立法令所规定的原则和标准可以简要归纳如下:

(1)市场的开放必须与公共服务,包括普遍性、质量和安全保障以及互连互营体系相一致,电力以及天然气当局不应该有任何歧视。

(2)考虑到对天然气需求的提高以及欧洲天然气系统高程度互联的需要,相关基础设施的可靠性必须得到保证且不能延迟,相关法律已经对这些公共服务做出了规定。

(3)任何对经营者不公的监管措施必须被废除。关于保证安全供应,促进生产、存储以及进口,便于竞争和对现存设施合理使用等的规定必须明确规定。

(4)如果有助于开放市场,综合的企业可以设立独立的公司进行进口、运输、分配以及存储,以避免歧视和不正当竞争。

(5)公正且透明的天然气管制必须得到保证;且必须制定措施以保证国内天然气市场在欧盟综合市场框架下的开放。这些措施将明确在每个地区消费额基础上适格消费者的标准,以及在欧盟天然气市场中公平的竞争和给予其他欧盟成员国互惠待遇。

考虑到上述标准以及立法和组织机构的发展,应当注意到天然气领域的竞争受到运营中的天然气基地的影响,这些基地大都坐落在靠近远方的

---

① 对欧盟1996年第92号指令关于电力市场的一般规则已经经由欧盟1998年第128号立法令实施。这次的不同在于在欧盟指令规定的期限已经到达,所以已经没有时间等待欧盟法案的颁布。

俄罗斯或者阿尔及利亚。因此，天然气的竞争有着结构上的缺陷。此外，意大利的天然气部门以ENI/Snam垄断集团为特征。这种状况同天然气的财政优势，成为了燃料气之间以及各种燃料之间竞争的最大障碍。此外，欧盟指令中限制最低的市场开放标准将会产生相反的效果，它反而会将目前还未被Snam控制的"自由空间"进一步压缩。

2000年第164号立法令执行了欧盟天然气指令，这是由部长会议在2000年5月19日通过的。观察这部法令可以发现一些具有特殊意义的规定。首先，它在某种程度上背离了预期以及反垄断法的规定。这是实施指令最为主要的问题之一，它规定从2002年1月到2010年，在国家网络中不能有单独的一家企业占有75%的天然气供给份额(这就明确了其他消费者在Snam的竞争对手上有更大的选择权)。这个上限将会降到61%(从2002年起每年降低2%)。从2003年到2010年，单个企业售予终端用户的份额不能超过50%。其次，另一个重要的问题是适格消费者的条件。起初，最终消费者每年消费超过2万立方米的天然气、发电企业以及分销商都被视为适格消费者。从2003年1月起所有的最终消费者都是适格消费者，从2003年1月1日起天然气销售必须自由化。再次，调度与运输(被视为一种公共利益的活动)将会被分开，通过建立专门的公司，将其他活动归属于该部门，正如分销一样。同样，存储也是从其他捆绑的业务如运输和投递中分离出来。最后，2000年第164号立法令给了第三方使用公共设施(运输、调度、存储以及液化天然气设备)的选择。同时税率由独立的当局根据法令的标准设定。

根据2000年第164号立法令，电力与天然气监管机构被授予多项权力，不仅可以检查自由化进程，也可以检查实现其效率的多项目标要求。此外还有检查税率，包括消费者的税率和运输、调度以及存储税率。虽然如此，由于在提供服务的标准以及服务价格等方面仍然缺乏充分实现合同自由的条件，意大利的天燃气市场完全的自由化还未能得到实现。

2004年8月23日意大利通过了第239号立法令，涉及到了电力和天然气管理体制的重组。这些规定包括了分配国家与地方的权限及政府同电力和天然气监管当局的关系。特别是第1条第1段界定了"能源的基本原则和主题"。因此，地方在制定能源规则的时候必须尊重国家议会制定的基本原则。在政府间的关系方面，在产业活动部与能源监管当局之间，法律似乎扩大了监管当局的权力，这在1995年第481号法令以及其他部门法令中亦有规定。

在其他方面，法令仅仅修订了部门准则，并没有改变2000年第164号立法令所规定的基本原则。特别是，该法令明确了：①生产、进口、出口、存储、销售以及购买活动都是自由的；②运输与调度活动关乎公共利益，所以要受到公共服务义务的限制；③分销活动需要特许。

1. 天然气进口

意大利所进口的天然气中大约一半以上都是根据与外国公司签订的协议，并且这些协议的期限都在30年以上，约1/4的协议在20—30年，剩下的都在20年以下。到2007年为止，意大利大约75%的协议将会在10年之内到期。斯那姆煤气公司(Snam Rete Gas)作为ENI的子公司，运营着大部分的天然气进口业务，并负责将大部分的天然气运送给分销商和工业消费企业。Snam自20世纪60年代起早就与荷兰签订了长期天然气供应协议，后来与俄罗斯、阿尔及利亚以及挪威都签过协议。Snam目前正在运营一个天然气管道网络，这个网络几乎覆盖了意大利全境，为了便于天然气的进口，意大利的天然气运输系统也同其他国际管线相连接。

2000年第164号立法令要求天然气的进口商从非欧盟地区进口天然气需要取得经济发展部的许可，并及时上报欧盟相关部门。2007年有30个许可在1年内授予了短期的进口，有13个非欧盟地区进口许可则经过多年之后才予以颁发。从2001年到2008年，经济发展部共颁发了67个长期许可和108个短期许可，在此期间经济发展部共收到了246个欧盟其他国家关于能源生产的通知。[①]

2. 天然气竞争

1991年的改革法案引入了第三方准入的有限形式。它促使管线所有人(比如斯那姆煤气公司以及分销公司)必须运输在意大利境内生产者生产的天然气到其附属设备(比如ENI/AGIP，Assomin集团，以及意大利石油工业联合会Unione Petrolifera)或指定公司(比如市镇公共机构)，或直接运给意大利国家电力公司(ENEL)。[②] 换句话说，法律在第三方可以准入的地方限制其他的贸易形式。通过限制一些指定公司必须向一些公司如意大利国家电力公司(ENEL)直接输送，可以避免生产者与消费者建设直接输送管道，因为这样的直连管道将会涉及到环境影响，使得代价更加昂贵。

虽然1991年第9号立法令提供了第三方准入运输的基本框架，但运输的条件和费用是由运输双方进行协商的。协商可以自由进行，但双方必须考虑到投资的报酬、运营成本以及符合欧盟天然气市场的标准。由于斯那

---

① IEA:《Energy Policies of IEA Countries——Italy 2009 Review》，载国际能源署网站，www.iea.org/Textbase/npsum/italy2009SUM.pdf，2011-07-12。

② 参见1991年1月9日第9号法案第12条。

姆煤气公司(Snam Rete Gas)的业务是捆绑的,所以很难对其投资及运输成本进行评估。如果协商双方不能达成协议,那么能源监管机关接受申请并经听取双方陈述之后可以设定运输的条件和费用。①

1991年第9号立法令只适用于国内的天然气生产,因此其引入的竞争程度有限。此外,该法案还限制了指定公司的数量。在ENI之外的天然气生产商十分有限,大部分的竞争来自于电力生产者:意大利国家电力公司(ENEL)。ENEL并没有将其天然气购买仅限于国内,而是增加了其进口量。因此,天然气进口的第三方准入经由ENEL进一步扩大。

3. 天然气运输与分配

意大利的天然气运输管线长度超过了33 000公里,其中31 081公里由斯那姆煤气公司(Snam Rete Gas)所有。ENI/Snam的垄断地位是以1953年法案建立ENI为基础的,2000年第164号立法令将其分拆为两个部门,一部分属于国家天然气管线,总长大约8 548公里,其余部分属于地区天然气管线。

国家天然气管线网络负责将国内主要的6个进口基地的天然气运输到地区管线网络、存储设施,以及地区之间的互连部分、主要消费区域。地区天然气管线网络负责将天然气传送到工业消费者、电力生产商以及城市分销网络。意大利天然气管道公司(Società Gasdotti Italia)是意大利境内天然气管线的第二大运营商,管理着1 263公里的运输网络。此外,还有5家小运营商同时在运营小规模的地区网络(Retragas、Metanodotto Alpino、Carbotrade、Consorzio della Media Valtellina per il Transporto del Gas以及Netenergy Service)。

运输活动受到运输公司以及监管机构所批准的网络代码的管制,该代码从2003年10月1日起生效,并定期更新。

在管线建设方面,在私人土地上保持和运营管道需要经土地所有人为私法上之同意。这些运输管道的存在通常会涉及对土地所有权财产权利的相应限制。尽管如此,由于土地所有人并没有被完全剥夺使用其土地的权利,所以不管是否有必要买下土地,买卖土地都太昂贵。管道地役权的出现,似乎是一种最合适的选择。地役权可以由相关方协商确定,或根据1865年第2359号立法令,基于公共利益的需要强制使用。ENI/Snam在此问题上处于十分有利的地位,因为其地下管道及附属设施都由法律规定视为公共设施。产业活动部经ENI/Snam申请,可以命令对土地的使用、完成工作

① 在1997年之前税率由CIP设定。

(管道的建设)或者确定补偿以及将其提存。这个规定给了 ENI/Snam 在与其他公司进行地下天然气管道建设上具有重要的优势。当管线穿过公共用地的时候,强制地役权就不是必须的,事实上,在这种情况下只需要获得有权机关的许可即可。尽管如此,许可持有人仍然需要定期支付租金。[①]

意大利的天然气分销网络总长达到了 223 000 公里,覆盖了国内 90%以上的消费者。意大利近年来鼓励天然气分销网的集中化与合理化分布,虽然已经取得一定成效,但在 2007 年仍还有 275 家分销商承担着天然气分销的任务,其中仅有 7 家分销商拥有 50 万以上的用户,此外还有 25 家分销商的用户数在 10 万到 50 万之间,而这 32 家大分销商销售了大约 75%的天然气。

4. 天然气应急

意大利天然气应急体系的规定源于欧盟 2004 年第 67 号指令,该指令的内容大部分体现在了意大利 2000 年第 164 号立法令当中。该法令还规定了由经济发展部负责颁布国家天然气在紧急情况下的强制调度规则,紧急情况下进口天然气以及运营中天然气存储的审批手续,强制征用货物以满足民用消费的需要,经济发展部负责全国天然气的安全性、经济性以及长期规划,这些目标将通过减少价格波动以及保证供应安全、协调与天然气储备系统之间的联系以减少天然气系统的脆弱性来实现。

意大利经济发展部每年都要根据国内的能源消费和进口状况确定国家的天然气战略储备额度,一般要保证国家 60 天的消费量。

受 2006 年俄乌天然气纠纷的影响,意大利经济发展部于 2007 年更新了第 32 号立法令,其中涉及到了具体的应急程序问题,为应急状态下的各参与主体设定了相应义务、系统运行的程序以及可以采取的紧急措施等。法令在应急的程序中列举了一系列措施以增加天然气进口以及减少天然气消费。这些措施也包括了对不符合进口附加义务的进口商课以罚金的惩罚。经济发展部通过法令的方式建立了一些与国家天然气管线相连的工业企业在应急状态下减少天然气消费的激励措施,这些自愿减少消费的企业将获得一定的经济补助,若不配合,则有可能会面临罚款。

燃料的多元化是减少工业以及发电企业天然气消费的间接激励措施,但目前的可再生能源发电由于成本及技术的原因尚不能大规模替代天然

---

① Marcello Clarich, Matteo Falcione, Giovanni G. Gentile, Michele Passaro and Francesco Vetro, *Energy law in Italy*, edited by M. Roggenkamp eds, *Energy law in Europe: national, EU and international regulation*, Oxford University Press, 2007, pp. 744-745.

气,而进口电力在程序和成本方面也更加昂贵。遗憾的是,意大利目前在应急状态下关于天然气发电站的规定还没有具体的立法。

5. 意大利天然气法制的总结与展望

意大利近年来在天然气市场方面进行了多项改革,并取得了一些进步,比如有关当局实施了许多改革天然气市场结构以促进管线的开放和天然气供给的有效竞争。完全的第三方准入已经在传输领域有了明确的法律支持,在天然气存储以及开放液化天然气设备方面也有规定可循,在分配领域也有了新的规定。这些都是值得肯定的进步,但意大利的天然气市场自由化还有待进一步深化。

在国内市场方面,相关当局虽然已经通过了许多积极的措施以减少天然气领域的垄断现象,ENI 仍然向大企业客户销售了 60%的天然气并向天然气发电厂销售了 90%的天然气,在整个天然气循环链中始终占有优势地位。2007 年欧盟委员会开始对意大利市场排斥潜在的新进入者进行反垄断诉讼。ENI 被指控有意减少在天然气运输网络上的投资,意在排斥市场,这不仅对竞争产生了威胁,也对整个意大利的能源消费安全带来隐患。①

在中游领域,斯那姆煤气公司(Snam Rete Gas)和意大利天然气管道公司(Società Gasdotti Italia)是运输系统的两个主要运营商,Snam 也是液化天然气接收站(LNG Terminal)的唯一运营者,其他中游的参与者主要是在进行基础建设。由于在下游领域政府对当地公共事业机构的控制,其他新的参与者在该领域的发展更为困难。虽然居民消费者市场已经在 2003 年开放竞争,但该领域内有效的竞争还在缓慢发展,新的参与者进入居民消费者市场还需要购买当地的公共事业机构。

意大利的天然气在存储结构和发展上存在着一些缺陷。一般而言,在寒冷的天气条件下,天然气到达其消费高峰,此时如果市场上的天然气不足,可以由监管机构决定,将储存的天然气向居民供应,但不作商业用途。为了保持居民消费者的安全,强有力的监管已经到位,包括预防性储备的规定以及在紧急情况下有利的规则,这么做也是为了促进向储存设施的投资。不过,监管规则复杂设置是不是万能的,现实当中的存储还需要考虑消费中心以及针对不同用户的应急措施。此外,除非解决了大企业客户以及现货市场的问题,否则难以平衡需求和供给。一个过度集中的存储结构不利于实现高效的存储使用,也和开放自由的天然气市场不相符合。

① IEA:《Energy Policies of IEA Countries——Italy 2009 Review》,载国际能源署网站,www.iea.org/Textbase/npsum/italy2009SUM.pdf,2011-07-12。

意大利低效的行政许可程序在一定程度上也对天然气勘探和生产的资本进入产生了阻碍。为此，2004 年第 239 号立法令规定了所有相关的中央以及地方当局应当召开一个联席会议对任何一个申请进行统一的授权。然而，多年之后这个措施的实施效果并不是很好，关于天然气的行政体制已经不符合行业发展的需求。经过多次讨论之后，经济发展部建议成立一个由企业方参与的咨询委员会以加快行政程序。鉴于此，2009 年第 99 号立法令建立了一个旨在加快碳氢能源领域勘探与生产的许可授权程序。

总而言之，意大利还需要在天然气的运输、供应以及存储方面继续自由化的进程，降低在每个阶段中公有制的份额，改善关于开放天然气存储的规定以确保市场的投资；采取相应措施，组织分配合理的天然气市场结构，通过管线和投资的互联以实现意大利天然气市场的区域一体化，以增加该部门的效率和实现规模经济。

二、意大利电力法制

意大利是 IEA 欧洲国家中继德国、法国、英国之后的第四大电力消费国。意大利国内的电力生产主要来自传统的化石燃料，这些燃料的发电量占了意大利发电总量的 70%左右，其中大规模使用天然气发电是意大利电力结构的重要特点，天然气发电占了意大利电力生产的一半左右。可再生能源发电也发展迅速，目前其发电量已经占据意大利能源生产总量的 20%以上。2003 年意大利遭遇了全国性的停电事故，凸显了意大利电力系统的脆弱性——对进口电力的依赖以及国内电力产能的不足。此事件过后，意大利政府不得不采取措施减少在电力生产方面行政程序的阻碍，增加国内的电力生产，改善内部电力设施，吸引在电力进口方面新的投资。因此意大利进口的电力近年来一直呈下降的趋势，2009 年大约仅 10%的电力需要依赖进口，来源地主要为法国、瑞士、希腊和斯洛文尼亚。

（一）电力行业主要参与者

意大利有超过 2 500 个的电力生产商连接到电力网络中，其中主要是分销网络。这些电力生产中只有一小部分来自可再生能源，并且缺乏管制。

虽然意大利政府已经采取了多项措施以减少意大利国家电力公司（ENEL）在能源生产领域的一家独大的地位，但它仍然是意大利最大的电力生产商，如果以装机容量来计算，ENEL 还是欧洲最大的公共事业机构。在经过了私有化与自由化改革之后，意大利政府通过经济与财政部仍然直接或者间接地拥有意大利国家电力公司（ENEL）30%左右的股权，其余的股权分布在其他机构和投资者之间。截至 2008 年，意大利国家电力公司

(ENEL)运营着37.7吉瓦的装机容量,生产了85太瓦时的电力。除ENEL之外,意大利的电力生产还有其他的一些主要参与者:Edison、E.ON Produzione、Edi power和Eni power。Edison是意大利第二大能源集团,2008年底该公司拥有12.1吉瓦的装机容量,生产了50.1太瓦时的电力。E.ON Produzione由德国的公共事业机构E.ON公司(80%)以及意大利的公共事业机构A2A(20%)成立,是意大利第三大电力生产商,拥有6.1吉瓦的装机容量。

在电力传输领域,意大利现已形成了全国统一电网,以220千伏和380千伏线路为骨干网架。意大利国家电力公司(ENEL)在电力输送领域曾经占有很大的市场份额,后来经2004年5月11日的总理法令规定,在2005年11月之后,GRTN的传输与调度部门转移给了Terna公司。Terna公司拥有意大利境内98.3%的电力传输设施,承担意大利全国电力的运输安全和调度,平衡电力供给与需求,制定电网规划,维护和发展电网等任务,其地位在2006年之后不断得到增强。目前意大利大约有170家电力分销公司,其中大部分只在市镇的范围内运营。ENEL仍然是分销网络中最大的运营商,销售了大约86%的电力。

在电力监管方面,意大利电力和天然气监管机构(AEEG)是电力领域的监管者,该机构具有充足的经费和人力资源,还有独立于政府的法令制定权以满足监管的需要,其监管的范围包括了设定税率、界定服务的标准以及电力网络准入的技术及经济条件。从2004年开始,AEEG的权力不断得到加强。AEEG成功地分拆了电力传输网的所有权,促成了独立的电力网络运营商Terna公司。它还建立了地方电价评价制度,使得市场能够根据这些价格信号决定在哪个地方兴建新电站更有价值。

意大利国家电力局,即GSE(The Gestore dei Servizi Elettrici),在鼓励、促进以及发展可再生能源电力方面起着重要的作用,由经济与财政部和经济发展部共同领导。GSE由两部分组成:电力市场运营商(Gestore del Mercato Elettrico,GME)和单一买方(Acquirente Unico)。GME负责组织与运营电力市场,接受市场参与者提交的结算价格并作出决定,管理绿色证书的交易。随着2004年Terna公司成为电力传输系统的运营商,GSE开始转向管理和促进可再生能源电力领域。GSE也负责颁发原产地证明和可再生能源证书(RECS)系统,这些证书可以作为自愿可再生能源发电的证据。为了加强GSE在促进可再生能源发展方面的作用,AEEG指定其作为太阳能发电的“执行机构”。

单一买方(Acquirente Unico)是政府课以义务，从电力批发市场购买电力以满足保护和维护市场的需求。在2007年零售市场自由化之前，根据2003年产业活动部的法令，单一买方被分派确保垄断市场电力供应的任务。在2007年第73号立法令之后，单一买方作为向使用增强保护服务的用户提供服务的机构。因此，单一买方的任务是向受保护的市场购买电力。单一买方必须以最有利的价格购买电力并卖给分销商，供应给最终用户，从而降低了采购成本。单一买房在转售其购买的电力时应符合电力和天然气监管机构(AEEG)的指导原则和收入标准，这样可以使单一买方能够平衡成本与收益。单一买方的股份全部由经济与财政部所有。

(二)主要电力立法

意大利第一部执行欧盟电力法的法令是在1992年，当时一个部长法令[①]获得通过以实施关于通过跨国电网电力传输的欧洲共同体法令。虽然这个指令适用范围比原来想象的更有限，但它仍然是改进通过从相邻或不相邻的国家购买电力的相互联系的体制和主要欧洲电力网络的重要一步。部长法令的规定反映了欧共体法令的内容，并责成意大利国家电力公司符合其要求，包括没有运输歧视和滥用，供应安全和服务质量等等。

另一个对电力领域产生重要影响的法律是1999年3月通过的第79号立法令，以实施欧共体1996年第92号指令。这个立法令不仅授权实施这个欧盟法令，而且对全国电力系统的所有相关附属机构进行重组。主要内容涉及在意大利新的政权背景下能源管理部门的权力、职责和地位，后者的地位可能是在1999年第79号立法令中规定的最为复杂。立法令还明确了完整的公司重组的规定，将意大利国家电力公司(ENEL)的私有化和自由化提上了议事日程。关于运输电网所有权的行使、核电站的关闭和其他相关的活动也在该立法令中有所体现。

1999年第79号立法令开始了能源领域的改革，而2004年第239号立法令则对其进行了大幅修正，深入推进能源领域的重组。这部法律的主要目标是理清国家各能源机构之间的关系，简化授权程序以及继续推进电力市场的自由化。此外，该法律还规定：设置简化的程序以为建设新的电力传输与互联网络提供便利；强化在电力应急状态下采取的措施；加快行动以实现包括勘探和开发碳氢能源的多样化；引导增加可再生能源的使用、分布式

---

① 1992年6月6日工业部法令。用一个简单的部长法令实施欧共体法令的原因是“共同体法”1992年2月19日第142条规定了这种法令可以作为一种实施工具，因为其对有关问题的技术内容具有重大的影响。

电力生产和煤炭的清洁利用。2004年第239号立法令还为增进国家与地区、自治省之间的相互协作提供了框架安排，试图理清中央与地方在能源问题上的关系。

2007年第125号立法令执行了欧盟2003年第54号指令，该法律引入了一系列的措施以完成电力市场的自由化进程。尤其是在分销商与供应商领域进行了强制分拆，建立了商业电网的监管框架以及引入了一个简单的客户服务。

2009年第99号立法令则引入了关于电力网络基础设施建设的简要程序，尤其是当中央与地方存在分歧时候的处理方法。此外，该法律还提出要加快意大利电力市场与欧洲市场相融合的进程。随后的2009年第102号立法令重申了新的发电站及电网设施是经济与社会发展的重要条件，部长理事会可以任特殊的小组以完成特定的基础设施建设授权程序。

(三)意大利电力法制的总结与展望

意大利在近几年里已经建立了必要的运营与管理机构，一个初步竞争的电力市场也开始出现，这使得意大利电力市场的准入和竞争变得更加透明和充分。一个长期的电网建设规划以及良好的激励体制是意大利电力发展的重要保证。

为了推动电力行业的发展，意大利还需要在多方面进行努力。首先是发展基础设施。意大利并非唯一面临发展能源设施需求的国家，但由于意大利中央与地方在能源问题上分权的特点，使得这个问题变得更加复杂。2009年第99号立法令的制定，标志着在能源战略网络基础设施的建设方面取得了重要进展。

在电力市场方面，虽然已经有了新的参与者进入到电力行业中，意大利国家电力公司(ENEL)的发电份额已经达到了上限，并有继续下跌的趋势，但ENEL仍然在市场上占有支配性的地位，且相关的行动并不透明。为此，2009年第2号立法令试图改变这种状态，AEEG和意大利政府已经采取了相应的行动以改变公众对意大利电力市场的看法，增加透明度。从长远来看，进一步减少意大利国家电力公司(ENEL)的份额还是有积极的意义的，相关当局已经在考虑建立一个减少ENEL在固定电价发电站领域内的份额。

电力企业的所有权问题是另外一个关键的问题。政府通过直接或间接的方式，掌握着从电力生产、传输、分销以及供应各个供给链中主要运营商的很大的股权，虽然通过能源领域的私有化和自由化进程之后，这些运营商的股权结构已经有了相当大的变化，但如果要继续推进改革，则这方面的股权转移仍还需要继续进行。

意大利的电价一直以来高居不下，意大利的电价根据消费者的类别进行划分，越是大规模的消费其所缴纳的税就越多，这就给意大利的工业消费者带来很大压力。虽然意大利和邻国具有相当量的电力贸易，但离真正的市场化还有差距，意大利国内的电价水平和欧洲市场还未能接轨。2009 年第 99 号立法令对此已经有所回应，它提出了要发展电力互联系统以及为能源密集型客户建立单一买方市场，此外还要求 Terna 公司加强与意大利邻国管线的互联。虽然意大利在运输及电力批发市场已经有了一个健全的法律框架，但在零售市场还需进行更大的改善。当然，电价问题还是需要依靠市场来解决。欧盟近日表示，尽管意大利对电力价格制定了相关调控规范，但由于行业内竞争不够，电价依然过高。意大利每千瓦时电价高于欧盟国家平均水平，是电价最高的国家之一。欧盟还建议意大利在电力行业引入更多的竞争。[①]

此外，意大利政府应当尽快实现 2009 年第 99 号立法令所规定的内容，在发展本国电力基础设施方面加大投入，加强与地方政府的沟通并保持高透明度。继续电力市场的自由化进程，保证电力市场的充分竞争，加强对滥用市场支配地位的监管。只有针对电力领域的薄弱环节进行针对性地改革，意大利的电力行业才能取得更大的发展。

三、意大利煤炭与核能法制

（一）意大利煤炭法制

意大利的煤炭消费基本上都依靠进口，2010 年意大利煤炭消费总量为 1 370 万吨，煤炭在电力生产中的份额 2009 年不到 15%。意大利煤炭进口的来源比较多元，主要是从印度尼西亚、南非、哥伦比亚、澳大利亚和美国等国家进口。

意大利本国的煤炭储量不足，产能也很小。在撒丁岛的苏尔西斯（Sulcis）煤矿有少量的煤炭生产，年产能大约为 40 万吨，而且煤质不好。意大利政府本想以高于市场的价格购买其电力实现对这些电厂的补贴，然后这些电厂以比市场上低的价格将其余电力销售出去。这样做的结果已经对其他电厂产生了不公平竞争的影响。根据 2009 年第 99 号立法令，意大利将在撒丁岛建成一个碳捕捉与封存（CSS）示范项目，寻求如何更好地使用 Sulcis 地

---

① 《欧盟：竞争不够导致意大利电价过高》，载中国商务部网站，http://www.mofcom.gov.cn/aarticle/i/jyjl/m/201104/20110407496233.html，2011-07-06。

区的煤炭。

在意大利各地，煤炭的使用都遭到了极大的反对，不论是使用现代清洁技术新建的电厂还是经过清洁技术改造的电厂都被人们以环境保护为由进行抵制。因此，意大利的电力来源多样化只能转向天然气，天然气互连的管道和清洁的优点得到了更多的社会认可。

近年来，意大利煤电厂的效率已经得到了大幅提升，目前其平均的效率是39%，超过欧盟平均35%的水平。如果在将来从石油到煤炭超临界机组发电站能够运营，这个效率可以提高到45%。目前所有正在运营的煤电站都需要通过技术改进以减少对环境的污染以及温室气体的排放。①

意大利国家电力公司(ENEL)是意大利煤电站的主要运营商，生产了境内大约2/3的煤电。近年来ENEL一直致力于扩展海外煤炭市场的投资，在国内积极升级煤电设备，一些新的煤电厂已经投入运营。

在清洁煤炭方面，碳捕捉与封存(CSS)技术在意大利得到了高度重视，意大利视其为减少温室气体排放的重要措施。2009年第99号立法令认为CSS是意大利能源战略计划中的优先方向，在2010年一些新的CSS示范项目将会陆续建成。许多关于CSS的研究和开发项目在意大利私人和政府层面得到开展，经济发展部的发展基金也为清洁煤炭以及CSS项目提供资助。

随着意大利对能源多样化的需求以及ENEL大力发展油/汽涡轮机与煤电站的转换项目，煤碳发电在意大利还是具有较好的前景。当然，这也将增加意大利减排的压力，并推动关于清洁煤炭和CSS等技术的研究和发展。意大利在清洁煤炭以及CSS技术方面在欧洲处于领先的地位，不足的是还缺乏该领域与整体能源规划之间的协调。未来意大利的能源多样化需要保证煤炭的一席之地，所以应当规划好煤炭行业的发展，保持同煤炭工业企业以及相关研究机构之间的交流和沟通，推动技术革新。总而言之，煤炭的发展还需要更多的法律和政策推动。

(二)意大利核能法制

意大利是国际能源署(IEA)中最大的电力进口国，也是G8国家中唯一没有使用核电站的国家。意大利的商用核电站从1964年开始启动，到1981年为止已经有4座核电站在运营。在这段时期里，与核燃料链相关的各种活动如铀和钚燃料制造和核废料处理等都在核能研究机构(CNEN)中进行，目

① IEA:《Energy Policies of IEA Countries——Italy 2009 Review》，载国际能源署网站，www.iea.org/Textbase/npsum/italy2009SUM.pdf，2011-07-12。

前取代该机构的是国家新技术、能源和可持续经济发展局(ENEA)[①]。

1986年切尔诺贝利核泄漏事故后，意大利经过1987年的全民公投废止了境内所有的核电站。与此同时，部际经济计划委员会(CIPE)要求意大利国家电力公司(ENEL)启动核电站的报废程序。从1999年起，意大利境内的4座核电站已经采取了封存措施。尽管意大利在核能方面具有相应的技术和能力(20世纪70年代意大利在欧洲核技术领域仍处于领先地位)，但意大利核电的发展在过去20年里已经陷入停滞状态。

2008年大选之后，新一届政府试图拟定五年之内重返核能的政策，其最初的目标设定了到2030年25%的国内电力生产应来自核能的目标。要完成这个计划，至少要在意大利境内建设10座左右的核电站。贝卢斯科尼政府计划从2014年开始建造4个核反应堆，以便在2020年时投产。2009年，意大利政府引入了关于核电站的一系列立法(包括2009年第99号立法令)，包括设立核能的国家研究机构以及核能安全机构(ANS)、核电站建设与运营的许可程序、核电站选址的标准以及所使用核反应堆的类型等。新的国家能源计划包括了重启核能的内容，意大利政府希望通过这项能源措施增强电力生产的竞争、减少温室气体排放以及保证意大利电力生产来源的多样化。随后意大利政府也开始同核电大国开展合作，试图尽快落实境内的核电站建设。

意大利政府的这项计划受到了来自国内外多方面的质疑，然而意大利政府仍然坚定不移地在实施这个野心勃勃的计划。直到2011年3月日本福岛核事故后，来自国内政治和民众的压力让意大利政府不得不重新思考本国的核能政策。在德国宣布在2022年前关闭所有的核反应堆之后，意大利国内的反核情绪高涨，意大利反对核能的在野党向宪法法院提出举行全民公投的请求，来决定是否应该恢复使用核能，在野党提出的这一申请得到了上诉法院和宪法法院的批准，意大利议会也批准就是否解冻核电计划进行公投。2011年6月12—13日，意大利政府的核能计划在全民公投中遭到否决。地震频发、不相信政府的危机处理能力和发展其他绿色能源，成为意大利人放弃核电的主要原因。意大利政府随后宣布将全面放弃核能，取消原

① 根据2009年7月颁布的促进企业在包括能源领域发展和国际化的第99号立法令，在原新技术能源环境委员会(ENEA)的基础上，意大利政府正式成立意大利国家新技术、能源和可持续经济发展局，并继续使用ENEA为新机构的缩写。新ENEA的成立必将对意大利协调和整合在能源与环境方面的研究和开发，对促进企业的发展和产学研相结合起着积极的促进作用。

定在国内新建核电站的计划，政府将加大开发可再生能源项目。[1]

此次公投之后，意大利将全面放弃核能，这对意大利而言，是“一个无核国家放弃核电的决定”。鉴于一直以来意大利的能源供给对核能并没有任何依赖，因此这个决定并不会对意大利目前的能源结构产生实质性的影响。从短期来看，弃核将使意大利在能源供给方面面临巨大压力，在能源的多样化方面也难有成效。目前可再生能源的开发利用虽然发展迅速，但基数较小，成本还不具有竞争力，依靠可再生能源来解决意大利的能源危机还有待时日。然而从长远来看，放弃核能无疑有利于意大利可再生能源的发展，无论是政府还是企业都会加大在该领域的投入，这将促使意大利在可再生能源发展方面走在世界前列。

第五节　意大利可再生能源法制

在新形势下，发展可再生能源已经成为意大利能源政策[2]的一个优先方向。从中长期来看，意大利需要重新调整其能源结构，改变目前过于依赖化石能源的状况，可再生能源既能够满足意大利能源多样化的需要，也在一定程度上缓解了国内能源的需求，在世界低碳发展的背景下，意大利大力发展可再生能源也是情理之中。

2008年，意大利的可再生能源占一次能源供应总量的8.2%，低于经合组织（OECD）欧洲国家9.4%的水平，但高于IEA成员国7.1%的平均水平。意大利大部分的可再生能源来自水能和地热能，两者加起来贡献了可再生能源总量的63.5%。[3] 意大利在风能、地热和太阳能装机容量方面位居世界前列，生物质能也得到了较好的扶持和发展。意大利在可再生能源领域的投资同样在世界上名列前茅，充足的投资和完善的激励机制让意大利可再生能源有了很好的发展空间。

可再生能源消费包括对可再生能源的直接使用（如生物质能源）以及从

① 《意大利宣布放弃核能，将开发可再生能源项目》，载和讯网，http://news.hexun.com/2011-06-14/130520679.html，2011-07-03。

② 根据意大利经济发展部2010年颁布的《意大利可再生能源行动计划》，意大利能源的基本政策是：保证能源供应安全、降低工业与居民用能的价格、促进技术革新、环境保护（减少污染及温室气体排放）以及可持续发展。

③ IEA：《Energy Policies of IEA Countries—Italy 2009 Review》，载国际能源署网站，www.iea.org/Textbase/npsum/italy2009SUM.pdf，2011-07-12。

可再生能源生产电力和热量。意大利的可再生能源除了大部分用以发电外，还有一部用于产热及作为交通运输燃料。不过，目前意大利尚未有支持可再生能源产热的系统的政策与法律框架，它只是在白色证书中通过引入可再生能源联合生产设备来促进可再生能源的产热。这个证书将根据在太阳能集热、地源热泵、生物质能系统以及集中供热和热电联产电厂中节约能源和提高能效的水平来颁发。此外，增值税减少、所得税抵免等方案也用以对太阳能光热技术的投资补贴，还有一些提供可再生能源产热技术的政策指导措施也还在生效。

在交通运输燃料方面，2005 年第 128 号立法令以及 2007、2008 两年的预算法都涉及到了欧盟 2003 年第 30 号关于促进交通运输领域使用生物燃料及其他可再生燃料的指令，该立法令设定了在交通领域使用生物燃料所占份额的目标。欧盟 2003 年的指令设定的指标是 2008 年达到 2.5%，2010 年达到 5.75%，因此意大利 2008 年的预算法设定了 2008 年达到 3%的目标，不过该目标并没有按时得到实现。[①]

2007 年 3 月，欧盟设定了到 2020 年可再生资源和绿色能源达到能源消费总量的 20%的目标。为了达成该目标，各成员国需要增加在电力、供热与制冷、运输领域可再生能源的利用。意大利在陆上风能、生物沼气以及生物柴油等方面有了很大进步，但离欧盟所设定的目标还有不少差距。随着意大利新的能源计划的实施以及促进能源利用法律与政策的推动，意大利的可再生能源在不久的将来将发挥越来越大的作用。

一、可再生能源立法框架

意大利在较早的时候就将可再生能源从其他能源中分离出来，1988 年意大利国家能源计划以及第 8 号和第 9 号立法令就已经将电力生产从可再生能源中分离出来，从此，生产可再生能源不再是意大利国家电力公司(ENEL)的特权，任何人都可以自由进入该领域。

为了促进新能源的生产，1991 年第 9 号立法令规定了通过 ENEL(现在由 GRTN 支付)优先支付价格的旨在培养可再生能源的的 CIP6 体制。1999 年之后，意大利引入了“绿色证书”制度。根据 1999 年 11 月 11 日的部长法令，从 1999 年 4 月 1 日起用可再生能源生产的电力可以获得首个为期 8 年的运营期限绿色证书。1999 年第 79 号立法令引入了一个义务，能源生产者

① IEA:《Energy Policies of IEA Countries—Italy 2009 Review》，载国际能源署网站，www.iea.org/Textbase/npsum/italy2009SUM.pdf，2011-07-12。

和进口者需要生产或者进口至少占总额的2%(2006年将达到3.5%,且从2006年起每年将增加0.35%,2008年的预算法将这个比例修改为到2012年之前每年增长0.75%)的可再生能源。如果他们未能达到这个目标,他们可以购买"绿色证书",以此证明他们已经通过其他生产者(意大利境内外)为其生产了这些可再生能源。

2003年第387号立法令执行了欧盟2001年第77号指令,为促进可再生能源利用,特别是小型可再生能源发电站的建设发展提供了一个法律框架。该立法令的第二条定义了从可再生能源生产电力的含义,建立了产业活动部(现为经济发展部)定时报告、总结以及监督指令执行情况的机制。电力和天然气监管机构(AEEG)根据国家电力局(GSE)的报告对不符合法律规定行为的制裁。引入了旨在促进生物质能源,气体废物处理,沼气厂以及建设产能不超过20千瓦的太阳能设备的措施。随后法令还引入了混合发电设备的优先调度措施,且简化了建设可再生能源设施的授权程序。这些措施还包括:①生产者可以向与其管道相连的电网经营者出售其可再生能源设施生产的能源;②增加能源生产者与进口者包含可再生能源份额的义务;③授权产业活动部制定奖励太阳能项目的计划;④授权产业活动部对投资光电系统的用户制定税率优惠规则;以及⑤可再生能源标志证书的规则等。不在规划之内的可再生能源实施所产生的能源,或者设计产能小于10MVA设施的能源,可以以市场价将其能源售予国家电力调度中心(GRTN),并在调度的时候享有优先权。热电联产如果和地区加热网络相连可以获得绿色证书,或者获得白色证书。

2007年的预算法涉及到了鼓励可再生能源发展、改善能源效率以及减少温室气体排放的各种财政优惠和财政措施。该法同样规定了使用生物燃料的最低限额责任以及在运输领域使用一定量的生物燃料可以获得减税的条件。根据这个最低限额的规定,运输用汽油和柴油从2008年起必须混有2%的生物燃料(2009年起为3%)。此外,一些税收补贴给予了生物乙醇和生物柴油,前者的消费税减少50%,后者减少80%。由于上述措施在实践中已经差不多得到实现,因此2009年第99号法律提出了将这个限额在零售分配体系中提高到最高的5%至7%。在该预算法框架内,成立了一个从2007年到2009年每年2亿欧元的资助预算基金,以资助一系列小型联产电站以及小规模可再生能源热点生产,改善终端民用能源的效率,新技术的研究与开发等项目,从而减少温室气体排放。

2008年的预算法继续推行在建筑内提高能源效率和使用可再生能源可以减税55%的措施,并将这些措施的期限顺延至2010年,它还扩大了更换加热设备以及地热设备的合理减税措施，这些措施在2009年第2号立法令中也得到了确认。2008年的预算法还包括了从可再生能源中生产电力的一些新措施，同时也对适用于1兆瓦及以上装机容量的电站的绿色证书和小规模电厂的税率制度作了一些检讨。对绿色证书作了一些新的修改：首先，激励措施的期限延长到了15年。其次，绿色证书数量的颁发将取决于所使用的生产能源的可再生能源的种类乘以相应（价格）系数所得到的结果。这个系数是：生物沼气0.8，地热0.9，风电1.0，水电1.0，生物质能1.1，海上风电1.1，潮汐与海洋能1.8。除了太阳能仍保留溢价税率（Premium Tariffs），其他小规模的可再生能源电站有选择能源来源确定上网电价（The Feed-in Tariffs）的权利，上网电价根据能源的来源可以从180欧元/兆瓦时到300欧元/兆瓦时不等。该法还试图简化审批手续，加强电网的互连以及分解欧盟2012年的能源目标让各地区承担更大的责任。虽然后面的这些规定在2009年第13号立法令中得到了确认（该法律建立了一个分担2020年欧盟能源目标的标准），但还需要部长法令的颁布来决定如何实施。

2009年第99号立法令涉及到了可再生能源的多项规定，包括：从2011年起，绿色证书的义务将被从生产商和进口商转移到所有电力贸易商；海上风能的价格系数提高到了1.5；1兆瓦以内的生物质能上网电价从22欧分/千瓦时上升到28欧分/千瓦时，超过1兆瓦的生物质能价格系数则升到1.3%；政府应开放地热能源的研究和开发以使地热能的利用更为简便。

根据欧盟关于可再生能源的2001年第77号指令，意大利参照德国模式启动了新的上网电价补贴政策，于2005年7月28日开始实施促进可再生能源发展的《能源鼓励基金条例》（Conto Energia），后来在2007年、2010年进行了两次修正。《能源鼓励基金条例》对意大利光伏发电市场产生了非常重要的影响，丰厚的激励措施使得意大利光伏发电市场呈井喷式发展。这个发展的速度已经超出了政府和民众的预料，因此对该领域的补贴成为了意大利财政的一大负担。因此，在2011年3月意大利政府第28号立法令督促经济发展部尽快修正该激励体制，随后2011年5月经济发展部通过了最新的第四版《能源鼓励基金条例》。最新修改的版本大幅改变了光伏发电激励体制，在上一版基础上降低了上网电价，并引入了从2011年9月1日之后对大型太阳能发电站总体补贴的初步限制。根据最新的规定，意大利对太阳能源热电以及生物质供热的税收优惠将在2013年停止，从现在开始每年的补贴比例将逐渐降低，补贴将与一定规模的装机量挂钩。意大利政府认为，设置补贴上限和对大型太阳能设施实施注册备案的措施将有助于消除投机。①

二、意大利可再生能源法制的总结与展望

意大利的各种可再生能源都具有较大的发展潜力。意大利在传统的水能和地热能源方面已经得到了比较好的开发和利用，然而，随着意大利对水力资源的监管不力以及一些水电站历时已久，水力发电的份额已经有所下滑。这个份额已经被从2000年开始发展的风能和太阳能光伏发电所填补，但这些新能源的发展速度仍然不够快。此外，意大利在现有能源规划框架内的地热能和陆上风能的开发也接近饱和，所以，如何开拓可再生能源的经济可开发潜力，与发展可再生能源本身同样重要。

造成意大利可再生能源发展滞后的因素是多方面的，主要包括了地区复杂的授权程序以及接入电网的高额电价等原因。此外，意大利多山以及资源分布不均的地理条件也对此产生了影响，特别在人口稠密的地区，这个问题变得更加复杂。为了缓解人为造成的阻碍，2009年第99号立法令要求经济发展部发布新的标准程序，以简化建设和运营可再生能源设施的授权过程。考虑到欧盟整体的能源目标和意大利可再生能源的发展潜力和政府所设定的目标，意大利可再生能源的发展水平离这些要求还有一定的差距。意大利政府还需出台更多措施并将之付诸行动，否则就难以完成欧盟总体的能源规划。

不过，意大利目前的可再生能源投资的财政激励体制和其他国家相比还是具有一定的优势的。这个体制虽然经过了多次修改，但都起到了较好的促进作用。在风能、太阳能、生物质能领域实现了上网电价的激励机制，意大利居民在可再生能源项目上享有30%—60%的成本补贴。从上网电价和可交易绿色证书(Tradable Green Certificate，TGC)，到税收、投资优惠以及专项基金支持，激励措施的力度可以说十分具有竞争力。

尽管如此，随着绿色证书体制的范围逐渐缩小，意大利需要新的有效的激励措施以延续对可再生能源的支持。从近期意大利政府可再生能源发展的动向来看，意大利政府有意削减可再生能源补贴，以缓解目前陷入困境的意大利财政状况。在德国、西班牙都先后减少了对光伏发电项目的补贴后，2011年意大利也将步其后尘，决定实施新的补贴政策，逐步减少对太阳能光

① 《意大利政府正式批准新的太阳能补贴方案》，载凤凰网，http://finance.ifeng.com/roll/20110506/3994783.shtml，2011-07-06。

伏项目的补贴。不过，随着意大利政府重返核能的计划遭到搁浅，也许在将来意大利会重新审视其可再生能源的激励政策，因为这是意大利能源发展的最后一块领地。同时，意大利可再生能源的发展也不能仅仅通过激励机制就能确保其长效发展，其他的配套的措施，如行政许可与监管、国家总体能源规划等也是意大利可再生能源发展的重要保证。

第六节　意大利能源效率及应对气候变化法制

全球气候变暖无疑是当今最受人关注的环境能源问题，应对气候变化不仅需要各国长期的努力，也需要在各种组织框架下展开国际合作。意大利在应对气候变化方面能够积极参与国际合作，并制定相应的国内立法保证其执行，但缺乏有效的制度安排使得这些措施在实践中并不尽如人意。

能源效率与节能减排关系密切，两者虽然有着不同的概念和内涵，但在通过政策和法律的作用鼓励采用清洁能源、技术革新产品以实现能源的清洁、高效利用方面的目的是一致的，当前，应对气候变化已经不能用简单的节省能源的方法，更多的是通过更高的能源利用效率达到减少非清洁能源使用的效果。因此，提高能源效率和减少温室气体排放，是能源可持续发展的两个关键因素。

一、意大利能源效率法制

同其他 IEA 国家相比，意大利的能源强度（能源利用与经济产出之比）比较低，单位 GDP 二氧化碳排放量也处在较低的水平。不过，在过去数十年中，这个指标在 IEA 其他国家中一直处于下降趋势，而意大利在这个问题上的进步并不明显，目前比欧洲的平均水平稍好。

意大利政府重视能源效率的提高，作为 G8 的成员国之一，意大利参与了能源效率合作的国际伙伴关系（International Partnership for Energy Efficiency Co-operation，IPEEC），该合作建立了在成员国之间一个共享提高能效的实践方法。虽然欧盟指令以及非约束性目标对国家政策的指导作用得到了进一步增强，意大利在实现能源效率的目标和方法上仍有许多可以自由操作的空间。

近几年来，意大利政府已经发布了多项关于能源效率政策的修正案，这些举措对提高能源效率产生了许多积极的影响。2007 年，意大利颁布了《国家能源效率行动计划 2007》(National Energy Efficiency Action Plan 2007, NEEAP)。[①] 此外,对欧盟相关指令的国内法转换也在财政法中得以体现。关于白色证书的计划在 2007 年 12 月得到了部际委员会法令的修正;其他一些根据欧盟关于能效标识、推广热电联产、生态绿色产品以及能源终端使用效率的指令也在考虑当中。此外,欧盟 2005 年第 32 号指令建立了一个适用于除运输部门外所有终端产品都要满足生态友好设计的框架。这个指令经由意大利 2007 年第 201 号立法令转换,对空调系统以及重工业部门产生了很大影响。对欧盟 2006 年第 32 号关于终端用户能源效率以及能源服务指令的转换体现在 2008 年第 115 号立法令当中,该立法令指定 ENEA 作为国家能源效率的机构。ENEA 一直作为负责协调中央和地方能源政策与措施的机构存在,这种设计是必要的,它能够避免对资源的低效使用,特别是在可再生能源具备双重奖励机制的情况下,可以让参与者选择哪种激励更有优势。

意大利 2007 年和 2008 年的预算法以及国家能源效率行动计划建立了一个转向提高能源效率的政策,前者规定了扩大对提高能效建筑以及能源设备的财政激励措施,后者设定了到 2016 年整体能源节约 9.6%的目标。2009 年第 99 号立法令提供了更为有效的措施以促进能源效率的提高,其中包括:政府应制定更为宏伟的能源效率目标以实现 2020 年的国家能源目标;提高对高效能源设备以及联产的激励措施,并应制定相应的部长法令使之更具有操作性;对小规模联产电站的行政程序更加简化。此外,经济发展部以及 ENEA 所制定的一些计划也得到了该法律的批准,其中关于协调中央与地方的政策以及推动绿色证书和白色证书市场发展的建议值得注意。如果这些计划能够在现实中得到切实实施,那么将会给意大利的能源效率带来较大改观。

可交易白色证书制度是发挥国家能源效率潜力的重要制度,意大利在此方面占据着领先地位。意大利大部分的能源节约来自居民消费领域,通过鼓励使用和安装节能家用电器、高效家用锅炉、建筑物使用双层玻璃、大力推广节能灯具等措施节省了大量能源。从 1990 年到 2005 年,居民消费是意大利能源效率贡献最大的领域,这也折射出在运输和工业领域能源效率的不足,还需要有关当局加强对这两个领域的重视。

《国家能源效率行动计划 2007》是促进意大利能源效率的重要一步。然

---

① 根据欧盟 2006 年第 32 号指令第 14(2)条的规定,要求欧盟各成员国在 2007 年 6 月之前向欧盟委员会提交本国的第一份国家能源效率行动计划(NEEAP)。

而，这个计划中的能源节约除了白色证书制度之外其他措施的贡献如何还不得而知，目前涉及到工业和公共领域的一些措施已经开始实施。2009 年第 99 号立法令所描绘的宏伟目标需要一个统筹的计划和更为具体的制度安排才能得到实现。缺乏统筹的计划有可能会使各种激励措施产生冲突和重叠，进而不利于国家财政的调整和平衡。2008 年第 115 号立法令引入了一条规定，即除了白色证书之外，其他国家激励措施不能纳入地方激励措施的体系，除非有明确的部长法令支持。这样的规定无疑具有积极的作用，至于具体的制度设计，还需要在统筹的基础上做好各方面的协调工作才能取得更好的效果，因此，ENEA 的作用就显得十分重要，必须保证其职能能够得到完全的实现。

二、意大利应对气候变化法制

意大利是联合国气候变化框架公约(UNFCCC)的签约国，也是《京都议定书》(Kyoto Protocol)的签约方，承担具体的温室气体减排义务。意大利 1994 年第 65 号立法令批准了《联合国气候变化框架公约》，《京都议定书》则在 1997 年签署，经 2002 年第 120 号立法令批准。《京都议定书》规定了一个"国家行动计划"以减少温室气体排放，这个计划得到了意大利部际经济计划委员会(CIPE)2002 年第 123 号决议的确认。2008 年，意大利政府印发了《五个主要行动》(Five Pillars for Action)，明确其通过改善能源结构以减少温室气体排放的决心。减少温室气体排放以及提高能源效率是意大利可持续能源政策的两个奠基石。

根据《京都议定书》为欧盟所设定义务的分解，意大利在第一承诺期(2008—2012)的温室气体排放量要低于基准年的 6.5%。2008 年 1 月欧盟委员会提出了一个影响深远、野心勃勃的一揽子建议，旨在提供欧洲联盟到 2020 年及以后应对气候变化和促进可再生能源的承诺。随后，2008 年 12 月欧洲议会和欧洲理事会在立法包裹(Package)细节上达成了一致，该包裹立法将在保证欧洲能源安全的同时促进欧洲低碳经济的发展。

意大利已经制定了许多直接或者间接的措施来达到减少温室气体排放以及完成《京都议定书》所规定的任务，这些措施包括：①白色证书制度。白色证书是表征能源效率的重要证据，能源效率的提高也意味着能源消耗量的减少，从而直接减少温室气体排放。②参加欧盟排放贸易计划(EU-ETS)[①]以及《京

① 欧盟排放贸易计划(EU-ETS)是根据 2003 年第 87 号欧盟指令建立，于 2005 年 1 月 1 日开始实施的温室气体排放配额交易制度。

都议定书》框架内的灵活机制。③关于促进可再生能源使用的各种政策和法律措施。包括绿色证书、上网电价等具体的制度直接地刺激了可再生能源使用,从而间接减少温室气体排放。④鼓励联合生产。联合生产既可以提高能源效率,也能增加可再生能源的使用,是一种值得推广的做法。⑤鼓励产品升级和技术改造。

意大利已经建立起了一个包括估算温室气体排放以及减少的研究机构、法律及程序在内的体系,以便搜集相关的信息。2008 年 2 月意大利出台了一个立法令,建立了一套估算《蒙特利尔议定书》未予管制的所有温室气体的各种源的人为排放和各种汇的清除的国家体系,这个是根据《京都议定书》第五条第 1 款的规定成立的。此外,意大利还根据欧洲议会 2004 年第 280 号决议于 2008 年通过部长法令成立了国家碳汇注册处(The National Registry for Carbon Sinks),作为该体系的一部分。

意大利中央政府负责《京都议定书》的实施,地方政府在制定相应配套政策方面也负有责任。在中央层面,环境、国土和海洋部负责协调整体的气候政策,经济发展部负责国家能源政策。中央和地方在该问题上都有立法权,由中央统筹各个地区的能源和气候政策。地区性能源计划是根据 1991 年第 10 号立法令发展而来的义务,地区有义务制定节约能源和促进可再生能源发展的地区能源规划(PERs)。地区能源计划是各地区规划和实施干预能源领域措施的主要工具,并以此来加强对当地能源行业的监管。地区能源计划有利于在区域和地方各级形成协调的决定。根据批准公约的法律,为完成《京都议定书》任务的国家整体战略需要由部际经济计划委员会批准。这个规定的目的不仅是为了减少温室气体排放,也是满足包括行政决定的框架在内的应对气候变化政策的承诺之一。

2003—2010 年的国家行动计划建立了一个部际温室气体排放技术委员会(Inter-ministerial Technical Committee for Greenhouse Gas Emissions),它由环境、国土和海洋部长主持,其职责是定期监测相关政策和措施的实施进展情况,并开展成本效益分析,以确定所采取的额外措施能够达到议定书的目标,该委员会由来自各地区、相关部委以及一些研究机构的代表组成。

2008 年第 133 号立法令建立了一个环境保护与研究机构(ISPRA),该机构由原环境保护与技术服务署(APAT)、国家野生动物研究所(INFS)以及中央海洋技术研究所(ICRAM)合并而成。环境保护与技术服务署原来负责曾经是负责编制国家温室气体排放清单的机构,它还搜集在欧盟排放贸易计划(EU-ETS)、国家污染物排放注册计划(EPER)和大型燃烧厂(LCPD)指令框架内的相关数据。环境、国土和海洋部负责与 IEA 秘书处的联系。

此外，还有一些不同的机构负责搜集基本的数据和出版，这些材料都是APAT进行温室排放估算的原始材料。这些机构属于国家统计体系（Sistan）的一部分，它们主要发布在政府以及相关行业协会的公报上，用于编制清单的主要数据来自于此。

应对气候变化是对意大利整个能源体系的一个严峻挑战。尽管意大利已经在国际社会以及欧盟社区内作出了承诺，但意大利国内的温室气体排放还离其所设定的目标有一定的差距，更不用说其减少6.5%的比例还低于欧盟总体减少8%的目标。在《京都议定书》第一承诺期之后，2012年之后的应对气候变化义务已经被纳入欧盟2020年的目标框架：到2020年较2005年减排13%（ETS制度下减排21%）。考虑到目前为止意大利在减少温室气体排放方面的进展，意大利政府在近期内还需要推行更加切实有效的行动以完成减排的任务。从长远来看，意大利还缺少应对气候变化的长期、综合的立法或规划，这不仅会对意大利完成国际减排义务产生消极影响，也将使得意大利在应对气候变化方面一直处于被动的局面。

第七节　意大利能源法的发展趋势

意大利在过去的十余年里制定并实施了多项关于能源改革的政策和法令以保证其能源供应安全、竞争性能源市场的形成、环境保护（减少环境污染与温室气体排放）和可持续发展，特别是在“绿色证书”与“白色证书”、电力与天然气领域的重组、对可再生能源的补贴计划、对碳捕捉与封存（CSS）的研究、开发和部署计划、简化新建设施的行政程序等方面都起到了很好的作用；《京都议定书》的规定以及欧盟排放贸易计划（EU-ETS）得到了执行，电力和天然气监管局（AEEG）的地位也得到了加强。虽然如此，意大利的整体能源状况仍然不够乐观，特别是在能源供应安全方面显得更加脆弱。从2009年至今，意大利新颁布了多项改革法案，对意大利主要的能源问题作了一些新的规定，意大利的能源法制逐渐地迈上了同欧盟其他国家相接轨的道路。

意大利近年来一直致力于能源的多样化，减少对化石能源的依赖。虽然石油的份额已经有所下降，然而对天然气需求稳步攀升，给能源多样化带来了挑战。随着政府核能计划遭到搁浅，这个形势又变得更加困难。可以预见，意大利需要在其他能源方面寻找突破口，例如，未来5年，意大利依赖煤炭的发电量将从现在的14%增加到33%,ENEL公司的煤炭发电量将增加50%。① 这在一定程度上能够缓解意大利目前能源供应的压力,但煤炭的使用也带来污染和排放问题,这也意味着如果要将煤炭作为意大利能源多样化的选择之一,意大利还需在能源清洁方面增加投入。

意大利可再生能源的发展虽然在某些方面建立了良好的激励机制,但其发展潜力还远远没有发挥出来。意大利在太阳能、风能、生物质能领域具有非常好的发展前景,其市场也日趋成熟,例如,意大利是目前少数光伏发电的电价能够与其他电源达到平价的国家。② 意大利政府需要从除了激励措施之外的其他影响因素着手以多方面促进可再生能源发展。此外,由于核电的发展受阻,这个缺口还需要由可再生能源来填补,因此,意大利政府还需要重新审视近期出台的削减对可再生能源补贴的计划,在能源统筹的基础上达成激励计划和财政的平衡。

在能源市场方面,意大利国家电力公司(ENEL)和埃尼集团(ENI)是意大利能源领域乃至整个经济的支柱,在能源从生产到使用的各个阶段起着十分重要的作用。虽然近年来意大利通过各种自由化与私有化法律减少了他们在市场上的份额,并在一些重要的领域内实现了业务拆分,但基于隶属关系,这些企业之间的关系仍然不可避免对自由竞争带来了消极的影响。欧盟已经对这两家大型能源企业展开多次的反垄断调查程序,主要理由是它们涉嫌滥用市场优势地位,非法排斥竞争者。因此,鉴于一个开放竞争的市场对能源发展的重要作用,意大利有必要深入推进能源领域的自由化进程。根据最新的进展,埃尼集团(ENI)已经同意以4.83亿欧元将所持恒奥天然气(Trans Austria Gas,TAG)公司天然气管线股份出售给国营银行Cassa depositi e prestiti Spa(CDP)。埃尼集团(ENI)称,该公司与CDP签署了收购协议,将出售所持TAG管钱89%的股份,此管线将俄罗斯天然气输送至意大利。此次出售交易是ENI回应欧盟反垄断委员会(E. U. Anti-trust Commission)2010年9月裁定时所作的部分承诺。③

得益于2001年的宪法修改,意大利各地方当局拥有了介入能源领域的

---

① 《意大利Enel公司将发电模式转向煤炭》,载国家电网公司网站,http://www.sgcc.com.cn/gjhz/gjdldt/148137.shtml,2011-07-08。

② 参见The Pew Charitable Trusts:《Who's winning the clean energy race?》,载皮尤慈善信托基金会网站,http://www.pewtrusts.org/uploadedFiles/wwwpewtrustsorg/Reports/Global_warming/G-20%20Report.pdf,2011-07-10。

③ 《意大利能源集团ENI出售TAG天然气管线股权》,载中国能源信息网,http://www.nengyuan.net/201106/13-664367.html,2011-07-10。

权力。这一方面是分权的要求，与意大利的宪政体制改革相关联；另一方面也是加强能源管理的需要，中央和地方共同协调和指导有利于能源目标的实现和进行能源监管。然而，这也不可避免带来了官僚主义的弊病。意大利的地区和省在能源投资方面拥有很大的权限，可以以国家利益的名义决定是否核准新的项目。虽然这些决定有可能会在经济发展部被否决，但这种例子毕竟不多。因此，意大利在有关能源的行政手续方面比较复杂，这在一定程度上已经成为了能源发展的一大障碍，虽然最新的立法已经简化了多项程序，但还未深入到基本的分权问题，更多的改革还需要继续进行。

在提高能效和应对气候变化方面，意大利进展缓慢，大多是在联合国气候变化框架公约以及欧盟的框架内执行相关的指令，缺乏长远的整体安排和足够的主动性，这与意大利目前的经济发展水平是不相适应的。因此，意大利还需更加完整的能源效率和应对气候变化的国家框架，设定更加积极的目标，并将之付诸行动。

与此相对应，意大利的能源法也需要在这些领域内迎来新的变革。像意大利这种法制先行的国家，能源法建设的好坏将直接影响现实中能源发展的状况。意大利能源法应跟随世界能源发展的趋势，及时调整策略，为意大利能源的发展提供富有远见的目标和切实可行的措施，走上可持续的能源发展道路。

第六章　挪威能源法

第一节　挪威能源概述

挪威王国(The Kingdom of Norway),简称挪威,位于欧洲最北部、斯堪的纳维亚半岛西北部,东临瑞典,西濒挪威海,东北与芬兰、俄罗斯接壤,南部同丹麦隔海相望。挪威于20世纪初脱离瑞典联邦,获得了独立。直到20世纪20年代,挪威仍是西欧最贫穷的国家之一,除农、林、渔、猎等初级产业部门外,国内几乎没有制造业。然而,自那以后,挪威经济得到了不断发展,特别是在第二次世界大战后,经济持续稳定增长,1950年到1970年间,国民经济生产总值平均增长速度为5%,仅仅到1970年按人口平均国民生产总值达到2 000美元,为世界第十位。在1970年后,由于北海油田的开发,挪威的国民生产总值更上一层楼,挪威人均GDP达到79 085美元(2009数据),2009年全球人均GDP世界排名第二,仅次于卢森堡。挪威总领土面积为38.7万平方公里,海岸线长2.15万公里(包括峡湾),且多天然良港。全国设1市18郡,郡下设市镇。[①] 斯堪的纳维亚山脉纵贯挪威全境,高原、山地、冰川约占挪威全境的2/3以上,其南部小丘、湖泊、沼泽广布,大部分地区属温带海洋性气候。挪威的地理位置和自然状况都为挪威能源资源的勘探、开发与利用提供了优越的条件。

一、挪威常规能源开发利用现状

挪威的常规能源主要来源于石油、天然气,挪威海岸蕴藏着丰富的石油、天然气资源,但直到20世纪50年代,很少会有人相信在挪威大陆架海底

---

① 参见《挪威》,http://www.xzqh.org/old/waiguo/europe/2016.htm,2012-01-05。具体为奥斯陆(市)、阿克什胡斯、东福尔、海德马克、奥普兰、布斯克吕、西福尔、泰勒马克、东阿格德尔、西阿格德尔、罗加兰、霍达兰、松恩—菲尤拉讷、默勒—鲁姆斯达尔、南特伦德拉格、北特伦德拉格、诺尔兰、特罗姆斯、芬马克。

蕴藏有丰富石油和天然气资源。随着1969年埃科菲斯克(Ekofisk)油田的发现,挪威境内石油勘探开发工作才真正开始。

根据2009年国家修正预算,挪威大陆架的石油蕴藏量估计价值为51 000亿挪威克朗(以2009年挪威克朗计算)。挪威已成为世界上第二大天然气净出口国和第六大石油出口国,石油天然气工业的收入占国家收入的1/3(2008年统计数字)。已经开采的石油占挪威石油估计总储量的将近40%。在挪威大陆架,油气开采十分繁忙,2008年所生产的石油相当于2.42亿立方米标准石油,相当于1亿以上挪威家庭的年消费量①。

二、挪威可再生能源开发利用现状

挪威是目前世界上唯一以可再生能源消费为主的国家,占能源总消耗的近60%。挪威的人均水资源量、开发利用率、人均用电量都位于世界前列,99%的电力由水力发电提供,其中99%为水电的电能利用占50%、生物能6%、石油和煤等不可再生能源分别占36%和7%;天然气蕴藏量虽高,但使用量不到3%。由于天气寒冷,室内采暖、工业用电和家庭用电各占1/3。目前挪威用于采暖的能源中,生物质能已占50%左右。另外一项重要工作是碳的收集和储存(CCS)。挪威将压缩后的二氧化碳注入采空的油气层进行储存,目前已经有了10年的经验,技术在国际上领先。如果这项技术得到广泛应用,到2050年可以减少20%—25%的碳排放。

挪威能源部内的一个重要机构是水资源理事会,主要负责能源效率和可再生能源方面的工作。挪威在能源出口方面所得的财富大量存入挪威能源基金,开发可再生能源的资金来自挪威能源基金,包括利用生物质能等,以防止全球变暖导致的冰川缩小和水能退化等。②

(一)风电

挪威海岸线长,沿海地带拥有多处适于开发风电的场所,一些地带的年均风力达到8—10米/秒,该条件远远优于欧洲其他国家。挪威政府在对可再生能源领域的发展中较为侧重风电开发,以期实现可再生能源利用的多元化,减少过去多年来对水能的过分依赖。到2005年中期,挪威已运营的风场装机容量共274兆瓦(0.8太瓦时/年);已获准建设并在建的风场装机容量为845兆瓦(2.5太瓦时/年);另外,还有潜在装机容量1 033兆瓦(3.1太瓦时/年)的风

① 参见《挪威工业》,http://www.norway.org.cn/About_Norway/business/1/1/,2011-08-01。

② 丁宁宁:《出访瑞典、挪威、丹麦报告》,http://www.cdrf.org.cn/data/view.php? aid=1890,2012-01-12。

场项目正在申请建设许可。

近来挪威政府积极开展对风电技术的研究。但挪威冬季广大地区寒冷，而且多山，给风电开发带来困难，因此，研究部门针对这些问题进行大量投入和研究，如在北部寒冷地区进行风电涡轮机的运行实验，检测其是否会被冻住；如何克服山脉对风的阻碍；叶片的最佳设计；减少风能的损失等等；同时也在各种问题上积极同国际同行进行交流与合作。目前，挪威的风电技术在世界上较为领先。

1. 风电站建设技术

挪威海德鲁公司的第一个风电项目，是在巴伦支海附近的芬马克郡所建的一个风电站。该风电站位于挪威北纬71°，由于该风场是处于世界最北端的风场，因此其建设和所用设备的技术含量要求都很高。

2. 风电储存技术

海德鲁公司于2004年开发并已投入生产的另一个风电项目是于特西拉(UTSIRA)风场①，该项目是世界首次将风能和氢气结合在一起利用发电的项目。该风场所产生的剩余电力被用来将海水分解成氢气，然后将氢气储存，再被继续用来发电。这样便使该地区在即使没有风的情况下，也可依靠用风大时所产生的剩余电力所分解并储存起来的氢气来发电，使风电能够成为该地区唯一的动力。②

(二)太阳能

挪威由于大量利用水电，加上冬季漫长日照很短，在太阳能电力使用上不具规模，但在单/多晶硅片等材料的研发和生产上具有世界领先地位。制约太阳能发展的一个瓶颈问题就是世界所能生产太阳能电池所需要的关键中间件晶体硅的公司不多。

挪威有世界领先的多晶硅片的生产商，能够占到世界市场份额的20%以上。而且目前，挪威在可再生能源利用的进一步研究中，把太阳能在建筑中的利用确定为优先发展领域，可以预见太阳能在挪威的可再生能源体系中将发挥更加重要的作用。

(三)氢气

在世界普遍看好氢气能源的背景下，挪威也把氢能源当作重要研究对象。挪威在此方面的显著成绩主要是上文提到的将风力和氢气结合在一

① 于特西拉岛是位于挪威西南方的一个小岛，全年的用电量约为3 500千度左右。

② 驻挪威经商参处：《挪威可再生能源利用及其技术简述》，http://www.ce.cn/cysc/main/jtfzspsy/shwll/200611/13/t20061113_9395527.shtml，2012-01-12。

起发电的项目，当剩余的风电将水分子电解产生氢气后，便将其储存在一个大的容器里，再注入到常规的氢发生器或注入到燃料储存室里，一旦由于没有风或风力过大风车不能转动时，人们就可以用储存的氢获取所需的电力了。

另外，挪威和很多国家一样，也从事将氢气作为交通工具的动力燃料的开发利用，并且已取得不少进展。例如，在2009年挪威的首个氢气站建成并投入商业租赁①，并且于当年启用了一条从首都奥斯陆到北海斯塔万格(Stavanger)长达560公里的"氢气公路"。②

(四)其他可再生能源

1. 潮汐能

潮汐发电是水电领域的新发展，利用海洋中的潮汐推动水下的涡轮发电机产生电力。挪威国家石油公司利用其海事技术于2002年底在哈默菲斯特(Hammerfest)的科瓦尔桑德(Kvalsund)海峡建成世界第一个水下潮汐发电站，并在2003年的9月并入国家电网。年产电力70万千瓦时，可满足当地30多户居民的电力需求。同时，世界上首个浮动潮汐能电站已经于2010年在挪威投产使用。③

2. 波浪能

挪威的波能研究始于1973年，自1977年起，挪威石油与能源部(后转由挪威研究基金会)开始资助波能利用研究。在2004年，挪威波浪能源公司(Wave Energy)致力于波浪能的开发，该公司开发出了海浪发电机，通过收集储存海浪用于冲击多级水轮机发电。

3. 渗透能

挪威是一个沿海国家，它拥有众多的岛屿和曲折而漫长的海岸线。江河里流动的是淡水，而海洋中存在的是咸水，两者存在一定的浓度差。发电机依据渗透原理工作，在海水和淡水交汇处安装半透膜，由于淡水的水分子密集程度高于含盐海水，因此淡水的水分子会"自发"地涌向、渗入海水一侧，从而对半透膜产生压力。海洋渗透能是一种环保的绿色能源，它既不产生垃圾，也不排放二氧化碳，更不依赖天气状况，可以说是取之不尽、用之不

① 《挪威建成首个氢气车加气站》，http://gas.in-en.com/html/gas-0757075736355992.html，2011-07-29。

② 驻挪威经商参处：《挪威可再生能源利用及其技术简述》，http://www.ce.cn/cysc/main/jtfzspsy/shwll/200611/13/t20061113_9395527.shtml，2012-01-12。

③ 《世界首个浮动潮汐能电站在挪威投入使用》，http://www.ccgp.gov.cn/gjcg/gjdt/201012/t20101206_1436932.shtml，2011-07-29。

竭的能源。而在盐分浓度高的水域里，比如地中海、死海、中国的盐城市和美国的大盐湖等，渗透发电厂的发电效能会更好。据挪威能源集团估计，利用海洋渗透能发电，全球范围内年度发电量可以达到1.6万亿度。

挪威第一座渗透能电站已正式投产。这座实验性渗透能电站位于挪威首都奥斯陆以南60公里的奥斯陆峡湾，由挪威国度电力能源公司负责运营。盼望在2015年建设首个商用渗透能电站，发电量达25兆千瓦时，能为1万户家庭供电。

4. 地能

地能分别在冬季作为热泵供暖的热源和夏季空调的冷源，即在冬季，通过水源把地能中的热量“取”出来，供给室内取暖；夏季，把室内的热量“带”出来，释放到大地中去。挪威地理能源公司(Geoenergy)已在挪威和瑞典承担了许多大型地能项目。①

第二节　挪威能源产业与能源战略

一、主要的能源产业简介

(一)挪威电力工业

挪威全国70%的面积为山地，高原海拔一般在1 000米左右，高原上冰蚀湖泊多达20多万处，河流短促陡急，多瀑布急滩，这样的地形对集中落差修筑高水头电站非常有利。又因受大西洋暖流的影响，挪威雨雪丰沛，西南沿海地区年平均降水量达3 000毫米。大量的雨雪降落到这块多山而又崎岖不平的土地上，形成了众多的湖泊、瀑布和溪流，水流湍急，自然落差大，易于建设水库和电站，这就是年复一年可再生的水力资源，挪威人民称之为清洁能源——“白煤”。水电的开发利用给挪威的经济发展可谓是发挥了重要且影响深远的作用。

历史上，挪威早在1877年就建成了第一座水电站，而且到1940年，挪威已成功建成2 000多座水电站，每年发电95亿千瓦。挪威的水力资源，根据降水量推算，理论储量为5 000万千瓦，有开发利用价值的为3 800万千瓦。20世纪60—90年代是水电大发展时期。在这一时期，年发电量翻两番，达

① 参见《新能源知识介绍》，http://finance.ifeng.com/stock/gmxx/20090508/637200.shtml，2012-01-12。

到了 1 080 亿千瓦，2003 年挪威水力发电达到 1 180 亿千瓦，2004 年，挪威的水力发电量达到了 1 200 亿千瓦。目前水电装机容量 2 830 万千瓦，为世界第六大水电国，其发电量的 99.5%来自于水力发电，有“水电王国”之誉，是世界上人均水资源最丰富的国家之一。[①]

从挪威能源消耗情况看，有 1/2 的能源是依靠电力提供的，其中水电为挪威提供了大量能源，因此可以说，水电对挪威的重要性似乎超过世界上任何其他国家。挪威年均发电量为 119 太瓦时，总装机容量约为 29 000 兆瓦，除 99%为水电外，还有热电联产 255 兆瓦和风电 274 兆瓦[②]。2005 年，挪威境内的能源消费量大约为 225 太瓦时，这个消费值与前年的消费量基本保持一致，其中 49.8%为电力，35.2%为石油，6%为其他形式的能源。

挪威有很长的海岸线，风力大且稳定，一些地带的年均风力达到 8—10 米/秒，在沿海地带拥有多处适于开发风电的场所，还有广阔的无人居住区，该条件要远远好于以风电著称的丹麦和德国北部，是最适合利用风力发电的欧洲国家之一。到 2005 年中期，挪威已运营的风场装机容量共 274 兆瓦(0.8 太瓦时/年)；已获准建设并在建的风场装机容量为 845 兆瓦(2.5 太瓦时/年)。[③] 根据挪威国家能源局公布的数据显示，2008 年挪威境内申请实施的新风能发电项目有 130 个，如果这些项目都能获得批准，可使挪威每年的风能发电总量达到 560 亿千瓦时，将相当于挪威目前年发电总量的一半。挪威国家能源局到 2008 年已经批准的风能发电项目共 32 个，其中有 13 个项目的相关设施正在发电，能满足 5 万户家庭的全年用电。[④]

挪威政府目前正积极投入风电开发，实现可再生能源利用的多元化，以减少过去多年来对水能的过分依赖。

挪威的波浪发电研究起始于 20 世纪 70 年代，虽然起步晚但是发展十分迅速。挪威主要对波浪发电装置的理论设计做出了较大的贡献。波浪发电是波浪能利用的主要方式，波浪能利用装置的种类繁多，关于波浪能转换装置的发明专利超过千项。经过 20 世纪 70 年代对多种波能装置进行的实验室研究和 80 年代进行的海况实验及应用示范研究，波浪发电技术已逐步接

---

① 参见《挪威水资源管理着眼可持续发展》，http://www.chinawater.net.cn/guojihezuo/CWSArticle_View.asp? CWSNewsID=18497，2012-01-12。

② 参见苏苗罕：《挪威能源立法述评》，http://www.fyfz.cn/manage/fckeditor/editor/fckeditor.html? InstanceName=txt_blog&Toolbar=Jcrb#_Toc269478796，2011-08-08。

③ 驻挪威经商参处：《挪威可再生能源利用及其技术简述》，http://www.ce.cn/cysc/main/jt-fzspsy/shwll/200611/13/t20061113_9395527.shtml，2012-01-12。

④ 参见《挪威大力开发风能资源》，http://www.most.gov.cn/gnwkjdt/200806/t20080612_62411.htm，2012-01-12。

近实用化水平，研究的重点也集中于4种被认为是有商品化价值的装置，包括振荡水柱式装置、摆式装置、振荡浮子式 波能转换装置和收缩波道式波能转换装置。挪威当时在波浪发电理论研究和实验方面投入1亿克朗，并于1985年在卑尔根(Bergen)市附近的岛建立了装机容量分别为500千瓦、350千瓦的振荡水柱式和聚波水库式波浪发电。①

(二)挪威石油天然气工业

如果说，挪威1970年以前的经济发展是建立在水电资源基础之上的，那么，1970年以后经济发展的能源基础，已经随着北海油田的大规模开发而转移到了石油和天然气工业领域。而且，海上石油的开发给挪威现在的经济、科学、技术和政治带来了不可替代的影响。

挪威的石油工业自20世纪60年代末开始起步，经过数十年的发展，其地震勘查、海底安装和漂浮生产技术在世界上均占有重要的地位。挪威是世界上第二大天然气出口国，第五大石油出口国同时也是第七大天然气生产国、第八大石油生产国和第一大海底天然气管道运营国。挪威国家的能源基础主要由两大能源支撑，即石油和天然气及水力发电。目前，石油天然气是挪威的支柱产业，也是挪威的最大的产业，其产值占挪威GDP总产值的20%—24%，挪威外汇收入的40%—50%以上来源于石油天然气的出口。且在2004年，其雇佣人数超过75 000。

挪威的石油生产主要集中在挪威大陆架上，包括北海(North Sea)、挪威海(Norwegian Sea)和白令海(Barent Sea)，其中北海蕴含了最丰富的石油储量，是挪威石油的主要生产基地。尤其是随着1969年埃科菲斯克(Ekofisk)油田的发现，挪威境内石油勘探开发工作才真正开始，1971年6月15日，该油田投产，在接下来的几年内，相继发现了许多大型油气田，并共有50个油田投入开发。2005年，这些油田的产量为：原油(包含液化天然气、凝析油)日产300万桶，天然气日产为850亿立方米。挪威国家石油公司(Stasoil)是挪威最大的国有石油公司，挪威政府拥有该公司约70%的股份，控制挪威石油和天然气产量的约60%。挪威其他重要的石油公司还有海德罗公司(Norsk Hydro)、沙克石油公司(Saga)等。在挪威大陆架进行生产的外国石油公司主要有美国康菲国际石油有限公司(Conoco Philips)、美国埃克森美孚石油公司(Exxon Mobil)和英国石油公司(BP)等。②

① 参见李成魁、廖文军、王宇鑫：《世界海洋波浪能发电技术研究进展》，载《装备机械》2010年第2期，第68—73页。

② 参见苏苗罕：《挪威能源立法述评》，http://www.fyfz.cn/manage/fckeditor/editor/fckeditor.html? InstanceName=txt_blog&Toolbar=Jcrb#_Toc269478796，2011-08-08。

挪威天然气通过海底管道运输至欧洲市场，其出口天然气大约占欧洲天然气消耗量的15%。挪威国家的天然气运输管道相当长，大约有数十条输送油气管线和陆上设施，为油气提供输送、浓缩等服务，长度超过奥斯陆和芝加哥之间的距离。其中，除输往挪威大陆的管线之外，输往欧洲的有8条天然气管线和2条石油管线，即向南输送天然气的有五条：挪威管线（Norpipe，管径36英寸、全长440公里）、欧洲一号管线（Europipe 1，管径40英寸、全长650公里）和欧洲二号管线（Europipe 2，管径42英寸、全长650公里），这三条均到德国恩本（Emben）；兹卜茹格管线（Zeepipe，管径40英寸、全长814公里）到比利时兹卜茹格（Zeebrugge）；挪威—法国管线（Norfra，管径42英寸、全长860公里）到法国的敦刻尔克（Dunkerque）。向西输送天然气的有三条管线（包括两条并行的管线，管径32英寸、全长350公里），都到苏格兰的圣·弗古斯（St. Fergus）。向西输送石油的两条管线，一条是到英国特赛德（Teeside）的挪威管线（Norpipe，管径34英寸、全长354公里），另一条则到苏格兰的库茹顿湾（Cruden Bay）①。管线从海中油田开始，按需要在海上与管线连接、在陆上与设施相接。而且在挪威近海，总计约有8 000公里管线。

在挪威，石油天然气工业主要由挪威石油与能源部负责管理，其下属的挪威石油董事会负责具体的业务管理，包括石油资源的有效开发和利用、石油勘查和生产的许可证发放、石油公司的资质审查、开发与生产计划的评估、石油生产安全与环境保护等。其他重要的相关管理部门还有挪威污染管理局、挪威石油安全局等。挪威可被看作是典型的生产国，原油和天然气的国内消费量相对于出口量相当少，因此，挪威国家的能源法规基本上是基于提升挪威作为出口国的利益而制定的。换句话说，挪威是上游作业国，因此法律制度与其他可以被称为上游消费的欧盟国家的法律制度在内容上是不同的。

二、政府能源管理机构组成

在能源管理方面，相关的立法和执行权力主要由挪威州政府机构拥有。挪威境内的油气活动主要在海上进行，因此大部分作业超过了市政府或当地管理机构的管辖范围。电力生产也大部分被州政府机构掌控或受州制定的法规管理。然而，当在地面建设能源设施时，市政府拥有为了包含地区的

---

① 参见《全景挪威：挪威的油气工业概况》，http://overseasstudy.cn/article/2006-2/6032.htm，2011-08-01。

安全发展而制定法规的重要权力。

三、挪威的能源政策与战略

挪威的国家能源政策充分体现了本国的能源资源特点，而且充分考虑了到挪威作为油气生产出口国在国际能源组织和欧洲能源市场中的作用，并注重能源生产和环境保护的协调发展。

作为国际能源组织中能源生产和出口的主要国家，挪威起着重要作用。加入欧洲电力和天然气市场以及在国际能源供应中继续扮演重要角色是挪威制定能源政策时考虑的首要议题。而且挪威的能源政策具有一贯性、透明度和独立性的特征。其政策也以促进经济增长和保护环境可持续发展为核心，大力开发利用可再生能源和新能源，开发新能源技术。

（一）充分利用但不依赖本国油气资源，以期获得利益的长久化

石油、天然气资源对挪威的经济发展和社会福利改善功不可没，但是作为不可再生能源，也终有耗竭的一天。为了应对未来的能源挑战和支撑社会福利开支，1990年挪威政府就设立了石油基金。而且在不断提高油气资源的生产和利用效率的同时，大部分油气资源用于出口创汇，力争获取资源效益的最大化；与此同时，国内能源的供应尽量实现水电、生物能等可再生能源的多元化。

当前，挪威的国家油气战略核心包括：①肯定挪威的石油、天然气供应具有的国际重要性；②与业界共同制定能源政策，发展石油、天然气技术服务，以实现油气枯竭时的可持续发展；③确保油气工业有足够的投资和新增储量；④重视财政制度对投资的影响；⑤采用对话方式稳定油气价格，尽量避免使用产量增减手段；⑥关注对挪威大陆架的勘探，仔细考虑税收对勘探的影响；⑦鼓励天然气市场化，帮助挪威天然气工业与欧洲市场实现一体化；⑧优先采纳国内使用天然气的行动计划，要求石油和能源部负责推进天然气直接用于终端和发电。[①]

（二）注重能源节约和提高能效

从20世纪70年代起，挪威就把节能作为能源政策的一部分，例如采取过推广能源标识制度，通过税收政策来促进能源节约等。最新采取的措施，如新近成立新能源和能效利用的基金[②]，该基金的目的是到2016年把新能

---

① 参见《2004—2005年中国天然气行业研究年度报告》，http://club.gasshow.com/uploadfile/2005-9/200591915391984084.txt，2012-01-12。

② 《挪威创立新能源和能源效率基金》，http://newenergy.in-en.com/html/newenergy-20062006061516060.html，2011-07-29。

源发电和能源利用效率增加到30太瓦时，促使能效的实力翻一番。

（三）开发利用可再生能源和新能源，推进能源利用的多元化

虽然挪威的石油、天然气资源丰富，但是考虑到可再生能源和新能源对能源安全和环境保护的重要意义，挪威把开发利用可再生能源和新能源作为解决能源安全问题的重要途径。截至2006年，挪威已成为世界上利用可再生能源的先进国家，可再生能源利用比例已占能源总消耗的近60%。

挪威具有多渠道利用新能源的潜力和优势，在商业上具有突破发展的有风电、潮汐能和波浪能等。挪威政府利用本国的地理环境优势积极投入风电开发，实现可再生能源利用的多元化，减少过去多年来对水能的过分依赖。而且，在世界普遍看好氢气的能源背景下，挪威也把氢能源的利用视为一个重要的研究对象，尤其是将风力和氢气结合在一起发电及有效降低氢气发电的成本，同时开展把氢气作为交通工具的动力燃料开发利用。挪威在太阳能晶体硅的制造上有很高的水平。总体上，挪威在对可再生能源利用的进一步研究中，主要侧重于如下优先发展领域：①减少和优化水电开发对自然生态的影响；②太阳能在建筑中的利用；③木材和垃圾所产生的生物能的生产和利用；④海上风电及专门针对挪威地理环境的风能利用；⑤盐梯度（salt gradients）等新能源利用的研究开发。[①]

（四）能源技术开发和国际能源合作

为应对能源安全供应、能源平衡、温室气体排放及能源技术的商业发展等挑战，为保持能源领域的竞争力，挪威政府一直非常重视能源领域的技术进步和研究发展。挪威能源领域的研究开发主要由挪威石油和能源部资助，研究领域涵盖了基础研究、工业研究和社会研究。

开展国际、多边和双边的能源、环保等方面的技术研发合作，也是挪威政府所注重的领域，以此来保护挪威能源方面的利益，提升挪威在能源领域的国际地位。这些合作包括在欧洲经济区、欧洲自由贸易联盟、欧盟等的合作。

挪威是《欧洲经济区协议》（EEA协议）的签署方之一，此协议自1994年1月1日起生效。《欧洲经济区协议》（EEA协议）规定了《欧共体（EC）公约》和《欧共体（EC）次级立法》（后被追加为公约）覆盖剩余的三个欧洲自由贸易联盟国家（EFTA，冰岛、列支敦士登和挪威），然而，当《欧洲经济区协议》（EEA协议）生效后，采用的《欧共体次级立法》规定其内容必须是欧洲经济

① 驻挪威经商参处：《挪威可再生能源利用及其技术简述》，http://www.ce.cn/cysc/main/jt-fzspsy/shwll/200611/13/t20061113_9395527.shtml，2012-01-12。

区(EEA)委员会通过的决定。所有《欧洲经济区协议》(EEA 协议)中涉及的法规也必须在该区域内国家的立法中适用。

挪威同西欧一直保持着密切的关系。挪威在地理上和文化上属于西欧。欧共体及后来的欧盟的发展对挪威具有重要的影响。在挪威的对外贸易中,欧盟是最主要的市场,挪出口产品的 80%以上销往欧盟国家,同样来自这一地区的进口占其总进口的 70%左右,由此其密切度可见一斑。

“二战”后,挪威不赞成西欧国家搞“超国家合作”。因此,1957 年欧洲共同市场成立时挪威并没有参加。但是随着欧洲国家之间经贸关系不断发展、合作不断加强,1960 年 1 月 4 日,挪威和奥地利、丹麦、葡萄牙、瑞典、瑞士和英国在斯德哥尔摩正式签订了《建立欧洲自由贸易联盟公约》。该公约于同年 5 月 3 日生效。这标志着欧洲自由贸易联盟(EFTA)正式成立。但是,挪威在经济上的外向性促使它要求西欧国家拆除关税壁垒,实行自由贸易。例如,挪威在加入欧洲自由贸易联盟(EFTA)时曾声明,其目标是建立欧共市场的自由通道,以便最终克服西欧贸易上的分裂,实现自由贸易。

随着欧洲经济一体化趋势的逐步加强及欧共体的壮大,欧洲自由贸易联盟(EFTA)成员加入欧共体(即后来的欧盟)的步伐加快。英国和丹麦于 1973 年 1 月、葡萄牙于 1986 年 1 月宣布退出欧洲自由贸易联盟(EFTA),加入欧洲共同体。1993 年 3 月,瑞典、芬兰、奥地利与欧盟就入盟问题举行的谈判结束,之后三国分别通过了全民公决,并于 1995 年 1 月 1 日加入欧盟,同时退出欧洲自由贸易联盟(EFTA)。因此,欧洲自由贸易联盟(EFTA)从 1995 年起仅剩挪威、冰岛、瑞士、列支敦士登四个成员。

1973 年,挪威与欧共体签订了自由贸易协定。能源合作是挪威与欧共体合作的一个重要领域,也是挪威加强与欧共体合作的一张重要王牌。自 20 世纪 70 年代初期挪威在大陆架发现石油、天然气以来,挪威已经成为欧共体主要能源供应国。1986 年,挪威与原西德、法国、荷兰、比利时等国石油公司签订了价值 5 000 亿克朗的巨额天然气出口合同。按照合同规定,自 1993 年至 2020 年,挪威将向上述国家提供 5 500 亿立方米的天然气。这一合同的签订,当时不仅在经济上对加强挪威与欧共体的合作具有重要意义,而且在政治上也具有重要战略价值。与此同时,欧共体成员国的许多公司还参与了挪威大陆架的勘探及开发活动,许多企业和公司为挪威提供了技术设备及大量服务。

欧洲经济区(EEA)的建立使挪威成为欧洲大市场的一部分。随着欧洲统一市场的不断发展,挪威与欧洲自由贸易联盟(EFTA)的其他成员都认识到有必要与欧共体签署一项协议,从而确保能够参与到欧洲发展进程中。

1990年，欧洲自由贸易联盟（EFTA）与欧共体开始了成立欧洲经济区的磋商。1992年5月，欧洲自由贸易联盟（EFTA）与欧共体达成建立欧洲经济区协议。根据协议，欧洲自由贸易联盟（EFTA）与欧盟之间实现了工业产品的自由贸易和资本、劳务和人员的自由流动，在国家扶持和政府补贴等方面统一了规则；为成员国之间在环保、教育、科研、消费者权益保障等领域开展合作奠定了基础；建立了一套有效的联合决策机制，对共有的法规实现了合作监督。1994年1月1日，由欧盟15国和欧洲自由贸易联盟（EFTA）成员国挪威、冰岛（列支敦士登、瑞士除外）组成的欧洲经济区正式成立，从而形成了一个人口达3.74亿、贸易额占世界贸易总额近40%的世界最大自由贸易区。

挪威通过欧洲自由贸易联盟（EFTA）与欧盟开展以《欧洲经济区协议》为基础的全面合作。《欧洲经济区协议》的另一个贡献是它建立了一套完整的合作机制，从而使欧洲自由贸易联盟（EFTA）成员与欧盟能够就一些新规则的制订达成一致，并对现行规则进行有效的监督。协议设置的主要机构有：负责制定政治合作原则的欧洲经济区理事会、负责制定新规则的欧洲经济区联合委员会、提供咨询服务的欧洲经济区咨询委员会和以顾问身份参与欧洲经济区事务的欧洲经济区联合议会委员会。挪威在以上机构中都有部长级、高级官员级代表，他们积极参与各机构的活动，以维护挪威的利益。

截至2002年底，挪威通过法律形式已将欧盟制定的各项法律法规和规章制度的99.3%纳入本国法律体系之中。在欧洲经济区18个成员国中，挪威采纳的比率列丹麦之后、排第二位。而在2000年，挪威对欧盟法规采纳的比率还排在倒数第二位。

第三节　挪威能源法体系与基本能源法律制度

一、挪威能源法体系

挪威的能源法主要体现在以下几个方面。

（一）挪威石油法

挪威石油法律框架主要有《石油法》、《石油税法》和《污染控制法令》。1996年11月29日第72号法令（《石油法》）为规定油气活动的许可证制度提供了全面的法律基础；《污染控制法》则对石油活动的排放和释放做了严格的规定。

在《石油法》中明确了国家对大陆架石油储藏的所有权，该法还规定公司可申请勘查许可证，以进行地理、石油物理、地质物理、地质化学和地质技术研究，可包括浅层钻探但不允许进行常规钻探；且该许可证不授予被其他生产许可覆盖区域的专有勘查权。

(二)成品油经销相关法律

由于挪威一直未曾发生原油和成品油供应紧张问题，因此挪威政府对成品油市场没有过多介入与管理，未建立有专门的成品油市场管理体系的制度。

虽没有政府管制，但各成品油经销公司须遵守对各产业与产品都具有普遍约束力的相关法律法规，如《产品控制法》和《规划与开发法》，以保证公司经销的成品油的质量与安全，以及保证公司合理地进行加油站建设；另外还应遵循《竞争法》，以保证公司间的公平竞争，维护公平有序的市场环境。

(三)石油税收法

1975年6月13日第35号法令(《石油税法》)授予有关部门对海洋石油的合法征税权。而《CO_2税法》则是对在大陆架上进行石油作业相关的二氧化碳排放征税的法令依据。

挪威一直采取一种比较严格地控制油气资源开发速度和规模的政策，并且采取使国家从每一个开发项目中获得更大利益的政策。20世纪80年代以前，挪威油气开发的特点为：开发和生产速度一直较慢；石油资源和生产大部分掌握在挪威本国石油公司，特别是国家石油公司(Statoil)手中；国际石油合作开发条件一直比较严。20世纪90年代以后，挪威政府对国内石油工业采取了更为现实的政策，主要表现为：坚持以公开招标的方式吸引外国石油公司参与石油勘探开发；坚持发展天然气工业，积极开发天然气国际市场；运用经济法律手段加强对石油工业的调控。

挪威石油税制的特点是，税收规则以普通挪威公司税制制度为基础，还有为石油上游活动专设的特别收入税。公司税和特别收入税都是以石油公司从相应石油活动取得的净利润为基础。挪威石油税边际税率比较高，但政府认为挪威的石油税制还是具有很多有利的特点。不收定金，在大陆架石油勘查开发的所有相关费用都从税收中扣除，不仅包括业务支出，还包括勘查成本、停产和废弃成本、研发支出等。投资得到高折旧率的优惠，并在投资后立刻可以开始扣减；对于特别营业税，公司可扣除占投资30%的提利，财务成本可以在公司税和特别税中扣除。

挪威新修改的《石油税法》于2005年1月1日开始实施。这些修改将增加新公司的财务稳定性，改进投资收益率，如末端生产和提高石油采油率。

(四)政府石油基金法

挪威国家石油基金,是挪威政府对国家油气工业管理的一个重要而独具特色的方面。由于考虑到石油天然气资源的不可再生性,将该资源转变为子孙后代都可以享用的财富是政府果断做出建立国家石油基金决定的主要考虑。[①] 国家石油基金于1990年6月22日由议会第36号法案成立,其目的是:旨在将地下石油资源转换为金融资本,以防止将来能源革命可能带来的石油贬值或国家经济的衰退,解决国家人口老龄化等问题;确保对石油资本的有效管理,通过理性投资使其升值;采取长远、谨慎的措施将石油收入最终回馈国家、福利社会。[②] 1991年1月1日,《政府石油基金法》(Government Petroleum Fund Act,1991)生效,并于1996年收到第一笔真正转移的资金19.81亿挪威克朗。国家石油基金收入进项主要包括:来自石油活动的对中央政府的纯现金流入(SDFI+税费+国有石油公司股份分红等)以及基金本身的投资回报;支出包括每年向财政部转移的用于弥补非石油财政预算赤字的金额和支付给财政部的基金管理费(2001年国会规定将当年石油基金中来自当年石油活动纯收入的部分拿出最多4%用于政府下一年的政府预算)。[③]

挪威财政部是国家石油基金的全权管理者。1997年10月,挪威财政部颁发了《石油基金监管条例》,该条例对该基金的投资战略和管理体制做了明确规定。同年,财政部与挪威中央银行正式签署了委托管理政府石油基金的协议书,该协议书规定:财政部是政府石油基金的管理者,代表国家负责行使对政府石油基金的管理权,包括制定投资目标收益率、制定风险控制指标、对负责日常管理的机构进行评估、向国会提供年度报告等。但日常的具体管理事宜委托给挪威央行,央行对该基金负有"增值"的责任。明确划分财政部作为"所有者"和挪威银行作为"管理者"之间的责任界限,这是协议书的一个重要内容与任务。为强化它们二者之间的责任与义务,协议书还规定,在定期向财政部提供季度报告的同时,每个季度须召开记者招待会向社会公开报告的内容,接受全社会的监督;另外还规定央行可使用外国经纪人或外国服务商来经营基金的市场投放,并通过签署协议,监督外国服务

---

① 参见《挪威石油战略管理及对我国的启示》,http://www.chinaisa.org.cn/news.php? id=2123314,2012-01-12。

② 参见《挪威石油基金将中国列入证券投资候选国》,http://fund.jrj.com.cn/2003/12/000000701221.shtml,2012-01-12。

③ 参见《挪威石油战略管理及对我国的启示》,http://www.chinaisa.org.cn/news.php? id=2123314,2012-01-12。

商的经营活动。[①]

(五)挪威电力法

挪威自1971年开始放开了发电市场，建立了一个以边际电价销售的电力市场，允许年发电量不小于100吉瓦时电力公司参加，市场由前挪威电力联合组织(Norwegian Power Pool)负责运行。挪威于1991年在电力行业引入市场竞争。花费了一定的时间建立必需的组织结构，设计出电能传输的税率等。到1992年5月，这些工作就绪，挪威开始了基于竞争的开放电力市场。1991年1月1日，挪威实施新的能源法案，提出在电力系统中增加竞争，以提高电力工业的效益。新的能源法案要求开放第三方参与通道(Third Access，简称TPA)，即任何人都可以平等地通过输配电网络传递电能。新的能源法案为电力体制改革奠定了法律基础。

挪威的发电总容量比例，国家约拥有30%，市政约拥有55%，私人约拥有15%。在挪威的电力体制改革过程中，没有进行产权的私有化。这是与英国等国家的电力体制改革不同的地方。改革后，原国家电力局分为两个部分：一个名为国家能源公司，拥有原国家电力局所有的、占全国发电容量30%的发电机组；另一个为国家电网公司，拥有原国家电力局所有的全部的输电网，约占全国输电网的80%。国家电网公司的职责包括：运营和发展国有输电系统；进行挪威输电系统的规划；负责挪威电力系统的联合运行；制定电网运行程序；组织挪威电力市场；管理与国外的短期电力交易。

国家电网公司除拥有主网的80%以外，还与其余20%主网的产权拥有者签订租赁合同。挪威在管理上的政策，主要是在发电市场和用户市场开展竞争，而将电网分离出来，由国家电网公司负责经营，政府部门对国家电网公司进行管制，保证对所有的市场成员开放电网。

国家电网公司还成立一个下属机构——电力市场公司(Power Market Ltd.)，执行与电力市场运行及交易有关的任务。

在供电方面，配电公司保留了连接用户的责任，但是，不增加供电的权力。即对某一个新增用户，在要与配电网连接时，必须由其所在地区的配电公司来完成。但是，该用户不一定由其所在地区的配电公司来供电，用户可以在本地区的配电公司、其他地区的电力供应者、电力零售商、电力市场中选择合适的供电者。也就是说，在挪威电力市场中，联网与供电业务是分离的。

---

① 参见《挪威国民保险基金和石油基金》，http://www.ssf.gov.cn/tszs/200901/t20090109_1790.html，2012-01-12。

挪威电力市场现已成为当今世界上最开放的电力市场。1990 年该国颁布的《能源法》(Energy Act,1990)为放宽电力市场监管提供了法律基础。《能源法》的主要目标是提高经济效益,确保供电安全,保障全国电价公平。在挪威,大约 87%的电力是由公共电力公司供应的,其余的 13%由私营公司提供。①

(六)挪威核能法

《挪威核能法》(Act Concerning Nuclear Energy Activities,1972)确立了核燃料、放射性产品和核物质管理的整体框架。该法规定未经卫生和社会事务部批准不得从事生产、拥有、储存、处理、运输、销售或对核物质的其他处置活动。

该法规定,国王可以决定任何与核燃料、放射性产品或核物质有关的活动应当履行告知或许可手续。国王可以发布有关核材料的生产、处理、包装、运输等活动的规则。放射性同位素的生产需要获得挪威放射性防护局(The Norwegian Radiation Protection Authority)的批准。但是,该法同时又规定能源技术研究院为了生产医用放射性同位素的活动可以不需要遵守上述程序。

尽管挪威国内现在没有核电站,但是对于核设施的建设和运营许可,《核能法》中却有一整套法律框架。

二、挪威的主要能源法律制度

目前,挪威主要的专门能源法律制度和相关能源法律制度主要有:生产许可证制度、环境影响评估制度、核能处理相关制度、采油区废弃阶段的相关制度、政府石油基金制度、能源合作制度等。下文分别作简略介绍。

(一)生产许可证制度

《石油法》规定,生产许可证通常需要通过一轮许可招标后才颁发。一轮许可招标的程序是:油区提名(Nomination)——公布(Announcement)——申请(Application)——颁发(Award)。政府首先会邀请一些油气公司对本轮招标油气区进行提名,然后对各油区进行影响评估,之后公布最后确定的油区,以及明确颁发许可证的条款和标准。申请过程中,申请者可单独申请或集体申请,石油能源部在所接受的申请公司的基础上,会针对每个开发项目对这些公司进行组合或对递交联合申请的公司进行调整;石油

① 参见王振江等:《英国和北欧开放电力市场的经验》,http://www.powersafety.com.cn/default/Article/news/gjdl/200404/1303.html,2012-01-12。

能源部还要指派其中一个公司作为主营商，以根据许可证的具体条款进行日常经营活动。生产许可证是对《石油法》相关规定的具体化，每个许可证都有更为具体的条款和要求。一个生产许可证赋予被许可人在一定地区内专有勘探和生产权，所生产产品由被许可人所有。生产许可证要在客观、公平及公开标准的基础上进行颁发。《石油法》同时要求，被许可人在获得许可证后需要向石油能源部提交发展和经营(PDO)计划书，得到批准后才可进行石油开发生产。石油能源部也主管批准发展和经营(PDO)计划书所未包括的设施安装和经营(PIO)计划书。被许可人需要在许可证到期转让或终止设施使用前2—5年提交停产计划，石油能源部将决定如何处理这些设施。在申请和颁发过程之间是谈判，该过程主要是政府通过和申请公司就油田股份和油田开发等问题进行谈判，以决定被许可人的最佳组合。

每个许可证授予被许可人10年以上的勘探期，进行地震研究和钻探等活动。勘探期结束后，被许可人一般可在受许可区经营30年；许可证也可在勘探等工作完成后在所有被许可人都同意的情况下进行转让。

油气的合作经营者在获得许可证之前应达成合作协议书。为理清内部合作经营关系(其中包括生产项目的组织和经营分配情况、利益分配情况)，需要建立每个受许可公司都有代表参加的管理委员会，作为整个合作关系的最终决策机构；协议还规定了主营商在这种合作关系中的义务和责任，明确了集团的投票规则。

另外，如果一处油气资源涉及到一个以上的生产许可证，几个被许可人之间还要缔结"确保资源能被有效利用及规范相关权利的联合协议"，被许可人的利益通常是根据各许可证在油气发现中的划分来分配的。该联合协议也需要经石油能源部批准，包括审计协议等其他文件。挪威主管部门可通过该许可证的颁发政策来影响经营者的模式，其政策的根本目的就是确保对资源的最优化管理和创造最大价值以及最大化的政府收入。

(二)环境影响评估制度

在挪威，就能源开发的相关政策、计划和活动展开环境评估是一项法规性要求。当大型能源工程开展时，例如一个水电站与蓄水水库、风电厂、燃气发电厂、输电线、变电站、地区加热系统、天然气家用输送管道等，在不同用户组别与环境利益间的冲突将会增加。《石油法》规定，在某油气区生产许可证颁发之前，该区域必须进行环境影响评估，评估包括该油气活动对周边地区和其他产业所带来的环境、经济和社会的影响。

1990年，挪威议会通过了有关环境影响评估的法律。该法律以《欧洲战略性环境评估指令》(The SEA Directive，2001/42/EU)中规定的"关于特定计划或活动的环境评估”，以及《联合国/欧洲经济委员会协议》(UN/ECE/Protocol)中规定的“关于策略性环境评估”的要求为基础，把关于策略性环境评估的要求列入《规划和建筑法》(The Planning and Building Act)和相关法律中，使评估得到规制。自 2005 年 4 月 1 日起，《规划和建筑法》(The Planning and Building Act)已经修改，并使策略性环境评估得以在国家实施①。

1. 石油方面

《石油法》中规定的环境影响评估是挪威石油开采中的一个重要部分。该法规定，油区被开采之前，一定要进行相关环境影响评估。石油能源部负责环境影响评估的执行。其目的是为了消除石油工业给经济和环境带来的负面影响。在评估基础上，议会会对在一地区从事石油活动的利弊进行全面衡量，决定是否颁发生产许可证。挪威议会和政府均有对某地区进行特殊限制的权力，如在某时期内禁止钻探等。

经营者向石油能源部递交需要政府批准的《设施安装计划书和发展经营计划书》(PDO/PIO)之前，必须完成环境影响评估。评估必须就该项目对周边环境的影响如气体排放等问题进行阐述，并要提出减少该影响的在技术和经济上都可行的解决方法。该评估报告还要围绕项目可能发生的各种结果进行评论，并且尽最大可能进行确认。采取何种措施最后会由议会和政府决定。在生产许可证到期和设施需被拆除之前，被许可人也要递交相关拆除计划书，同时还需附上包括设施拆除方案的影响评估报告。主管部门会对该计划予以考虑，最终作出拆除决定。

2. 水电方面

环境部负责对水资源总体规划和环境影响评估系统的的管理工作。环境部在新的水电生产项目的公众调查过程中发挥着重要作用。挪威水资源能源董事会(NVE)，是负责监管电力网络的管理和运营，监管电力的分配和输送税率和对电力设施、水电站和储容水库开展环境影响评估的机构。挪威水资源能源董事会(NVE)，需要向相关机构和非政府组织提交有关水电开发的程序性议案，此议案必须公开接受公众审查。根据该议案和反馈意见，挪威水资源能源董事会(NVE)执行该程序性议案。根据处理程序，相关机构必须开展环境影响评估。评估需要包含对电力设施、水电站、储容水库的介绍以及原因阐述、后果和其他待评估的方案。该方案将对电力设施、水

---

① 参见苏苗罕：《挪威能源立法述评》，http://www.fyfz.cn/manage/fckeditor/editor/fckeditor.html? InstanceName=txt_blog&Toolbar=Jcrb#_Toc269478796，2011-08-08。

电站或储容水库进行分类并做详细讨论，还应邀请那些受影响群体参与规划。例如，根据环境影响评估法律法规，长度超过20公里且载荷不低于132千伏的电线、发电能力超过10兆瓦的风力涡轮发电机、发电能力不低于150兆瓦的热电站、年发电能力超过40吉瓦时的水电站和超过1 000万立方米储容能力的水库都要开展环境影响评估。

此外，还需要介绍设施对环境、自然资源和社会的影响。评估需要给出替代方案，并阐明降低损失和危害所需要的工作。同时，当税率方面出现争议时，挪威水资源能源董事会（NVE）将介入解决。挪威水资源能源董事会（NVE）也是《电力法典Ⅱ》的执行监管者。

根据《能源法》，相关机构必须向挪威水资源能源董事会（NVE）提交申请，而环境影响评估则是该申请的一部分。根据《河道管理法》第五节，开发者必须向石油和能源部递交申请，环境影响评估同样是其中的一部分。申请中必须包含足够信息，由政府机构决定是否给予授权或给予何种授权。挪威水资源能源董事会（NVE）决定环境影响评估是否获得通过，该决定不受被评估单位的影响。与此同时，挪威水资源能源董事会（NVE）将根据能源法决定是否给予授权，并对水电站和储容水库向石油能源部（MPE）提出授权建议。挪威水资源能源董事会（NVE）对电力机构的审核受石油能源部（MPE）的影响。石油能源部（MPE）将此建议通告各地区和其他有关部门。如果反馈良好，那么石油能源部（MPE）将拟定授权，之后由国王内政部以皇家政令的形式签发。重大水电站项目和类似项目需要提交议会审批，之后才可以签发政令。皇家政令不接受指控，但可以在法庭接受处理。

挪威规范环境影响评估的法规与欧洲经济区（EEA）协议中的相关欧洲政令相一致。环境影响评估法中规定了相关条款。这些法规包括：评估项目对环境影响的《2001/42/EC法规》；评估公共或个体项目对环境影响的《85/227/EEC法规》；对《85/337/EEC法规》进行修正的《97/11/EC法规》；欧洲议会和政府为鼓励公众参与起草环境方案和规划的《2003/35/EC法规》；以及《85/337/EEC法规》和《98/61/EC法规》等。其中相关法规是为了执行关于公共参与的奥尔胡斯会议（Aarhus）的。

（三）核能处理相关制度

目前，挪威境内没有核电站，但是其一系列的相关制度却很完善。

1. 核能安全的许可和检查

建设、占有或运营核设施应当事先取得卫生和社会事务部的许可。挪威辐射防护局在核设施的安全和申请方面为卫生部提供建议，但核电站的许可由石油与能源部负责。核设施许可内容涵盖了建设与运营。但是，在设施投入运行之前，经营者必须履行相关要求获得挪威辐射防护局的批准。该局负责对设施的运营进行监督检查，确保许可证的规定事项得到遵守。设施许可证是按厂址单位发放的，如果设施经营权发生转移，需要重新申请许可证。

迄今为止，挪威政府只对能源技术研究院（The Institute for Energy Technology）在凯勒市（Kjeller）和哈尔登市（Halden）运营的实验性反应堆颁发了许可证。

2. 应急响应

国王可以要求核设施所在的市县政府当局与设施的运营者在保护公众的安全设施方面加强合作。根据国王发布的命令，应当制定一份安全准备和事故安全发生时的救济措施，包括必要时的强制疏散计划[①]。当事故发生时，卫生和社会事务部可以要求所有在危险区域内的人员在规定时间内向市政医疗办事处或警察署报告，并提供登记损失所需的信息。必要时他们还应当接受卫生机构的医疗检查。

3. 核事故第三方责任

《挪威核能法》授权挪威政府分别于1973年7月2日和7月7日批准了《1960年有关核能领域第三方责任的巴黎公约》（the 1960 Paris Convention on Third Party Liability in the Field of Nuclear Energy）和《1963年布鲁塞尔增补补充条约》（1963 Brussels Supplementary Convention），采纳了该条约体系中规定的一系列原则，包括经营者严格责任，同时具有数额和时间限制的规定。该法适用于在挪威发生或在其他巴黎公约成员国发生的核事故导致的损害。

卫生和社会事务部也可以在认为不构成明显的危险的情况下，规定将某些类型的核设施、放射性产品或物质排除在本法适用范围之外。

此外，对于放射性废物的处置，也是由挪威辐射防护局对核设施的运营进行持续的监督。

（四）采油区废弃阶段的相关制度

石油的开采过程主要可以包括以下几个部分：勘探阶段，打井阶段，开发阶段以及废弃阶段。在新的《石油法》（PA）里这些方面都被提及。每一个部分在《石油法》（PA）里都用单独的一章进行描述。

挪威关于废弃阶段的立法也在逐渐发展之中。现今主要适用以下两个

---

① 参见 OECD：《Nuclear Legislation in OECD Countries Regulatory and Institutional Framework for Nuclear Activities——Norway》，http://www.oecd-nea.org/law/legislation/，2012-01-12。

标准：一个是国家标准；一个是国际标准。国家标准导致越来越多的区块被禁止开采。随之带来的突出问题是：当油田不在生产的时候这些废弃的装置将如何处理呢？问题的答案显得很复杂。

挪威大陆架附近的水较深，气候环境恶劣，这就要求必须使用更巨大的开采装置。这导致对于装置的移动变得非常的困难，并且费用也大大增加。挪威的大陆架附近的环境与英国比较相似，但是与墨西哥湾以及其他国家的环境有着很大的差别。

装置的废弃还会导致对其他问题的关注，主要是关于装置和人员的安全问题，海洋环境问题以及其他对于海洋资源利用的问题等方面，因此需要制定更加广泛的针对油田废弃这一现象的法律条文。

近些年来，废弃的油田是否能够符合国际标准得到越来越多人的关注。挪威现在在国际海事组织（IMO）规则标准的指导下对沿海装置进行移除，同时按照 OSPEAR 来处理沿海装置。这也使挪威成为受制约的一方，强迫使其国家标准具有新的国际标准的形式。

（五）政府石油基金储备制度

2010 年，挪威人均国内生产总值排名世界第二，其经济繁荣程度和石油出口紧密相关。通过建立石油基金和制度创新，挪威把一种不可再生的自然资源转变为全民的、可持续的金融财富。虽然近年来，挪威大陆架和近海不断有新的油气田发现，但据估计，挪威石油和天然气开采量在 2015 年到 2020 年间达到顶峰，以后将逐年减少。在挪威非常流行的一句话可以很好地概括挪威社会对石油财富的观点：石油财富属于挪威未来的人民。

在挪威，对石油财富的规定明确而清晰，议会作为立法者负责制定养老金法案，而政府则是石油基金所有者，由财政部制定投资规则，包括制定基准投资、可投资国家及投资比例，规定石油基金可以承受的最大风险（即预期投资基准误差，目前的规定为正负 1%以内）和长期投资收益目标（投资平均年净收益 4%），向议会报告投资收益和重大投资战略变化。

在 20 世纪 80 年代，挪威政府已经意识到，需要在石油出口收入和国民经济之间建立起类似蓄水池的缓冲机制。而且油气资源虽然得天独厚却不可再生，建立石油基金就是把埋藏在地底下的自然资源变成可以流动的金融资产，并实现保值增值。1990 年，挪威议会通过立法建立石油基金。挪威石油基金的具体操作是：在国家预算中，将石油收入全部转到石油基金，加上石油基金的投资收益，就是石油基金当年的收入；当国家预算出现赤字的时候，政府会从石油基金里划转一部分资金，用来平衡国家预算；石油基金的使用具有灵活性，原则上，平均每年划转的部分不应超过长期计划净收益率4%，这样可以保证石油基金的本金部分不会因为预算使用而减少。[①]

2006年，挪威政府将国家石油基金与国家保险计划基金(National Insurance Scheme Fund)合并成立政府社保基金(The Government Pension Found)，国家石油基金改称为“政府社保基金—国际(the Government Pension Fund-Global)”，而国家保险计划基金则改称为“政府社保基金—挪威(the Government Pension Found-Norway)”。“社会社保基金—国际”继续由挪威银行经营，根据财政部制定的指导文件在海外进行投资。

依靠该基金的回报，挪威有效缓解了政府赤字压力，同时也是令人艳羡的挪威式“社会主义”福利的有力保障。从出生成为挪威公民的那天起，一个强制性的社会保障和养老金制度就伴随一生：医疗、失业保险、生育保障、康复基金、伤残抚恤、遗属年金以及退休金等。而这一切，都离不开挪威的石油基金。[②]

(六)能源合作制度

在国际合作方面，挪威政策的显著特点就是积极推动其海外项目的资助计划，并已帮助东欧国家和前苏联国家制定和实施了可持续发展政策和项目，帮助贫穷国家解决能源、环境问题，其中包括在东欧国家和俄罗斯的双边项目。这些项目致力于清洁生产、节能和能源转换，而且已经使这一地区的温室气体得以降低。为了推进《气候变化公约》的实施进程，以及开发出国际上实用而有效的政策工具，挪威还与世界银行共同资助了三个“共同执行活动”试验项目(分别在墨西哥、波兰和布基纳法索)。此外，挪威还与我国开展了“共同执行活动”方面的项目合作。在2009年，挪威研究会理事会制定了“中挪研究会合作计划(CHINOR)”，以作为挪威政府“中国战略”的一项重要实施措施。另外，挪威与我国还开展了能源研发方面的合作。例如，在2010年5月21—22日，挪威和我国就“开发可持续能源，发展在新能源方面合作”的研讨在世博挪威馆召开。主要就二氧化碳的收集和储藏、海风利用技术和创新观念、先进的太阳能技术以及可持续的水力发电开发展开对话与合作。

---

① 鲍海淼：《挪威石油基金：保险柜里的摇钱树》，http://funds.hexun.com/2011-07-12/131343892_2.html，2011-01-12。

② 贺赫：《挪威主权基金，从国企利润到全民财富》，http://blog.sina.com.cn/s/blog_5e3d42800100ochy.html，2011-01-12。

第四节 挪威常规能源法制

一、石油天然气法制

《挪威石油法》(PA)是管理石油和天然气勘探与开发的法律。《石油法》的目的是为了规范大陆架内关于石油和天然气常规能源的开采活动,其重点在于规范政府机构和获得许可证者之间的关系。此外,还涉及到两个关系:一个是持有开发许可证者和石油立法机构之间的关系;另一个是持有许可证者与服务商、材料供应商之间的关系,此关系在《石油法》(PA)中未作详细规定。挪威的法律原则上和其他国家一样——追求合同自由化,但是,关于大陆架内能源开采合同,其基本特点是合同标准化且有许多特别限制规定。

(一)发展历史

1963 年 5 月 31 日的《皇家法令》中,挪威宣布采掘其在大陆架内的海底天然能源。1965 年 3 月,挪威和英国按照中间线原则将大陆架进行划分并达成了协议,同年,挪威和丹麦也进行了大陆架划分。迄今为止,挪威仍未和俄罗斯在巴伦支海大陆架划分方面达成一致。

《皇家法令》还规定了三项基本原则:首先,海底下的天然能源属于政府所有;其次,国王可以将天然能源的发现、开采权授予挪威或境外人员,包括法人;最后,国王可以颁布关于油气开发活动的规章制度。原则上,国家应该自己进行石油的开发,或者选择通过颁发许可证体系引入公司进行油气开发,而挪威采纳了后者。因此,在《皇家法令》后,挪威又追加了关于颁发许可证体系的法规。

关于颁发许可证的法规规定首次出现于 1965 年的立法之中,是对 1963 年立法的补充,其内容适合于第一轮许可证颁发。1969 年埃科菲斯克(Ekofisk)大油气田的发现促使挪威政府提出了更苛刻的许可证条款内容。20 世纪 70 年代和 80 年代初发现的几个大油气田的许可,都是依照新规定颁发的许可,许可证内容较为苛刻。1985 年,挪威国会颁布《石油法》(PA),该法包含许可证体系和政府在油气开发中的权力,目的是使关于油气开发活动的其他领域规范化,其内容的革新是提出了许可证持有者拥有防止油气生产造成的污染的责任,1989 年的立法确立了关于油气开发活动造成挪威渔民损失的补偿问题。

1985年《石油法》被1996年的《石油法》(PA)取代。《石油法》(PA)主要规定了关于许可证期限,以及勘探开发地质、面积等方面的灵活制度。有关欧洲经济区(EEA)协议中的内容,相关法令已经实施于《石油法》(PA)中,包含《许可证法令(94/22/EC)》和《天然气法令Ⅰ(98/30/EC)》和《天然气法令Ⅱ(2003/55/EC法令)》。

(二)有关油气的具体法制

1. 油气生产活动的准入

大陆架内油气勘探发现的分配,通过许可证体系进行规制,根据《石油法》(PA)详细规定。关于进入油气生产活动的主要许可,指的是生产许可,授予的先决条件是相关的地理区域已经被列为开发许可范围。《石油法》规定,由相关部长宣布哪个区块进入开发许可申请范围,该声明一般被刊登在挪威政府报纸和欧洲经济区(EEA)的官方期刊上。

生产许可赋予合同者在特定的地理区域拥有油气勘探、钻井、生产的独特权利,许可证持有者虽然拥有开采出的石油天然气,但是他们不能自由地销售或处理生产出的油气。生产许可,是给他们进入这些活动的通道,但是如何运作还取决于后面的许可或准许、批复等手续,因此,准予开发的生产许可只是从事油气生产活动的入门票或者钥匙。

许可证的内容取决于当时颁发的条件。在第一个许可年限10年结束后,根据合同者作业的完成情况赋予开发许可长达50年或比较常见的30年期限。但是,延长许可并不是针对所有的合同区域。通常情况下,需要退还一半的合同区域,合同区域的大小都会在生产许可中明确标明。

申请许可者需要客观公正地提交其申请函,因为,授予前需要对投标者的申请函进行仔细研究,包含其技术和财力能力以及他们对颁发许可证的区域的油气勘探、生产的计划。

通常情况下,政府机构会将开发许可证颁发给由3—4个竞标者组成的团队,同时,政府也是股东之一。政府参与的方式有两种:①通过国家石油公司参与,公司中政府的股权为70%;②直接由政府机构组建的公司SDFI。国家石油公司与其他石油公司在开发许可方面的权利是平等的。按照《石油法》的规定,SDFI由国家石油公司(Petoro)直接经营,

政府在另 个从事油气生产活动的国家水电公司(Hydro)中也拥有大量的股份。目前还没有一个明显的事件表明政府对国家水电公司的影响。即使政府的股权小于51%,但是根据《欧洲经济区法令》(EEA)第59节的规定和《许可证法令》有关的国有企业的规定,此公司仍然被认为是国有企业。

2. 油气生产活动的运行过程

从许可证持有者角度分析,在油气生产活动的运行中,希望以尽可能低的投资开采出尽可能多的石油和天然气。但是,根据《石油法》的规定,石油和天然气能源的开采需要遵从长远的规划以便使挪威整体社会受益。商业和社会经济学考虑的事项,一定程度上会左右油气开采活动。比如,一个设备大小的问题,按照储层的特征及经济方面设定了该设施的尺寸,但是从社会经济学方面考虑,该设施的处理能力或尺寸需要涵盖其他开发许可的石油天然气。

海上油气开采不仅涉及到员工和设备的危险,同时对环境也有一定的污染风险。关于环境方面,是政府机构和许可证持有者之间共同的问题,两者都努力寻求使环境危害降到最低,同样,经济角度和社会角度对这个问题的实施措施、评价系统也有差距。

虽然社会经济考虑角度相对商业考虑角度可能会导致不同的油气运作方式,但是这不能表明政府不会考虑商业盈利。许可证统管下的关于油气开采的生产活动带来的利益除了政府估算外,其他团体也会对利润进行预测。关于这些活动的运行,都有详细的规章制度。

3. 油气藏的开采和运作

如果许可证持有者想开采油气藏,必须向石油能源部(MPE)提供详细的开发和运作方案并得到批复,开发和运作方案简称为"PDO"。

根据《石油法》的规定,石油能源部(MPE)面临社会需求问题时,需要随时准备投产、生产或者增加产量。因此,持有许可证者并不完全拥有决定油气藏的运作时刻,且如果油气开采期间,通常会需要新增油气传输的设施,这些设施的安装和操作,由另一个许可加以控制管理。政府授权石油能源部(MPE)决定其他许可证持有者使用他人的设施,但石油能源部(MPE)不能批准可能对他人设施造成无理损害的所有者所提的相关要求。现实中,许可证系统中政府聘请了第三方机构权衡商业和社会经济需求。

当开发和运作方案(PDO)最终批复时,政府也要批复产量规划。根据《石油法》的规定,每一个油气藏都要最大程度地开采出油气量,当然高效开采是基于先进技术和经济原则。按照商业原则,产量规划通常是最大程度的提高采收率,但是当社会管理因素有强烈需求时,政府有必要调整规划。

产量规划获得批复后,许可证持有者并不是无条件或无约束地进行油气开采。生产的量、注入量和燃烧量或取暖量都需要根据油气藏的实际运行进行调整,然而,如果没有新发现、或出现其他问题,产量不会做出调整。

我们可以看出,从法律角度,许可证只是油气生产活动的基础,开发和运作方案(PDO)实际上决定着油气生产过程中许可证持有者的权利和责任。此外，根据《石油法》的规定，国王可根据社会经济的原因，重新提出新的产量规划取代前面已批复的规划内容。国王有权力要求许可证持有者保障国内的原油需求和挪威的管道设施。

4. 政府和许可证持有者之间利润和投资的分配

政府和许可证持有者之间直接利润和投资的分配，是石油和天然气部分法规中重要的议题。关于分配有许多方式，最终结果表示为“政府拿走的量”，这个属于没有法律内涵，但是表示了政府从生产出的石油和天然气中通过多个方式取走的总收益。政府的收入主要从4个方面表现。

(1)土地租让金。这取决于出让土地的面积和租期的长短，因此每平方公里的租让金随着时间的延长而增加，与区块的产量规模没有关系。租让金只是政府总收益中的一小部分，这个规定的最终目的是促使合同者退还面积。

(2)生产金或矿税。根据其名称可以看出，此税金跟区块的产量规模有很大关系。并不是所有的区块都需要缴纳此矿费或税额。

(3)政府总收益中占大部分的财税条款。财税条款包含通常的税率制度和石油天然气独特的税金。

(4)“SDFI”的收入。其实，政府参与是通过获得权益的方式进行的，现在，政府通过SDFI管理国家石油公司，并根据许可证内容支付联合经营活动中的支出，它不再是简单的政府总收入的一部分，利润是通过油气公司取走。通过“SDFI”，政府直接承担油气生产活动中存在的风险。由于政府和石油公司之间分配利润和支出的原则和方式，导致政府承担了关于油气生产活动的相当部分的商业风险。

5. 第三方使用生产设施的规定

在开采挪威大陆架内的石油天然气时，需要在生产设备方面做大量的投资，因此两个或多个油气田共同使用生产设备是降低投资和提高效益的一个最重要的方式。允许“第三方”加入对小油气田的开发非常重要，油气资源对当那些比较成熟且没有新发现的大油田的许可证团体来说，极具经济效益。大多数情况下，第三方的使用量取决于现有设备的能力，但是也可以是初始开发方案整体的一部分。也存在这样的情形，有两个或更多的许可证持有者团体会互相关联，一个团体拥有设备，另一个团体使用设备，并且签署了协议：双方定义为拥有者和使用者。

拥有者给使用者提供的服务可以更广泛，从输送处理后的油气到覆盖使用者油气田所有的油气生产事务包含钻井、生产、处理和运输。大多数情况下,包括处理使用者的原油和并与自己的原油一起混输出去。

使用者、拥有者之间的多面关系可以减少管理和交易费用,所有的油气生产活动通过一个单一的合同关系执行。这种多个区域的统一可以充分考虑相关的合同者的利益,方便油气田的整体有效开发,取决于统一合同中的条款和条件。

因为管道的建设可能会被禁止,大部分气田往往需要跟几个气田一起混输出去。外输天然气是除生产投资外的另一个方面,它需另外一个许可控制。这两种投资的商业目的是完全不同的:管道投资只提供运输费,但是生产投资主要针对天然气和石油的生产,因此提供服务是次级生产活动。通常,由于天然气运输管道的特点,其使用跟其他生产设施不太一样,在挪威其特殊性更突出。因此,挪威所有的管道都由挪威天然气管道合资公司(Gassled)投资,其由国有企业挪威北海基础设施公司(Gassco)管理并规定了运输费,这些变化使挪威境内的管道网络取代了前期的不同的独立系统。

通常来说,政府和石油公司在使用第三方的生产设施方面有共同的利益,因为通过这种方式可以介绍投资和增加收益,从而使政府通过税金和政府的股份得到更多的利润。因此,需要挪威的石油政策来实现石油行业造福于整个社会,从而公正性地增加政府的收入,该收入可用来促进政策的编制制定。自从第一个油气田投入开发后,挪威政府逐步采取措施刺激合同者使用生产设施。近几年来,一些鼓励政策已经实施,其内容主要规定初始的开发规划和不同油气田共同使用设施,是否多个油田使用或者一个新的开发方案取决于已有的生产设施和使用团体与拥有者团体之间的协商。总的来说,这个立法授予政府同时也限制政府只能在符合石油政策目的和其他公众的利益时才能对公共设施的使用进行控制。

总之,自从第一个大陆架油气田开发后,政府就比较重视将已投产油田的设施的多余处理能力合理利用的问题,以便降低整个行业的开发和操作费用。为了增加油田使用者的利润,政府通过成立能源管制机构(USR)或其他方式来强调这样做的重要性,而且还确立了第三方使用已有生产设施的合同的规范,以提高社会经济利润和资源的有效管理。

6. 天然气管网的运营

如果管道为几个油田服务的时候,《石油法》规定管道的建立和操作是通过管道许可实现的。每个管道的许可已经授予几个公司,形成合资公司。政府保持其直接的资金利益,政府指定了这些许可证持有者们中的一个为操作者。可以说,挪威境内的管道许可跟生产许可体系一样也有一套体系。这个体系也适用于原油管道。《石油法》(PA)对管道的安装和输送、使用都订立了一套新的第三方使用规定。

2001年改革是天然气管道的根本性重组，一个新的管理管道的挪威北海基础设施公司(Gassco)成立，它是一个独立于天然气市场的没有商业利益的系统管理者，而且，挪威北海基础设施公司(Gassco)在管道网中没有任何权益。2002年12月20日，石油能源部(MPE)批复了合资公司合并。根据石油能源部(MPE)的批复内容，挪威北海基础设施公司(Gassco)是挪威天然气管道合资公司(Gassled)的操作者，而且，已存在的管道许可的期限统一属于挪威天然气管道合资公司(Gassled)且延长至2028年12月31日。因此挪威上游管道网现在被一个公司管理，挪威北海基础设施公司(Gassco)现在属于一个合资企业挪威天然气管道合资公司(Gassled)，并且是这个系统的操作者。作为作业者，挪威天然气管道合资公司(Gassled)负责上游管道网的整个运行技术，挪威天然气管道合资公司(Gassled)的运行技术对短期的输送安全的各个方面都有影响。

首先，挪威北海基础设施公司(Gassco)要负责不同油气田的日输送天然气量以满足日产需求。这意味着进入的天然气量和管道网出口的权衡问题，也负责不同天然气质量混合后能达到管道网的产量要求。这个协调存在于挪威北海基础设施公司(Gassco)和欧洲陆地和英国运输体系的下游作业者。

其次，挪威北海基础设施公司(Gassco)负责管道网的维护等所有有关管道的计划。管道网络的安装是都关联着的，因此某个单一的地方需要维护时，需要协调网路的其他地方，以免出现运输网路的混乱。

最后，挪威北海基础设施公司(Gassco)负责对管道网路做发展规划。这个关乎着整个官网系统未来的输送安全或保障。但是这个规划是不包含新建管道的，因此，新管道的扩建和投资计划都由其所有权公司挪威天然气管道合资公司(Gassled)统筹管理，如果投资确定后，所有进行投资的公司将拥有优先分享扩建输送能力的权利。

已生产的大气田公司如果想增加其天然气输送量，可能会需要投资建设新的管线。但管道建成之后，其所有权属于挪威天然气管道合资公司(Gassled)，作业者为挪威北海基础设施公司(Gassco)。

7. 报废计划规制

《石油法》的第五章止式地介绍了报废计划的规定。然而，自从20世纪90年代初发生第一次案例后，就需要石油能源部(MPE)编纂报废计划，因此，《石油法》(PA)的内容是政府实际管理中得出的规范。

《石油法》中规定，生产许可持有者和管道许可持有者有义务准备报废计划。这意味着,生产设施和管道的报废问题主要取决于合同者的计划和石油能源部(MPE)的最终决策。关于地理范围的规定,陆地上与海上活动相连接的设备的报废也包含在上面的计划中。

许可证持有者编写报废计划的义务取决于两个方面:①设备永久废弃的日期或许可的期限这两个时间点哪个提前符合。如果许可的期限先到,设备还能继续应用,许可证持有者可以申请合同延期从而不用准备报废计划。②是否准备报废计划取决于石油能源部(MPE)对其合同延期的决策。

许可证持有者必须在上面时间点到达之前,提前 5 年递交计划,但是不能晚于 5 年。目的是给石油能源部(MPE)足够的时间去做决策。

报废或者废弃不取决于石油能源部(MPE)的批复。取而代之的是,石油能源部(MPE)选择许可证持有者提交的计划报告中的一套方案,不一定是推荐方案,从而做出决定。然而,石油能源部(MPE)的行为必须符合国家原则和协议。保护东北大西洋海洋环境公约(OSPAR 公约)的第二段禁止在原地倾倒遗留部分或者整个的海上废弃设施。前面已经提到,管道不包含在倾倒禁止令中。因此,石油能源部(MPE)执行中遵守议会规定的原则。通常情况下,当管道或电缆不阻挡或者危害海底渔业时,都可以留在原地。

根据《石油法》的规定,可指定许可证持有者、拥有者(不仅是许可证持有者还是单独的公司)、使用者(设施除了满足油气活动需要外,还有其他用途)作为责任方。通常情况下,石油能源部(MPE)可以指定一个或两个公司作为责任方。

当确定责任方时,石油能源部(MPE)必须考虑国际海事组织(IMO)规则中的规定。它明确地赋予了沿海国家具有对在海底安装的且没有完全拆除的设施管理的法律权利,即对设施维护、对未来损害补偿的财务能力。至于陆上的设施,《石油法》(PA)对石油能源部(MPE)的决策方案有限制,这些方案包含为了使其能在油气活动中继续使用的目的,政府可以接管设施。其他方面的方案由其他部门(除了石油能源部 MPE 外)根据相关的陆上石油开采法规制定。

二、电力法制

(一)相关水电资源法规

1. 工业特许权法

《工业特许权法》(the Industrial Concession Act)是用来维护国家和瀑布及水电站所在地区的权益的。自 20 世纪初,政府对水电的开发进行了严格的管控。国家的管控还包括对水电站的控制。与其他国家不同,挪威的电力供应完全依赖于对瀑布这一至关重要的自然能资源的开发。

一个水电开发项目在提交授权申请前，必须完全符合水资源总体规划和水电保护规划的所有法律条款。要开发水电，瀑布是必要条件，因为它能让水的势能得以开发。根据工业特许权法，瀑布的获取和瀑布的水电开发都需要获得授权。如果瀑布在整流后(无论是单一瀑布，还是连续型小瀑布，只要它们可以经济有效地合并开发)能够输出超过 4 000 马力的能量时，该瀑布的开发必须获得授权。而且如果一个已经投入开发的瀑布需要交易，同样需要申请授权。

同时，国家和地区享有优先购买权，授权都有一定的有效期限。当授权期满时，权利自动返回国家。权利回转意味着国家在瀑布和水电设施的授权期满时将无须竞标而自动获得所有权。授权有效期通常为 60 年。

1917 年《工业特许权法》通过后，挪威议会规定：开发权期满后，瀑布属于公共所有而非私营企业或个人所有。公有制水电站代表挪威来管理瀑布，所以挪威国有企业获得对瀑布开发的无限期授权，而无需将权利回转给国家。此外，存在权利回转的有限期授权在一些情况下是必要的，因为这可以使挪威政府在一个授权期满后有机会考虑瀑布的下一步开发。

此外，《工业特许权法》为保护瀑布所在地区的利益、权衡水电开发造成的损失和带来的经济效益，规定了关于开发费和义务送电量等的必需条款。

2.《河道管理法》

根据《河道管理法》(the Watercourse Regulation Act)，对储水水库中的水进行水电开发，瀑布所有者必须申请另外的开发授权。《河道管理法》适用于那些为解决河流在一年中流量变化而采取的管理措施。授权过程包括对河道、储水大坝的位置和发电装置的相关调查。授权必须包括对水库水容量、储水水库最低水位，水库向其下游河流的最低排水量的单独规定。

《河道管理法》为保护自然和环境，通常授权公共机构来起草开发权限中的各项条件。河道开发授权还要求向国家和河道所在地区缴纳年度河道开发费。该费用旨在补偿因河道开发而带来的负面影响和分享河道开发带来的经济效益。

3.《河道和地表水法》

根据《河道和地表水法》(the Watercourse and Ground Water Act)，即使水电项目的开发不需要申请瀑布或河道的获取权限，但是用来开发水电势能的一些措施可能要需要单独的权限。河道的开发权限只有在对公共和个人的影响利大于弊的情况下才会授予瀑布开发权的所有者。例如，如果瀑布的水力势能未超过 4 000 马力（Horsepower）的开发限制，水利的开发只是通过河流水电站，就不需要授权。但是该项目如果对公共权益有负面效应，就需要根据《河道和地表水法》申请开发权限。

（二）电力市场及其监管

能源法确立了挪威电力配送系统的组织框架。能源法的主旨在于提高电力机构的运营效率和增大电力的使用灵活性。它明确给出了发电及电力贸易与电力传输及配送的区别：前者存在市场竞争，后者为垄断经营。要提高运行效率，就需要在市场中引入竞争，而为了规范电力配送网络，则需要由国家垄断经营。过去，向指定区域所有消费者供应电力实行的是垄断式配送，如今电力的生产和配送必须分开经营。

挪威电力工业的主要所有权在民众手中，市政机构操控的发电能力占42%。经营水电的股份制私营企业有 12%的所有权。国家电力开发公司（Statkraft）代表挪威国家，以直接或间接的方式掌握 46%的所有权。电力机构的重组过程没有任何私有化。为了与能源法保持一致，挪威改组了国家电力董事会。生产设施必须与配送网络的各项活动脱节。自 1992 年开始，其职能部门分为两部分：国家电力开发公司（Statkraft）和国家电力网络公司（Statnett）。

石油能源部（MPE）负责挪威能源的管理，此外还负责水资源包括水资源保护规划的管理工作。石油能源部（MPE）致力于将水资源的管理达到环境友好、全民受益的目标，同时还提高电力的生产、贸易、消费的效率。

电力市场的竞争，由挪威竞争局，根据 2004 年的《竞争法》进行管理。当电力市场中出现垄断现象或电力价格存在不透明时，由该局负责解决。

（三）电力的供给

1. 电力市场的竞争机制

电力市场的竞争，主要基于《能源法》第 3、4 两章的两条规定：废除电力供应商向其垄断区域内所有客户供应电力的垄断权；向愿意在拥有第三方所有权的区域内进行贸易的独立电力供应商和消费者提供交通设施的协助。

1990 年 12 月 7 日颁发的政令中首次给出了关于能源的开发、转化、传输、贸易、配送和应用的规定。为了满足电力市场需要同时也为了规范电力市场的发展，这些条款后来不断被补充和修正。1991 年 1 月 1 日《能源法》生效以来，电力行业有了全面而快速的发展。根据《能源法》，石油能源部（MPE）有权力签署法令来执行或补充能源法及其构架。

在《能源法》规定的电力输送预案中，所有的电力配送商都需要在获得授权后才能在其所辖区域内建立和运作所有不高于220kV电压的电力设施。由于电力供应网络的自然垄断性，区域授权是具有排他性的，它给予电力配送商向其所辖区域内所有客户供应电力的权利和义务。这种供应电力的独有权利被能源法废止了。目前，电力配送商仍然可以向其所辖区域内不愿参与电力市场运营和更改电力供应商的客户输送电力。废止向客户配送电力的独占权利，意味着其他电力供应商和希望在电力市场中签署供电协议的客户可以获得更多的利益。

2. 电力贸易授权

能源法引入了用以规范贸易授权的一整套机制。建立电力贸易授权系统的目的有两个：确保电力系统运行高效，它既用来规范市场上的电力生产商也用来规范网络系统设备的垄断运营者；规范电力配送的所有形式。经营电力贸易的机构必须申请授权。电力代理商将不受贸易授权系统管理，因为他们在市场中没有独立的经济地位。电力贸易授权系统适用于拥有或运作电力配输网络系统（包括网络的系统运行机构）的机构。授权系统是为了确保网络系统的正常运行，提高电力系统作业、运用和开发效率。

授权系统涵盖了电力能源所有的配送形式。贸易授权仅限于实业贸易。授权本身具有一定的时间期限，首个贸易授权的有效期仅有2年。此后新的授权有效期是3年或2年9个月。贸易授权的有效期短，这对权限所有者是不利的，因为未来规定如何存在着不确定性。与此相对，短期的贸易授权有利于政府在能源法生效后的前几年中控制与调整，是用来规范电力市场未来发展的法律手段。自2002年1月1日，授权有效期变为5年。

网络的系统运作包括贸易运作和税率。国家电力网络公司（Statnett）作为挪威电力供给的最高系统运营机构，拥有贸易授权。这些系统经营必须按照电力系统中的相关规章来开展。其他所有贸易授权都有一个通用条件，即所有权限拥有者必须遵守这些规章。这些授权和法规构成了系统运营的基本框架，为市场中的电力供给的正常运行奠定了基本条件。

3. 电力进出口

要经营电力贸易必须申请授权，这使得政府有权力来规范这些贸易，从而达到合理利用能源、保护环境和保障电力安全的目的。政府也有权获取其所需要的相关信息，来实施必要的管制，以此来保证电力贸易与授权要求符合。

北欧电交所（Nord Pool）的现货市场负责组织跨国电力的短期贸易。在北欧市场上，常见的现象是，电力合同以1小时为单位签订，签订后第二天完成电力输送。国家电力网络公司（Statnett）是负责和别国开展短期电力贸易的技术和管理机构，是权限所有者。国家电力网络公司(Statnett)负责挪威电力的稳定供给和供求平衡。为达到这一目标，国家电力网络公司(Statnett)同其他国家的系统运营商开展电力贸易。电力现货市场将电力价格和数量确定后，盈余市场开始运行。2002年，北欧盈余电力列表生成，该列表还用于瑞典、芬兰和丹麦东部地区的市场短期法规中。

北欧电交所(Nord Pool)是同别国开展短期电力贸易的另外一个权限所有者。北欧电交所(Nord Pool)代表国家电力网络公司(Statnett)负责市场管理工作。该机构负责组织同其他国家的短期电力贸易，以保障电力的安全和高效。这种机制同时也意味着，电力在任何时候都流向价格最高的区域。这种机制保障了电力能源的有效开发，强化了挪威电力供给安全。

此种电力贸易的主要好处在于，它能够协调挪威的水电和热电开发。水电站在其运行高峰有足够的能力来供应全国的电力消费。由于技术原因，水电站的发电能力需要超过本国用电的高峰需求量。水电生产可以在电力需求波动时得以快速调整。此外，进水量是挪威电力系统的限制因素。

要建立能够完全满足电力消费高峰需求的热力发电站是很昂贵的。此外，根据需求的波动而快速调整发电量同样投入很高。但是热力发电站在全速运行时，其造价成本较低。那些依靠热力发电站的国家可以减少建立大容量发电站的资金，因为其可以在电力消费高峰时从挪威进口电力。此外，如果挪威水电站根据电力需求的短期波动而调整发电量时，热力发电站可以获得更高效的运行。与水电系统不同，热力发电系统不会受到降水量的影响。这就意味着挪威可以在雨季出口电力，而在干季进口电力。

2010年6月1日，美国纳斯达克集团(NASDAQ OMX Group)宣布收购了当时全球最大能源衍生物交易所北欧电交所(Nord Pool)，这桩新的收购交易意味着纳斯达克现已拥有北欧电交所(Nord Pool)的全部股份，新组建的交易所名为纳斯达北欧电交所(Nord Pool)，负责运营北欧实体电力市场。[1]

4. 电力网络使用权

挪威《能源法》是首个用以保护消费者从市场中购买电力的法典。贸易授权的条款指出：授权所有者需保证所有希望使用电力网络的消费者可以在服从规定的税率和条款前提下获得平等的网络使用权。当消费者从市场或其他供应商那里购买电力时，这些法规将具有效力，且在所有的网络级别

---

① 参见《纳斯达克OMX完成收购Nord Pool交易》，http://money.163.com/10/0601/09/6836RP7700253CVK.html，2012-01-12。

都有效，电力贸易也没有最低贸易额限制。根据电力法和电力法法规，电力网络公司需保证所有希望使用电力网络的消费者可以在服从规定的税率和条款前提下都能获得电力网络使用权。电力网络公司须遵从公正、公平的原则。电力网络公司确定税率，需要提供关于税率的相关信息和网络使用的说明条款；如果客户要求，那么公司需要给出税率的计算方法和与客户相关的条款。

（四）电力的传输和配送

1．电力设施的建成和运营

电力的传输和配送同样要遵从两套法律机制。根据能源法，电力的传输和配送具有自然垄断属性，它们必须与电力的开发和贸易分离开；另一套法律机制是为了保障电力传输和配送运营的公共管制。

根据《能源法》，高压电力设施在未获得授权时不许建设和运营，而且设施的扩建也同样如此。电力设施需要授权，旨在确保电力设施的建设和运营是以综合考虑经济环境效益、公共利益的全局为基础的。高压输电线和继电器的建设通常会给周围环境带来很大影响，对每个工作电压超过 22 千伏（kV）的电力设施，都需要单独申请授权。

电压不超过 22 千伏（kV）的设施的建设和运营需要申请一般性授权，这被称为区域授权。所有的区域授权所有者需要向其所拥有的授权管理范围内的所有用户提供电力。在特殊情况下，石油及能源部免除电力网络公司的供电义务。因此，获得该授权的公司无须为工作电压低于 22 千伏（kV）的设施申请授权。区域授权将覆盖电力网络公司所管辖的区域。电力设施和区域授权的有效期不超过 30 年，但是可以申请续期。

2．自然环境保护

根据能源法，在规划、设计和运营电力设施时，只要在其可实施范围之内且不会因此而带来不合理的经济损失或其他弊端，那么他们必须考虑对环境的影响。电力设施必须与周围环境相协调，将对动植物的危害降到最小。电力设施建设前，其建筑场地必须清理好，同时要考虑到自然环境和文化遗产。电力设施停运后，需要将它们移除，并尽可能将地表环境恢复到先前的状态。

3．电力的规划

电力系统规划，需要综合考虑能源系统开发的社会效益和授权系统申请的处理平台。根据能源规划的相关法规，授权所有者需要起草并公布一份电力系统的长期规划，该规划将作为规划区域内的电力网络的一部分。该网络划分为配送网络、区域网络和传输网络。地方网络公司通常负责协调工作。电力系统规划将介绍当前的电力供应系统、将来的电力传输状况、在规划区域中电力系统开发的预期措施、投资和重要因素。此外，电力系统规划还介绍电力系统的各种不同的开发方案，包括对方案的社会、经济评估。

区域能源规划将通过推广区域能源供给、能源利用、区域可替代能源的相关知识，以此来推动能源系统的高效发展。区域权限所有者需根据能源法起草区域能源规划，向相关自治区进行年度汇报并把结果公布于众。能源规划需要介绍自治区内的当前的能源系统、能源构成，并给出不同的能源使用群体对能源的需求预期。能源规划要给出自治区内最可行的能源解决方案，包括能源需求的最大变化。

4. 组织机构的垄断性及垄断的监控

电力传输与配送网络具有自然垄断属性。由于电力网络具有垄断性质，因而其必须接受公共机构的监督和管理。关于自然垄断网络的立法是为了保障人民能够获得市场和网络，确保电力传输配送公司不采取控制价格的方式、滥用职权来侵害消费者权益。虽然电力网络配送商拥有垄断权，但他们必须确保服务效率和质量。

简而言之，自《能源法》1990 年颁布以来，电力市场的运营效率得到提高，电力使用的灵活性增大。挪威电力工业的重大重组，推动了电力生产和贸易竞争，确立了以能源资源得到充分利用为基础的能源政策，电力网络的管理法规也得到健全。[①]

第五节　挪威可再生能源法制与节能环保法制

一、挪威可再生能源的法律规制

挪威的能源消费主要包括石油、天然气和可再生能源的消费。近年来，挪威的能源结构发生了显著变化，可再生能源的比重增加。大力开发利用可再生能源、提高能源效率，已经成为挪威的能源发展战略之一，也是其解决能源安全问题的重要途径。其中，很重要的考虑因素是基于环保的考量。

---

① Finn Arnesen, Ulf Hammer, Per Håkon Høisveen, Knut Kaasen and Dagfinn Nygaard, *Energy Law in Norway*, edited by Martha M. Roggenkamp, *Energy law in Europe: national, EU and international regulation*, Oxford University Press, 2007, pp. 861-901.

(一)水电方面

在水电方面，挪威制定的与水电项目有关的重要法律有《工业特许权法》、《水资源法》、《河道管理法》和《能源法》等。只有那些考虑了环境影响的好的水电项目才能获得批准。考虑到水电对环境的影响，挪威能源的未来发展将着眼于开发中小型水电项目、升级和扩建现有水电站、利用新的可再生能源等。

(二)海上可再生能源方面

2009年，挪威政府向国会提交了一份关于海上再生能源的立法草案，主要内容包括：海上再生能源国家战略、建立研究中心计划、海上风能发展战略、海上能源开发基础设施建设、渔民补偿、安全环保、使用费、电力进出口等。挪威石油与能源部有关人士表示，海上风能将成为挪威工业和能源部门的下一个开发领域。通过该立法，挪威政府将建立起绿色新能源的发展框架，大力促进海上再生能源的科技开发和利用。

二、挪威的能源可持续发展战略与节能及能效制度

世界各国皆有其自身不同的情况。挪威现代社会和谐发展有其雄厚的财政基础，其"能源可持续发展政策"是其经济发展过程的特色之一。能源的可持续发展保证了挪威经济的成功发展，经济的发展支持了其不断增加的财富。在其能源法制发展过程中，挪威注重能源生产和环境保护的协调发展，制定能源、环境和经济社会的可持续发展战略，使得挪威成为当今世界上最富有和环境保护最好的国家之一。

能源可持续发展，是一种有别于传统片面强调经济发展，忽视经济、社会、环境和能源协调的发展观，而是要求经济、社会的发展必须同能源开发利用和环境保护相协调的发展观与发展战略。当前，挪威的能源发展以促进经济增长和保护环境可持续发展为核心，大力开发利用可再生能源、开发新能源技术、提高能源效率，其主要措施为：

(一)机构设置

1972年挪威成立环境部，内设环境经济司、污染和废弃物司等，并设有污染控制局、自然资源管理局等直属机构，18个郡都相应设立了环保局。1974年设立的污染控制局是挪威环保及清洁生产方面的主要执法机构。20世纪80年代后期，为促进环境和经济的协调发展，适应可持续发展，挪威政府对环境政策和战略进行了相应的调整，从以末端处理的污染控制为主，转

向以源头削减为主并着眼于生产和消费的全过程的转移[①]。

挪威始终把环境保护和温室气体减排作为基本国策并采取了许多限制污染物和温室气体排放的措施，如征收碳税、硫税、气象税等。具体包括：①制定环境保护的目标；②采取法律手段，实施《污染控制法》和《产品控制法》等，从20世纪90年代开始，挪威进行了大规模的排污收费、税收返回、许可证交易等；③注重清洁生产，现行法律框架包括《自然资源节约法》等。

（二）能源节约

能源节约的施行与推广，主要依赖政府强制推出的措施、新标准和税收调节方法。例如，执行信息性电力账单系统，使得所有年电力消费量预期超过8 000千瓦时(kW·h)的用户都会收到电网公司寄来的实际电力消费账单，此账单可以显示出用户当年的电力消费与往年的不同，并且提出在哪些方面可以节约能源的建议。又如，实行建筑节能新标准，以促进建筑节能。1998年挪威政府针对电力公司的新型税收政策，建立了电力消费税。这些税收政策的一个主要目的就是确保税收能够鼓励各种资源的有效利用。所有的电力公司按照他们每年的盈利缴纳所得税。这在其他领域也是如此。这些政策也包括经济租用的税务和付给城市和街区的由于使用自然资源而缴纳的税费。

同时，电力的消费和征收税费密切相关，2006年电税为0.100 5挪威克朗每千瓦时，挪威芬马克(Finnmark)的消费者和挪威北部的一些城市居民不用缴纳这些费用。在2004年7月1日建立起新的工业消费税系统，按照电力消耗的比例征税。当电税建立起来后，它便可以依照欧盟指令对能源产品进行征税。不过，能源密集型企业不用缴纳电税。

其电力增值税平均为25%，挪威的诺尔兰郡(Nordland)、特罗姆瑟(Troms)、芬马克(Finnmark)，这三个城市的居民不用缴纳电力增值税。

（三）能源效率

1. 建立能源基金

在20世纪70年代石油危机发生之后，能源的有效利用就成了挪威官方非常重视的一个问题。挪威提高能源利用率的目标就是为了确保能源的合理利用。与此同时，提高能源的利用率还能够减少在能源使用过程中所造成的环境问题。20世纪90年代，挪威政府向议会递交了一份旨在调整当地能源政策的报告。在探讨报告的问题时，议会需要更有效的管理方式以及

① 参见郭冬梅：《应对气候变化法律制度研究》，法律出版社2010年版，第121页。

比以前更多的能提高能源效率的过程中得到的结果。而且，之后修订的《能源法》建立了能源基金。

起初能源基金，一部分来自国家预算，一部分来自网络关税。但在2005年以后，基金全部通过注册商标得到。2006年网络关税为0.01挪威克朗每千瓦时，能源基金在2006年一共是68亿挪威克朗，这些基金被用在能源消耗和能源生产过程中的资源保护上。此外，基金也会被用在如何节约能源以及新能源的开发上。例如，在相关资金的资助下，易诺华公司(Enova)充分利用风能以及热能，积极开展这些领域中设备的研发工作。此外，易诺华公司(Enova)还要负责为环保能源的利用和能源生产提供更多的信息和咨询服务。

2. 参加能效组织

欧盟里的一些相关组织里，挪威加入了能源效益(SAVE)和可再生能源(ALTENER)等组织。按照欧洲经济区(EEA)的规定，挪威还参加了国际能源效率组织，并共同建设国际能源市场，包括能源效率和使用新型能源。

三、挪威的碳排放控制制度

按照《京都议定书》的相关规定，挪威二氧化碳的排放量可以比1990年的标准提高一个百分点的。由于在挪威大陆架(the Norwegian continental shelf, NCS)上石油产量有所增长，在1990—2005年间挪威的二氧化碳排放量几乎增长了9%。因此挪威现在很难达到《京都议定书》的要求。2004年12月17日颁布了《第99号法案》(Act No. 99 of 17 December 2004)，旨在实现《京都议定书》的要求。这个法案主要规定了排放的津贴和贸易计划。它被应用于那些使用能源或能源产品作为原料并且排放二氧化碳的企业。挪威在加强应对气候变化和确保降低二氧化碳排放上制定了自己的目标和政策，期待并设立于2030年达到碳中立国的目标，即所有在挪威的排放将与其他地方的减排对应。具体的步骤和措施有：①挪威总减排量的2/3在挪威本土实现；②挪威将增加资源投入可再生能源，环境研究和发展新科技；③挪威将在其他国家提倡减排；④挪威将根据京都协议的义务资助发展中国家的减排措施；⑤政府将提高对公共交通的投入降低交通排放。

第六节 挪威能源法未来发展趋势及其前瞻

一、水电和石油天然气工程的合并

挪威国家石油公司与水电、石油和天然气工程的合并，意味着在挪威大陆架(NCS)上会有更加集中的石油活动。这个新的公司(现在被称作挪威水电石油公司)拥有在挪威大陆架(NCS)上80%的作业船，并且拥有30%的储层(已探明)的开采权。石油能源部(MPE)已经公布了合并，这将会需要更完善的法案对石油开采者进行监督。

二、碳的捕捉和储存

二氧化碳处理技术将是对抗全球变暖的最重要的措施之一。挪威一直通过增加对温室气体的捕获及储存技术的投资额来帮助对抗气候变化，从2009年开始预计投资总额为35亿克朗(约合6.21亿美元)。

挪威国家石油公司将在蒙斯塔德(Mongstad)炼油厂解决碳捕捉和碳封存工程的第一个首要问题，即先把二氧化碳在炼油厂中储存起来，然后运输到挪威大陆架(NCS)并把它们回注到地下储层当中。[①]

三、挪威的电力

挪威几乎所有的电能来源都是靠水力发电得来的。作为一种可再生能源，水力发电不会向大气中排放污染物质。但出于环境因素，未来挪威很少还会再建设水利发电站了。此外，随着小型水力发电厂的供电能力达到了10兆瓦，还要考虑对现有水利发电站设备的整修和更新工作。

目前，挪威电力主要是水电应对未来的挑战。虽然仍然有大量的水电潜能有待开发，但反对进一步开发的声音也很强。由于考虑到水电对环境的影响，挪威能源的未来发展着眼于开发中小型水电项目、对现有水电站的升级和扩建、利用新的可再生能源、进口能源、建设没有二氧化碳排放的天然气电站。一个未来的挑战就是，在水电开发与河流的其他利用之间找到

---

① 赵雁军:《挪威国家石油公司将在Mongstad炼厂投资10亿挪威克朗用于环保技术项目》，http://www.indunet.com.cn/news/data! newslook.action? entityId=26770&gotourl=/news/newsinfo.jsp，2012-01-12。

一个平衡点，慎重地开发水电而不要毁坏河流，同其他利益相关者开展合作，可以获得一些积极的解决方案。另一个挑战是水电生产系统的老化问题。在电力市场开放后，考虑到目前的电价和生产成本，对电站进行投资维护在经济上也将是一个值得关注的问题。[①]

由于挪威的电力市场向北欧开放，北欧的市场也覆盖挪威。随着联网对挪威南部700兆瓦的供电能力以及在2007年年末荷兰的加入，这将会得到那些意图加强对挪威输电网的交错进行限制的人们的支持。

四、挪威的风电

沿海风电对于挪威越来越具有战略意义，挪威政府曾提出发展以海洋为基地的风电场，并作为由沿海石油和天然气为主的能源结构向新能源计划的重要部分的议案[②]。挪威适合沿海风电发展的地方很多，开发海上风电既能促使能源多样化进入新能源领域同时能达到应对气候变化的目标。挪威能源部试图通过大力开发海上风电而成为欧洲的供电电池，挪威欲从现在到2025年投资440亿美元开发海上风电。[③]

简而言之，挪威的发展将以促进经济增长和保护环境可持续发展为核心，大力开发利用可再生能源和新能源、开发清洁能源技术、提高能源效率。继续建设好石油基金，为国民的未来、生活环境和国家发展夯实基础，逐渐形成以可再生能源消耗为主，能源消耗多元化为辅的能源格局。可持续、多元化、清洁性将成为能源利用的主要特点。[④]

---

① 高立洪：《挪威水电在保护环境中追求发展》，http://www.powerfoo.com/old_news/newcenter/113107059073380573880633.html，2012-01-12。

② 参见《挪威发展风电使其能源来源多样化》，载世界能源金融网 http://www.wefweb.com/news/200977/1038307141.shtml，2011-07-31。

③ 参见《挪威欲大力开发海上风能》，http://www.indunet.com.cn/news/data!newslook.action?entityId=26770&gotourl=/news/newsinfo.jsp，2012-01-12。

④ 参见李志军：《挪威的能源战略、政策及启示》，载《技术经济》2008年第3期，第83—87页。

第七章　波兰能源法

波兰，全称波兰共和国(Rzeczpospolita Polska)，位于欧洲东部，是欧盟、北约、经合组织的成员国之一。波兰领土面积为 312 683 平方公里，人口为 3 813 万(2009 年)，官方语言为波兰语(Polsk)，货币为兹罗提(Zloty)。波兰地势南高北低，平原占全国面积的 72%左右，气候属于由海洋性气候向大陆性气候过渡的温带阔叶林气候，森林占国土面积的 28%左右。

波兰是多民族国家，波兰族占到全国人口的 98%。波兰历史悠久，早期是西斯拉夫人的一支，曾是一个强大的国家。18 世纪下半期，波兰开始走向衰落，曾在 1772 年、1773 年和 1795 年被沙皇俄国、普鲁士王国和奥匈帝国先后三次瓜分。第一次世界大战结束后，根据凡尔赛—华盛顿体系，波兰恢复独立，建立了资产阶级共和国。1939 年 9 月，法西斯德国闪击波兰，占领波兰全境，第二次世界大战就此爆发。“二战”结束后，波兰统一工人党(Polska Zjednoczona Partia Robotnicza，PZPR)成为执政党，建立了波兰人民共和国(Polska Rzeczpospolita Ludowa，PRL)，实行社会主义制度。1989 年，波兰发生剧变，统一工人党丧失政权。1989 年 12 月 29 日，波兰议会修改宪法，改国名为波兰共和国，放弃社会主义制度，实行资本主义议会民主制度和市场经济制度。波兰行政区划分为省、县、乡三级，全国共 16 个省，308 个县，2 489 个乡。

波兰实行三权分立的政治制度和以市场经济为基础的经济体制。波兰《宪法》规定：众议院和参议院拥有立法权，总统和政府拥有执法权，法院和法庭行使司法权；波兰的经济体制实行经济自由化、私有制等原则；波兰武装力量在国家政治事务中保持中立。根据新宪法，如总统否决了议会或政府提交的法案，议会可以 3/5 的多数否决总统的决定。波兰国民大会由众议院和参议院组成，是国家最高立法机构，任期 4 年。众议员 460 名，参议员 100 名，均通过直接选举产生。波兰最高法院是国家最高审判机关，对下属法院的审判活动实行监督。[1] 波兰的司法机关由法官负责。最高法院是国家最高审判机关，对下属法院的审判实行监督。法官由总统任命。最高检察院司隶属于司法部，由司法部长兼任总检察长。[2]

在波兰的法律体系中，宪法位于第一等级，是最高法；议会批准的国际条约位列第二等级；位于第三等级的是议会立法；处于议会立法之下的是附属性法律规范(sub-statutory acts)，可以分为具有普遍效力的执行规则(executive regulations)和只在上下级系统内有效的法令。例如，波兰《宪法》第93条第1款规定，各部部长裁判所制定的规则和部长发布的命令具有内部性，即只在发布机关组织系统内有约束力。波兰经济转型之后实行市场经济体制，法律对于经济活动的规定遵循简单和普遍的原则，主要包括以下几点：①经济主体有从事经济活动的自由；②经济主体之间是平等的，无论是国营或私营，国内或国外；③经济主体的活动受市场机制的调节，政府不加干涉；④将国家保护主义限制到必要的最低水平。[3]

波兰和中国都是从20世纪后期开始进行经济体制改革，由计划经济向市场经济转型的国家，在某种程度上具有相似性。此外，波兰和中国能源结构相似，都是以煤为主，油气资源依赖进口。但是，波兰能源法制相对中国而言较为完善。可见，波兰能源法可以成为中国深化能源体制改革过程中能够借鉴的重要参考。

第一节 波兰能源概况

一、波兰能源资源现状

根据国际能源署(IEA)2010年公布的数据，截止到2008年，波兰能源生产总量(Energy prod.)为71.39百万吨标准油当量(Mtoe)，占世界能源生产总量的0.58%；净进口量为(Net imports)30.29百万吨标准油当量(Mtoe)，占本国能源生产总量的42.43%，能源供不应求，形势严峻；一次能

① 参见《波兰概况》，http://world.people.com.cn/GB/8212/72474/72477/5051698.html，2012-01-13。

② 参见中华人民共和国商务部：《投资波兰》，http://hzs.mofcom.gov.cn/accessory/200701/bolan.pdf，2012-01-12。

③ 参见中华人民共和国商务部：《投资波兰》，http://hzs.mofcom.gov.cn/accessory/200701/bolan.pdf，2012-01-12。

源供应量(TPES)为97.88百万吨标准油当量(Mtoe),占世界一次能源供应量的0.8%;燃料燃烧所产生的二氧化碳排放量(CO_2 emissions from fuel combustion only)为298.69百万吨(Mt),高于挪威(37.61Mt),低于英国(510.63Mt)、法国(368.23Mt)、德国(803.86Mt)和意大利(430.1Mt),占世界二氧化碳排放量的1%,节能减排压力相对较大。[①]

(一)石油

波兰的石油储量和开采量都比较小,95%依赖进口。但波兰石油消费量十分可观,根据英国石油公司(BP)公布的数据,2010年波兰能源消费量为26.3百万吨,合568千桶/日,比2009年上涨了3.9%,占当年世界石油消费总量的0.7%。[②] 在石油产品零售价格方面,根据国际能源署公布的数据,截止到2010年第一季度,波兰工业用途的重型燃油(Heavy fuel oil for industry)零售价格为589.56美元/吨(USD/tonne),高于法国(541.97USD/tonne)、德国(515.15USD/tonne)和意大利(573.52USD/tonne);家用轻型燃油(Light fuel oil for households)零售价格为933.03美元/千升(USD/1 000litres),高于英国(796.97USD/1 000litres)、法国(929.63USD/1 000litres)和德国(822.07USD/1 000 litres),低于意大利(1 560.55USD/1 000litres);商务车用柴油(Automotive diesel oil for commercial purposes)零售价格为1.113美元/升(USD/litres),低于英国(1.518USD/litres)、法国(1.261USD/litres)、德国(1.355USD/litres)、意大利(1.337USD/litres)和挪威(1.559USD/litres);无铅优质汽油(Unleaded premium gasoline)零售价格为1.513美元/升(USD/litres),低于英国(1.762USD/litres)、法国(1.817USD/litres)、德国(1.907USD/litres)、意大利(1.834USD/litres)和挪威(2.131USD/litres)。[③]

(二)天然气

根据英国石油公司(BP)公布的数据,截止到2010年底,波兰探明的天然气储量为1 000亿立方米,占世界总量的0.1%,储产比为29.2。2010年,波兰天然气产量为41亿立方米,合3.7百万吨标准油当量,较2009年增长了0.5%,占世界总产量的0.1%;当年波兰天然气消费量为143亿立方米,

---

① 参见IEA:《Key World Energy Statistic(2010)》,http://www.iea.org/textbase/nppdf/free/2010/key_stats_2010.pdf,2011-07-14。

② 参见BP:《BP世界能源统计年鉴(2011年6月)》,http://www.bp.com/assets/bp_internet/globalbp/globalbp_uk_english/reports_and_publications/statistical_energy_review_2011/STAGING/local_assets/pdf/Chinese_statistical_review_of_world_energy_full_report_2011.pdf,2011-08-06。

③ 参见IEA:《Key World Energy Statistic(2010)》,http://www.iea.org/textbase/nppdf/free/2010/key_stats_2010.pdf,2011-07-14。

合 12.9 百万吨标准油当量，较 2009 年增长了 7.1%，占世界总消费量的 0.5%。[①] 由此可见，当前波兰天然气主要依赖进口。俄罗斯是波兰最大的天然气供应国，波兰每年从俄罗斯进口 65 亿—70 亿立方米天然气。[②] 在天然气产品零售价格方面，根据国际能源署(IEA)公布的数据，截止到 2009 年第一季度，按总热值(gross calorific value，GCV)计算，波兰工业用途天然气(Nat. gas for industry)零售价格为 432.7 美元/百亿卡(USD/10^7 Kcal GCV)，高于英国(323.67USD/10^7 Kcal GCV)，低于法国(438.88USD/10^7 Kcal GCV)和意大利(557.68USD/10^7 Kcal GCV)；家用天然气(Nat. gas for households)零售价格为 801.8 美元/百亿卡(USD/10^7 Kcal GCV)，高于英国(799.69USD/10^7 Kcal GCV)，低于法国(847.88USD/10^7 Kcal GCV)和意大利(1 059.5USD/10^7 Kcal GCV)。[③]

(三)煤炭

波兰煤炭资源丰富，储量排欧洲第三位，居世界第八位。截止到 2010 年底，波兰已探明的煤炭储量约为 5 701 百万吨，储产比为 43，其中已探明储量的褐煤为 137 亿吨。根据英国石油公司(BP)公布的数据，2010 年波兰煤炭产量为 55.5 百万吨标准油当量，较 2009 年下降了 1.6%，占世界总产量的 1.5%；煤炭消费量为 54 百万吨标准油当量，较 2009 年增加了 3.9%，占世界消费总量的 1.5%。[④] 波兰煤炭品种齐全，硬煤(Hard coal)和褐煤(Brown coal)分布广泛。根据国际能源署公布的数据，截止到 2009 年，波兰硬煤产量为 78 百万吨(Mt)，约占世界总产量的 1.3%；褐煤产量为 57 百万吨(Mt)，约占世界总产量的 6.24%。[⑤] 波兰煤炭在能源结构当中能够起到主导作用，约占国内初级能源的 65%，并且占发电用燃料的 96%。[⑥] 根据国际能源署公布的数据，截止到 2009 年，波兰是世界第九大动力煤(Steam coal，以发电、机车推进、锅炉燃烧

---

① 参见 BP:《BP 世界能源统计年鉴(2011 年 6 月)》，http://www.bp.com/assets/bp_internet/globalbp/globalbp_uk_english/reports_and_publications/statistical_energy_review_2011/STAGING/local_assets/pdf/Chinese_statistical_review_of_world_energy_full_report_2011.pdf，2011-08-06。

② 参见中华人民共和国商务部：《投资波兰》，http://hzs.mofcom.gov.cn/accessory/200701/bolan.pdf，2012-01-12。

③ 参见 IEA:《Key World Energy Statistic(2010)》，http://www.iea.org/textbase/nppdf/free/2010/key_stats_2010.pdf，2011-07-14。

④ 参见 BP:《BP 世界能源统计年鉴(2011 年 6 月)》，http://www.bp.com/assets/bp_internet/globalbp/globalbp_uk_english/reports_and_publications/statistical_energy_review_2011/STAGING/local_assets/pdf/Chinese_statistical_review_of_world_energy_full_report_2011.pdf，2011-08-06。

⑤ 参见 IEA:《Key World Energy Statistic(2010)》，http://www.iea.org/textbase/nppdf/free/2010/key_stats_2010.pdf，2011-07-14。

⑥ 参见中华人民共和国商务部：《投资波兰》，http://hzs.mofcom.gov.cn/accessory/200701/bolan.pdf，2012-01-12。

等为目的，产生动力而使用的煤炭）生产国。波兰煤炭质量较好，净热值（net calorific values）为 0.549 标准油当量/吨（toe/tonne），高于中国（0.53toe/tonne）、印度（0.441toe/tonne）等产煤大国。在煤炭零售价格方面，截止到 2009 年，波兰动力煤零售价格为 92.68 美元/吨（USD/tonne），低于英国（94.93USD/tonne）和意大利（114.01USD/tonne）。[①]

在煤炭开采与利用方面，截止到 2009 年，波兰已发现煤田共 40 个，其中褐煤田 37 个，硬煤田 3 个；该国已探明硬煤储量 509 亿吨，褐煤储量 141 亿吨，主要集中在南部卡托维兹市，占已探明煤储量的 98%以上。[②] 截止到 2010 年，波兰 94%以上的电力要靠燃煤发电，如此高的煤炭使用率使其成为欧盟所有成员国中"当之无愧"的燃煤老大。尽管波兰非常倚重煤炭，但是多年来，该国煤炭行业却面临投资不足的境地。目前，煤炭行业每年投资 3.5 亿美元，这些投资仅够矿井的日常维护，还远不足以使其产能扩大。预计波兰需要投资约 70 亿美元来升级矿井，同时还需要 450 亿美元来修建新的发电厂。[③]

（四）电力

波兰电力产业较为发达，电力产量居世界前 20 位，总体上看供过于求，可用于出口。根据国际能源署公布的数据，截止到 2008 年，波兰化石燃料发电量（Electricity production from fossil fuels）为 143 太瓦时（TW·h），占当年世界总量的 1.73%；波兰电能消费量（Elec. cons.）为 142.77 太瓦时（TW·h），占当年世界总量的 0.77%。[④] 波兰近年来为提高电力行业竞争力并达到欧盟环保标准，加大对电网建设的投入，主要是对现有电网进行现代化改造和建设通信系统。在波兰，工业用电价格要低于居民生活用电和服务业用电的价格。[⑤] 根据国际能源署公布的数据，截止到 2009 年，波兰工业用电价格（Electricity for industry）为 0.1 197 美元/千瓦时[USD/(kW·h)]，高于法国[0.1 067USD/(kW·h)]和挪威[0.0 587USD/(kW·h)]，低于英国[0.135USD/(kW·h)]和意大利[0.2 761USD/(kW·h)]；家庭用电价格（Electricity for households）

---

① 参见 IEA：《Key World Energy Statistic(2010)》，载 http://www.iea.org/textbase/nppdf/free/2010/key_stats_2010.pdf，2011-07-14。

② 参见国家发展改革委东北振兴司：《德国、波兰资源型城市转型的做法及启示》，http://chinaneast.xinhuanet.com/2009-09/29/content_17843379.htm，2012-02-12。

③ 参见何英：《波兰的能源盲点》，载《中国能源报》2010 年 9 月 27 日（第 8 版）。

④ 参见 IEA：《Key World Energy Statistic(2010)》，http://www.iea.org/textbase/nppdf/free/2010/key_stats_2010.pdf，2011-07-14。

⑤ 参见中华人民共和国商务部：《投资波兰》，http://hzs.mofcom.gov.cn/accessory/200701/bolan.pdf，2012-01-12。

为 0.1 669 美元/千瓦时[USD/(kW・h)]，高于法国[0.1 592 USD/(kW・h)]和挪威[0.1 373USD/(kW・h)]，低于英国[0.206USD/(kW・h)]和意大利[0.2 842USD/(kW・h)]。[①]

(五)可再生能源

根据英国石油公司(BP)公布的数据，2010 年波兰水电消费量为 0.8 百万吨标准油当量，较 2009 年提高了 17.1%，占世界消费总量的 0.1%。2010 年，波兰其他可再生能源消费量为 1.9 百万吨标准油当量，较 2009 年提高了 32.4%，占世界消费总量的 1.2%；其中，生物燃料产量为 338 千吨标准油当量，较 2009 年降低了 14%，占世界消费总量的 0.6%。[②]

二、波兰的国际能源合作

为了促进本国能源产业的发展，波兰近年来积极开展和其他国家在电能领域的国际合作。2008 年 9 月 15 日，波兰完成了国际能源署(IEA)协议的批准程序，并于最近获得批准正式成为国际能源署第 28 个成员国。在成为国际能源署的成员国后，波兰将能够得到其他成员国的援助，尤其是可以有效防止石油供应中断事件的发生。国际能源署建立了完备的应急反应机制，当其中一些成员国遭到石油供应危机时能够调度没有遭到供应影响的成员国的石油来帮助这些国家缓解危机。成为国际能源署的成员，将在一定程度上保障波兰的石油供应安全。同时，加入国际能源署也能够为波兰天然气市场提供安全保障。[③]

波兰位于西欧供电系统(UCTE)、东欧供电系统(独联体以及波罗的海国家)和北欧供电系统(Nordel)三大电力系统的交汇处，位置十分重要。截止到 2009 年，波兰电网总长约 75 万公里，其中 1.3 万公里为输电网，70.5 万公里为中低压配电网。波兰供电系统与欧盟国家(德国、捷克、斯洛伐克和瑞典)的最大联接能力是 2 000—3 000 兆瓦。目前，波兰正在扩建和改造与德国、捷克、斯洛伐克和乌克兰的互联能力，利用欧盟资金建设连接波兰和立陶宛的供电系统，以及波兰与俄罗斯加里宁格勒的供电线路，以保障波

---

① 参见 IEA:《Key World Energy Statistic(2010)》，http://www.iea.org/textbase/nppdf/free/2010/key_stats_2010.pdf，2011-07-14。

② 参见 BP:《BP 世界能源统计年鉴(2011 年 6 月)》，http://www.bp.com/assets/bp_internet/globalbp/globalbp_uk_english/reports_and_publications/statistical_energy_review_2011/STAGING/local_assets/pdf/Chinese_statistical_review_of_world_energy_full_report_2011.pdf，2011-08-06。

③ 参见崔茉:《波兰正式加入国际能源署》，http://news.cnpc.com.cn/system/2008/11/18/001209532.shtml，2012-03-17。

兰的能源安全，扩大电力的出口规模。[①] 2009 年 1 月 14 日，波兰宣布要和立陶宛计划建设高电压"能源桥"，以实现波罗的海国家的电网与欧洲其他国家电网联网，波兰将要为此投资 8 亿欧元。[②]

三、波兰能源发展前景

（一）页岩气（shale gas）

页岩气（shale gas），是从页岩层中开采出来的天然气，是一种重要的非常规天然气资源。页岩属致密岩石，故其也可归入致密气层气。页岩气的形成和富集有着自身独特的特点，往往分布在盆地内厚度较大、分布广的页岩烃源岩地层中。与常规天然气相比，页岩气开发具有开采寿命长和生产周期长的优点，大部分产气页岩分布范围广、厚度大，且普遍含气，这使得页岩气井能够长期地以稳定的速率产气。21 世纪初，波兰发现本国中北部存在大量的页岩气矿，储量保守估计约为 1.36 万亿立方米，相当于伊拉克全国的天然气储量。这意味着波兰将在页岩气的"协助"下摆脱对俄罗斯能源的依赖，实现能源自给。[③] 据悉，波兰拥有三大页岩气盆地，分别位于波罗的海、波德拉谢以及卢布林地区。[④] 目前，美国埃克森美孚公司（Exxon Mobil Aviation）、马拉松石油公司（Marathon Oil Corporation）和雪佛龙公司（CHEVRON）已经获得了波兰页岩气勘探许可证，美国康菲石油公司（ConocoPhillips）也于 2010 年 5 月开始进行在波兰的第一个页岩气田工程建设。波兰准备通过丰富的页岩气资源实现能源安全，并走上富裕的道路。[⑤] 2011 年 5 月，美国宣布同波兰开展以页岩气为重点的能源合作。美国认为，波兰现有页岩气储量为 5.3 万亿立方米，按照目前波兰每年 140 亿立方米天然气的消耗量，现有页岩气储量可供波兰使用 300 年。[⑥]

由于页岩气开采使用的水力压裂技术可能产生严重的环境问题，最近法国已禁止页岩气勘探。[⑦] 欧盟认为，当前有关页岩气的开采问题，主要是

---

① 参见波兰驻华大使馆：《波兰能源概况》，http://www.globserver.com/%E6%B3%A2%E5%85%B0/%E8%83%BD%E9%87%8F，2012-03-17。

② 参见张章：《波兰参与"能源桥"建设》，http://www.plchinese.com/thread-15962-1-1.html，2012-03-16。

③ 参见王莉莉：《波兰：下一个天然气大国?》，载《中国对外贸易》2010 年第 10 期，第 52—53 页。

④ 参见王晓苏：《波兰急切拥抱页岩气》，http://news.xinhuanet.com/energy/2011-10/20/c_122180693.htm，2012-03-10。

⑤ 参见刘清玉：《波兰的天然气大国之梦》，载《地质勘查导报》2009 年 12 月 24 日（第 4 版）。

⑥ 参见王晓苏：《波兰急切拥抱页岩气》，http://news.xinhuanet.com/energy/2011-10/20/c_122180693.htm，2012-03-10。

⑦ 参见《美国与波兰能源合作的重点是页岩气》，载《中外能源》2011 年第 8 期，第 109 页。

考虑开采方是否遵照了欧洲的有关法律，其中主要是环境保护问题。欧洲国家也正密切关注美国有关页岩气开采项目减少环境污染的做法。[①] 美国为了减轻勘探开采页岩气对环境的影响采取的措施和积累的经验（包括地表足迹、排放量、水耗、废物处理等）非常丰富，而其页岩气勘探和生产成本比波兰要低约 50%。波兰试图通过和美国的合作，引进先进的页岩气勘探开采技术，尽可能低地减少对生态环境的破坏。2011 年 9 月 2 日，波兰发布了由 20 多位来自不同国家的科学家和学者共同撰写的名为《欧洲的机会——页岩气》的调研报告。该报告认为，未来 10—15 年，波兰每年可最多提供高达 1 000 亿立方米的产量，保守估计的产量也将达到 200 亿—300 亿立方米/年。这不仅将超过该国目前年消耗量 140 亿立方米，而且还能把波兰从一个年消耗量 2/3 要依赖俄罗斯的国家转变成一个天然气净出口国。对此，波兰准备向欧盟提交一份详细的页岩气产业的战略报告。[②]

2012 年初，波兰财政部表示波兰政府正在计划从 2015 年开始对页岩天然气产品征税，以便在获得能源安全保障的同时，通过这一天然资源的开发获得新的预算收入来源。[③] 波兰政府正在起草相关立法，准备在页岩天然气开发进入生产阶段后加以规管。总之，波兰将准备通过一系列政策措施来克服天然气市场化不完善和环境负影响严重等状况，实现页岩气资源的合理利用。

但是，波兰的页岩气开采要比之前预计的更加困难。一方面，因为波兰的地质条件没有预想的理想，很多勘探井出气率非常低，无法达到商业开采标准；另一方面，波兰政府计划征收页岩天然气产品税，打击了部分投资者的热情。而且由于相关的页岩气产业在欧洲并不发达，缺乏足够的专业设备和人员，导致在波兰钻探一口井的费用是美国的 3 倍。2012 年 2 月 1 日，美国埃克森美孚公司宣布该公司在波兰的两口页岩天然气勘探井的产气情况很不理想，未能达到商业开采标准。可见，页岩气开采是一个高投资、高风险的行业，虽然包括波兰在内的欧洲具有很大的潜力，但其市场目前还处于孕育阶段，后面的路还很长。[④]

（二）核能

21 世纪以来，面对愈演愈烈的国际能源危机和气候变化压力，波兰政府

① 参见王晓苏：《波兰急切拥抱页岩气》，http://news.xinhuanet.com/energy/2011-10/20/c_122180693.htm，2012-03-10。

② 参见王林：《页岩气或带动欧洲天然气市场变革》，载《中国能源报》2011 年 9 月 12 日（第 12 版）。

③ 参见孔军：《波兰官员称将从 2015 年开始对页岩天然气征税》，http://finance.qq.com/a/20120223/000103.htm，2012-03-01。

④ 参见赵远方：《页岩气开采接连失利，波兰能源雄心受挫》，http://news.hexun.com/2012-02-03/137718275.html，2012-03-04。

更加意识到核能的重要性。2007年，波兰向欧盟正式提交了预算方案，包括一项在6年期内的9 500万欧元（约合1.23亿美元）的申请，专门用于轻水反应堆电站、高温反应堆电站等。美国钍电力公司也积极开展和华沙斯维尔克原子能研究所的合作。[①] 2007年7月，波兰、立陶宛、拉脱维亚和爱沙尼亚在维尔纽斯就建立新的核电站签署联合声明。新核电站功率将为800—1 600兆瓦，投资额将达25亿—40亿欧元。这一核电站预计2015年交付使用。[②] 但在2011年12月，波兰宣布退出和立陶宛等国共同建立新核电站的项目，决定自行建立核电站。[③] 近年来，波兰积极在核能领域开展同美国、法国等核电大国的合作。预计在德国、意大利“弃核”之后，波兰有希望弥补两国退出所产生的“核空白”，在改善该国能源结构的同时提高该国在欧洲能源市场上的作用。

（三）可再生能源

目前，波兰大型能源企业积极投身于可再生能源领域中去。2011年，波兰厄尼能源公司（Enea）发布报告，其目前已经拥有1座6兆瓦风力发电厂、1座2兆瓦沼气发电厂、21座合计60兆瓦的水力发电厂。该公司正在通过优先收购现成风力发电厂及沼气发电厂或计划筹建中电厂的方式来增加绿能所占比重。该公司计划2020年前，将风力发电设备容量提升到250—350兆瓦，亦同时将沼气发电提高为40—60兆瓦。[④] 波兰能源集团、波兰陶龙能源公司等能源巨头也都有大规模进军可再生能源市场的计划。2012年2月1日，波兰政府表示将致力于加大对沼气、太阳能光伏发电、离岸风电以及小型水电站的扶持力度。政府2012年的计划是将可再生能源的年支出从今年的30亿兹罗提提高至2020年的80亿兹罗提（24.6亿美元）。[⑤] 可见，波兰未来可再生能源发展前景广阔。

---

① 参见杨英惠：《波兰的核电发展计划》，载《现代材料动态》2007年第11期，第15页。

② 参见滨京申、原月文：《2010年波兰能源政策纲要》，载《全球科技经济瞭望》1995年第5期，第6—9页。

③ 参见驻波兰使馆经商参处：《波兰将获7.5亿欧元绿色能源投资贷款》，http://www.mofcom.gov.cn/aarticle/i/jyjl/m/201106/20110607612853.html，2012-03-12。

④ 参见《波兰Enea公司大量投资设立风力发电及沼气发电》，http://www.taiwantrade.com.tw/MAIN/en_front/searchserv.do?method=listNewsDetail&information_id=39760，2012-03-16。

⑤ 参见《波兰意图变更光伏等可再生能源扶持计划》，http://www.escn.com.cn/2012/0205/142448.html，2012-03-17。

第二节　波兰能源法体系

一、波兰能源政策与立法

政治经济转轨之后，波兰政府日渐重视通过政策手段协调能源问题。20世纪90年代初期，波兰制定了《能源政策纲要》。该纲要的主要目标是保障国家能源安全、保护自然环境、提高居民燃料消费及能源供应标准、提高燃料及能源使用效率、落实国家燃料与能源工业改革。为了实现这些目标，波兰政府采取了以下措施。①调整能源结构，进一步扩建能源港口，建立动力与煤气运输网络，维护能源战略储备，实现对能源系统的有效管理。②着手进行能源行业所有制结构改革，在保留大多数支柱型能源企业的基础之上，打破垄断行为，建立能源生产者、供应者与消费者之间的公平竞争机制。能源支柱企业用于实现对能源及热力的有效供应，并接受监督委员会监督。政府负责制定国家控股能源企业的分红原则。③政府鼓励国外投资者进军本国能源行业，并对外国投资者提供担保和可能的信贷担保，在特殊情况下还能为其提供特惠信贷。国家还要提供有关能源的专项拨款投资项目。④实行能源企业许可证制度，政府制定许可条件，对符合条件的能源企业颁发许可证。⑤政府加强对用户燃料及能源价格的调控力度，制定严格的能源质量控制标准。⑥明确能源生产企业和能源用户应缴费用，主要包括能源生产企业许可证费、能源使用费、环境经济使用费、用户合理使用能源改造费和清洁能源费等。⑦明确能源生产企业和能源用户应纳税种，主要包括能源消费税、生态税等。⑧明确能源行业投资经费额度，完善能源行业投资拨款方式。波兰为能源发展与环境保护提供计划性拨款。该款项主要由设备折旧及所获利润资金提供，以取代计划经济时代国家对能源行业的补贴。私有能源企业还要贯彻经济自给原则。⑨加强国际能源合作。波兰政府积极从世界银行(World Bank)和欧洲银行(European Bank)进行贷款，用于支持本国的能源价格改革。[①] 例如，在2011年，世界银行向波兰提供了7.5亿欧元的贷款。为此，波兰制定了《2020减少温室气体总体方案》，计划到2020年前减少能耗20%，提高可再生能源份额15%。而世界银行则通过

① 参见滨京申、原月文：《2010年波兰能源政策纲要》，载《全球科技经济瞭望》1995年第5期，第6—9页。

了一个《过渡到一个低排放波兰经济》的报告，作为波兰实现相关目标的指导；与此同时，波兰政府的能源效益和可再生能源总体减排方案也为扩大该领域投资提供相应的政策与法律支持。[①]

波兰重视能源立法，重视能源管理机构在协调能源关系中所起到的作用。早在1997年12月5日，波兰就颁布了新《能源法》，建立了专门的能源管理机构——能源管制局（URE）。能源管制局（URE）是根据波兰《能源法》设置的，局长由总理任命，任期5年，负责对电力、天然气、供热等能源部门的法规制定，指导企业在市场的指导下进行有序地公平竞争，消除企业进入市场的障碍。其主要权限包括：发给和撤消有关发电、输电和配电交易的企业许可证；确认电价；监管电力交易中的供电质量和服务水平；对司法权限的争议进行裁决等。[②] 2005年，波兰对《能源法》进行了修订，为所有的可再生能源生产者制定了义务，即无论其规模大小，必须取得能源监管局的许可证书。根据这一新规定，600多家可再生能源生产者获得了生产可再生能源的许可。2010年1月，波兰议会批准了《能源法》的新修改令。这项修正案主要规定了电力的交易、电网连接协议和相关费用，以及农业沼气和新的工具和规则等，以确保电力供应安全。[③]

波兰《能源法》还规定了波兰能源政策制订以及执行的主体。该法规定，波兰经济部是研究制订能源政策方面问题的最高政府管理机构。经济部长在能源政策方面的任务包括：①联络有关部长准备能源政策方针并协调它们的实施；②根据本法确定的范围和模式决定发展燃料和能源供应体系的运行和规划的具体条件；③在本法确定的范围内监管国家能源体系的运行；④在燃料和能源供应体系规划和实施的范围内与各省和地方政府组织合作；⑤协调与政府间国际组织的合作。[④]

为了配合新《能源法》的实施，波兰于1999年起草了《至2020年的能源政策纲要》。该纲要的主要目标是保证能源安全（即用经济和技术方面都合理的方法满足用户对能源的现实需要和未来需求）、提高国内能源企业及其产品和服务的竞争力以及有效地保护环境。为了实现以上目标，波兰实施

---

① 参见驻波兰使馆经商参处：《波兰将获7.5亿欧元绿色能源投资贷款》，http://www.mofcom.gov.cn/aarticle/i/jyjl/m/201106/20110607612853.html，2012-03-12。

② 参见《世界电力工业概况：欧洲：波兰共和国》，http://www.sp.com.cn/sjdl/ggdlgygk/europe/200504/t20050411_12102.htm，2012-03-16。

③ 参见《波兰风能发电市场》，http://www.china-mtp.com/newsdetail.php? id=73，2012-03-16。

④ 参见清华大学环境资源与能源法研究中心课题组：《中国能源法（草案）专家建议稿与说明》，清华大学出版社2008年版，第14—20页。

了以下战略:①能源和环境一体化管理战略;②能源技术和组织体系开放战略;③能源市场自由经营战略;④改善能源效益战略;⑤因正在进行能源所有制和组织体制改革,需实施过渡期战略。该纲要还提供了至2020年的波兰能源需求预测。根据国内外形势,波兰认为未来8年中因热能消费趋于合理化而将使一次性能源消耗降低。然后,能源需求将逐年缓慢增长,尤其是电能需求将大量增加。到2020年,波兰硬煤需求量将显著下降,天然气需求量将大幅度提高;石油及其副产品的需求量也将缓慢下降,电力需求量将增长最快,可再生能源的比例将达到5%—7%。在投资政策方面,国家财政将不再直接参与投资,政府则将在法律和税收政策上为能源产业发展提供支持,并为与国家能源政策目标相一致的投资项目提供贷款担保。这些项目主要包括:改善国家能源安全、提高竞争能力、开发非常规能源和再生能源、提高能源的使用效率以及限制污染排放等。①

21世纪以来,在经济全球化和区域经济一体化的背景下,波兰继续深化能源市场机制改革。2005年1月4日,波兰通过了《至2025年国家能源长期政策》。该政策的主要内容是保障国家能源安全,获得符合环保要求和合理价格的能源,使波兰符合欧盟有关瓦斯泄漏和使用可再生能源的要求,提高能源使用效率,实现能源市场完全自由化。② 该政策具体内容主要包括:首先,波兰要在供需均衡的状态下调整能源结构与能源价格;其次,在强调经济发展的同时,要注意生态平衡,尽量减少因能源的使用而导致环境受到破坏;再次,重视能源的多样化来源,以减少因为自然环境、经济与政治因素而造成的能源危机的产生。为了达成上述目标,波兰政府决定:改组大型能源企业,以便与东欧和中欧国家相互竞争;稳定能源供求结构;积极发展核能与可再生能源。③ 2006年3月,波兰政府批准了新的能源政策,将若干家发电企业进行整合,建立一个国家级的能源企业——波兰能源集团(PGE)。波兰能源集团将由国家电网、发电和能源公司三部分组成,目的在于通过一个强大的能源实体,在激烈的国际能源竞争中赢得主动权,以保障国内能源供给,保护波兰的能源利益与能源安全。2009年11月,波兰出台了《2030能源需求规划》(又称《波兰2030年前的能源政策》)。该文件中确立的优先事项有能源安全、经济竞争力、核电、可再生能源和环境保护。该文件认为,波

---

① 参见陈默、高原:《波兰至2020年的能源政策》,载《全球科技经济瞭望》2000年第6期,第19页。

② 参见商务部:《波兰政府通过至2025年国家能源长期政策》,http://finance.sina.com.cn/roll/20050117/17271300006.shtml,2012-03-15。

③ 参见许峻宾:《波兰替代能源政策》,http://energymonthly.tier.org.tw/outdatecontent.asp?ReportIssue=200804&Page=14,2012-02-17。

兰2030年的能源需求将上升29％，电力需求则将上涨55％；2020年波兰可再生能源产出应占到15％，而2030年这个数字将上升到20％。[①] 该文件一方面承认煤炭的重要性，如果像德国、意大利一样“弃煤”，波兰的能源安全形势必将更加恶化；另一方面波兰要求在2030年要把煤炭在能源结构中所占的比重下调到60％，余下的部分由新建核电站、可再生能源和天然气来补充。[②] 该规划的最终目的，是要提升能源供应的安全性及竞争力，并提倡环境保护，应对气候变化。[③] 与此同时，波兰政府还在推动能源产业的民营化进程，计划通过吸收外资提高能源产业的效率。为了增强本国企业的国际核心竞争力，波兰政府支持本国企业通过海外投资、跨国并购等方式，进军国际能源市场。[④] 外资也看准了波兰能源市场中的勃勃商机，波兰同外国在能源领域的交流也就越来越深入。

二、波兰能源法律体系

从中央计划经济到市场经济的国家经济改革过程中，波兰出台了包含《能源法》在内的新法，同时波兰还允许区域性能源经济和区域性能源法规的建立。[⑤] 具体而言，波兰能源法律体系包括以下几个层次。

（一）《宪法》

波兰《宪法》规定：“宪法在波兰共和国拥有至高无上的法律效力；宪法的规定直接实施与应用，除非宪法另有条文规定。”由此可见，波兰宪法的规定在协调与能源相关的社会关系时，就将成为波兰能源法律体系的重要组成部分。例如，波兰《宪法》规定：“社会市场经济应该建立在自由的经济活动，私人所有制，以及平等协商合作的基础上，并且符合波兰共和国的经济体制（第20条）；限制经济活动的自由只能透过法律章程，并且只允许是为重要的公共理由（第22条）。”波兰能源市场也必须符合上述要求。此外，波兰《宪法》还规定：“在一个民主国家，在任何限制行使宪法自由和权利的时候，只能借由规约，并且只有在必要时，为保障其安全或公共秩序，或为保护自然环境、健康或公共道德，或为保护自由和其他人的权利的时候，这种限制

---

① 参见《波兰风能发电市场》，http://www.china-mtp.com/newsdetail.php? id=73，2012-03-16。

② 参见何英：《波兰的能源盲点》，载《中国能源报》2010年9月27日（第8版）。

③ 参见驻捷克代表处科技组：《波兰风力发电潜力无穷》，http://cets.ncku.edu.tw/files/14-1273-54696，r712-1.php，2012-03-16。

④ 参见中华人民共和国商务部：《投资波兰》，http://hzs.mofcom.gov.cn/accessory/200701/bolan.pdf，2012-01-12。

⑤ 参见任丽娟：《波兰新经济体制下能源部门的突出问题》，载《水利电力科技》2002年第2期，第19页。

应不违反自由和权利的本质。"在波兰，如果想要进行与能源相关的活动，也应符合上述宪法的规定和要求。

（二）国际条约

波兰《宪法》规定："波兰共和国宪法建立在国际法律的基础之上。"可见，与能源相关的国际条约是波兰能源法律体系中重要的组成部分。例如《京都议定书》中有关碳减排的规定。波兰是欧盟成员国，因此欧盟有关能源的国际条约也将成为波兰能源法律体系中的重要一环。

（三）能源法律

这是波兰能源法律体系的主体，具有代表性的是波兰《能源法》。

（四）能源法规

这里的法规主要是指由国家（主要是行政机关）制定的规范波兰能源活动与能源行为的规范性文件。例如波兰的《能效法规》等。同时，波兰国内还设有经济特区，特区中制定的区域性能源法规也属于能源法规的一部分。

（五）能源政策和能源规划

二者作为波兰能源法的非正式渊源，与其他正式渊源一道构成了波兰能源法律体系。

第三节　波兰能源基本制度

一、市场化制度

1990 年，波兰通过《国有企业私有化法案》，要求国有能源企业进行产权改革，通过租赁、股份制等形式，积极利用社会资本，促进能源企业私有化。[①]起初，波兰在世界银行的协助下进行能源部门改革。当时，波兰正处于由中央计划经济向市场经济体制过渡的关键时期，旧经济体制给波兰留下的是落后的能源结构、垄断的能源价格、严重的环境污染和低下的能源效率，必须建立高效的市场化的能源供求体系。为此，波兰政府制定了 3 个基本改革目标：①提高经济效率和能源供应的可靠性；②提高能源企业的财政活力；③保证经济、合理的能源供应。波兰政府制定的具体措施是，减少对煤炭的依赖，增加石油、天然气消费，使天然气进口来源多元化，提高能源效率，减少能源对环境的污染，建立一个开放的、以市场为导向的能源部门。自 1990

① 参见刘宗义等：《波兰 7 项法规保采暖改革》，载《市场报》2006 年 9 月 13 日（第 8 版）。

年起，波兰解散了相当于电力部性质的原电力褐煤委员会，由经济部主管能源行业，积极引进竞争机制。[①] 1992年，波兰制定了《能源经济法规》，宣布逐步实行能源经济的自由化，反对垄断，保护消费者利益，保障国家能源供给。波兰逐步取消了国家对能源生产企业和用户的补贴，协调各种能源之间的价格，使其达到经济上合理的水平。[②]

1999年1月1日，波兰开放能源价格，引发市场波动，国内能源市场价格上涨13%，引发市场动荡。为了保障能源供应部门的利益，保障能源市场收支平衡，波兰又于当月14日公布了关于支持建筑热工及供热系统现代化的新法律，针对能源行业的投资、银行贷款、偿付等具体问题作出了详细的规定。[③] 2004年7月2日，为了符合欧盟的要求，波兰颁布《商业活动自由法》，详细规定了波兰本地企业和外国企业在波兰从事商业活动必须遵循的各项条款。该法的主要内容有：①商业活动从业人员条件放宽，商业领域范围扩大。《商业活动自由法》放宽了商业活动从业人员的条件，规定在欧盟各国获得长期或短期居留证的人，均可和波兰本地人一样从事商业活动，进一步扩大了商业活动的范围。②特许经营的领域减少，期限放宽。《商业活动自由法》对需要申请获得特许经营资格的商业领域减少为六个领域，包括采矿业、能源生产和销售、炸药生产和销售、证券服务、广播业和航空运输业，特许经营期限为5年到50年不等；对收费公路的建设及运营、铁路和铁路运输管理等领域不再实施特许经营。特许经营不再需要提交主管部长批准，只要按照特许经营专项法规之规定，提交必要文件即可，此规定减少了授予经营特许时主管部门领导决定的个人随意行为。当满足特许经营要求的企业数目超过实际需要的特许经营企业数目时，主管部门将按照预算报价挑选最合理的企业。③对实行许可证制度的商业活动更加明确。《商业活动自由法》在对实行许可证制度商业活动明确的同时，对不需要获得经营许可证的商业活动做出了新的规定。④登记准入制度代替原有的许可证制度。《商业活动自由法》取消部分商业活动原有的许可证制度，采用受限制商业领域登记准入制度，由具体商业领域法律规定的商业主管部门负责颁发准入许可。企业在填写受限制商业领域准入申请时，应声明其按照专项法规要求，接受并符合该商业活动规定的条款和条件要求。此措施简化并缩短了业务审批程序，但必须指出，如申请企业做出虚假声明，则应承担相

① 参见清华大学环境资源与能源法研究中心课题组：《中国能源法（草案）专家建议稿与说明》，清华大学出版社2008年版，第13—16页。

② 参见鲁华：《波兰能源部门改革方案》，载《能源政策研究通讯》1993年第6期，第25页。

③ 参见刘宗义等：《波兰7项法规保采暖改革》，载《市场报》2006年9月13日（第8版）。

应的法律责任，最高罚金 5 000 兹罗提或 1 个月限制人身自由或监禁。另外，按法律规定，受限制商业领域注册登记主管部门有权对企业经营活动实施监督检查，如确定其行为欠缺规范，可取消该企业从事某项商业活动的权利。⑤减少政府部门的干预和监督检查。《商业活动自由法》对政府部门的检查监督权做出限制，对中小企业而言，规定每年最长审计时间不得超过 4 周，其他公司最长审计时间原则上不超过 8 周，且每次不得多个部门同时进行多项检查，此项改革减少了政府部门对商业活动的干预，尤其对政府部门实施审计的程序及时间予以限制，减少了经营单位频繁接待和人、财、物的消耗。另外，新法还规定政府部门有义务帮助企业解读法律条款的含义，为企业尤其是中小企业的发展创造良好的自由经营环境。⑥降低商业部门转账支付的门槛。《商业活动自由法》降低了对银行转账支付的要求，仅要求 15 000 欧元以上的转账支付必须出具证明。[①]《商业活动自由法》活跃了波兰能源市场体制，使其市场化条件更加完善。

2008 年，波兰政府推出了“2008 年至 2011 年的私有化计划”。波兰过去认为，“战略性行业”私有化程度应当受到限制，而“2008 年至 2011 年的私有化计划”中将私有化扩大到能源、采矿、石油工业等原“战略性行业”。波兰财政部保留在波兰能源集团(PGE)的控股权益(85%)，同时通过转让给行业内战略性投资者的方式出售波兰陶龙能源公司(Tauron Polska Energia)的部分股票，波兰厄尼公司(Enea)中 76.48%的国有股权也有 67.05%被出售。此外，波兰数个供暖公司、电力市场机构、水能发电集团、电力商品市场、发电供暖厂和煤矿及其附属企业等也被列入了私有化名单。[②] 2007 年 7 月，波兰正式宣布实现能源市场商贸自由化。[③] 但是，波兰能源市场化效果并不明显，市场化趋势也有待进一步加强。2010 年 7 月 14 日，波兰陶龙能源公司(Tauron Polska Energia)在华沙证券交易所进行公开募股(IPO)，共筹得资金 42 亿兹罗提(约合 12 亿美元)。全球三大评议机构之一的惠誉国际评级机构(Fitch)透露，此次波兰财政部共出售了其持有的该公司 52%的股份，价格略低于其原定的目标价格。交易完成后，波兰财政部仍然是陶龙公司最大的股东，持有该公司 34%的股份。截止到 2010 年，波兰现有三大

① 参见商务部:《波兰新颁布的〈商业活动自由法〉特点》，http://finance.sina.com.cn/roll/20041213/07151219477.shtml，2012-03-15。

② 参见《波兰 2009—2011 年私有化计划》，http://www.plchinese.com/thread-34804-1-1.html，2012-03-16。

③ 参见《聚焦波兰——波兰能源市场》，http://www.china-mtp.com/newsdetail.php?id=54，2012-03-07。

能源集团：波兰能源集团（PGE）、陶龙能源公司（Tauron）和厄尼能源公司（Enea），它们占有波兰 60%的发电市场、70%的电力销售与配电市场。[①] 时至今日，波兰能源市场的竞争机制依旧不太健全，尚待完善。

二、许可制度

波兰针对能源行业实行严格的许可制度。波兰《能源法》规定在下列领域从事经济活动要求获得许可证：①除固体燃料生产外的能源和燃料生产，少于 1 兆瓦能力的发电，以液化气为来源的气体燃料生产，小于 1 兆瓦能力的热能生产；②在小于 1 兆瓦能力的网络中存储除当地液化气之外的气体和液体燃料，以及零售贸易中存储液体燃料；③在少于 1 兆瓦能力的网络中，除气体燃料输送与销售之外的燃料和能源输送与销售，以及接收者装置销售来自群体终端的热能；④除固体燃料贸易之外的能源和燃料贸易，以成为消费者财产的低于 1 千伏电压装置为手段的电能贸易，气体燃料贸易，如果年度贸易价值不超出 25 000 埃居[②]，零售液体燃料。经济部长可以指令的方式决定不需要许可证的第一款提到的能源企业经济活动的特殊类型。波兰政府必须授予许可证，如果申请者：①在波兰共和国内拥有已登记的办事处或住所；②拥有相关资金或能够担保获得资金的可能性，在数量上保证正常开展活动；③拥有保证活动正常开展的技术能力；④证明雇用人员拥有第 54 条提到的相关资格；⑤获得了关于区域开发条款的决定。依据第一款发布的许可证并不能根据任何其他法律规则豁免获得许可证或执照的要求。有权机关的行政首长可依职权或依能源企业提议变更发布的许可证。有权机关的行政首长可依职权变更许可证条款或撤销许可证：由于在不同条款中确定的国家防御和安全的要求，在领有许可证者分离或与其他实体合并的情况。管理机构撤销许可证：在许可证包括的经济活动到期时，在禁止开展许可证包括在经济活动的法院裁决生效时，如果它开展的活动严重违反许可证条款，且获准企业未能在规定期限内消除管理机构揭示的缺陷。有权机关的行政首长将许可证撤销通知有关的省级统计办事处。在被授予许可证后，能源企业必须向国家预算支付年度费用，负担它们的运行成本。年度费用的水平必须以其总价值不超出管理成本的方式计算。政府必须以指令方

① 参见李慧：《波兰加快能源企业私有化进程》，http://energy.people.com.cn/GB/12139685.html，2012-03-15。

② 埃居（ECU）是欧洲货币单位（European Currency Unit）的简称。由欧盟成员国货币共同组成的一篮子货币，是欧盟各国之间的清算工具和记账单位。在欧元诞生之后，埃居自动以1:1的汇价折成欧元（EUR）。

式确立经费开支的调节程序。[①]

三、能源合同制度

波兰能源产业已经基本实现了市场化，意思自治原则下的能源合同也就愈发显得重要。波兰《能源法》规定：燃料和能源供应以合同为基础进行。该合同应该考虑本法中规定的原则与许可证，并至少应该包括关于数量、质量、可靠性、供应与接收持续性、价格与结算方式、各方违反合同条款的责任、有效期间与终止条件等内容。能源企业必须承担满足依据法律各条款与许可证中规定的要求供应能源和气体燃料的技术条件的义务。以气体燃料、电能或热能输送和销售为业务的能源企业，有义务依据它们在当地物质计划中预见的条件，提供包括连接在内的全部网络建设与发展的实施与筹措资金。网络发展的实施与筹措资金，如其发展不在当地预先开发计划之列，则服从利益相关各方的协议。在发生拒绝连接网络，拒绝缔结电能、气体燃料或热量销售合同，以及没有合理理由中断供应等情况下，能源管制局局长可以根据其中一方的提议，决定供应的开始或继续及提供输送服务的期限，直到这种情况最终解决。[②]

四、能源基金制度

在国内层面，波兰《能源法》规定，为了确保国家能源计划的经费，将根据一项特别法律建立一个特殊基金。该法律应确定资金渠道、管理机构及其权力和责任以及其他与基金运行有关的问题。上述基金必须是非营利性法人实体。[③] 这为能源基金(Energy Fund)的设立提供了法律基础。在国际层面上，波兰已经参加了世界上最大的能源基金——贝莱德世界能源基金(BlackRock World Energy Fund)。该基金成立于2001年，截止到2012年2月29日，该基金的规模已经达到了3 154.688百万美元(Million USD)。该基金主要从事能源勘探、开发、生产及销售业务等方面的投资，也致力于开发及利用新能源技术。波兰还积极参与欧盟能源基金，试图从欧盟基金中分得更多杯羹来发展自己的能源事业。

---

① 参见清华大学环境资源与能源法研究中心课题组：《中国能源法（草案）专家建议稿与说明》，清华大学出版社2008年版，第34—43页。

② 参见清华大学环境资源与能源法研究中心课题组：《中国能源法（草案）专家建议稿与说明》，清华大学出版社2008年版，第46—55页。

③ 参见清华大学环境资源与能源法研究中心课题组：《中国能源法（草案）专家建议稿与说明》，清华大学出版社2008年版，第66—77页。

五、监管制度

能源管制局(URE)是波兰最重要的能源监管机关。该机关是根据波兰《能源法》设置的,局长由首相任命,其主要权力包括:①授予、修正及撤回能源部不同活动的许可;②批准热能、电能以及天然气燃料关税;③解决有关能源气体运送及天然气管道网络互相连接的条款争议;④安排输电和配电系统运行,最终供应商,负责新发电设施投标工作;⑤发放可再生能源证书;⑥监管能源企业是否遵守相关规定运行,尤其是能源法条款,包括对未遵守执行能源法的企业给与处罚金,或该能源企业应承担相关的违反法律的责任。

在履行法定义务的同时,能源管制局局长有权查看能源公司的账目,要求相关活动的详细信息。能源监管局还须发行官方杂志,名为《能源管制局(URE)简报》。除能源管制局独立专家团和员工发表的相关文章之外,该杂志的内容还包括:能源管制局履行其义务年官方报告、关税批准决议、因争议解决程序所做的决定等。

六、救济制度

若个人(包括法人、其他组织)认为其合法权益受到能源管制局(URE)的侵害,可以依照行政程序法提起申诉。能源管制局有义务为申诉人提供指导,以便防止其因不熟悉法律而发生损害后果。一般来说,行政程序中的各类文书均须以书面形式提供。申诉程序将从申诉之日起1个月内(特殊案件为2个月内)调查完毕。该期限不包括一方延迟的时间,也不包括法律权限之外的原因。如果对结果不服,申诉人可以上诉到更高一级机构。

能源管制局的决议还可以上诉到华沙上诉法院下设的竞争法庭,竞争法庭按照民事诉讼法律程序进行审理。波兰民诉法有关于起诉能源管制局决议的特别规定,即举证责任倒置。如果法庭认为该起诉属实,可以直接修改能源管制局的决议。若当事人依然不服,可以继续上诉,直到最高法院。[①]

---

① Ariusz Mioduski, *Energy Law in Poland*, edited by Martha M. Roggenkamp, *Energy law in Europe: national, EU and international regulation*, Oxford University Press, 2007, p. 981.

第四节　波兰常规能源法制

一、波兰常规能源勘探与开采制度

(一)波兰能源矿业管理机关

波兰的煤炭、石油、天然气和其他矿物质勘探开采活动主要由波兰《地质采矿法》规范。该法规定,波兰采矿活动由波兰国家矿山局负责。该局位于波兰上西里西亚(UPPER SILESIA)首府卡托维兹(KATOWICE),由波兰中央政府直属,下辖12个地方矿山局和1个专门的矿山机电设备检验局,主要负责对矿业安全、保健、防火、矿山救护、资源管理和环境保护等方面进行监管。该机构成立于20世纪20年代,其主要任务包括:①监察矿山安全;②通过发布采矿及治安规章条例,按规章处理采矿安全事宜;③批准煤、矿石、盐等矿物的开采;④监管矿山人员培训(工人、领班和工程技术人员);⑤监管采矿学校;⑥当采矿危机公共安全时给予调查,保持对公共安全的关注。20世纪中叶,随着石油、天然气和其他新能源的广泛使用,这些能源矿的开采也由国家矿山局及其下属机构监管。政治经济转轨之后,市场经济体制的确立,使该机构在市场基础上的宏观调控及其监管职能更加重要。尤其是1994年《地质采矿法》的颁布,更加强化了这一点。

1994年波兰的《地质采矿法》规定:国家矿山局局长由总理任免并接受其领导,副局长由总理根据局长的提名任免。该局的主要职责包括:①在局长的直接领导和监督下,按照局长的命令、指令、决议和建议开展工作;②副局长、局长助理和下辖各司领导负责协助局长管理国家矿山局;③管辖各地方矿山局和矿山机电设备检验局;④局长可根据需要设立咨询和评议机构,并确定他们的名称、组成人员、工作范围和工作方式;⑤及时检查相关工作完成情况;⑥与中央政府其他部门和机构、地方政府、国家监督机关和工会组织在相关领域进行协作。

国家矿山局的具体工作事项包括:①劳动安全与卫生保健及安全防火;②矿山救护;③生产过程中矿物资源的管理与利用;④矿物开采过程中的环境保护,其中包括采矿损害防治;⑤矿山的建设与关闭;⑥确定采矿范围和边界;⑦负责在主要矿物矿田的勘探边界处实施的工程,包括地质工程、使用爆破器材完成的工程、设计深度超过30米的工程。对矿物开采来说,各地区矿山局是国家矿山监察机关的第一责任者,而国家矿山局是第二责任者。

国家矿山局局下设局长办公室、干部办公室、行政预算办公室、法规司、地下矿山司、露天矿山与钻井开采司、环境保护与矿物资源管理司、机电司以及健康保护、自然危害、劳动安全与培训司，各司、办分工合作，协调管理。

国家矿山局下辖的矿山机电设备检验局的主要职责包括：①监管矿用井筒提升机、高压变电站及其主要设备、高压配电网、矿井通信与调度系统、安全和警报系统等机电设备的维护；②在矿山企业中对上述设备进行检验试验，对新安装设备发放运营许可证；③规定机电设备的检验范围和周期。

1994 年 8 月 26 日，波兰政府作出了《有关国家地质行政管理机关和国家矿山局管辖范围的决议》，主要内容包括：①国家矿山局局长负责确认矿山地下生产、矿山测量和矿山地质负责人上岗资格等。②相应地区矿山局局长负责矿山生产其他负责人员和监督人员，以及其他要求具有专门资格的生产人员的上岗资格。③相应地区的矿山局局长负责指示矿山企业对矿山救护队伍和装备进行必要的变更、完全或部分解除矿山企业、设置矿山救护机构的义务、保证参加矿山救护中心站特殊救护行动等方面的工作。④相应地区矿山局局长负责对矿区勘探开采设计的审查。⑤矿山局都有进入矿山、检查技术设备、查阅必要资料和文件的权利。⑥矿山局在履行监督和检查职责时享有如下权利：a. 指令消除违反矿山生产规程的行为；b. 在对矿山、职工、环境等安全造成直接危害的情况下，可以中止该矿山或其设备的运转，并且指令采取必要的防治措施；c. 对严重违反劳动纪律和劳动秩序，尤其是严重违反《地质采矿法》及在其基础上制定的规程和条例的工作人员，可以禁止矿山企业在两年时间内委任其某些特定的工作岗位；d. 调查矿山事故和危害的原因和事实真相；e. 对矿山灾害防治或救护行动进行监督和检查，并可以要求更换行动领导人或整个领导班子；f. 可以要求矿山企业就其采取的技术方案进行正确性检验，其费用由企业本身负担；g. 当确认矿山企业违反采矿许可证条件时，要通知相应的矿山检察官。⑦国家矿山监察机关在波兰海域从事的活动要预先与海洋行政管理机关协商。[①]

为了符合欧盟标准并与波兰 1997 年 10 月新宪法的要求相适应，波兰于 2001 年 7 月 27 日通过了新的《地质采矿法》，该法已经于 2002 年 1 月生效。此次修订的主要内容包括：①责成矿山局监督和管理全国约 2 500 处普通矿物矿场的开采。②矿山业主必须进行评估并书面说明采矿存在的危险，写出保证人员安全健康的文书，并提出注意事项和防范措施以减少危险。该文书需要根据实际情况随时进行修改。员工有权利了解此文书的内容，并

① 参见孙洪灵：《波兰矿山监察机构的地位与职能》，载《中国煤炭》2001 年第 2 期，第 47—49 页。

要直接确认这些内容。③矿山雇员在执行委派任务时，应当使自己不处于危险之中。④安全文书必须包括以下内容：a. 采矿的布局；b. 采矿的危险；c. 安全责任人；d. 修改文书的方式；e. 评估和书写危险的方法；f. 矿山安全工作规程；g. 雇员安全作业规程；h. 应急措施。⑤国家矿山局局长根据法定要求授权自然人和科研单位专家的资格，专家应当定期向矿山局注册。⑥矿山局组建一个专业的员工培训组织，使员工能得到良好的培训。波兰准备进一步强化国家矿山局的监管职能，继续改善劳动安全，提高劳动工作过程的文明人道程度，合理平衡地管理矿产资源，最大限度地减少采矿工业对环境的负面影响。①

除国家矿山局之外，波兰还有国家劳动监管局、国家原子能机构、健康和社会福利部下属的国家环境监管局、经济部下属的技术监督局分别在各自的领域行使相应的矿务监管权。② 其实，波兰政府对矿务的管理并不是横向的、单一的，而是一种纵横的网络化管理，中央机关与地方政府的权限明确、具体，责任、权力范围更具体化，相互之间不存在模糊地带。例如，《地质采矿法》规定，普通矿产之普查、勘探及开采的特许权由市、镇长授予，其余的均由国家授予。这种公共权力的国家整体性在层级上的明确，当不再夹杂着中央和地方的财产利益时，更容易形成权力的向心力。这样，一方面能使管理的权力和责任者分工明确：财产所有权代表者明确（《地质采矿法》规定是只有国家财政部可以使用矿床，并通过设置采矿使用权来处分此项权利）、特许授予者专设（《地质采矿法》规定矿床的普查与勘探；矿产的开采；物料在地表的非储层储放及废料在地下采坑的储存均须特许权许可，除法律另有规定的之外，特许许可权均由环保部授予）、矿务行为监督者明确（国家矿山局）、监督的协助管理者明确（《地质采矿法》规定：根据矿产品种不同而授予相应各类特许权，申请人应分别与相应的工贸部部长、卫生部部长、海洋经济部部长、原子能局局长、建设部部长等签订合同）。另一方面，可以使得静态审查和动态监督相互衔接：特许机构的批准是以保护地质、环境为主要目标，站在市场的入口处严格审查企业的主体资质，决定其是否准予进入勘探和开采市场的行政特许行为。国家矿山局的监督是以企业运行中的工作安全、卫生、防火、矿山援救服务等是否符合要求的检查、督促和控制行为。同时，动态监督又反馈于静态审查，可以说是疏而不漏。例如，《地质采

① 参见[波兰]波德·布卡勒斯基：《波兰国家矿山局的安全职能》，载《现代职业安全》2003 年第 3 期，第 54—55 页。

② 参见[波兰]波德·布卡勒斯基：《波兰国家矿山局的安全职能》，载《现代职业安全》2003 年第 3 期，第 54—55 页。

矿法》规定:当国家采矿监督机构认定企业主违反了特许权中规定的条款时,应立即将此通知特许机构。

波兰《地质采矿法》并不是一部单一的公法,而是一部公私相结合的新型立法形式。例如,该法规定采矿使用权之设立可以通过举行招标来完成,关于设立、变更或转让采矿权之合同,为防失效,应采用书面形式。可见采矿使用权的设立、设立手段和形式都由私法来调整。勘探开采权具有排他性,在设立采矿使用权的合同所规定范围内,采矿当事人可以禁止其他人普查、勘查或开采指定的矿产。在这一限定范围内,采矿当事人可以处置其权利。《地质采矿法》授予矿物勘探开采的组织企业法人的资格。该法明确规定:采矿企业,指一个企业主所使用的在技术上及组织上集合在一起的方式,以直接从事矿产开采。资源产权和企业产权可以依法自由流转,资源产权的采矿当事人可以处置其权利(经财政部同意)。企业主若要转让其地质资料所有权,需经相应的地质管理机构批准。采矿企业只要按批准的经营计划进行采矿,其矿产品和矿山其他资产由企业主自由处分。[①] 这些都属于私法因素在《地质采矿法》中的体现。公私法相结合,在妥善协调产权问题的同时,充分调动了各方的积极性,更有利于在国家调控的基础上提高资源的利用效率。

(二)勘探采矿活动对环境破坏的预防

为了预防矿务活动对自然环境的污染和破坏,《地质采矿法》在特别许可中有详细的规定:与环境保护有关的问题要授予特许权,则必须对因进行特许权所包括的活动所造成的后果签订担保书,提交保证金。进行矿务活动时要制定地质报告,并根据地质报告中的水文地质报告、工程地质报告、矿床地质报告等综合制订地质工作计划。地质工作计划由特许机构决定审批。矿山企业的空间发展计划、矿区建筑目标、企业经营计划等由最高采矿办公室根据特许审批中的相关原则审批。矿山企业制定的空间发展计划、矿区建筑目标、企业经营计划等要由国家矿山局进行审批。特许机关对企业主在行使特许权时进行监督和管理。特许权的撤销或终止并不能豁免企业主在环境保护方面应负的责任。在采矿企业清算时,企业主有责任采取措施保护环境。[②]

(三)矿业工作卫生与安全

波兰《地质采矿法》很重视矿业工作的卫生与安全。该法规定:任何人,

① 参见康纪田:《波兰矿业法给我国矿业立法的启示》,载《中国矿业》2006 年第 7 期,第 26—27 页。
② 参见康纪田:《波兰矿业法给我国矿业立法的启示》,载《中国矿业》2006 年第 7 期,第 27—28 页。

若知道了有危险存在，都有责任立即警告、采取措施或通知管理人员，否则应当承担责任。矿业企业主从各方面保证员工采矿安全和拥有组织的矿山援救服务等，形成卫生、安全防范网络。采矿企业组织安全生产的法律法规知识对采矿员工进行培训并达到适当要求，由采矿监督机构监督培训。[①]

波兰拥有一批技术力量雄厚、检测手段先进的国家级科研单位和检验机构，矿山企业所采用的一切设备与器材必须经过这些部门的检验，不同的使用单位和不同的使用条件，分别有不同的检验标准，即对于同一台设备，在不同的使用条件和使用范围内都有明确而具体的内容。未经国家授权的检验报告一律无效，矿山企业采用未经检验的设备一律视为违法行为。波兰煤矿设有调度室，基本上由生产监控和安全监测两部分组成，生产监控包括模拟盘可显示工作面主要设备、胶带输送机运输、主副井提升机的开停以及主扇、地面选煤厂设备的运行工况、生产调度和事故通讯等。监测系统不仅可对井下特定地点的沼气含量、温度、风速、压力等情况，胶带输送机的工况，矿山压力状况和外因火灾情况进行连续监测外，还可以报告采煤机等的工作时间，矿井采煤量。对设备故障和矿山来压[②]等进行预测预报，为各级领导组织生产、指挥生产提供第一手资料。[③]

（四）矿山救护制度

1999 年以来，波兰煤矿百万吨死亡率一直在 0.4 以下，而我国的百万吨死亡率接近 4。[④] 而波兰其他矿物勘探开采活动所造成的工人死亡率也远远低于我国。可见，波兰矿山救护制度完善，执行力更为严格，很值得我国认真学习借鉴。波兰非常重视矿山救护工作，早在 1907 年，波兰的比托姆(BYT0M)地区就根据《采矿救护法》，成立了世界上第一个采矿救护总站，并设立长期急救机制，要求每个矿井都要建立救助站，并对救护队员进行培训。当矿难发生时，各个矿井要相互支援。“二战”结束之后，波兰颁发《156/58 号法令》，重新建立了矿山救护组织——矿山救护中心(CSRG)。1969 年 8 月 1 日，波兰颁发了《关于安全事务、安全作业和火灾安全法规》。该法规第 223 条规定：“矿山救护的任务是在井下受到火灾、瓦斯爆炸或煤尘爆炸威胁、井下突水或较大的冒顶事故以及作业地点不能进行呼吸时，必须进行帮助和救护。”为此目的，必须每天 24 小时随时作好材料、设备及技术的

---

① 参见康纪田：《波兰矿业法给我国矿业立法的启示》，载《中国矿业》2006 年第 7 期，第 28—29 页。

② 矿山来压(Flighest Mine Pressure)，是指从采矿起始面开始回采到一定距离后，井巷内显现出来的最大矿山压力。

③ 参见张英梅：《波兰煤矿的安全生产管理》，载《山西煤炭》1998 年第 1 期，第 59 页。

④ 参见李玉茹：《中国煤矿安全许可制度研究》，南京工业大学 2009 年硕士论文，第 6 页。

准备，以便迅速对危险矿井进行救护。矿山救护的任务，是预防危险，并在矿工中普及防治这些危险的知识。

波兰矿难救护组织有三个层次。矿山救护总站负责监管全国所有的矿山企业的救护工作，矿山救护分站（OSRG）直接监管矿山企业救护状态，受总站的监督。采矿企业设立矿山救护队，包括矿山执勤队、矿山矿井救护站（KSRG）或矿山救护点，直接从事矿难救助工作。

波兰矿山救护组织的最高机构是矿山救护总站，负责全国范围内的专业性矿山救护以及监督和调控工作，救护对象主要包括包括井工矿井和挖掘或维护井下坑道且存在不安全的空气条件的露天矿井；勘探和开采石油、天然气、露天开采硫、盐的企业；根据国际合同，勘探和开采波罗的海（Baltic Sea）海底的石油和天然气的企业。总站的主要任务是：保证矿山救护工作正常进行，在威胁矿工生命安全和对矿山企业的正常运行造成严重威胁的井下火灾、巷道瓦斯、瓦斯或煤尘爆炸、井下巷道突水、冒顶以及机电设备大的危险等提供必要的帮助；在开展救护行动和采取预防行动时，对矿山企业提供专业方面的帮助；检查和控制矿山企业的救护执勤，检查矿山企业对矿山救护行动的装备、准备情况；确定矿山救护执勤组织和装备；确定不同救护行动所需的救护设备和工具的种类；检验新救护设备和方法的功能、作用；培训矿山救护所需的指挥人员以及举办特殊的培训班；颁发矿山救护范围内的规则、法令及确定培训大纲；对救护队员进行健康和心理检查；监督和检查矿山灯具、劳保经费、空气瓦斯实验室；检查和对矿山救护设备厂、防火设备厂颁发合格证。矿山救护总站设有救护执勤，包括矿山救护总站和矿山救护分站的职业救护队员，以及具有防止矿山危险和从事救护行动的专家。职业救护队员是自愿从事2—5年职业救护的矿山企业职工、总站和分站雇佣的用于检查和从事救护作业活动的专家技术人员和医务人员。矿山救护分站是一个中间组织，从事控制和监督本区域内矿业企业的矿山救护工作。分站不仅要帮助本区域内的矿井，必要时还要对邻近的属于其他矿山救护分站所辖矿井提供救助。

矿山救护分站的基本任务是参加矿山企业的救护行动，尤其包括以下方面：一天24小时的紧急救护；通过矿山救护，直接完成救护任务；与救护的指挥一起，进行救护行动的事务及安全工作；采用矿山救护分站装备的设备与工具，完成要求的救护任务；组织确保救护行动所必不可少的个人和技术方面的协助。具体而言，分站要：对救护队员和救护设备的机械师及监督人员进行培训；对矿山企业的救护状态进行监控；与矿井救护执勤人员一起进行救护训练；对矿井救护计划提出意见并对救灾计划做出补充。矿山救护分站人员主要包括站长、紧急救护主任、替班、救护设备机械师、救护设备专家等。

分站设有矿井紧急救护部，由 13 名人员组成，包括 11 名救护队员、1 名救护设备机械师和 1 名紧急救护主任。紧急救护队员在矿山救护分站覆盖的矿井内至少每 15 天巡回一次。在这段时间内，紧急救护队员除了进行救护行动以外，还将根据计划参加训练、培训和其他工作。

矿山执勤队由不同职称、不同采矿职业专家和矿外专家组成，具体包括队长、设备机械师和队员。队员人数多少取决于矿山矿井的危险等级及种类。具体的登记及种类由矿长、上级单位以及矿山救护分站讨论决定。救护队员每 5 年进行一次由救护分站组织的再培训，并须参加考试。此外，救护队员有义务参加 6 次不同时间的救护训练，其中两次是救护分站组织的训练，两次矿井地面训练，两次井下训练。每次训练持续 8 个小时。救护执勤队设立救护替班，由 5 人组成，1 名队长直接指挥 4 名队员。队长要求必须是从事过井下 6 年以上的安检工作以及 3 年的矿井救护工作的救护队员。矿长根据救护站站长的报告，直接指挥替班队长。救护设备的机械师由矿长根据矿井救护站长的报告来指定。机械师可以是通过基本训练和特种职业训练、工龄 3 年以上的救护队员，或者是参加过救护分站组织过的救护设备机械师培训班的救护队员。每个机械师都有义务每 5 年参加两次由救护总站组织的培训。每个救护站都要保证每天都有至少一位机械师值班。救护执勤队队长由矿山救护站站长或矿山救护点的队长担任，矿山救护站(点)的站(队)长和两个替班队长一般由经验丰富的队员或矿井检查监督员担任，具体人选则由矿长和救护分站协商确定。

矿山矿井救护站(KSRG)一般设立在距主井 30 到 100 米的范围内，主要负责救护仪器的维护保养、救护队员的培训以及组织救护行动。每个矿井必须设立救护站，井下救护队员每昼夜不少于 500 人。如果矿山井下昼夜作业人员少于 500 人，则可设立矿山救护点。救护点一般只设有仪器大厅、机修车间、手工仓库等。它不是一个独立的单位，通常隶属于矿井救护站，或由矿山救护分站认定。[①]

此外，波兰还设有以下从事救护工作的组织：设在克拉科夫的矿山救护站，为波兰石油和天然气勘探提供救护服务；设在塔尔诺布热格的矿山救护公司(为硫矿提供救护服务)；为矿山和钢铁厂救护部(为铜矿、褐煤矿和其

---

① 参见窦林名：《波兰矿山救护的组织结构与任务》，载《矿业安全与环保》2000 年第 6 期，第 54—56 页。

他矿提供救护服务)。[①]

波兰的矿难救护指挥模式是:事故发生后,救护总站领导和煤矿领导、技术专家组成地面指挥部,指挥部设在专门的救灾办公室(办公室内安装有与井下地面各系统相连接的电话、电脑系统,快速接收井下的气体化验数据、侦查图像以及救护队侦查、处理事故的情况等信息),根据救护队提供的矿井灾变情况提出或修改事故处理方案,由救护队负责下达救护行动命令;救护分站领导在井下基地直接指挥救护工作,并将井下的化验数据、侦查图像、灾变情况通过电脑传送到地面指挥部;矿山救护站和分站救护队员进行事故处理,并将事故处理情况及进度逐级上报。[②]

(五)刑事责任

波兰《地质采矿法》还制定了相关刑事责任。该法规定:"任何人若未取得必须的特许权就行使勘探和开采活动,或违反了特许权中所规定的条款而使矿地造成了重大损害,将被处以 3 年以下徒刑。"[③]

二、波兰煤炭法制

(一)煤炭市场化改制

波兰市场化改制之后,政企不分的行政化煤矿大多被改组为国有企业,相互竞争,自主经营,自负盈亏。煤炭企业资产也进行了改革。煤炭企业的资产一般分为 3 个部分:①生产经营性资产,如采煤设备等。这部分资产各个企业都比较多,目前主要采取租赁及有偿转让等措施,盘活存量,降低生产成本。②非生产经营性资产,如学校、医院、俱乐部、休假中心等。对这部分资产,一部分已开始转让给地方政府,一部分组成服务性公司,实行自主经营。③财务资产,如长期投资、证券等,也在设法提高运营效率。随后,波兰开始对国有煤炭企业进行私有化改制,先是将煤炭企业下属的非煤产业剥离出去,再对煤炭地面设施等实际设备进行私有化改造。波兰在煤炭企业改革中,非常重视煤炭职工队伍的稳定。在通货膨胀比较严重的情况下,政府和企业采取措施不断提高煤矿职工的收入,往往高于物价上涨幅度 2—4 个百分点。[④]

---

① 参见孙庆刚:《波兰矿山救护组织》,载《现代职业安全》2004 年第 8 期,第 60 页。

② 参见国家安全生产监管局:《国家安监局赴波兰矿山救护培训报告》,载《专家工作通讯》2004 年第 7 期,第 32 页。

③ 参见康纪田:《波兰矿业法给我国矿业立法的启示》,载《中国矿业》2006 年第 7 期,第 29 页。

④ 参见张继武:《波兰煤炭企业的改革与发展》,载《煤炭经济研究》1998 年第 6 期,第 23 页。

(二)煤炭发展规划

煤炭是波兰能源结构中的重中之重。短期内,煤炭在波兰能源结构中所占的地位是无法取代的。波兰重视煤炭行业的发展规划,其《能源政策纲要》中就包括"煤炭工业行动计划"。该计划的主要内容包括:淘汰效能差的矿井、矿场和矿区,防止矿难发生;采用最新的开采工艺与技术,加强煤炭脱硫处理,实行有选择性的开采;减少煤炭职工人数;提高煤矿和煤矿精炼厂回收燃气产量。①

(三)煤炭消费税

在煤炭税制方面,2011 年 8 月 17 日,波兰财政部公布了消费税法修正案草案,以便和欧盟法保持一致。该草案计划在 2012 年征收煤炭消费税,税率拟定为 1.28 兹罗提每吉焦(GJ),个人和其他实体将可豁免缴纳税款。预计煤炭消费税可以使波兰一年的财政预算提高 14 300 万兹罗提(约合 4 960 万美元)。②

三、波兰油气资源法制

(一)油气资源市场化改制

20 世纪 90 年代初,波兰开始进行油气行业的私有化改造,原有的两家炼油厂被改组成两个相互竞争的经济实体。2004 年,波兰财政部批准了有关通过交易所对波兰石油天然气总公司(PGNiG)实施私有化的计划,波兰财政部将拥有该公司的大部分股权。③ 之后,波兰对波兰石油和天然气总公司进行了进一步拆分,使其分解成若干独立的企业,并成立了波兰天然气勘探开采公司、波兰全国天然气输送和分配总公司。

2007 年 2 月 6 日,波兰政府宣布实行"波兰石油政策",要求重新建构旨在保证财政部控制的主要能源企业,以便能够积极发展石油运输业,完善基础设施储存机制,增加波兰本土原油产量,获得国外石油领域的代理权。该政策还引发了法律层面的改革,如引入全新国家能源贮备系统、确保第三方能够非歧视地从事有关能源运送、基础设施储存的事业。④

---

① 参见滨京申、原月文:《2010 年波兰能源政策纲要》,载《全球科技经济瞭望》1995 年第 5 期,第 7 页。

② 参见《波兰的煤炭消费税将达到 5 000 万美元/年》,http://bbs.zhongsou.com/3/20110823/2200144.html,2012-02-03。

③ 参见刘红:《波兰政府批准实施油气私有化计划》,载《国际石油经济》2004 年第 5 期,第 4 页。

④ Dariusz Mioduski, *Energy Law in Poland*, edited by Martha M. Roggenkamp, *Energy law in Europe: national, EU and international regulation*, Oxford University Press, 2007, pp. 989-992.

起初，波兰天然气价格是由能源管制局(URE)制定，通常低于进口价，任何公司想进入波兰市场交易大容量天然气都必须建造或者从垄断市场租赁储气厂。2011 年 4 月，欧洲委员会限期 2 个月让波兰放弃为天然气设置的关税系统。随后，波兰通过法案，允许欧盟任何地方的潜在竞争对手保持要求的天然气储量。这表明波兰已经对天然气存储市场进行了自由化改造。①

(二)油气资源消费税

波兰法律规定对燃油征收消费税。波兰在加入欧盟的谈判中，在燃油消费税方面争得了自己确定税率的过渡期，具体为：柴油到 2012 年初；无铅汽油到 2009 年初；重柴油和取暖用柴油到 2008 年初；各种航空燃料到 2006 年底。波兰财政部负责针对燃油消费税税率随时进行调整。2005 年，波兰财政部规定了燃油消费税的基本税率：铅含量大于 0.013 克/升的轻油税率为 1 747 兹罗提/1 000 升；铅含量小于 0.013 克/升的轻油税率为 1 315 兹罗提/1 000 升；飞机专用轻油的税率为 1 822 兹罗提/1 000 升；飞机专用中油的税率为 1 072 兹罗提/1 000 升；硫含量在 0.001%到 0.005%之间的柴油税率为 1 099 兹罗提/1 000 升；硫含量小于 0.001%的柴油税率为 1 048 兹罗提/1 000 升；供暖用柴油的税率为 232 兹罗提/1 000 升。② 2012 年，波兰财政部提高国内燃油消费税，提高幅度约 1 倍。波兰法律还规定，征收消费税的商品仍需缴纳增值税。因此，在缴纳燃油消费税的同时还应缴纳相应的增值税。在波兰，油气增值税税率一般为优惠税率 7%。③

(三)油气资源战略储备制度

波兰于 2007 年 2 月 16 日通过了关于实施石油战略储备制度的法案。该法案规定由政府和石油公司共同筹备石油战略储备。2008 年初，波兰政府已经拥有大约 14 天的战略石油储备，波兰的石油公司的战略石油储备也达到了 76 天。目前，波兰已经达到了国际能源署要求的必须具备最少 90 天石油战略储备的任务。波兰还建立了天然气应急储备和液化天然气(Liquified Natural Gas，LNG)应急储备制度。2008 年，波兰天然气战略储备量为 11 天的进口量，预计在 2012 年底将达到 30 天的进口量。2008 年，波兰液化

---

① 参见《波兰通过开放天然气市场的法案》，http://www.cheminfo.gov.cn/ZXZX/page_info.aspx? id=355757&Tname=hgyw&c=0，2012-03-03。

② 参见邢厚媛、周密、梁桂宁：《投资波兰》，http://hzs.mofcom.gov.cn/accessory/200701/bolan.pdf，2012-01-12。

③ 参见刘安然：《进军欧盟第二增长国——波兰》，http://news.163.com/10/0413/17/645QPB5800014AED.html，2012-01-20。

天然气应急储备为3天的消费量，2009年底达到了约30天的消费量。[①]

四、波兰核能法制

20世纪六七十年代，波兰开始着手制定核能开发与利用的制度与政策。当时与原子能相关的活动都由波兰部长会议主席、波兰卫生和社会保障部部长和波兰原子能利用事务全权代表相互协调、联合管理的。1982年，波兰成立了国家原子能机构（Panstwowej Agencji Atomistyki，PAA），专门负责核能领域相关工作。1986年4月10日，波兰通过了《核能法》，在和平利用核能、保障核安全、防治核辐射、核能国际监督等方面进行了规范。波兰1986年《核能法》的基本内容包括：①国家经济发展过程中对核能的和平利用，保障公民的生命、健康和财产安全，防止环境因利用核能而遭到污染。②与利用核能有关的行动必须征得相应的核安全和防辐射机构同意后才可进行。③面临辐射危险时从事活动，必须把受威胁的人数控制到最低限度，要确定电离辐射的容许限度，并且把这种辐射限制到尽可能低的限度。④国家核能行政机关在行使职权协调核能利用时，有义务确保相关核能利用活动不违反核安全辐射规定的要求。这是波兰1986年《核能法》中最基本的原则，与之相抵触的核活动一律无效。⑤波兰国家原子能机构负责处理一切与核能利用有关的事务，有权作出合乎本法规定的各种指示和决定。⑥法律对核物质实行实体保护，使它们免受怠工、盗窃或其他有害行动的影响。⑦接触核物质、放射源或核废物的工作岗位接纳工作人员的要符合相应的原则和条件，核设施单位要承担培训工作人员并保证他们免遭核辐射方面的义务。对保障核安全和防辐射具有重大意义的岗位，只能安置富有专业经验且考试合格的人员就业，对不符合岗位工作要求的人可以免职或责令其重新通过考试。⑧核设施的经营单位要对核危害及其对人、财产和环境造成的各种后果负完全责任，而不论是因何种过失造成的危害。⑨国家原子能机构是波兰负责核能利用工作的政府机构，在利用核能方面行使国家中央行政机构的职能。该机构设有机构管委会，人员组成中包括《核能法》中列举的各部部长的代表和波兰科学院的专家代表。原子能事务理事会隶属于国家原子能机构，作为咨询和鉴定机构。⑩国家核安全和防辐射组织负责指导和监督在利用核能领域采取的任何可能对人和环境造成辐射危害的行动。执行监督任务的人员如果在监督过程中发现核安全和防辐射

① 参见崔茉：《波兰正式加入国际能源署》，http://news.cnpc.com.cn/system/2008/11/18/001209532.shtml，2012-03-17。

方面面临直接威胁时，可以下达临时性的指示。针对核监督事务的诉讼，按波兰《行政诉讼法》的规定处理。如果对有关核安全和防辐射方面的决定不满，可以向最高行政法院提出诉讼。⑪如果违反核安全和防辐射法律法规的行为已对公共安全造成严重威胁的话，不排除肇事者承担刑事责任的可能性。[1] 该部法律是计划经济时代制定的，从当时的国际环境来看，前苏联在各个方面控制着东欧各社会主义国家，波兰自身的核能利用和建设很难走上正常发展的轨道。20 世纪 80 年代，波兰曾在该国北部建设 4 台前苏联的 VVER-440 核电机组。但是，由于苏东剧变的影响，该项目于 1990 年被取消，相关设备被出售。[2] 之后，由于地缘政治因素和环境因素等方面的影响，波兰核能法制的发展始终停滞不前。

2009 年 1 月，波兰政府批准了旨在由波兰能源集团建设一座或两座核电站、首座电站于 2020 年前建成的新能源战略。同年，波兰通过了“关于核能行动的框架时间表”，决定在 2016 年开始兴建本国第一座核电站。该行动计划分为 4 个阶段。

第一阶段从 2009 年到 2010 年 12 月 31 日，政府应确定波兰的核能计划。该计划将作为波兰引入核电的全面依据，确定一系列详细措施及其实施的时间表，确定将要建设的核电机组数量、容量大小和候选厂址，确定在波兰实施核能计划及建设配套基础设施的造价，明确建设核电厂的经济和社会影响等。波兰开展了核电的经济分析及放射性废物处置场选址分析，并制订核电行业人员的培训方案。波兰成立了一个核能领导小组和一个关于核能的社会咨询组，该咨询组成员包括经济、核能、原子物理及环境保护等方面的专家。波兰能源集团(PGE)需要提交有关的投资前分析结果。

第二阶段从 2011 年 1 月到 2013 年 1 月底，应签署波兰首台核电机组的建设合同。投资方应最终确定厂址位置和项目资金来源，以及选择技术及供应商等。此外，还要对波兰的铀矿资源情况进行分析。

第三阶段从 2014 年 1 月到 2015 年 12 月底，将集中精力进行机组的技术设计和获取所有必要的许可证。经济部希望中低放废物处置场的建设将在这个阶段开始。

第四阶段从 2016 年 1 月到 2020 年 12 月 31 日，波兰首台核电机组开工建设。[3] 2009 年，波兰能源集团(PGE)与法国电力部(EDF)就共同合作开发

---

① 参见叶世改：《波兰颁布核能法》，载《国外核新闻》1986 年第 10 期，第 9—10 页。

② 参见张炎、伍浩松：《通用电气—日立核能公司与波兰能源集团签署合作协议》，载《国外核新闻》2010 年第 3 期，第 12 页。

③ 参见张炎、伍浩松：《波兰通过核能行动的框架时间表》，载《国外核新闻》2009 年第 9 期，第 7 页。

核能签署备忘录。根据该协议，双方将对渐进型动力堆(Evolutionary Power Reactor，EPR)共同开展研发工作，计划未来在波兰境内建立2个3 000兆瓦(MW)的核电站。[①] 2009年，波兰政府任命了一名专职核能委员，专门负责监督核能的利用与发展等工作。[②] 2010年3月，美国和日本合资成立的通用—日立核能公司(GEH)与波兰能源集团(PGE)签署了一项关于在波兰建设商用核电站的新协议。根据新协议，通用电气—日立核能公司将帮助波兰能源集团研究建设4座基于该公司1 350百万瓦(MWe)先进沸水堆(ABWR)或1 520百万瓦(MWe)经济简化型沸水堆(ESBWR)设计的反应堆的可行性。[③] 2010年3月，波兰政府确定了位于波罗的海沿岸的扎尔诺维茨(Zarnowiec)为在2020年前建成波兰首座核电站的最佳厂址。2010年4月，美国西屋电气公司(Westinghouse)与波兰能源集团(PGE)签署了一项合作谅解备忘录，联合调研在波兰建设AP1000核电机组的可行性，承诺要与波兰建立长期伙伴关系。[④] 2011年6月16日，波兰颁布了批准核电建设的第一部法案，对原核能法进行了部分调整，规定法律将允许满足未来核电发展的需求，而不仅仅满足科学研究的需求。2011年6月29日，波兰参议院正式通过了关于批准核电建设的第二部法案，对波兰投资建设核电站做出了具体规定，涉及核电站投资的相关法律规范，波兰将启动首座核电站的招标工作。[⑤] 波兰能源集团(PGE)将负责在2020年前建设两座核电站，预计总装机容量为6吉瓦(GW)，总投资约180亿—210亿欧元(合257亿—300亿美元)。[⑥] 2010年8月14日，波兰和韩国签署了《核能合作协定》，波兰希望通过与韩国的合作，将在核电站的运营和核废料的处理，以及技术人员的培训和宣传等领域获得韩国的经验。[⑦] 2010年9月，波兰将原定的核电

---

① 参见张静:《波兰和法国能源巨头签署核能合作协议》，http://www. cio360. net/h/1880/326525-9516. html，2012-03-16。

② 参见《波兰政府日前任命第一位负责监督核能发展的高官》，http://www. snptc. com. cn/templates/list1/index. aspx? nodeid=36&page=ContentPage&contentid=13359，2012-03-07。

③ 参见《波兰政府日前任命第一位负责监督核能发展的高官》，http://www. snptc. com. cn/templates/list1/index. aspx? nodeid=36&page=ContentPage&contentid=13359，2012-03-07。

④ 参见张炎、伍浩松:《西屋与波兰能源集团签署合作谅解备忘录》，载《国外核新闻》2010年第5期，第9页。

⑤ 参见《波兰正式通过核电建设法案》，载《资源节约与环保》2011年第5期，第24页。

⑥ 参见伍浩松、张炎:《波兰国会通过支持在本国建设核电站的法案》，载《国外核新闻》2011年第8期，第2页。

⑦ 参见《韩国与波兰签署核能开发协定》，http://world. kbs. co. kr/chinese/news/news_Sc_detail. htm? No=28535，2012-03-16。

启动日期推迟了2年,预计2022年运行本国的核电站。[①] 2011年2月22日,波兰政府通过了有关建设核电站的法律修正案。该修正案确立了波兰国家核电安全委员会的监督职能,并赋予它在核电站建设以及运行过程中监督检查的权力,规定了核电站从准备、建设到今后建成运行的一系列基本原则,包括许可证发放、地址选择以及电站建设等具体细则。[②] 2011年5月31日,波兰政府在日本福岛核事故之后首次表示波兰建设的核电站要首先考虑安全问题,无论是用什么技术,都不能出现泄漏;要进行双评估,即国内安全评估和邻国安全评估。因为一旦核电站发生事故,不仅会影响波兰本土,同时还有可能影响邻国。[③] 如今,波兰核电事业正在有条不紊、如火如荼地展开。

五、波兰电力法制

(一)电力市场化改造

政治经济转轨之前,波兰发电站较为落后,技术装备老化、装机容量低、资源浪费量大,污染严重,冷却系统技术薄弱。此外,波兰发电站以火电站为主,火电站中以燃煤电站为主,能源效率低下,亟需进行市场化改革,引入竞争机制以提高电力企业的竞争力。1990年,波兰解散了相当于电力部性质的原电力褐煤委员会,由经济部主管能源行业,开始引进竞争机制,对电力进行改革。首先,波兰从电力企业重组入手,将电力行业分成发电、输电和配电3个部分,进行重组和民营化。1997年12月,波兰提出要到2002年底全部放开电力市场,建立符合欧盟要求的电力体制。波兰电网(PSE)和发电公司间的长期合同电量占国内总发电量的65%,但配电公司及用户已可不通过波兰电网(PSE)直接向发电公司购电。1999年11月,波兰建立了电力交易所(GE),从2000年6月开始进行电力批发交易。波兰电力交易所(GE)由波兰财政部以出资比例30%相对控股,刚刚成立就有40家电力公司加入交易(其中包括2家国外公司)。波兰电力交易所(GE)参照北欧国家和西班牙的电力交易所的运营模式。截止到2002年,波兰电力交易所(GE)使现货交易量达到总发电量的30%,并最终成为包括捷克、斯洛伐克和立陶

---

① 参见毕文元:《波兰修订核能规划,首座核电站拟2022年启动》,http://news.ifeng.com/mil/3/detail_2010_09/06/2442183_0.shtml,2012-03-15。

② 参见《波兰修改法律为核电站建设铺平道路》,http://news.xinhuanet.com/world/2011-02/23/c_121110987.htm,2012-03-15。

③ 参见《波兰强调发展核能必须符合两个标准》,http://roll.sohu.com/20110601/n309040274.shtml,2012-03-17。

宛等国的跨地区交易所。2005 年，波兰将电力市场划分成 220 千伏及以上的全国电力系统市场和 220 千伏以下的地区电力系统市场，均采用竞争方式进行现货交易与合同交易。[①] 2006 年 3 月，波兰政府宣布实行“电力部门计划”。该计划的目标就是：降低用电价格，改善国内电力供应安全性和稳定性，确保国家经济的平衡发展。该计划旨在创造强有力的具有竞争力的电力市场，提高该能源部门的法律透明度和电力分配的规律性。[②]

波兰电力市场的批发交易制度也在发生着巨大的变化。波兰国家批发电力市场分为了系统化市场和区域化市场，并以输送电能的电网电压标准为基础进行交易。系统化市场又进一步分为合同市场和商品交易市场。批发系统市场由电厂、抽水储能电站、小型电站集团和小型发电机组、波兰电网公司（PSE S. A.）、配送供电商和大型消费者组成。中长期的电、热能源交易形成了合同市场。这种形式占 85%，价格有合同价（长期合同）或者标准价（中等期限合同）。这个市场将由交易市场来补充（最开始约占 15%），并以各电厂的价格为基础（由各厂定价）。市场中增加的日用交易量将对各供电者采用相同的公开报价，并与供电的可靠性成比例。给配送电商和大客户的售价是基于批发价加上传输费和商业服务费组成的，价格因输电电压的不同而有所区别。值得注意的是，区域市场与设备市场紧密相关，如发电、变电、配电和用电设备，还有与供电设备有关的市场（取暖、街灯、公交）。[③] 目前，波兰的电力批发市场主要由发电公司和配电公司与波兰电网之间的短、中、长期合同构成。配电公司原来只能向波兰电网购电，现已将从市场购电的比例提高到 35%。能源管制局负责制定管理 1—2 年过渡期内的交易价格。波兰能源法律将允许用户选择供电企业的权利称为第三者取得权（TPA），从 1998 年 9 月起，每年用电量超过 5 亿千瓦时（kW・h）的用户可获得第三者取得权，之后分阶段扩大获得第三者取得权（TPA）的用户范围，到 2005 年 12 月以后全部开放。从实际进展看，1999 年就已经有用电量 1 亿千瓦时（kW・h）以上的 83 家企业获得第三者取得权（TPA），电力市场的 37%实现了自由化。另外，波兰能源法还规定了天然气系统到 2005 年 12 月全部开放，由于新立项的电厂建设项目多数为天然气发电，将迫使

---

① 参见《世界电力工业概况：欧洲：波兰共和国》，http://www.sp.com.cn/sjdl/ggdlgygk/curope/200504/t20050411_12102.htm，2012-03-16。

② Dariusz Mioduski, *Energy Law in Poland*, edited by Martha M. Roggenkamp, *Energy law in Europe: national, EU and international regulation*, Oxford University Press, 2007, p. 943.

③ 参见任丽娟：《波兰新经济体制下能源部门的突出问题》，载《水利电力科技》2002 年第 2 期，第 22—24 页。

现有电厂必须提高竞争力。[①] 2010 年,波兰政府准备继续公开出售其在一些大型电力能源公司中的股权,以便使波兰的电力企业在 2020 年前轻松获得大约 1 000 亿兹罗提的资金,用以建设电站以及投资多年缺乏资金的波兰电力基础设施。[②]

在市场主体方面,波兰设立了波兰电力总公司,负责对所有的高压电网的调度管理。该公司是国有独股公司,负责保证全国电力系统经济安全地运行,改组专业电厂,成立多个发电公司,改组专业热电厂,成立数个专门生产电和热的公司;改组输变电站,成立十几个地区性的电力输配公司。其他国有发电企业应合并成几个独立的有竞争性的发电公司,分别管理燃煤电站、热电联产电站等。[③] 电力公司与煤矿或其他能源供应单位直接签订合同,购买燃料;电力公司遵守商业规则,按合同向输电和售电公司或者供电公司出售电力;电力输配公司为公用事业机构,直接对用户负责供电的可靠性和质量。配电公司和供电公司按合同从能源市场和全国性的输电公司,自备电厂以及其他发电者购买电力。波兰电网联合股份公司(PSE)则完全归国家所有,负责国内电力的经济高效地生产和输送,高压和超高压输电网的运行、维修和发展,抽水蓄能调峰电站以及国际电力贸易。它从国内电站或国外购买电力,然后向国家能源分配供应公司以及国外出售电力。该公司还负责可靠和优化供电、协调技术发展以及筹集资金。国家控制中心、地方控制中心及其附属设备(通信和遥控)也隶属于这家公司。[④] 根据波兰能源法,自 1999 年起,输变电企业开始实行新的价目表,电价逐步放开,允许价格差异,促进竞争。[⑤] 20 世纪末 21 世纪初,波兰电网公司(PSE)的垄断性地位被打破,发电公司可直接向现货市场出售电力。配电公司、大用户可直接与电力交易公司签约。波兰电网公司将主要从事系统的运营。[⑥]

(二)电力现代化改造

20 世纪 90 年代,波兰政府着手进行发电站的现代化改造,并将其纳入

---

① 参见《世界电力工业概况:欧洲:波兰共和国》,http://www.sp.com.cn/sjdl/ggdlgygk/europe/200504/t20050411_12102.htm,2012-03-16。

② 参见李慧:《波兰加快能源企业私有化进程》,http://energy.people.com.cn/GB/12139685.html,2012-03-15。

③ 参见鲁华:《波兰能源部门改革方案》,载《能源政策研究通讯》1993 年第 6 期,第 25 页。

④ 参见孙国栋:《波兰能源体制改革的战略问题》,载《能源政策研究通讯》1993 年第 8 期,第 21 页。

⑤ 参见中华人民共和国商务部:《投资波兰》,http://hzs.mofcom.gov.cn/accessory/200701/bolan.pdf,2012-01-12。

⑥ 参见《波兰电力现状及展望》,http://www.sinosure.com.cn/sinosure/xwzx/rdzt/ckyj/gbyqyjj/42089.html,2012-03-16。

《波兰现代化改造计划》中。波兰发电站改造计划的主要内容有：①对主要发电设备进行改造，恢复其正常运行指标，使其使用寿命延长到24万个小时，以降低事故发生频率，缩短检修时间。②改善发电机组运行，提高能源利用效率和可靠性，减少小容量机组数量，提高机组的可控性，降低机组运营费用。③在上述计划实现之后，要进一步提高发电设备的使用寿命到27万小时以上。④减少污染物的排放量，改善自然环境。⑤详细评估论证发电设备改造费用，并根据实际情况相应调整。评估时主要考虑以下因素：运行小时数、制造商担保的使用寿命、历史运行数据（故障、大修及改造）；机组运行方式（调峰或带基本负荷运行）。设备日常维护、小修和大修所需付费用并不计入发电设备改造费用中。

为了防治火力发电所造成的环境污染，波兰政府于1994年颁发了《脱硫法案》，提出了减少二氧化硫（SO_2）排放量的要求、发电企业二氧化硫排放标准和燃料含硫量要求。同时，波兰政府还通过了《电力发展研究纲要》，也包括了二氧化硫排放量的相关要求，主要包括：①2012年相关设备基本实现现代化改造，并安装上高效的脱硫系统；②新建发电站要采用流化床燃烧技术[①]或洁净煤发电技术等新型燃烧技术；③发电站设立合同中都应包括脱硫技术实施方案；④新建发电设备中燃用天然气的设备容量达到14 000兆瓦（MW）以上，天然气发电设备应当安装烟气脱硫提醒；⑤波兰科学研究中心负责策划、解决燃料和能源管理中存在的主要问题；⑥老式机组要分批退役；⑦热电联产电厂计划采用优质煤或低硫褐煤，以减少二氧化硫的排放量。该纲要还包含了针对氮氧化物（NO_X）的排放要求，主要包括：①将所有发电站的氮氧化物排放量维持在现有水平；②2000年以前，所有发电站应当安装低氮燃烧器；③新建设备的氮氧化物排放量也应符合相关标准。[②] 波兰电力工业企业还在推行ISO9000标准和ISO1440环保标准，以便在能效标准、环保标准等方面与国际接轨。

（三）电力许可证制度

波兰《能源法》规定，各电力企业进入竞争性市场必须得到能源管制局（URE）的许可，有效期为10—50年，取得许可的条件是满足能源管制局对于项目资金和技术等方面的要求。外国企业也可以申请许可并得到批准。取得许可证的企业必须每年缴付许可费，其数额根据年售电量或营业收入

---

① 把8毫米（mm）以下的煤粒和脱硫剂石灰石，加入燃烧室床层上，在通过布置在炉底的布风板送出的高速气流作用下，形成流态化翻滚的悬浮层，进行流化燃烧，同时完成脱硫，这种燃烧技术叫流化床燃烧技术。

② 参见[波兰]克里斯特克：《波兰火电厂的现代化改造》，载《国际电力》1997年第1期，第52—55页。

的比例确定。[1]

(四)电力税收制度

在波兰,电力增值税一般执行7%的优惠税率。[2] 同时,政府还须对电力征收消费税。2005年,波兰财政部规定电力消费税基本税率为每千度电20兹罗提。[3] 波兰政府还计划在2012年提高电力消费税税率,以增加财政收入,缓解能源危机,符合欧盟的要求。

第五节　波兰可再生能源法制

2000年,波兰出台了《可再生能源法》,并且在2003年进行了第一次修订,2008年8月再次修订。[4] 随着可再生能源地位的日趋重要,波兰可再生能源法制也将日趋完善。

一、波兰可再生能源基本制度

(一)绿色证书与白色证书制度

波兰实行欧盟绝大多数成员国都接受的绿色证书制度。绿色证书,是指通过利用可再生能源向国家电网输送电力并由相关机构认可后颁发的证书。它既是一种认证,又有具体的数量标准,每张证书代表一定量的可再生能源生产量,具有一定的有效期。该证书可在能源市场上自由转让,调剂可再生能源的分配和平衡,最终促进可再生能源的发展。

2007年9月,波兰公布了能源效率新计划。该计划提出了白色证书制度,要求能源商在销售电力、天然气或热能时,必须取得白色证书,或者通过提高能效措施来换取白色证书。该计划不仅能促进节约能源,还增加了能源利用效率,减少能源在传输、配送与消费时的流失。目前仅有少数国家采用此系统,如英国、意大利、法国等。[5]

---

① 参见《世界电力工业概况:欧洲:波兰共和国》,http://www.sp.com.cn/sjdl/ggdlgygk/europe/200504/t20050411_12102.htm,2012-03-16。

② 参见刘安然:《进军欧盟第二增长国——波兰》,http://news.163.com/10/0413/17/645QPB5800014AED.html,2012-01-20。

③ 参见中华人民共和国商务部:《投资波兰》,http://hzs.mofcom.gov.cn/accessory/200701/bolan.pdf,2012-01-12。

④ 参见《波兰风能发电市场》,http://www.china-mtp.com/newsdetail.php?id=73,2012-03-16。

⑤ 参见许峻宾:《波兰替代能源政策》,http://energymonthly.tier.org.tw/outdatecontent.asp?ReportIssue=200804&Page=14,2012-02-17。

（二）可再生能源配额制度

可再生能源配额制（Renewable Portfolio Standard，简称 RPS），是指一个国家（或者地区）用法律的形式对可再生能源发电在电力供给总量中所占的份额进行强制性规定，电价由市场决定，以推动可再生能源发展的制度。[①]配额制的提出，主要是基于可再生能源有天生的弱点的考虑，即前期投入大、开发成本高、能源密度低。作为传统能源生产企业来说，他们更多关注的是其自身的经济效益，不会主动将传统能源生产过程中产生的环境污染治理成本纳入企业财务核算中，造成可再生能源竞争力远远低于传统能源。这就需要政府站在公共利益的角度，采取强制性措施帮助可再生能源提高其在能源生产中的市场比例。[②]

为了实现有关可再生能源电力装机容量在电力总装机容量中的比例要求，欧盟各成员国都根据各自的实际情况制定了各自的发展目标，实行配额制度。2000 年 11 月，波兰引入了可再生能源配额制度，规定了能源利用部门增加可再生能源电量份额的任务，并要求可再生能源电量份额到 2010 年要由 2008 年的 1.6%增长到 7.5%。2011 年 8 月，波兰开始施行《可再生能源发展战略》，制定了从 2010 年到 2020 年可再生能源份额要增加到 14%的目标，承诺促进可再生能源技术的发展。[③] 波兰的可再生能源配额制度将配合绿色证书和白色证书制度，以便在市场条件下妥善优化配额义务主体履行义务的成本。[④]

（三）可再生能源政策支持制度

目前，波兰政府可提供的政策支持有以耗电型矿物燃料的平均价格实施强制性购买可再生能源电能的义务、可再生能源电力税收减免政策、可再生能源电力输送服务享有优先权、欧盟投资的环保项目享受现金补助等。[⑤]例如，在生物质能方面，波兰作为欧盟成员国，农民种植能源作物可以享受欧盟提供的土地使用补贴。波兰政府选择了一个相对简单的补贴计划。每

---

① 参见李艳芳、张牧君：《论我国可再生能源配额制的建立》，http://www.legalinfo.gov.cn/index/content/2012-03/08/content_3412684.htm? node=7879，2012-03-18。

② 参见《国际制定可再生能源强制性配额目标经验总结》，http://www.cresp.org.cn/uploadfiles/108/1247/d1.pdf，2012-03-18。

③ 参见英国可再生能源可持续发展公司、中国能源研究所：《中国发展生物质混燃的市场创新机制和政策法规研究》，http://www.reeep.org.cn/files/p01203_final%20report_071008_cn.pdf，2012-03-13。

④ 参见《国际制定可再生能源强制性配额目标经验总结》，http://www.cresp.org.cn/uploadfiles/108/1247/d1.pdf，2012-03-18。

⑤ 参见《可再生能源项目海外投资的波兰案例》，http://www.cpnn.com.cn/zdgc/201202/t20120228_399441.html，2012-03-18。

一个拥有超过1公顷土地的农民每年可以得到61欧元/公顷的补助。而且，如果农民种植能源作物，则能享受45欧元/公顷的补贴。①

二、波兰水能制度

波兰地势起伏，河流众多，降水充沛，水能资源丰富，发展前景广阔。波兰水电产业同样面临着市场化改制。和其他能源产业一样，波兰水电业也将市场化与现代化相结合，试图在能源市场竞争中取得一席之地。1993年波兰成立的抽水蓄能电站公司(PSPP)是波兰最大的水电公司，它约占波兰水电部门发电潜力的75%(包括可再生能源)，波兰电网公司(PSE S. A.)为其控股股东(占总股本的99.4%)。波兰抽水蓄能电站公司早在20世纪90年代中期就将其拥有的总装机容量155万千瓦、占波兰水电装机总容量70%的23个水电站推向市场，同时进行水电系统的升级和现代化改造。为了支持这一计划，波兰抽水蓄能电站公司批准了评估当时已经存在的电站设备和模拟设备的基金。波兰还邀请了许多发达国家的专业评估公司和设备制造商，包括法国阿尔斯通公司(Alstom)、德国福伊特公司(Voith)等，共同参与到计划中去。波兰抽水蓄能电站公司还采用了联合国工业发展组织的发展指南的要求，即在一个确定的长期运行期内(水电是25年)，其国内投资回报率不少于6%的水平。波兰水电升级和现代化改造项目从1996年开始已逐步展开，具有代表性的沙诺威克水电站和索利纳电站已经取得了良好的效果。在资金问题上，国内与国外资金各占50%，而启动资金由国家环保和水管理基金以及环保银行提供，更有力地支持了水电改造工作。② 预计波兰更加重视水电在节能减排、改善本国能源结构中的重要作用，实现水电事业的进一步发展。

三、波兰风能制度

波兰海陆气候性明显，风能发展潜力很大。2008年波兰风能利用持续增长，新增196兆瓦的装机量，总装机量达到472兆瓦，年增长率为58%。③波兰2009年风力发电的增长量为181兆瓦，总发电量高达724.6兆瓦。④据波兰风能协会估计，预计到2020年，风机整装量将达到11—14吉瓦。尽

---

① 参见何芊漠：《波兰生物质能源发展经验》，载《中国对外贸易》2011年第18期，第228页。

② 参见[波兰]马图泽克：《波兰水电工程的现代化改造》，载《水利水电快报》2004年第18期，第29—30页。

③ 参见陈晖：《全球风能市场发展动态》，载《机电一体化》2010年第9期，第5页。

④ 参见《波兰风能发电市场》，http://www.china-mtp.com/newsdetail.php? id=73，2012-03-16。

管波兰的风力发电市场潜力无穷，投资货利可期，但该产业要想蓬勃发展仍有诸多问题亟待解决，如，风电输送设备不足、基础设施亟需更新、成本缺乏透明度等。而现今公众尤为关注的环境保护运动则是波兰必须面对的另一个棘手的难题，由于波兰有6%的最佳风能地区位于自然保护区，使建立风电场相对困难。此外，波兰风能塔架的建立需要交付大量的印花税，而风电机组则需要承担更高的税收。① 可见，风电产业所面临的问题主要有政治意愿、行政程序以及社会可接受程度等。因此，波兰在发展风能的激励措施上还有很多工作要做。波兰风能协会(PSEW)认为，风能作为可再生能源，其所获得的重视程度远不及化石燃料发电及核能发电的发展。② 目前，支持波兰开展风能的项目主要有欧盟的凝聚力基金(业务基础设施和环境方案)和结构资金(区域业务方案)。从长远来看，这将有助于风力发电的增长。预计在2014到2020年之间，波兰风能可能实现最快的增长。届时，波兰可能会从欧盟获得更加显著的基金赞助，尤其是结构基金。波兰风能协会预计到2020年，海上风力发电能力可达1 500兆瓦，陆上风力发电可达11 000兆瓦，还有600兆瓦的小型风能发电，共计13 000兆瓦。③ 波兰正在试图使风力发电能够成为2020年可再生能源发电目标中主要的发电方式之一。

四、波兰太阳能制度

波兰气候的大陆性要强于西欧、南欧国家，降雨相对较少；波兰的纬度要低于北欧国家，年平均气温相对较高。这就使得波兰太阳能利用条件要优于英国、法国、德国、意大利、挪威等国。2009年，波兰太阳能市场有21%的增长，其中真空管集热器在2009年的增长率约为3.5%，支撑了大部分波兰民用太阳能建筑市场。波兰许多房地产开发商已经将在新房中安装太阳能系统、减少住户能源账单费用当作卖点。同时，波兰还开展了针对非民用太阳能建筑市场的补贴项目(Eko Fundus)，重点放在宾馆、学校和医院等公共区域。在波兰，公共事业单位可以为大型太阳能利用项目申请补贴，消费者也能在购买太阳能系统时享受较低的贷款利率，生产厂家和安装商应该在申请过程中提供协助。④

---

① 参见陈晔：《全球风能市场发展动态》，载《机电一体化》2010年第9期，第5页。

② 参见驻捷克代表处科技组：《波兰风力发电潜力无穷》，http://cets.ncku.edu.tw/files/14-1273-54696,r712-1.php,2012-03-16。

③ 参见《波兰风能发电市场》，http://www.china-mtp.com/newsdetail.php?id=73,2012-03-16。

④ 参见《全球太阳能热水器市场扫描(八)》，载《电器》2010年第10期，第74—75页。

五、波兰生物质能制度

波兰森林、草原广布，耕地密集，生物质能源技术先进，利用程度十分广泛。2007年，波兰生物质能发电生产量（占45%）首次超过了水电产量（43%），在波兰可再生能源体系中起到了举足轻重的地位。[①] 波兰沼气能源的利用越来越受到重视。为了达到欧盟的相关标准，波兰政府准备大规模建设沼气，这样可以创造10万个工作岗位。[②] 波兰政府计划于2020年前建造2 000个新的沼气发电厂，总装机容量2 000—3 000兆瓦。据统计，截止到2009年，波兰可生产50亿—60亿立方米沼气，其中17亿立方米来自农业与食品工业的副产品。根据波兰能源管理办公室有关程序要求，农民只需到农业部门办理登记注册手续即可投资农业沼气生产。[③] 在生物质燃料乙醇方面，波兰采用的是无水乙醇标准，具体参照美国的试验与材料协会（ASTM）制定的燃料乙醇标准。欧盟当前没有燃料乙醇的具体标准，一旦欧盟出台相应的能源标准，波兰也将采纳。[④] 长期以来，波兰为生物质能的发展制定了详细的发展目标。2001年，波兰政府设立了一个目标，要求生物质电在总发电中的比例在2010年达到7.5%，在2020年达到14%。[⑤] 同时，波兰经济部还修订了《2008至2014年可再生能源推动计划》（The Long-term Programme for Promotion of Biofuels or Other Renewable Fuels for 2008—2014）。该计划要求，在2013年底之前，该国的生物质能要达到7.1%的使用率。为此，波兰要采取一系列的相关措施，主要包括免除消费税、降低企业收入税以及鼓励投资等。[⑥] 此外，波兰还准备在2020年以前将生物燃油消费量占交通燃油市场总消费量的比重提高到10%。[⑦]

---

① 参见《波兰可再生能源市场》，http://www.china-mtp.com/uploads/2009_10_30/1256884106_41712.pdf，2012-03-17。

② 参见子江：《波兰大力开发风能与生物能》，http://www.malaysiaeconomy.net/world_economy/energy/world_oil_status/other_energys/recycle_energy/2010-01-09/3750.html，2012-01-12。

③ 参见《波兰政府推出沼气发电计划》，http://www.cec.org.cn/guojidianli/2010-11-28/34483.html，2012-03-09。

④ 参见黄曼雪、王益群：《生物质能源标准化现状和启示》，载《中国标准化》2008年第9期，第20—30页。

⑤ 参见何芊漠：《波兰生物质能源发展经验》，载《中国对外贸易》2011年第18期，第228页。

⑥ 见许峻宾：《波兰替代能源政策》，http://energymonthly.tier.org.tw/outdatecontent.asp?ReportIssue=200804&Page=14，2012-02-17。

⑦ 参见《波兰可再生能源市场》，http://www.china-mtp.com/uploads/2009_10_30/1256884106_41712.pdf，2012-03-17。

第六节　节能减排法制

一、波兰节能制度

波兰能源结构相对落后，节能减排压力很大。在外界舆论的压力以及欧盟的敦促下，波兰也正在逐渐由高污染的能源形式向低污染的能源形式转变，并承诺恪守欧盟“20—20—20”的战略，即到2020年，可再生能源占20%，温室气体减排20%，能效提高20%。[①]

(一)波兰建筑节能制度

波兰认真履行《欧盟建筑能源指令》，该指令规定，欧盟各成员国都应当根据本国实际情况制定措施，每栋建筑物都应该有供水、供热、供电和公共照明标准，数额要具体到每平方米(每平方米房屋年耗能量不得超过30千瓦)。[②] 对于超过1 000平方米的大型建筑都必须制定能耗标准和热水最大使用量，可再生能源占建筑物能耗的比重也有具体的规定。没有达标的建筑物必须接受改造。符合标准的才可以接受欧盟的能源证书，以便让建筑物所有权人、租售人、住房消费者能够做出明智的选择。[③] 除此之外，欧盟《建筑产品指令》(89/106/EEC)要求欧盟成员国的建筑产品必须符合健康、使用寿命、节约能源、环境保护、经济因素和其他公共利益等方面的要求。该指令认为建筑产品必须符合以下基本要求：①机械阻力及稳定性；②防火安全；③卫生、健康与环境；④使用安全；⑤噪音防护；⑥节能及保温。波兰作为欧盟成员国，其建筑产品必须符合上述要求。[④]

同时，波兰还规定对各类建筑以及设施设备不准设定准入门槛，以便激励各种社会力量投入到建筑节能事业中去。波兰将新建建筑及其设施设备的能耗情况分为A、B、C、D四档，明码标识。[⑤] 此外，波兰重视建筑设计师的节能观教育。在波兰，从事建筑设计的人，都要通过一个由建设部组织的建

---

① 参见何英：《波兰的能源盲点》，载《中国能源报》2010年9月27日(第8版)。

② 参见《波兰：旧房“取暖现代化”》，载《中国投资》2008年第12期，第53页。

③ 参见孙钟炬：《保护与节能并重的波兰城市建筑管理》，载《上海城市发展》2007年第5期，第17页。

④ 参见驻波兰使馆经商参处：《波兰建筑管理部门及建筑产品认证体系简介》，http://trade.ec.com.cn/article/tradezcq/tradeyanjiu/200804/608278_1.html，2012-03-15。

⑤ 参见孙钟炬：《波兰奥地利等国历史建筑保护和建筑节能考察报告》，载《联合时报》，2007年7月13日(第7版)。

筑节能方面的考试，如果节能知识和节能意识不过关，就不能从事相关工作。[①]

（二）波兰供热制度

波兰最冷月平均气温－1℃—5℃，最热月平均气温17℃—19℃，年平均气温6℃—9℃。波兰以集中供热为主。在大城市，区域供热热源为热电联产，热电联产的供热厂建在热用户密集区，调峰热源为区域锅炉房，以低消耗高效率向用户保证供热，而供热锅炉仅在热网负荷超载时起到支持作用。在小城市，设有规模不等的锅炉房，住宅供暖以双管系统为主。[②] 在农村，集中供热也很普遍。在计划经济体制时期，波兰供热采暖收费按建筑面积计算，生活用热水按每户人口数收取，采暖收费额度较少，还由国家财政进行补贴。经济转轨之后，波兰用建筑节能现代化资金替代了计划经济时代的采暖补贴。[③] 截止到21世纪初，波兰每年投入约1亿美元的建筑节能现代化基金。供热企业的资本也实现了多元化，其构成包括国有、民营、股份、外资等各种形式，热力的生产、输送、销售各环节分别由不同供热企业承担。[④]

供热改革后，虽然热力价格是政府控制的若干种商品或服务项目之一，但针对家庭用户的热力价格仍然不断上涨，1990—1995年供热价格上涨了14倍之多；1995年波兰采用兹罗提货币后，1995—1998年供热价格从20.24兹罗提/千兆焦涨到47.23兹罗提/千兆焦，涨幅达2.3倍。供热改革给家庭带来了较大的经济冲击。波兰家庭能源消费占总支出的11%，远远高于欧盟平均4%的水平，而贫困家庭能源消费占总支出的比重更是高达30%，其中热力费用（暖气和热水）占能源费用的65%。[⑤] 为了缓解能源价格危机对波兰国内能源市场的冲击，波兰于1999年1月14日公布了《建筑热工与供热系统现代化法案》，提出技术改造与计量收费改革并行。技术改造的主要措施包括：①采用了高效锅炉、换热器及现代化的控制设备来改造热源；②热网使用了高效保温管道、水力平衡设备及温度补偿器；③热用户的室内采暖系统采用了计量及调节控制设备；④对分散锅炉房进行技术改造，使其

---

① 参见殷敖伦：《住宅节能在波兰》，载《中国建设报》2007年7月17日（第1版）。

② 参见涂逢祥等：《波兰丹麦建筑供暖计量收费情况考察报告》，载《暖通空调》2000年第1期，第26页。

③ 参见《波兰、丹麦集中采暖系统计量技术收费制度改革》，载《中国建设信息》2000年第14期，第25页。

④ 参见中华人民共和国国家发展和改革委员会能源研究所：《建筑节能改造项目融资国际经验调研报告》，http://toolkits.reeep.org/file_upload/107010110_1_1.pdf，2012-03-06。

⑤ 参见晓娥、齐锋：《波兰供热改量及其对北京市的启示》，载《城市管理与科技》2007年第6期，第64页。

与集中供热管网相联接，并改燃煤为燃气。[①] 波兰热力公司具体负责热源、热网和换热站的升级改造工作，建筑物和室内采暖系统的升级改造则由房屋业主协会（Housing Owners Association，HOA）进行。在改造过程中，按面积收费的制度也开始改革。1992 年，波兰成立了热计量公司，并于 1995 年大量引入了热量分配表。经济转轨之前，波兰热力公司按建筑面积收取采暖费。改制之后，针对已安装分户热量表和热量分配表的用户，按热量收取的部分占总费用的 60%，按建筑面积分摊的部分占总费用的 40%；未安装分户热量表的用户，以总热量表计量的热量按各户建筑面积分摊热费，交给热力公司。热力公司可以委托能源服务公司负责计算，并向能源服务公司支付报酬。[②] 1999 年 1 月，波兰政府设立能源管理办公室，在市场的基础上适当协调热价，取消了原来财政部负责热力定价的规定。该办公室作为管理全国能源及燃料经济的中央政府行政机构，其负责人由总理任命，在全国设有 9 家区域办事处。能源管理办公室在供热方面主要的工作内容包括：发放供热许可证，包括热力生产许可证、热力输送许可证、热力交易许可证；批准热力定价方案并对其进行监督，分析并核实供热公司的合理成本；对供热公司与热用户间的争端进行仲裁；对供热公司违规行为进行行政处罚；制止供热公司的垄断行为；管理特定设备操作人员的资质等。[③] 各地的热价根据上一年供热（包括产热及分配）的实际成本来确定，不同城市的供热成本不同，热价也有所不同。改造之前，波兰人均缴纳的采暖费、热水费占所缴物业费的 70%，改造之后，这个比例已经降低到 47%。[④]

在制度设计上，政治经济转轨之后，波兰陆续通过一系列的供热法律法规。首先，改革供热企业所有制结构。1900 年，波兰通过《国有企业私有化法案》，国有供热企业也要进行产权改革，社会资本可以通过租赁、承包、股份制等形式参与进来，促进供热行业的市场化。1997 年，波兰《能源法》引入了供热许可证制度。[⑤] 1998 年制定并于 2000 年修改的《热力定价法案》详细

---

① 参见田雨辰、王荣光：《国外计量供热的发展及有关收费政策的规定》，载《供热制冷》2003 年第 10 期，第 23—30 页。

② 参见《波兰、丹麦集中采暖系统计量技术收费制度改革》，载《中国建设信息》2000 年第 14 期，第 25 页。

③ 参见中华人民共和国国家发展和改革委员会能源研究所：《建筑节能改造项目融资国际经验调研报告》，http://toolkits. reeep. org/file_upload/107010110_1_1. pdf，2012-03-06。

④ 参见陈亚芹、狄洪发：《波兰、丹麦供热收费制度改革经验简介》，载《供热制冷》2003 年第 12 期，第 14—18 页。

⑤ 参见晓娥、齐锋：《波兰供热改量及其对北京市的启示》，载《城市管理与科技》2007 年第 6 期，第 62 页。

规定了供热主体、服务标准、热力价格制度和计算原则等。[①] 其次，强制性供热计量改造。1991 年 7 月 1 日颁行的波兰《建筑法规》规定，要求新建和改建建筑的散热器必须安装温控阀。1992 年波兰建设部的新规定又要求政府对安装温控阀进行补贴。温控阀可以方便地安装在散热器的入水口处，假定把温控器设定为 20℃，当室温下降时，温控器会自动控制散热器内的热水，使其流速增加而使室温上升；反之，当室温回升到 20℃时，温控器便会自动降低散热器内热水的流速。在实现节能的同时也实现了精确计量，满足了计量收费的要求。[②] 1995 年 4 月 1 日，波兰建设部又出台新规定，要求在所有新建和改建的建筑中分别安设热表。1997 年波兰《能源法》要求在 1999 年 9 月末前安装热表。[③] 波兰供热的计量机关是波兰国家计量局（Central Omce Of Measure，GUM），成立于 1919 年，隶属于波兰国家经贸部。该局主要负责法制计量、科学计量和计量服务工作。波兰在经济转型过程中进行了供热计量收费改革，进行热计量收费制度。波兰执行热量表执行的是欧盟计量器具指令（MID）、热能表欧洲标准（EN1434）和热能表技术要求（OIMLR75），对家用热能表、分体式安装工业热能表及冷水表开展型式评价和检定。热能表周期检定为 5 年，周期检定要逐台进行，强制检定期间可用替换表替代，所有的检定费用由供热公司承担。[④]

对私有住宅，波兰允许业主联合会通过登记入册成为具有法人资格的公共财产管理团体来管理既有居住建筑的公共财产，业主联合会在既有居住建筑的基本管理和维修方面具有很好的行为能力，但业主联合会没有资产价值，所拥有的财产是由专项准备金和业主交纳的费用构成的。若业主联合会进行节能改造贷款，则需要有国家或者各个房屋业主的房产作担保。目前，由业主联合会组织既有居住建筑节能改造的还很少，主要是业主联合会无力承担节能改造的费用。[⑤]

在资金支持上，根据波兰《热能现代化法案》（Act on Support for Thermo-Modernization Investment in Buildings）的规定，波兰设立国家建筑基金，由国有的波兰国民经济银行（Bank Gospodarstwa Krajowego，BGK）负

---

① 参见中华人民共和国国家发展和改革委员会能源研究所：《建筑节能改造项目融资国际经验调研报告》，http://toolkits. reeep. org/file_upload/107010110_1_1. pdf，2012-03-06。

② 参见徐宗威：《政策支持替代财政补贴——波兰对采暖节能与计量收费的鼓励政策》，载《中国建设报》2000 年 9 月 18 日（第 3 版）。

③ 参见刘宗义等：《波兰 7 项法规保采暖改革》，载《市场报》2006 年 9 月 13 日（第 8 版）。

④ 参见宋伟等：《丹麦、波兰城市供热计量工作概览》，载《中国计量》2007 年第 17 期，第 42—43 页。

⑤ 参见刘玉明、刘长滨：《德国、波兰既有居住建筑节能改造与经验借鉴研究》，载《建筑经济》2011 年第 3 期，第 94 页。

责管理。该基金对于建筑热工和供热系统现代化的投资，回收期不得超过7年。投资改造方案首先应当经过审核程序。该程序的主要步骤包括：①政府、房屋管理证、能源服务公司和银行获取有关节能改造建筑物的相关信息并进行可行性分析；②制定建造方案，聘请能源审计人员作投资收益评估，识别融资渠道，根据各方的还款能力做出决策；③过程准备阶段，向波兰国民经济银行（BGK）提出申请，波兰国民经济银行（BGK）委托审核审计机构核查项目，选择施工方；④波兰国民经济银行（BGK）在7天内审核完工程与能源审计和设计一致性的确认书并发放贷款，按建筑公司提供的发票进行支付。[①] 当投资改造方案及预算通过审核后，节能改造费用中的20%由房产主支付，其余80%由管理国家建筑基金的波兰国民经济银行（BGK）提供贷款。这项贷款被称为“热能现代化贷款”，总额约2.4亿欧元。[②] 对于改造好的项目，在最长为7年的回收期内，房产主（包括业主联合会、房屋业主协会、私人业主等）只要偿付贷款（及利息）的75%，其余25%由波兰国民经济银行（BGK）从国家建筑基金中支付，换句话说，这25%就成了国家鼓励用户节能改造的奖励。[③] 银行委托审核审计机构，负责对项目完成情况、节能效果和工程质量进行审计，以检查其是否达到了预定的节能指标。建筑基金可以充分调动房产主投资建筑节能的积极性，具有长远效益。[④] 例如，一栋150平方米的旧房，节能改造费用部分来自政府贷款，而居民通过改造之后的建筑节能所节约的资金，3—4年就能够偿还贷款。[⑤] 为了推进建筑节能，波兰政府积极通过经济手段大力支持，如安设热量表可补贴用于购买热量表费用的50%（安设家用热水表开始也是补贴50%，后来发现此事不需鼓励，用户会自觉去做，于是改为补贴10%）。又如在散热器上加装温控阀以及对换热站进行改造，使用本国产品的由国家补贴50%，使用进口产品则补贴30%，其余由房屋业主协会（HOA）提供资金。如果不改造、不增设采暖热计量和控制设施，就不补贴。按波兰住房与城市发展署估计，安装热量表后，

---

① 参见中华人民共和国国家发展和改革委员会能源研究所：《建筑节能改造项目融资国际经验调研报告》，http://toolkits.reeep.org/file_upload/107010110_1_1.pdf，2012-03-06。

② 参见《波兰：旧房“取暖现代化”》，载《中国投资》2008年第12期，第53页。

③ 参见徐宗威：《波兰、丹麦集中供热节能与计量收费的政策措施》，载《城乡建设》1999年第8期，第29—30页。

④ 参见陈亚芹、狄洪发：《波兰、丹麦供热收费制度改革经验简介》，载《供热制冷》2003年第12期，第14—18页。

⑤ 参见《波兰：旧房“取暖现代化”》，载《中国投资》2008年第12期，第53页。

住户节约采暖耗热约达20%。[①] 波兰政府认为，自从市场化以后，能源价格上涨了13%，政府可以将节能带来的收益用来支付能源价格上涨所增加的支出，将每年减少的补贴资金用于支持建筑节能改造，效果非常明显。这些工作并不是由国家建设部（现称住房与城市发展署）独办，而是与内政部、财政部与商业银行（主要指BGK）共同合作，也从而使此项现代化改造工作进展很快。[②] 除此之外，波兰还于2005年针对国家建筑基金设立了特别担保基金（GEF），在国家建筑基金框架下为相关贷款提供担保。[③] 节能改造之后，波兰住宅年能耗量由以前的130千瓦每平方米降低到30千瓦以内。在节能改造中采用循环恒温技术的住宅，每平方米年耗能量可以控制在9千瓦以内。[④] 为了群策群力，集思广益，鼓励居民拿出合理、优化的节能改造方案，波兰政府还组织各地进行家庭节能竞赛，对于提供合理方案的家庭，政府将给予奖励和支持。不少家庭参与竞赛的积极性很高。[⑤]

波兰还通过了《波兰房租补贴法案》，具体内容包括：①补助金的申领条件：人均收入低于规定水平（以最低养老金为基准）均可申领社会补助。其中单身家庭申领的收入水平限为最低养老金的160%，非单身家庭申领的收入水平限为最低养老金的110%。②补助金的标准：补助金以住房控制面积标准和家庭收入为基础计算，但规定补助金最高不超过控制面积实际房租的70%。③补助金的发放：多户住宅楼家庭的补助金直接转账到其所在住宅楼管理处的银行账户上，单户住宅家庭可直接领取补助金。房租补贴有效期为6个月，超过6个月需要重新申请。如果拖欠相关费用（包括采暖费等），则立即停止发放补贴。④补助金的来源：国会负责补助金的中央预算，并拨款到地方政府，由地方政府负责向贫困户发放补贴。[⑥]

（三）波兰能效标准制度

波兰《能源法》有如下规定：①设备的制造商和进口商必须在其技术文献中界定在标准利用条件下，维护设备正常运行所需的燃料和能源消耗数

---

① 参见陈亚芹、狄洪发：《波兰、丹麦供热收费制度改革经验简介》，载《供热制冷》2003年第12期，第14—18页。

② 参见全国建筑节能工作座谈会：《波兰、丹麦在建筑采暖计量收费方面的主要经验》，载《中国能源》2000年第3期，第31页。

③ 参见中华人民共和国国家发展和改革委员会能源研究所：《建筑节能改造项目融资国际经验调研报告》，http://toolkits.reeep.org/file_upload/107010110_1_1.pdf，2012-03-06。

④ 参见《波兰：旧房"取暖现代化"》，载《中国投资》2008年第12期，第53页。

⑤ 参见李予阳：《波兰大力推动旧房节能改造》，载《经济日报》2007年7月24日（第8版）。

⑥ 参见晓娥、齐锋：《波兰供热改量及其对北京市的启示》，载《城市管理与科技》2007年第6期，第63—64页。

量(此后称为“能源效率”);②在市场上出现的生产商和进口商必须以标准和技术特征的方式表明其能源效率;③证实符合规定的文件,是符合这些根据《1993 年 4 月 3 日研究与鉴定法》规定获得的规定的证明;④经济部长必须以指令方式决定:能源效率领域内第一款提到的特别项目设备应符合的规定,以及有关适用第二款提到的标准和技术特征的规定。[①] 可见,波兰非常重视能效标准的作用。事实上,早在 1962 年,波兰就成为世界上最早实施强制性最低能效标准的国家之一。[②]

作为欧盟成员国,波兰要求进入本国的产品必须符合欧盟“CE”认证的能源标准。CE 本意是欧洲统一标准(CONFORMITE EUROPEENNE)。凡是贴有“CE”标志的产品就可在欧盟各成员国内销售,无须符合每个成员国的要求,从而实现了商品在欧盟成员国范围内的自由流通。欧盟市场中“CE”标志属强制性认证标志,不论是欧盟内部企业生产的产品,还是其他国家生产的产品,要想在欧盟市场上自由流通,就必须加贴“CE”标志,以表明产品符合欧盟《技术协调与标准化新方法》指令的基本要求。这是欧盟法律对产品提出的一种强制性要求。如果产品不能依法供应欧盟市场,那么以前投放在市场的产品,不能收回,还可能导致产品的扣押和(或)罚款。[③] 目前欧洲有 28 个国家强制使用“CE”标志,包括欧盟 25 个成员国和欧洲经济区(EFTA)中 3 个参加欧盟的国家——冰岛、列支敦士登和挪威。[④] 欧盟理事会《89/106/EEC 指令》规定,欧盟 CE 认证控制建筑产品合格的方法:①由制造商或认证机构对产品进行初步测试;②由制造商或认证机构按照预定测试方案从工厂抽样,进行测试;③由制造商或认证机构从工厂内、市场上或建筑工地抽样进行审核测试;④由制造商或认证机构从准备交货或已交货的批次中抽样,进行测试;⑤工厂生产控制;⑥由认证机构对工厂本身和工厂生产控制进行初步检验;⑦由认证机构对工厂生产控制进行持续性监督、评估。参与合格证明的机构包括以下 3 种:①认证机构,指具有按照给定程序及管理规则进行合格认证所必需的能力及责任的官方或非官方的公正机构;②检验机构,指具有一定组织、人员、能力及职业道德的公正机

---

① 参见清华大学环境资源与能源法研究中心课题组:《中国能源法(草案)专家建议稿与说明》,清华大学出版社 2008 年版,第 74—88 页。

② 参见中华人民共和国商务部:《出口商品技术指南:电冰箱》,http://sms.mofcom.gov.cn/table/f01.pdf,2012-03-03。

③ 参见中华人民共和国商务部:《出口商品技术指南:数控机床》,http://sms.mofcom.gov.cn/table/f06.pdf,2012-03-03。

④ 参见中华人民共和国商务部:《出口商品技术指南:低压电器》,http://sms.mofcom.gov.cn/table/f04.pdf,2012-03-03。

构,它按照规定准则行使职能,如对制造商的质量控制行为进行评估、认可推荐及结果审查,以及在工地、工厂或其他地方对产品进行选择与评估;③测试实验室,指对材料或产品的特征或性能进行测量、检查、测试、校准或其他认定的实验室。上述3个功能可以由同一个机构完成,也可以是不同机构,此时参与合格证明的检验机构和/或测试实验室作为认证机构行使其职能。[①]

同时,波兰还是IECEE-CB体系成员国之一。IEC是国际电工委员会(International Electrotechnical Commission)的英文缩写,是非政府性国际组织,正式成立于1906年,是世界上成立最早的专业国际标准化机构,负责有关电工、电子领域的国际标准化工作,现已制定国际电工标准6 000多个。国际电工委员会(IEC)现在拥有60多个成员,包括了世界上绝大多数发达和发展中国家,这些国家制造和使用的电气、电子产品占全世界产量的90%。国际电工委员会的宗旨是促进电气、电子工程领域中标准化及有关问题的国际合作,增进国际间的相互了解。IEC的工作领域包括了电气、电子及电工技术。为此,IEC出版包括国际标准在内的各种出版物,并希望各成员国在本国条件允许的情况下,在本国的标准化工作中使用这些标准。"CB"体系的缩写名称意思是"认证机构体系(Certification Bodies' Scheme)"。"CB"体系的执行单位是按"IECEE"规则接受的各国家认证机构(NCB),检测实验室也是按IECEE规则被接受的检测实验室,称为"CB"检测实验室(CBTLs)。"CB"体系以利用"CB"测试证书为基础,该证书提供了产品有代表性的样品已成功地通过检测的证据,表明它符合有关国际电工委员会标准的要求。为了获得国家级认证或批准,"CB"测试报告还可以附有证明该样品符合已声明的国家差异的补充报告。波兰是"CB"体系成员国之一,该国的产品以及进入该国的产品也必须符合该标准有关能效方面的要求。[②] 波兰的国家认证机构(NCB)有波兰实验认证中心(Polskie Centrum Badan I Certyficacji,PCBC)和波兰质量研究机构(Biuro Badawcze ds. Jakosci,BBJ)等。[③]

波兰建筑产品要符合"B标"认证所要求的能效标准。"B标"认证体系

① 参见驻波兰使馆经商参处:《波兰建筑管理部门及建筑产品认证体系简介》,http://trade.ec.com.cn/article/tradezcq/tradeyanjiu/200804/608278_1.html,2012-03-10。

② 参见中国质量认证中心:《IECEE-CB体系简介》,http://www.cqc.com.cn/chinese/gkwj/tywj/gjrz/webinfo/2007/08/1260407423626394.htm,2012-03-02。

③ 参见中华人民共和国商务部:《出口商品技术指南:电器附件》,http://sms.mofcom.gov.cn/table/f05.pdf,2012-03-03。

是波兰本国认证体系，无论是波兰本国产还是进口的建筑产品，如果没有获得欧盟“CE”认证，则必须得到波兰实验认证中心（PCBC）的认证。检验认证工作由波兰检验认证中心及其授权的检验和发证机构进行，只有经认证并贴有“B 标”的产品方能投放市场，该认证有效期为 3 年。波兰市场上销售的建筑产品如果已获得欧盟的“CE”认证并附贴“CE”标志，则无须经“B 标”认证。根据波兰《建筑法规》，建筑产品始终处在经常性的监督之中，并接受强制性检测以获得许可。为此目的，波兰实验认证中心（PCBC）认可了一批公立和私立的实验室和检查机构。目前波兰设有 17 家独立的经认可并授权的认证机构，负责签发“B 标”证书。建筑产品制造商如需申请获得“B 标”证书，应向波兰检验认证中心提交下列文件：认证申请书、产品文件、填妥的相关问卷、由认可实验室发出的产品测试报告、认证办公室要求的其他文件、上述指定的产品必须展示规定的安全标志，或证明已符合安全规定。认证机构在对建筑产品是否合格进行评定时，会对产品进行抽样、检验和检查，然后进行评估、验证，确定该产品是否满足技术法规或标准要求的程序，同时还要注册登记、认可和批准，最后颁发合格保证。①

尽管对能效问题十分重视，但波兰相比欧洲发达国家，其能效低下问题非常严重。例如，与欧盟中能效最高的成员国相比，波兰的能效仅为其 1/3，而生产等量产品，波兰需要的能源是欧盟 27 国平均值的 2 倍。波兰还颁布了《能效法案》。根据该法案，波能源企业必须获得能源效率证书，即所谓的“白色证书”。② 但是该法案仅仅满足了欧盟的最低要求，没有任何必须的激励政策，也没有为投资作出任何承诺。③

（四）波兰热电联产制度

波兰热电联产（CHP）制度较为完善。2005 年 1 月 1 日，波兰能源管制局豁免了热电联产工厂缴纳电费的义务。2007 年，波兰根据欧盟《2004/8/EC 指令》通过了一项法令，在国内大力推广热电联产，鼓励中小型热电联产工厂（最多 10 兆瓦）的发展。中小型热电联产工厂一般建设在离客户较近的地方，热量主要来自天然气或其他可再生能源电厂。该法令还规定了热电联产证书强制购买义务，有责任购买热电联产电力的公司可以自主选择自

---

① 参见《波兰 B-MARK 认证简介》，http://www.cccn.org.cn/Article_SortSex.asp? ID=729，2012-03-16。

② 参见商务部：《波兰议会通过新的能源效率法案》，http://finance.ifeng.com/roll/20110429/3957961.shtml，2012-03-15。

③ 参见张伟：《波兰可能成为阻碍欧盟气候战略的绊脚石》，http://www.weather.com.cn/climate/qhbhyw/08/1432683.shtml，2012-03-15。

己的供应商。[①]

二、波兰减排制度

2011 年 3 月，欧盟公布了《2050 低碳经济路线图》（又称《2050 节能减排路线图》），承诺其目标是相较 1990 年的排放值，2030 年温室气体减排 40%，2040 年减排 60%，最终实现 2050 年温室气体减排 80%—90%。根据路线图要求，以 1990 年排放值为基准，2020 年之前，年减排目标应每年递增 1%，2020—2030 年，年减排目标应每年递增 1.5%，而从 2030—2050 年，年减排目标应每年递增 2%。但是，欧盟要想达到 2050 年减排 80%—90%的目标是有先决条件的：首先，欧洲减排交易体系（ETS）能够保证实现充分利用；其次，欧盟必须实现新能源的使用占到欧洲总体能源使用量的 20%；再者，欧盟需要保证 2020 年前，现有能耗强度提高 20%。[②] 2011 年 11 月 28 日—12 月 9 日，南非德班召开了《联合国气候变化框架公约》第 17 次缔约方会议暨《京都议定书》第 7 次缔约方会议（即德班气候大会）。欧盟在会议上表示将无条件承诺到 2020 年较 1990 年减排 20%以上。同时承诺提高减排幅度至 30%，前提是各工业化国家同意相当水平的减排力度，共同促成国际条约的签署。

波兰是欧盟成员国，理应在减排方面兑现欧盟的承诺。但针对欧盟的减排计划，波兰表示仅接受欧盟 2020 年的减排目标，尚未同意 2050 年的减排目标，因为后者会给波兰带来更大的经济压力。[③] 2012 年 3 月 10 日，欧盟又提出了在 2020 年之前应该将碳排放削减量从目前的 20%提升到 25%、2030 年减少排放 40%、2040 年减少 60%、2050 年减少 80%的方案，遭到波兰的否决。波兰称只能接受波兰能做到的义务，不同国家有自己的观点，这一点应该得到尊重。[④] 可见，欧盟的节能减排政策并没有在波兰得到完全的落实。

（一）排放税制度

长期以来，波兰坚持对二氧化硫的排放征收排放税。20 世纪末开始，波

---

① Dariusz Mioduski, *Energy Law in Poland*, edited by Martha M. Roggenkamp, *Energy law in Europe: national, EU and international regulation*, Oxford University Press, 2007, p. 1002.

② 参见王静书：《欧盟 2050 年预计实现温室气体减排超 80%》，http://news.sina.com.cn/green/news/roll/2011-03-01/172022033543.shtml，2012-03-07。

③ 参见崔维维：《全球煤炭需求量增加给波兰带来机会》，http://www.ccoalnews.com/101773/103222/177673.html，2012-03-18。

④ 参见韩梅：《波兰否决欧盟减排方案》，http://www.cnr.cn/gundong/201203/t20120311_509270894.shtml，2012-03-09。

兰的二氧化硫排放税持续增加，到2000年已达85美元/吨，居欧洲之首。[①]随着全球气候变化问题愈演愈烈，二氧化碳排放税问题也日趋凸显。欧盟通过《确立能源相关产品生态设计要求的框架(Erp指令)》等法律文件在事实上确立"碳税"制度。2011年12月21日，欧盟委员会宣布从2012年1月1日开始将航空纳入"碳税"体系。同日，欧盟最高法律机构欧洲法院作出裁定，宣布欧盟将要实施的此项政策并未违反相关国际法，驳回美国航空运输企业就此提出的诉讼。[②] 尽管世界各国均对欧盟的"碳税"政策进行了广泛的批评，但欧盟依旧没有改变它的既定政策。波兰作为欧盟成员国，也将针对二氧化碳征收排放税。对排放税的征收造就了波兰发达的环境基金体系。这些富裕的资金支撑着政府对于环保科技改造的投入，更为重要的是，这个有利可图的体系如此真实，以至于其可以使节能减排工作更加容易地持续下去。[③]

(二)排放权交易制度

波兰是欧盟两个申请二氧化碳免费排放资格的国家之一。[④] 但是，波兰毕竟是《京都议定书》的签字国，它既可以利用国际排放贸易机制(ET)、联合履行机制(JI)和清洁发展机制(CDM)等灵活交易制度进行排放权交易，同时也必须承担一定的温室气体减排项目。金融海啸之后，波兰经济长期不景气，具有一定的二氧化碳排放权剩余。2009年11月9日，波兰和西班牙签署了价值为2 500万欧元的二氧化碳排放权交易协议。波兰将用所得资金进行环境保护，减少温室气体排放。这2 500万欧元波兰将投入到发展生物质燃料、沼气发电和电网改造，发展风能等可再生能源工程中来。波兰还计划向爱尔兰出售价值1 500万欧元的碳排放限额，并积极同日本三菱商社、三井物产等公司就碳交易事宜进行谈判。[⑤] 预计2013—2020年，波兰电力企业70%的碳排放将是免费的，这在许多富裕的西欧国家是不可能的。[⑥]可见波兰碳排放交易前景依然广阔。

---

① 参见李栋：《欧洲化视角下的中东欧国家环境政策转型》，山东大学2009年硕士论文，第21页。

② 参见王毅刚：《碳税与碳交易的政策选择》，载《瞭望》2012年第1期，第62—64页。

③ 参见李栋：《欧洲化视角下的中东欧国家环境政策转型》，山东大学2009年硕士论文，第21页。

④ 参见张伟：《波兰可能成为阻碍欧盟气候战略的绊脚石》，http://www.weather.com.cn/climate/qhbhyw/08/1432683.shtml，2012-03-15。

⑤ 参见王海霞：《波兰出售碳排放配额给西班牙》，载《中国能源报》2009年11月16日(第B05版)。

⑥ 参见《波兰加快能源企业私有化进程》，http://www.plchinese.com/thread-32513-1-1.html，2012-01-06。

同时,欧盟内部也存在排放权交易制度。欧盟排放机制的补贴取决于各成员国的国内分配计划,而且它的补贴价格比联合履约机制高,但是它的波动性较大,没有联合履约机制稳定。在波兰,生物燃料等可再生能源都可以进入欧盟排放权交易系统,也可以注册为联合履约机制中的活动。[①] 此外,波兰还接受了欧盟的新温室气体减排机制。该机制限制了工业污染的上线水平,将约一半的减排额度用于交易,企业可以通过购买排放许可来获得温室气体排放权(每吨约40欧元)。波兰将逐步提高温室气体排放费的缴纳比例,2012—2018年间为30%,2019年为80%,2020年全额缴纳。波兰将在2013—2020年间获得600亿兹罗提的援助,用于能源部门的现代化改造和环保项目中去。[②] 2009年7月,欧盟提出的2050年温室气体减排目标为:在1990年的基准上,至少削减温室气体排放80%以上,能源效率提高35%,可再生能源占总能耗比重达到60%。欧盟还规定,只有在当事国先期自行投入部分资金的情况下,欧盟才会给其注入投资或贷款,以提高波兰在应对气候变化和减少温室气体排放上的积极性。欧洲复兴发展银行和欧洲投资银行负责具体投资事项,两大银行在2006年联合成立了"多边碳基金",帮助符合条件的国家达到温室气体减排目标。在此机制下,波兰理论上可能获得的资金将达到7 500万欧元。[③]

---

① 参见英国可再生能源可持续发展公司、中国能源研究所:《中国发展生物质混燃的市场创新机制和政策法规研究》,http://www.reeep.org.cn/files/p01203_final%20report_071008_cn.pdf,2012-03-13。

② 参见《波兰接受欧盟新的温室气体减排机制》,载《工业机械文摘》2009年第1期,第3页。

③ 参见王海霞:《波兰出售碳排放配额给西班牙》,载《中国能源报》2009年11月16日(第B05版)。